조선후기 과학사상사

:서구 우주론과 조선 천지관의 만남

"이 저서는 2010년도 대한민국 교육부와 한국학중앙연구원(한국학진흥사업단)을 통해 한국학 특정분야 기획연구(한국과학문명사) 사업의 지원을 받아 수행된 연구임."(AKS-2010-AMZ-2101)

조선후기 과학사상사: 서구 우주론과 조선 천지관의 만남

초판 1쇄	2015년 9월 30일
초판 2쇄	2021년 12월 29일

지은이	문중양

출판책임	박성규	펴낸이	이정원
편집주간	선우미정	펴낸곳	도서출판 들녘
편집	이동하·이수연·김혜민	등록일자	1987년 12월 12일
디자인	김정호	등록번호	10-156
마케팅	전병우	주소	경기도 파주시 회동길 198
경영지원	김은주·나수정	전화	031-955-7374 (대표)
제작관리	구법모		031-955-7376 (편집)
물류관리	엄철용	팩스	031-955-7393
		이메일	dulnyouk@dulnyouk.co.kr
		홈페이지	www.dulnyouk.co.kr

ISBN	979-11-5925-197-9(94910)	CIP	2016022768
	979-11-5925-113-9(세트)		

한국의 과학과 문명 005

조선후기 과학사상사
:서구 우주론과 조선 천지관의 만남

문중양 지음

들녘

지은이 **문중양**

서울대학교 계산통계학과에서 통계학과 컴퓨터사이언스를 공부한 후, 대학원에서 서양과학
사와 한국과학사를 공부했다. "조선후기의 수리학(水利學)"으로 박사학위를 받은 후에는 줄
곧 조선후기 서구 과학과 전통 과학의 만남이 어떻게 이루어졌는지 우주론을 중심으로 그 양
상과 성취에 대해서 연구해왔다. 처음에는 18세기 영·정조대의 과학 활동 및 사대부 지식인
들의 과학관을 중심으로 연구를 했으나, 조선 초기 세종대 과학의 성취에도 관심이 많으며,
요즘에는 19세기 조선 지식인들의 과학 활동에 연구가 집중되고 있다. 저서로『조선후기 水利
學과 水利담론』과『우리역사 과학기행』(2006년 중앙일보와 동아일보가 선정한 '올해의 책')이 있
다. 현재 서울대학교 국사학과 교수로 재직하고 있다.

〈한국의 과학과 문명〉 총서

기획편집위원회
연구책임자_ 신동원
전근대팀장_ 전용훈
근현대팀장_ 김근배
전 임 교 수_ 문만용
　　　　　　김태호
　　　　　　전종욱
전임연구원_ 신미영

일러두기

- 옛 서명과 인명은 각 장마다 처음에 등장할 때 한자를 병기하고, 이후에는 가독성을 위해 가급적 한자 병기를 생략했다.

- 중국인명은 한자음대로 표기하고, 일본인명은 일본어 표기법에 따라 표기했다.

- 본문에 나오는 지명은 필요에 따라 한자를 병기하되, 한자가 병기되지 않은 지명에 대해서는 "찾아보기"에서 이를 표기해두었다.

- 조선후기 과학기술 관련 주요 인물 외에도 시대 파악에 필요한 인물의 생몰연도를 표기했으며, 생몰연도가 미상인 인물에 대해서는 이를 따로 밝히지 않았다.

- 주석은 미주로 하고, 각 장별로 번호를 다시 매겨 정리했다.

- 인용 그림은 최대한 소장처와 출처를 밝히고 저작권자의 허락을 얻었으나 일부 저작권자를 찾지 못하여 게재 허가를 받지 못한 사진은 확인되는 대로 통상 기준에 따른 허가 절차를 받기로 한다.

〈한국의 과학과 문명〉 총서를 펴내며

우리나라는 현재 세계 최고 수준의 메모리 반도체, 스마트폰, 디스플레이, 철강, 선박, 자동차 생산국으로서 과학기술 분야의 경이적인 발전으로 세계의 주목을 받고 있다. 그것을 가능케 한 요인의 하나가 한국이 오랜 기간 견지해온 우수한 과학기술 문화와 역사 속에 있다고 우리는 생각한다.

문명이 시작된 이래 한국은 항상 높은 수준을 굳건히 지켜온 동아시아 문명권의 일원으로서 그 위치를 잃은 적이 없었다. 우리는 한국이 이룩한 과학기술 문화와 역사의 총체를 '한국의 과학문명'이라 부르려 한다. 금속활자·고려청자 등으로 대표되는 한국 과학문명의 창조성은 천문학·기상학·수학·지리학·의학·양생술·농학·박물학 등 과학 분야를 비롯하여 금속제련·방직·염색·도자·활자·인쇄·종이·기계·화약·선박·건축 등 기술 분야에서도 다양하게 분명히 드러난다.

우리는 이런 내용을 종합하는 〈한국의 과학과 문명〉 총서를 발간하고자 한다. 이 총서의 제목은 중국의 과학문명에 대한 새로운 인식의 지평을 연 조지프 니덤(Joseph Needham)의 『중국의 과학과 문명』을 염두에 두고 만들었다. 그러나 니덤이 전근대에 국한한 반면 우리는 전근대와 근현대를 망라하여 한국 과학문명의 총체적 가치와 의미를 온전히 담은 총서의 발간을 목표로 한다. 나아가 한국의 과학과 문명이 지닌 보편적 가치를 세계에 발신하고자 한다. 지금까지 한국은 세계 과학문명의 일원으로 정당한 가치를 인정받지 못한 채, 중국의 아류로 인식되어왔다. 이 총서에서는 한국 과학문명이 지닌 보편성과 독자성을 함께 추적하여 그것이 독자적인 과학문명이자 세계 과학문명의 당당한 일원임을 입증하고자 한다. 우리는 이 총서에서 근현대 한국 과학기술 발전의 역사와 구조를 밝힐 것이며, 이로써 인류의 과학기술 발전사를 새로이 해명하는 데에 기여할 것이다.

이 총서에서는 한국의 과학문명이 역사적으로 독자적인 가치와 의미를 상실하지 않았던 생명력에 주목한다. 이를 위해 전근대 시기에는 중국 중심의 세계질서 아래서도 한국의 과학문명이 독자성을 유지하면서 발전을 지속한 동력을 탐구한다. 근현대 시기에는 강대국 중심 세계체제의 강력한 흡인력 아래서도 한국의 과학기술이 놀라운 발전과 성장을 이룩한 요인을 탐구한다.

우리는 이 총서에서 국수적인 민족주의나 근대 지상주의를 동시에 경계하며, 과거와 현재가 대화하고 내부와 외부가 부단히 교류하는 가운데 형성되고 발전되어온 열린 과학문명사를 기술하고자 한다. 이 총서를 계기로 한국 과학문명에 대한 관심과 이해가 더욱 깊어지기를 기대한다.

마지막으로 〈한국의 과학과 문명〉 총서의 발간은 교육부와 한국학중앙연구원 한국학진흥사업단의 지원에 크게 힘입었음을 밝히며 이에 감사를 표한다.

〈한국의 과학과 문명〉 총서 기획편집위원회

제목 정하기가 참으로 어려웠다. 오랜 논의 끝에 '조선후기 과학사상사'로 정해졌다. '과학사상'이 맘에 걸렸다. 엄밀히 따져 조선후기의 시대적 맥락에서 '과학사상'이라는 용어를 쓸 수 있을지 의문이기 때문이다. 우주론 및 천문지리학과 관련된 조선후기 사대부 지식인들의 여러 논의들을 표현할 적절한 현대적 용어를 찾지 못했다. 에필로그에서 살펴보겠지만 현대의 '과학'에 가장 가까운 조선시대의 용어는 '격물' 또는 '격치'이다. 그렇다고 '조선후기 격물사'로 정할 수는 없지 않겠는가. 오래전 박성래 교수께서 당신의 책 제목을 '한국사에도 과학이 있는가'로 정하면서 했던 고민이 이랬을까 싶다. '과학사상사'에 불만일 독자들께 양해를 구하며, 대신 '서구 우주론과 조선 천지관의 만남'이라는 부제로 만족해주시길 부탁드린다.

이 책은 조선후기 한반도에서 서구 과학과 조선 과학, 두 이질적 과학의 만남이 어떻게 이루어졌으며, 그 만남의 과정을 통해서 어떠한 결과가 벌어졌는지 고찰하는 것을 목표로 한다. 오래전 한국의 역사 연구자들은 조선후기의 이질적 두 과학을 '우수하고 새로운' 서구 과학과 '낡고 오래된' 전통 과학의 대립 구도로 이해하곤 했었다. 그러나 조선에서의 이질적 두 과학을 그와 같이 이해하는 이는 적어도 필자의 주위 과학사 연구자에서는 찾아볼 수 없다. 이 책 역시 우수한 서구 과학을 얼마나 잘 이해하고 수용했으며 낡은 전통 과학을 얼마나 잘 극복했는가와 같은 방식으로 이질적 두 과학의 만남의 과정을 살펴보지 않았다. 이는 서구 과학과 조선 과학의 관계를 공여자와 수용자의 구도로 파악하는 관점에서 벗어나는 것이기도 하다. 이질적 두 과학의 만남이 어떻게 이루어졌는지, 그리고 그 만남이 어떠한 결과를 낳았는지, 편견 없이 공평하게 관찰하고자 했다.

필자가 조선후기 서구 과학과 조선 과학의 만남의 양상에 대해 관심을 갖고 살펴보기 시작한 것은 '조선후기 수리학(水利學)'으로 박사학위논문을 완성한 직후인 1998년 무렵부터였다. 물론 조선후기의 '수리학' 형성에 대한 고찰에서도 서구의 수리학과 중국·조선의 고전적 수리학의 만남은 중요한 고찰의 내용이다. 그런데 이질적 두 수리학의 만남 이상으로 우주론이나 천문지리학 같은 분야의 자연지식에서 더욱 흥미로운 만남의 양상들이 펼쳐지는 것을 자연스럽게 목도하게 되었다. 그러나 눈앞에 놓인 숙제를 먼저 마무리하는 것에도 벅찼기에 박사논문을 완성할 때까지 기다릴 수밖에 없었다.

서경덕과 장현광의 16·17세기 우주론, 그리고 김석문과 서명응의 18세기 우주론 논의를 다룬 1999년의 두 논문은 거칠지만 과감하게 던져놓은 이질적 두 과학의 만남에 대한 첫 번째 연구 결과물이었다. 외롭고 힘들게 마무리했던 수리학 연구에 비하면 너무 재밌고 신나는 연구였다. 혼자가 아니었기 때문이다. '수리학'이라는, 필자 이외에는 별로 관심을 두지 않는 비인기 연구 주제에 비해 조선후기 우주론과 천문지리학에 대한 연구는 이미 몇몇 소장 연구자들이 먼저 덤벼들어 길을 앞서가고 있었다. 석사과정 또는 박사과정을 밟으면서 막 흥미로운 연구 성과를 내기 시작하던 구만옥, 전용훈, 임종태, 박권수 교수, 그리고 지리학 분야에서 흥미로운 논문을 발표하던 오상학 교수 등이 그들이었다. 필자는 비록 그들에 비해 먼저 박사학위를 취득한 선배였지만 우주론과 천문지리학 분야의 연구에서는 제일 늦게 걸음마를 시작한 초보자였다.

우주론과 천문지리학을 중심으로 한 조선후기 자연지식이라는 공통의 연구 주제로 묶인 필자를 비롯한 소장 연구자 그룹은 서로 경쟁하고 비판하고 도와주면서 행복한 연구 활동을 펼쳤다. 소장 과학사 연구자들의 든든한 후원자이자 동료이며, 영원한 스승이신 김영식 교수는 중국과학사 연구자였지만 조선후기 과학사에 더 큰 관심을 가지고 합류하면서 소장 연구자들에게 무한한 힘이 되었다. 2001년부터 2006년의 짧은 기간에 쏟아진 그들 소장 과학사학자들의 박사논문들은 조선후기 한국과학사 분야의 연구를 질적으로 심화시킨 대단한 연구로 기록될 만했다.

이질적 두 과학의 만남을 주 내용으로 하는 조선후기 과학사를 다루는 이 책의 집필이 필자에게 주어졌다. 늦게 시작한 초보자였던 필자에게는 과분하다고 할 수 있다. 이 책에서 정리한 서술 내용은 상기한 동료 연구자 그룹의 선행 연구가 없었으면 불가능했을지도 모른다. 그간 동지적 비판과 도움을 받았던 데에 고마운 마음을 전하고 싶다. 또한 제자들보다도 더 재밌어하고, 더 많은 연구 성과를 발표하심으로써 채찍질을 가해주신 영원한 스승 김영식 교수께도 감사의 말씀을 드린다. 아울러 우리들의 연구에 훨씬 앞서 외롭게 조선후기 과학사 연구의 길을 닦아놓으신 전상운, 박성래 두 교수님께도 무한한 감사의 말씀을 드리며 그분들의 선구적 업적이 있었기에 이 책이 가능했음도 밝힌다.

아울러 태생적으로 게으른 필자의 늦어진 원고 때문에 맘고생을 많이 했을 한국과학문명사 프로젝트의 신동원 소장을 비롯해 문만용 교수와 신향숙 박사에게는 미안한 마음을 보내고 싶다. 수년 동안 여러 차례의 독회에서 이 책의 뼈대가 갖추어지는 데 결정적 도움을 준 프로젝트의 멤버들에게도 고마운 인사를 빠트릴 수 없다. 원고가 늦어진 만큼 밤을 새워 난삽한 원고를 깔끔하게 다듬어준 들녘의 박성규 주간에게는 고마움을 전하고 싶다.

1장 서론: 이질적 두 과학의 만남을 어떻게 바라볼 것인가

2장 서구 과학과의 만남 이전 조선의 과학기술

6장 기론적 인식체계에 기반한 자연 논의

7장 에필로그: '전통 과학'의 소멸과 탄생 그리고 '근대 과학'의 탄생

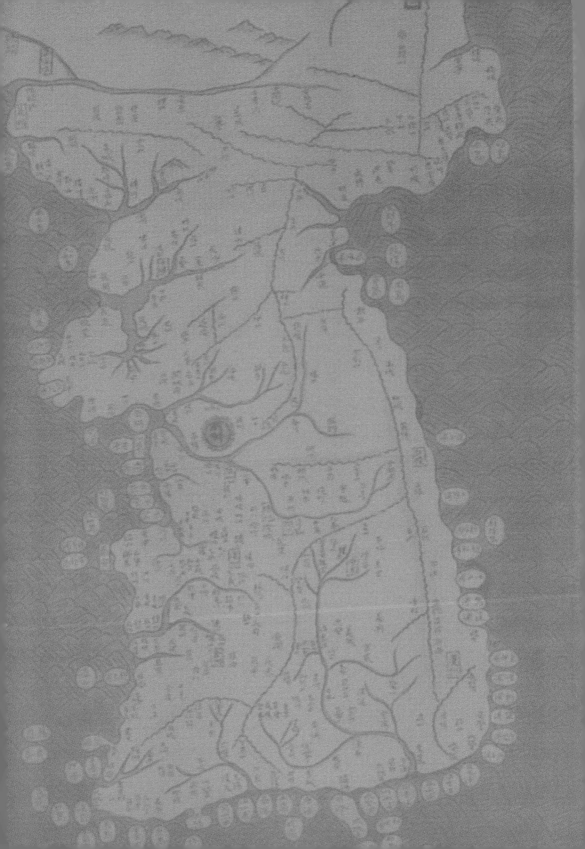

1장 서론:

이질적
두 과학의
만남을 어떻게
바라볼 것인가

한반도에서 이질적 두 과학, 즉 동아시아의 고전적 과학과 서구 과학의 만남이 이루어진 것은 임진왜란이 막 끝나고 다시 만주족의 침입이 이루어지던 17세기 초부터였다. 그런데 그것을 전후한 시기의 조선 과학의 성격과 변화에 대한 우리의 상식적 이해는 역사적 실상과 거리가 먼 것이 많다. 먼저 조선전기의 과학에 대한 이해는 이렇다. 15세기 전반 세종대 조선의 과학은 매우 발달해 활짝 꽃을 피웠다. 그러나 아쉽게도 세계 최고 수준일 정도로 발전했던 세종대의 눈부신 과학은 계승 발전하지 못하고 쇠퇴했다고 이해되었다. 왜란과 호란 두 외침으로 인한 파괴와 처절한 피해는 세종대의 눈부신 과학적 성취를 잘 계승하지 못한 죄과였다는 자기 비하적 반성이 이어지기도 했다.

사실과 다른 역사적 이해는 양란 이후 조선후기의 과학에도 그대로 이어졌다. 15세기 이후 쇠퇴했던 조선의 과학기술은 17세기 이후 서구 과학의 유입이라는 외적 충격에 의해 꿈틀거리기 시작했다는 것이다. 소위 실학자들의 '진보적 서구 과학의 수용'과 '낡고 오래된 전통 세계관의 극복' 등의 모습들은 그러한 변화의 실증적 사례들로 이해되었다. 세종대 눈부신 과학기술의 성취에 대한 자긍은 학문과 문화의 부흥기로 이해되던 18세기 중·후반 영·정조대 과학기술의 부활에 대한 열망으로 이어졌다. 그러나 기대에 부응하지 못하고 조선 사회는 19세기 들어 급격하게 쇠퇴해 조선의 과학기술은 개항기를 전후해서는 거의 백지상태에 이르렀다고 이해되었다. 결국 근대 과학과 강력한 무기 기술로 무장한 서구 열강이 한반도를 침탈해 들어오던 시기에 그에 대응할 우리의 과학기술은 부재했고, 결과는 조선의 멸망이었다.

무엇이 잘못인가? 한번 따져보자.

서구 과학과의 만남 이전 조선의 과학

세계 최고 수준을 자랑하던 15세기 세종대의 과학기술은 진정 계승되지 못하고 쇠퇴했으며, 양란으로 완전히 파괴되어 서구 과학과의 만남 직전에 거의 백지상태에 불과했을까? 피상적으로 몇 가지 사실들을 살펴보면 그럴 법도 하다. 즉, 세종대에 이룩한 대표적인 과학기술의 성취로 15세기 당시로서는 세계 최고 수준의 역법(曆法, 천체들의 운행을 계산하는 일종의 천체력)이라고 평가받는 『칠정산내·외편(七政算內·外篇)』은 이후 개선, 증보되지 못했을 뿐 아니라, 후대의 역산가(曆算家)들은 그 천체 운행의 계산법들을 제대로 계산해내지 못할 정도였다고 한다. 아날로그 방식의 물시계를 디지털 방식으로 전환하여 시간을 알려주는 정교한 기계식 시보(時報) 장치를 갖춘 획기적 물시계인 자격루(自擊漏)는 또 하나의 자랑스러운 세종대 과학기술의 성취인데, 그 제작자 장영실(蔣英實, 약 1390년경~1450년경)이 죽은 후 얼마 지나지 않아 제대로 관리할 사람이 없어 무용지물이 되고 말았다고 알려져 있다. 그 외에도 세종의 적극적인 지원과 뛰어난 과학기술자 이천(李蕆, 1376~1451)과 장영실의 주도로 제작·사용했던 각종의 천문의기

(혼천의, 간의, 일성정시의, 정남일구 등등)는 이후 관측 활동에 사용되지 않고 방치되었으며, 임진왜란 등의 전란을 거치면서 대부분 없어지고, 전란 후에는 남아 있는 기구마저 그 사용법을 아는 이가 없다고 숙종대의 대학자 이이명(李頤命, 1658~1722)이 한탄할 정도였다.

그러나 엄밀하게 추론해보면 세종대의 과학기술은 잘 계승되었을 뿐 아니라 더 나아가 발전해간 모습을 충분히 볼 수 있다. 먼저 위와 같이 세종대 천문학이 이후 쇠퇴해 보이는 것은 세종대 칠정산의 확립으로 대표되는 이론적 층위의 천문학 지식의 발전상에만 주목했기 때문에 가진 착시였다. 실제로 세종대에는 이론적 층위의 차원에서 천체의 운행 이론과 고도의 계산법을 확립하는 성과를 얻어냈고, 그 결과물이 칠정산이라는 획기적인 천문학 지식의 규범화와 정식화, 그리고 창의적인 각종 천문의기들의 제작과 관측법의 확립이었다. 이후 규범화된 천문학 이론과 관측법들이 심각한 문제를 발생하지 않는 한 제왕학으로서의 조선 천문학의 역사적 전개는 실용적 층위의 차원에서만 이루어졌던 것이다. 현대의 천문학과는 달리 제왕학이었던 조선 천문학의 발전적 변화의 예들을 이론적 층위에서만 찾으려 함은 역사적 맥락을 도외시한 이해라고 할 수 있다.[1]

천문학 이외의 분야는 발전적으로 변화하는 모습을 명확하게 살펴볼 수 있다. 대표적으로 의학과 지리학 분야만 간략하게 지적해보자. 15세기 조선의 의약학은 금(金)·원(元)의 의약학을 수용해 종합적으로 소화·정리해낸 『향약집성방(鄕藥集成方)』(1433)과 『의방유취(醫方類聚)』(1445년 완성)로 대표된다. 그런데 15세기 이후 조선의 의약학은 중국의 금·원 의약학을 더욱 본격적으로 수용했을 뿐 아니라 나아가 금·원 의약학보다 더욱 진전된 명(明)대의 의약학을 수용하기에 이른다. 1610년에 완성을 본 유명한 허준(許浚, 1539~1615)의 『동의보감(東醫寶監)』은 이러한 15세기 이후 더욱 성장하던 조선 의약학의 결산으로, 중국에서도 의약학의 텍스트로 활용할

정도로 우수한 의서로 인정받았던 동아시아 의약학의 베스트셀러였다.[2]

　지리학 분야의 발전은 가시적으로도 확인할 수 있다. 각 시기별로 제작된 지도를 비교해보면 그 정밀도나 제작 기법에서 시대적인 발전상을 시각적으로 확인할 수 있기 때문이다. 예를 들어 조선시대의 한반도를 그린 대표적인 지도들을 비교해보자. 1402년 제작의 「혼일강리역대국도지도(混一疆理歷代國都之圖)」 한반도 부분을 보면 두만강의 흐름이 단지 동쪽으로만 흘러가도록 그려진 것에서 드러나듯이 매우 불명확한 지형지세를 볼 수 있다. 세계지도의 일부분으로 소략하게 그려졌음을 감안하더라도 지형지세의 중요한 특징적 모습을 제대로 표현하지 못했음은 분명하다. 이에 비하면 현존하는 가장 오래된 조선전도인 1557년 제작의 「조선방역지도(朝鮮方域之圖)」는 훨씬 정밀해졌음을 볼 수 있다. 특히 「혼일강리역대국도지도」에서는 동쪽으로만 흘러가던 두만강이 「조선방역지도」에서는 동쪽으로 흘러가다가 방향을 꺾어 남쪽으로 흘러가 바다로 들어가는 중요한 특징을 잘 잡았다. 그러나 한반도 중·남부의 윤곽은 실제의 지형과 상당히 부합해졌지만 한반도 북부 압록강과 두만강 구역은 여전히 대충 그려졌음을 알 수 있다. 이러한 한계는 18세기 정상기(鄭尙驥, 1678~1752)의 「조선전도(朝鮮全圖)」(1757)에 이르면 만족스러울 정도로 해소된다. 실제로 조선의 지도 제작은 15세기 이후 '대축척' 방식과 같은 제작 기법의 발전이 보일 뿐 아니라, 다양한 목적과 기능(행정적·군사적·경제생활적 등)의 전문적인 특수 지도가 제작되었고, 지방 각 군현 단위의 세부적인 지역지도가 제작되는 등, 여러 발전적인 측면을 보여주고 있다.[3] 이와 같은 조선의 지도 제작 기술의 발전이 절정에 도달한 것이 바로 1861년에 제작된 김정호(金正浩, 1804?~1866)의 「대동여지도(大東輿地圖)」였다. 「대동여지도」는 조선 지도학의 제작 기법을 계승·발전시켜 이룩한 조선 최고의 지도로, 그 정밀도는 20세기 초 일본 해군이 보유한 근대식 지도보다 더 정밀할 정도였

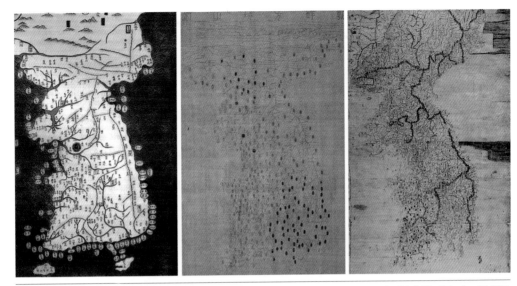

〈그림 1〉「혼일강리역대국도지도」(1402년, 오른쪽), 「조선방역지도」(1557년, 가운데), 정상기의 「조선전도」(1757년, 왼쪽).

다. 이렇듯이 조선의 지리·지도학은 조선시대 동안 괄목할 만하게 발전했던 것이다.

우리의 시선을 형이상학적인 자연관이나 우주론으로 돌리면 조선 과학의 역사적 전개가 어떻게 흘렀는지 더욱 분명해진다. 조선 사대부 지식인들의 자연이해는 기본적으로 성리학적 자연인식체계에 근간을 두었다고 할 수 있다. 성리학적 자연인식체계란 중국 송대 유학자들에 의해서 정립된 것으로 무(無)에서 유(有)의 창조라든가, 인격적인 천(天)의 개념에 의존하는 도가적 또는 불교적 자연이해와 비교되는 것이었다. 그것은 크게 주돈이(周敦頤, 1017~1073)의 태극(太極) 개념, 장재(張載, 1020~1077)의 기(氣) 개념, 그리고 소옹(邵雍, 1011~1077)의 역(易)에서 비롯된 상수학(象數學)에 근간을 두었다. 그런데 조선 천문학의 황금기로 이해되는 세종대에 이러한 성리학적 자연이해는 어떠했을까? 세종의 명에 의해 이순지(李純之, 1406~1465)가 편찬한 대표적인 천문학서 『제가역상집(諸家曆象集)』(1445)

에 담겨 있는 자연에 대한 형이상학적인 서술은 매우 초보적인 수준으로, 성리학적 자연인식체계를 충분히 이해했다고 보기 어려운 정도였다. 심지어 조선 성리학을 반석 위에 올려놓았다고 추앙받는 16세기 중엽의 율곡(栗谷) 이이(李珥, 1536~1584)의 「천도책(天道策)」(1558)에 담긴 자연이해도 초보적인 성리학적 자연이해에 불과했다.

조선의 유학자들이 성리학적 자연인식체계를 소화해서 우주론적 사색을 본격적으로 펼치기 시작한 것은 16세기 이후의 일이었다. 그 단초를 우리는 서경덕(徐敬德, 1489~1546)의 『화담집(花潭集)』에 담겨 있는 1545년경의 우주론 논의에서 찾아볼 수 있다. 그것은 중국 송대의 세 가지 우주론 개념들을 과감하게, 그러나 다소 초보적인 수준으로 통합해서 논의를 펼치는 모습이었다. 이러한 낮은 수준의 우주론 논의는 17세기 초 장현광(張顯光, 1554~1637)의 「우주설(宇宙說)」(1631)에서는 질적으로 업그레이드된 모습을 보여준다. 그것은 송대 중국 성리학자들의 우주론 논의를 완전하게 소화했을 뿐 아니라, 중국 성리학자들의 우주론 논의를 훌쩍 넘어서는 세련되고 자기 완결적인 우주론이었다.[4] 이러한 장현광의 우주론에서 우리는 우주의 '무한함'이라든가 우리가 살고 있는 이 세계와는 별개의 '또 다른 우주'의 존재 가능성과 같은 파격적인 우주론적 사색을 본다. 이러한 논의는 서구 과학과의 만남 이후인 18세기 후반 홍대용(洪大容, 1731~1783)이 창의적으로 펼쳤던 것으로 유명한데 이미 140여 년 전 서구 과학과의 만남 이전 그 사색의 실마리를 살펴볼 수 있다.[5] 세종대에 초보적 수준에 불과했던 조선 사대부 유학자들의 자연에 대한 우주론적 사색은 이후 성리학의 본격적인 성장과 함께 성숙해져 서구 과학과의 만남 시기 이전에 이미 조선의 유학자들은 우주에 대한 세련되고 자유로운 형이상학적인 사색을 펼쳤던 것이다.

조선후기 정부 차원의 적극적인 서구 과학의 학습

이와 같이 서구 과학이 한반도로 유입되기 이전까지 조선의 과학은 대부분의 분야에서 세종대 이후 줄곧 성장했으며, 우리의 상식과는 달리 이질적인 서구 과학을 학습하고 소화할 수 있는 충분한 지적 역량을 조선의 사대부 지식인들은 지니고 있었다. 그렇다면 서구 과학의 유입이라는 외부적 요인이 조선후기 과학 변동의 중요한 변수일 수는 있어도 결정적인 독립변수라고 이해하는 것은 적절한 역사적 이해라고 보기 어려울 것이다. 실제로 서구 과학과 만나게 되는 17세기 이후 조선의 행위자들은 기대 이상으로 서구 과학에 적극적으로 다가간 바가 적지 않으며, 서구 과학에 대한 '진보적 수용'의 모습보다는 종래의 고전적 과학 패러다임에 입각해 조선의 과학을 '독창적으로 재구성'하는 모습을 보여주었던 것이다.

먼저 조선의 가장 큰 행위자로서 정부 차원의 조선 과학과 서구 과학과의 만남에서 드러나는 모습에 주목해보자. 국가 간의 자유로운 교류 없이 대규모 사신단의 정기적인 왕래가 거의 유일한 교류의 통로였던 시대에 조선 정부 주도의 서구 과학의 수입과 학습이 적극적으로 이루어졌다. 조선에 최초로 들어온 서구 과학의 산물은 1603년에 사신 일행으로 북경에 다녀온 이광정(李光庭, 1552~1627)과 권희(權憘, 1547~1624)가 바쳤던 「구라파국여지도(歐羅巴國輿地圖)」였다. 이 지도는 중국 북경에서 막 선교 활동을 하기 시작한 예수회 선교사 마테오 리치(Matteo Ricci, 利瑪竇, 1552~1610)가 황제에게 바치기 위해 1602년에 제작했던 「곤여만국전도(坤輿萬國全圖)」로, 지구설(地球說)에 입각해 한 개의 타원으로 전 세계를 그린 단원형의 '서구식' 세계지도였다.[6] 그야말로 제작한 지 채 1년도 안 되어 조선에 전해진 것이다. 「곤여만국전도」 이외에도 중국에서 간행된 서구식 세계지도의 대부분은 간행된 지 얼마 안 되어 사신행에 의해 바로 조선에 전래되었다. 서구식 천문도도 마찬가지였다. 쾨글러(Ignatius Kögler, 戴進賢, 1680~1746)의 「황도총성도(黃道總星圖)」는 1723년에 북경에서 제작되었는데, 조선 정부는 1742년에 들여와 국왕 영조의 명에 따라 역관(曆官) 김태서(金兌瑞)와 안국빈(安國賓)이 모사해서 제작해 바쳤다.[7]

서구식 역법이라 일컬어지는 '시헌력(時憲曆)'의 도입은 무엇보다도 현실적으로 절실하게 필요한 것이었다. 중국과의 조공-책봉 관계를 안정적으로 유지해야 하는 제후국 조선으로서는 중원을 새로이 차지하고 패권을 쥔 청(淸)이 1644년에 시헌력을 반포하자 개력(改曆)하지 않을 수 없었기 때문이다. 관상감(觀象監) 제조(提調) 김육(金堉, 1580~1658)은 지체 없이 바로 그해에 개력을 주청했다. 그간의 역법이 매우 정밀한 역법이기는 하나 단지 오래되어 오차가 쌓여 천문도수가 바뀐 것이 있는데, 마침 중국에서 새로운 역법인 시헌력이 제시되었으니 배워 와서 개력하자고 주장했다. 오랑캐[서양]의 역법을 오랑캐 나라[청나라]가 사용하고 있으니 중화(中華)의 전통을 계승하고 있는 동방의 나라에서 배워 와 쓸 수 없다는 일부의 반대가 있었다. 그러나 현실 정치적 차원에서 이미 청나라는 오랑캐 나라가 아닌 동아시아의 새 주인이었으며, 시헌력이 비록 서양 오랑캐의 역법이지만 중국에서 그 우수성을 인정받은 훌륭한 역법이라는 인식이 지배적이었다. 일부의 반대에도 불구하고 시헌력으로의 개력 작업은 꾸준히 추진되었다.[8]

그러나 시헌력을 배워 와 시행하는 것이 결코 쉬운 작업은 아니었다. 조공-책봉 질서하에서 제후국인 조선은 자체적으로 역서(曆書)를 반포할 수 없고 황제국인 중국의 역서를 받아 와 그대로 써야 했기 때문에 공개적으로 개력 작업을 수행할 수는 없었던 것이다. 사신 일행에 비공식적으로 천문역산 관원들을 파견해 비밀리에 천문학 책들을 사들여 와 자력으로 학습해야 했다. 개력 프로젝트를 진행한 지 10년 만인 1653년(효종 4)에 시헌력에 의거해 독자적으로 역서를 편찬할 수 있게 되었지만 만족스러운 역법 계산에 기반한 것이 아니었다. 태양과 달의 운행 계산만 제대로 할 줄 알았을 뿐 오행성의 운행은 시헌력으로 계산을 하지 못하고 종래의 대통력(大統曆)에 의존하는 불만족스러운 역서였다. 오행성의 운행과 일월식까지 계산할 수 있게 된 것은 그로부터 50여 년이나 지난 1708년(숙종 34)에 역관 허원(許遠)이 『시헌칠정표(時憲七政表)』를 들여와 추보(推步)에 사용하면서부터였다. 이렇게 어렵사리 시헌력을 소화하자마자 중국에서는 보다 개선된 역법이 증보되었다. 1721년 편찬의 『역상고성(曆象考成)』은 티코 브라헤(Tycho Brache, 1546~1601)의 천문학으로 업그레이드된 것이었고, 1742년에 편찬된 『역상고성후편(曆象考成後編)』은 케플러(Johannes Kepler, 1571~1630)의 타원궤도설과 카시니(Jean Dominique Cassini, 1625~1712)의 최신 관측치와 관측법으로 업그레이드된 것이었다. 이에 조선 정부는 관련 책들을 들여와 다시 고단한 학습을 이어가야 했다. 중국의 시헌력을 학습하고, 자력으로 만족스러운 계산을 익히는 정부 주도의 오랜 노력은 18세기 후반까지 이어졌다.

시헌력의 학습과 개력 사업은 서구식 천문관측기구의 제작 노력으로도 나타났다. 예컨대 서구식 평면 해시계와 적도의(赤道儀)식 관측기구의 도입과 제작을 들 수 있다. 서구 천문학이 중국에 들어오면서 그와 함께 서구식 천문관측기구도 많이 제작되어 사용되었는데, 사용하기 간편한 상한의(象限儀)나 기한의(紀限儀), 비교적 정밀한 관측기구인 적도경위의(赤道經緯儀), 그리고 적도경위의를 평면의 원반 위에 투사해 응용한 간평의(簡平儀), 평면 해시계인 지평일구(地平日晷) 등이 그러한 것들이었다. 조선 정부가 이러한 관측기구들을 제작해 사용한 것으로는 정조대 김영(金泳)의 주도로 1789년에 관상감에서 제작한 적도경위의와 지평일구[9]를 들 수 있다.

조선 유학자들의 서구 과학 학습과 '새로운 과학'의 재구성

정부 차원에서 서구 천문역산학과 지도학이 적극적으로 유입되었던 것에 비하면 조선 지식인 일반의 서구 과학에 대한 관심과 학습은 상대적으로 적은 편이었다고 할 수 있다. 예를 들어 정부의 사신 일행이 들여온 「곤여만국전도」에서 처음 소개되었고 조선 정부의 공식 역법이 된 시헌력 계산의 전제가 되었던 지구설(地球說)에 대해서, 일부의 소수를 제외하고 대다수 학인들은 몰랐거나, 접했어도 거부했던 것이 그러한 사정을 말해준다. 그럼에도 불구하고 일부 학인들은 서구 과학의 상대적 장점을 거론하는 등 큰 관심을 두었다. 특히 정밀한 관측기구를 통해서 얻은 정밀한 데이터, 그리고 구면 천문학적 계산에 바탕을 둔 정확한 천문학 계산 등이 우리의 역법에 비해 우수하다는 것을 인정한 학인들은 그러한 서구 천문학과 수학을 배워 익히려고 노력하기도 했다.

남인계 '실학자'로 유명한 이익(李瀷, 1681~1763)은 그의 백과사전적 에세이집 『성호사설(星湖僿說)』(1740년경)에서 서구의 과학 서적을 읽고 이해한 바를 적어놓으면서 지구설을 사실로 인정했다. 18세기 후반에 활동했던 노론계의 홍대용(洪大容, 1731~1783)과 황윤석(黃胤錫, 1729~1791), 소론계의 서명응(徐命膺, 1716~1787)과 서호수(徐浩修, 1736~1799), 그리고 19세기 중반에 활동했던 최한기(崔漢綺, 1803~1877)와 남병철(南秉哲, 1817~1863)·남병길(南秉吉, 1820~1869) 형제 등의 학인들은 한역(漢譯) 서구 과학 서적들을 읽고 그 내용을 당대인들에 비해 예외적으로 깊게 소화했던 인물들이었다. 홍대용은 유명한 지동설과 무한우주론 논의를 펼쳤고, 서호수는 중국에 소개된 서구식 천문학과 수학의 결정판인 『역상고성』과 『수리정온(數理精蘊)』을 완벽하게 소화해 분석했으며, 최한기는 조선에서는 처음으로 공전을 주장하는 등 뉴턴 역학을 학습하고 재해석하는 모습을 보여주었다. 남병철은 『의기집설(儀器輯說)』(1859)에서 혼천의(渾天儀)를 비롯해서 서구식 관측기구인 간평의와 혼개통헌의(渾蓋通憲儀) 등을 분석했다.

그런데 우리가 주목해야 할 것은 조선후기 사대부 학인들이 이질적인 서구 과학을 접하고 그것을 이해했던 방식은 예수회 선교사들이 원했던 것이 아니었다는 사실이다. 선교사들은 중국의 천문학자들과 학인들이 4원소설(四元素說)과 조화로운 기하학적 원리에 입각해 그들이 중국에 들어와 새롭게 만든 세계지도와 역법 등을 이해할 것으로 기대했다. 그랬을 때 조화로운 우주를 창조한 전능하신 신의 존재를 깨닫고 기독교로 개종할 수 있을 것이라고 믿었기 때문이었다. 그러나 선교사들의 여망에 부응한 중국의 학인들은 기독교로 개종한 극소수 일부 학인들에 불과했다. 특히 선교사들과 직접 대면하면서 서구 과학을 학습하지 않았던 조선 학인들이 4원소설에 입각해 지구설을 이해하는 일은 불가능했고, 실제로 일어나지 않았다. 조선 학인들의 서구 과학에 대한 이해는 철저하게 '그들 자신의 방식'대로였다.[10] 그것은 바로 성리학적 자연인식체계를 말한다. 성리학적 자연인식체계란 두 가지의 상이한 자연을 이해하고 설명하는 방식으로 나누어볼 수 있을 것이다. 하나는 소옹 학파의 성리학자들이 확립한 『주역(周易)』의 체계에 기반을 둔 상수학적 체계이고, 다른 하나는 장재가 구체화시킨 기(氣)의 메커니즘을 이용한 자연이해의 체계이다. 우리는 그러한 예를 조선후기 학인들이 서구 천문학과 우주론의 중요한 내용이었던 지구설과 지전설을 접하고 그것을 어떻게 이해했는지를 살펴보면 잘 알 수 있다.

먼저 지구설에 대한 조선 학인들의 이해 방식을 보자. 18세기 영·정조대 최고의 천문학 전문가였던 서명응은 누구보다도 서구 천문학의 상대적 장점을 인정하고 배울 것을 주장했던 고위 관료 유학자였다. 그런데 서명응이 이해한 지구설의 원리는 4원소설이 전혀 아니었다. 그는 땅이 구형일 수 있는 원리를 서구 과학과는 완전히 다른 개념적 틀인 상수역학적 체계를 적용해 역설했다. 즉, 지구의 형체가 둥근 것은 전설적인 중국의 성인(聖人)들이 '주역(周易)'의 괘(卦)를 만드는 데 근원으로 삼았던 '하도(河圖)'의 중궁(中宮) 다섯 점에서 비롯되었다는 것이다. 서명응은 지구설뿐만 아니라 지축이 왜 23.5도 기울었는지, 하늘은 왜 좌선(左旋)하고 일월은 우행(右行)하는지 등, 서구 천문학이 전하는 새로운 천문학 이론들을 '선천방원도(先天方圓圖)'라는, 유학자들이 우주의 원리가 담겨 있다고 믿은 도상(圖象)에서 구했다. 바로 하도와 선천방원도는 소옹 상수학 체계의 가장 근간이 되는 철학적 기초였다.[11]

서구 천문학의 지구설에서 더 나아가 서구인들은 부정했던 지구의 회전운동을 주장했던 홍대용의 우주론 논의는 상수학적 체계를 거부하고 오로지 기의 메커니즘에 기반을 둔 것이었다. 그의 유명한 지구·지동설의 원리를 살펴보자. 홍대용은 그의 『의산문답(毉山問答)』(1773)에서 장재와 주희(朱熹, 1130~1200)가 체계화했던 기의 메커니즘에 기반한 우주 생성의 과정에 대한 논의를 거론하면서, 원형(圓形)인 지구가 태양계의 중심 부분에서 정지해 있지 않고 허공중에 떠서 하루에 한 바퀴 도는 자전운동을 하고 만물이 그 지면에 기대어 붙어 있다고 주장했다. 그는 어떻게 무거운 지구가 허공중에 떠 있을 수 있는지, 우리의 반대편에 있는 사람들이 밑으로 떨어지지 않고 어떻게 지구면에서 정상적으로 살 수 있는지, 그리고 매우 빠른 속도로 회전하는 지구면 위의 사람과 사물이 어떻게 쓰러지지 않고 서 있을 수 있는지 등의 근거를 지구 주위의 '기(氣)'의 상하지세(上下之勢)'에 의한 것으로 설명했다.[12] 홍대용의 지동설이 동아시아에 들어온 서구 천문학의 지동의 논의에서 힌트를 얻었는지 아니면 홍대용 자신의 독창적인 사고인지는 사실 중요하지 않다.[13] 주목해야 할 것은 땅이 움직일 수 있다는 논리를 성리학적 자연이해의 전통인 기의 메커니즘에 의거해 추론해냈다는 사실이다. 홍대용의 지전설은 기의 메커니즘에 기반을 둔 '새로운 과학의 구성'이었다.

19세기 최한기의 '기륜설(氣輪說)' 또한 전형적인 기의 메커니즘을 적용한 것이었다. 최한기의 기륜이란 기(氣)가 항성이나 행성을 겹겹이 에워싸고 있는 모습을 마치 수레바퀴에 비유해서 표현한 개념이었다. 이 개념은 이미 1836년의 『추측록(推測錄)』에서 그 단초가 시작되었다. 즉, 조석(潮汐) 현상을 설명하면서 뭇 천체들의 운전(運轉)은 그 주위의 기가 따라 돌면서 '피륜(被輪)'을 이룬다는 것이다. 그런데 지구의 피륜과 달의 피륜이 만나는 부분에서 마찰이 일어나는데, 그러한 마찰의 작용에 의해서 조석이 일어난다는 것이었다. 이와 같은 기륜의 개념은 『성기운화(星氣運化)』(1867)에서 더욱 발전되었다. 그동안의 조선 학인들의 우주론 논의가 줄곧 17세기 초 과학혁명기 초반의 서구 과학 지식에 전적으로 기반을 두었던 것에 비하면 최한기의 『성기운화』는 19세기 중엽 유럽의 근대 천문학 지식을 담고 있는 『담천(談天)』(1859)에 근거했다. 결국 최한기의 기륜설이라는 흥미로운 기의 메커니즘은 『담천』에 담긴 뉴턴(Isaac Newton, 1642~1727)의 중력에 의한 천체 운동 현상을 설명하는 틀이 되었다. 최한기는 뉴턴 역학을 중국에 소개한 책 『담천』은 중력의 원인을 규명하지 못했는데, 자신의 기륜설은 그 원인을 규명하였다고 생각했다. 더 나아가 최한기는 뉴턴이 해결 못 한 문제들도 기륜설로 풀 수 있다고 믿었다. 최한기에게 기륜설은 뉴턴의 중력이론과 케플러의 법칙보다 더 근원적인 문제들을 설명해주는 '일반적인 과학이론(General Scientific Theory)'이었다.

뉴턴의 중력이론을 하위의 이론으로까지 격하시킨 '기륜설'이 최한기에 의해서 구성된 것은 바로 개항 직전인 1860년대였다. 이렇듯 조선의 사대부 학인들은 17세기 이후 서구의 과학을 적극적으로 학습하면서도 성리학적 자연인식체계를 거부하거나 포기하지 않았다. 오히려 18세기 후반 서명응의 역학적(易學的) 천문학과 최한기의 기륜설에서 단적으로 드러나듯이 고전적 자연인식체계를 더욱 발전시키면서 자연에 대한 이해의 폭과 깊이를 더해갔던 것이다. 조선후기의 학인들은 감각경험과 상식으로는 도저히 이해 불가능한 지구설과 같은 문제를 대면하고 '그들의 방식'으로 만족스럽게 문제를 풀었던 셈이다. 그 과정에 새로운 과학을 구성해냈다.

조선후기 이질적 두 과학의 만남, 어떻게 읽을 것인가

조선 초 이후 19세기 말에 이르기까지 과학이 어떻게 변화했는지 대략적 흐름을 제시해보았다. 일반인들은 물론이고 대부분의 한국사 연구자들의 상식과도 상당히 다른 역사적 모습이었을 것이다. 세종대에 눈부신 성취를 이룩했던 우리의 과학은 그 이후에 계승되지 못했던 것이 아니라 우리의 예상과 달리 꾸준히 이어졌다는 것이다. 오히려 기술적(technological) 지식의 층위가 아닌 자연에 대한 체계적이고 형이상학적인 이해는 15세기에 초보적이었던 것이 이후 성리학의 성숙과 함께 성장했다는 사실을 강조했다. 그래서 침체되어 있던 우리의 '낡은 과학'이 서구의 '새로운 과학'이라는 외적인 충격에 의해서 비로소 꿈틀거리기 시작한 것이 아니라, 서구 과학이 유입되어 들어오기 이전에 우리의 과학, 특히 사대부 지식인들의 자연이해의 방식과 태도는 발전적으로 성장하고 있었으며, 그들은 유입되어 들어온 서구 과학[13]을 나름대로 만족스럽게 학습하고 소화해갔음을 보았다. 조선후기의 위정자들과 일부 지식인들은 서구 과학의 수용과 이해에 비교적 적극적이었고, 그들이 기대한 만큼에서는 성공적이었다고도 할 수 있다. 이러한 과학의 변화 양상은 19세기에도 지속되었을 것이며, 개항기 직전에 "우리 사회에 과학이 없었다"는 서술은 19세기 말 '근대'라는 화려한 외피를 입은 채 급격하게 유입되어 들어온 "근대 과학(modern science)은 없었다"로 바뀌어야 타당하다고 보려고 했다.

그런데 이와 같은 필자의 주장에 대해 청중 중에는 잘못된 오해를 하는 경우가 적지 않다. 예컨대, 세종대 이후 과학기술이 쇠퇴한 것이 아니라면 더욱 발전했다는 것인가? 조선후기 정부가 적극적으로 서구 과학을 수용했고, 소수에 불과하지만 일부 학인들이 성숙한 성리학적 자연인식체계를 기반으로 서구 과학을 만족스럽게 해석해냈다면, 조선후기 서구 과학의 수용은 성공적이었다는 말인가? 물론 그렇지는 않을 것이다. 발전과 성공을 묻는 질문은 쇠퇴와 실패를 묻는 질문의 동전의 양면과 같은 것으로, 발전과 쇠퇴, 성공과 실패, 수용과 거부의 담론은 적절한 역사학적 접근이 아니다.

그럼에도 불구하고 필자가 과감하게 서술한 동기는 우리의 (동양 또는 조선) 과학에 그간 쇠퇴와 실패 그리고 거부라는 딱지만을 붙여왔던 상식의 강고함을 조금이나마 줄여보고자 하기 때문이다. 그러한 강고함은 근대 사회에서의 '서양 과학의 성공'과 '동양 과학의 실패'라는 담론에서 연유했던 바가 컸다. 이는 소위 근대주의적이고 과학주의적인 역사인식과 궤를 같이하는 것이기도 하며, 더욱 근원적으로는 과학과 과학의 발전에 대한 오래된 목적론적 역사서술(teleological historiography)의 전통에 연유한다고도 생각한다.[14] 이러한 전통의 역사서술은 과거의 자연지식의 의미망 전체에서 특정한 구성요소로서의 개별적이고 기술적인 전문화된 지식정보를 선택적으로 발췌·분리해내고, 그것이 현대사회에서 지니는 사회적 기능과 역할에 비추어 해석하곤 했다. 이러한 해석은 그것이 생겨났던 역사적 맥락(contexts)과 완전히 분리되어 이루어졌으며, 역사적 의미에 대해서는 무관심하기도 했다. 이러한 역사서술의 관심은 오로지 발전(develop-

ment), 정체(stagnation) 그리고 쇠퇴(decline) 중의 한 가지에 초점이 맞추어
질 수밖에 없다.[15]

그런데 서구의 과학과는 완전히 다른 비서구 과학(non-western science)에
서 어떠한 방향의 역사적 전개를 발전 또는 쇠퇴라고 볼 수 있을까. 목적
론적 역사해석에 의하면 '현대 과학과 유사한 형태'의 과학의 형성을 발전
이라고 이해하게 될 것이다. 그렇다면 조선 초에 부재했고, 16세기부터 본
격적으로 등장, 이후 조선 학인들의 자연을 이해하는 기본 틀이었던 성리
학적 자연인식체계의 고도화는 '과학의 쇠퇴'일 수밖에 없다. 서명응의 상
수학적 자연인식과 최한기의 기륜설은 '현대 과학과 유사한 형태'와는 너
무나 거리가 멀기 때문이다. 필자는 조선시대 우리의 과학을 역사적 맥락
에서 공평하고 대칭적으로 제대로 이해하기 위해서는 이상과 같은 목적론
적 역사해석에서 하루빨리 벗어나야 한다고 본다. 전문적인 기술적 지식
들을 그것이 처해 있던 사회적, 문화적 그리고 역사적 제 배경과 분리해내
서는 안 된다. 전문적 자연지식(scientific techniques)만이 과학이 아니라, 다
양한 측면의 문화와 사상은 자연지식과 함께 당대의 과학 네트워크를 구
성하는 중요한 구성요소인 것이다.

세종대의 과학기술이 찬란했고 그 이후에 잘 계승되지 못했다는 종래
의 상식은 현대 과학과 유사한 형태의 전문적인 자연지식들이 세종대에
두드러지게 나타났으며, 그것들이 이후에 사라지는 듯 보이기 때문에 생
긴 착시다. 그러나 그것이 세종대 과학의 전체 모습은 아니다. 세종대 유학
자들의 자연철학적인 자연이해가 매우 초보적인 수준에 불과했던 사실을
주목해보자. 또한 세계적 수준의 독자적인 역 계산법인 칠정산과 세계 최
초의 계량적 강우량 측정기인 측우기 등은 비록 그 외형적인 모습이 '현
대 과학과 유사한 형태'이지만, 그것의 구성요소인 문화적 배경은 현대 과
학과는 판이했던 것이다.[16]

또한 목적론적 역사해석은 조선후기 '서구 과학'을 얼마나 성공적으로 수용했으며, 낡고 오래된 그래서 비과학적이라고 이해되던 '전통 과학'을 얼마나 철저하게 부정·극복했는가에 가장 큰 관심이 모여 있다. 이 역시 '현대 과학과 유사한 형태'의 등장을 갈망하는 욕구에 기인한다. 필자의 관심은 이와는 달리 고전적 자연지식과 자연인식체계가 조선전기 이래 어떻게 변화해갔으며, 보다 세련되고 체계적인 고차원의 자연인식체계로 무장한 유학자들이 외래의 서구 과학 지식이 담긴 문헌들을 접하면서 그것을 어떻게 읽어냈는가에 있다. 서로 상이한 문화적 배경을 지닌 이질적인 두 과학, 즉 조선 과학과 서구 과학이 조선후기 한반도에서 서로 대면했다. 그런데 토마스 쿤(Thomas Kuhn, 1922~1996)의 개념을 빌려서 말하면 조선 과학의 패러다임 하에서 자연을 이해하던 조선 유학자들이 고전적 자연지식의 의미망에서 심각한 문제가 발생하지도 않았는데 조선 과학을 거부하고 서구 과학을 수용하는 것은 있을 수 없는 역사적 사례이다. 실제로 조선 유학자들 대부분은 19세기 말까지도 조선 과학의 패러다임 하에서, 즉 '그들의 방식'인 성리학적 자연인식체계로 서구 과학을 읽었던 것이다. 그것이 자연스러운 역사의 실제 모습이다.

이상과 같이 거시적으로 제시해본 조선 과학의 변화에 대해서 이 책은 구체적으로 살펴볼 것이다. 2장에서 살펴볼 내용은 서구 과학과의 만남 이전의 조선 과학의 모습이다. 비록 17세기 이전에 서구인들이 한반도에 들어오지 않았지만 들어왔으면 직접 목도했을 과학의 모습이다. 세종대 전범이 확립된 이후 흡사 쿤이 말한 바의 정상과학(normal science)의 단계로 정착된 듯한 안정된 천문지리학의 실상에 대해서 살펴볼 것이다. 아울러 15세기에는 부재했으나 16세기 이후 조선 학인들에 의해서 구사된 형이상학적 우주론 사색의 모습을 살펴본다. 이를 통해 서구 과학과 대면하기 이

전 조선의 학인들은 이질적 우주론을 해체해 새로운 우주론의 의미망으로 끌어들일 수 있는 충분한 지적 역량을 갖추었음을 보여줄 것이다.

3장에서는 서구 과학의 중국 유입 이후 중국에서 이루어진 '새로운 과학'의 모습을 살펴보겠다. 그것은 중국의 천문학자들과 사대부-관료 학인들, 유럽에서 온 예수회사들, 그리고 중국의 청 정부라는 행위자들이 경쟁과 갈등, 혹은 협조하에서 구축한 새로운 자연지식의 네트워크였다.[17] 예수회사들이 중국에 들어와 어렵게 흠천감(欽天監)을 장악하고 주도해서 생산해낸 과학은 유럽의 과학, 즉 그들이 유럽에서 학습했던 '서구 과학(western science)'이 아니었다. 중국이라는 전혀 새로운 맥락(context)에서 새롭게 구성된 '번역된'[18] 과학이었다. 유럽의 '서구 과학'이 어떻게 번역되어 청의 '새로운 과학[新法]'이 되었는지, 구체적인 모습을 살펴본다.

4장부터 6장까지는 17세기 이후 조선에서 이루어진 새로운 과학의 구성에 대해서 살펴본다. 중국에서 일차 번역이 이루어졌다면 바다 건너 동쪽의 변방 조선에서 이차 번역이 이루어진 셈이다. 4장에서는 전문적 지식의 이차 번역을, 5장에서는 상수학적 인식체계에 입각해 서구 과학의 해석과 새로운 우주론적 사색을, 그리고 6장에서는 기의 메커니즘에 입각한 서구 과학의 해석과 새로운 우주론적 사색에 대해서 살펴볼 것이다. 마지막으로 7장에서는 19세기 말 그동안의 양상과는 달리 조선의 과학이 '전통 과학'으로 규정당하면서 소멸하고, 19세기 중후반에 새롭게 유입된 유럽의 과학이 '(근대) 과학'으로서 조선 과학의 자리를 대신하던 양상을 살펴본다.

2장

서구
과학과의
만남 이전
조선의
과학기술

서론에서 지적한 바와 같이 오래된 우리들의 상식적 이해에 의하면 '우수한' 서구 과학과 만나기 직전 조선의 '전통 과학'은 상대적으로 열등했다고 한다. 괄목할 과학적 성취를 이루었던 15세기 전반 세종대의 과학기술은 두 세기를 지나며, 특히 양란을 거치면서 쇠퇴했으며, 17세기 초부터 유입된 서구 과학은 쇠퇴해가던 조선의 과학을 부흥시켜줄 것 같은 새로운 과학적 지식으로 이해되어왔다. 정말 그러한가? 서구 과학과 만나기 이전 조선의 과학이 어떠했는지 이 장에서 살펴볼 내용이다.

결론적으로 말해서 서구 과학과의 만남이 이루어지기 이전 조선의 과학은 열등하거나 무력하지 않았다. 김육(金堉)이 '시헌력(時憲曆)'으로의 개력을 제안했던 것은 조선의 역법이 형편없어서가 아니었다. 1640년대 당시 조선의 역법은 역서를 편찬하거나 일월식을 예측하는 데서 결정적인 결함이 있지도 않았다. 또한 사대부 지식인들의 자연현상을 이해하고 설명하던 지적 수준이 미신적이라거나 비과학적이었다는 것은 사실과 거리가 멀었다. 그들은 이질적인 서구의 우주론적 지식을 그들의 방식으로 해체해서 재구성할 수 있는 지적 역량을 어느 정도 갖추고 있었다. 이질적 서구의 과학을 접하기 전 그들이 지니고 있던 지적 전통이 어떠했는지 살펴보자.

1. 문화국가의 표상—조선의 역법 '칠정산'

조선시대의 '천문학'은 엄밀하게 말해서 요즘 우리가 배우는 분과 학문으로서의 '천문학(astronomy)'과는 의미가 달랐다. 물론 하늘에 대한 과학지식이 없었다는 말은 아니다. 조선시대 '천문학'은 관상감(觀象監)이라는 기관의 세 부서 중에 하나를 이르는 말이었다. '천문학'은 천문과 역(曆)을, '지리학(地理學)'은 풍수를, 그리고 '명과학(命課學)'은 정부 내 각종 행사 및 의례를 집행할 길한 날짜를 잡는 일을 담당하는 전문 부서였다.[1] 따라서 조선시대 천문학은 관상감 '천문학' 부서에서 행하던 하늘에 대한 전문 지식이었던 셈이다. 그것은 크게 나누어 '천문'과 '역'으로 나눌 수 있다.

고대 이래 동아시아에서 하늘에 대한 전문적 자연지식은 천문(天文)과 역(曆)으로 구분할 수 있다. 중국의 『한서(漢書)』와 우리의 『고려사(高麗史)』에 「역지(曆志)」와 「천문지(天文志)」가 별도의 장으로 나뉘어 서술되어 있는 데에서 그러한 사실을 확인할 수 있다. 천문과 역(역법 또는 역산)은 둘 다 하늘에 대한 전문 지식이지만, 그 성격이 많이 달랐다. 그중에 천문은 『주역(周易)』 「계사전(繫辭傳)」에 나오는 "위를 우러러 보아 '천문'을 관찰하고, 아래를 굽어보아 '지리(地理)'를 살펴서 모든 사물의 이치를 안다"[2]와, "하늘이 상(象)을 드리워 길흉을 나타낸다"[3]의 문구에 그 의미가 압축적으로 담겨 있다. 천문은 '하늘의 상', 즉 하늘에서 일어나는 제반 현상을 지칭하는 용어였지만, 함축된 의미는 그 이상이었다. 하늘의 상을 통해서 인간 세상을 포함한 모든 사물의 이치를 알아내며, 더 나아가 그것을 통해 앞날을 예측하고, 정치적 사건의 옳고 그름을 판단할 수 있는 것이었다. '천문(天文)'은 문자 그대로 '하늘의 무늬', 즉 하늘의 메시지를 의미한다. 천문이란 그러한 하늘의 메시지를 별자리를 통해 해독하는 전문 지식이었다. 코드를 푸는 열쇠는 주로 음양오행에 입각한 연역적 추론이었다. 미적분이나 미분방정식 등을 이용해 코드를 푸는 현대 천문학을 생각하면 오산이다. 천문을 읽는 매뉴얼은 「천문지」이다.

가장 오래된 천문지는 기원전 100년 무렵 사마천이 쓴 『사기(史記)』의 「천관서(天官書)」이다. 한(漢) 제국의 천문 책임자인 태사령(太史令)이었던 사마천(司馬遷, 기원전145?~기원전86?)은 98좌 500여 개의 별을 지상 세계의 관료체제와 국가 안의 사물들에 대응시켜 오관체제로 체계화했다. 절대 권력의 황제를 정점으로 하는 안정된 관료체제를 구축하기 위한 이데올로기적 작업의 일환이기도 했다. 「천관서」의 오관체제는 『한서』 「천문지」와 『진서(晉書)』 「천문지」를 거쳐 수나라 때 「보천가(步天歌)」에서 238좌 1,464개의 별이 '3원(垣) 28수(宿)' 체제로 체계화되어 이후 동아시아 천문체제의 전형이 되었다.

「천관서」와 「보천가」 이후 천문이 확립되고, 지상 세계의 사물들이 하늘의 별에 대응된 이후 천문을 해독하는 일은 사실 특별히 어려운 일은 아니었다. 천문지에 수록된 내용을 완벽하게 외우고만 있으면, 매뉴얼대로 별의 변화에 따라 그 별이 상징하는 지상 세계의 일을 예견하면 되었다. 예컨대 황제의 침대를 상징하는 '천상(天床)'이라는 별자리를 불길한 별인 객성(客星)이 스쳐 지나가면 황제의 신변에 위험한 일이 일어날 것이라는 식이었다. 물론 매뉴얼에 없는 내용이 있을 수 있다. 하지만 판례가 있다. 옛 사료를 뒤져 비슷한 예를 찾으면 되었다. 따라서 해독할 수 있는 능력보다는 해독할 수 있는 권한이 중요했다. 해독할 수 있는 능력이 있다고 아무나 하늘의 메시지를 읽는 것은 아니었기 때문이다. 천문은 자신을 대리해서 인간 세상을 다스리는 왕에게 보내는 하늘의 메시지로 이해되었기 때문에, 하늘로부터 명(즉 天命)을 받은 절대 권력을 가진 제왕만이, 그리고 그의 명을 받은 자만이 천문을 읽을 수 있었다. 이와 같이 천문은 철저하게 왕을 위해, 왕에 의해 독점되었다. 조선시대 천문학을 왕의 학문, 즉 제왕학이라고 부르는 이유가 여기에 있다. 별자리를 개인의 운세와 연결해 점을 치는 서구의 점성술과는 완전히 달랐던 것이다.[4]

정성적인 의미의 천문과 달리 역은 정량적이고 산술적인 전문적 지식이었다. 『서경(書經)』 「요전(堯典)」에 적혀 있는 "해와 달, 그리고 별을 역상(曆象)해서 백성들에게 시간을 알려준다"[5]의 문구에 그러한 역의 의미가 잘 담겨 있다. '역상한다'는 천체를 관측하고 천체 운행을 정확히 계산해내는 등의 수리천문학(mathematical astronomy)적인 제반 활동을 의미했다. 천문이 천체 현상의 관찰을 통해서 주로 정치적인 의미의 길흉과 미래의 예측과 같은 정성적인 사색을 펼치는 것이라면 역은 천체의 변화, 특히 운행주기의 정확한 산술적 계산을 해내고, 동시에 그것을 통해서 정확한 시간을 만천하에 제시하는 것이었다. 그렇기에 역은 일반적으로 수리천문학으로 번역되었다. 역의 전문가들은 천문 현상에 대한 정치적 의미나 길흉의 판단을 해야 할 필요가 없었다. 그들은 오로지 1년과 24절기의 계산이나, 일식, 월식 등 중요한 천체 운행을 산술적으로 계산만 할 수 있으면 되었다. 역의 전문가는 상당한 수준의 수학적 훈련을 받은 전문가였다.

역법은 이와 같이 하늘에 대한 전문적 지식 중에서 천체의 운행에 대한 산술적이고 정량적인 지식 또는 계산법이었다. 역서(曆書)는 그러한 천체 운행 계산의 결과물, 즉 데이터를 수록한 책이었다. 하늘의 주인인 천자(天子), 즉 황제는 천체의 운행에 대한 관찰과 산술적 계산을 통해 얻어낸 정확한 시간을 역서에 담아 만천하에 공포했고, 이러한 시간은 하늘 아래 모든 인간들이 무조건 받아들여야 하는 표준이었다. 하늘을 관측하고 표준적인 시간을 정함은 천명(天命)을 받아 천하를 통치하는 황제의 독점적 권한이었고, 범할 수 없는 절대적 권위의 상징이었다. 그렇기에 고대부터 왕조가 바뀌면 '수명개제(受命改制)', 즉 바뀐 천명에 부합하는 새로운 제도를 수립하는 원칙이 확립되었는데, 새로운 제도 중에 역법은 율려(律呂)와 함께 가장 중요한 것이었다. 혁명을 통해 천하의 새로운 주인이 된 황제는 이전 왕조에서 사용되던 역법을 폐기하고, 더 나은 역법을 확립해 새로운 시간을 표준으로 반포함으로써 새로운 왕조의 정당성을 드러내려 했다. 새로운 역서와 시간체계를 수용함은 새로운 황제를 천하의 주인으로 인정하고 따르겠다는 정치적 의미였다. 조공-책봉 관계로 유지되는 동아시아의 천하 질서에서 번속국(藩屬國)이 황제가 반포한 역서를 받아 와 사용함은 황제에 의한 번속국 국왕의 책봉(冊封) 못지않게 중요한 계약 내용이었다.

동아시아에서 역법의 이론적 근간은 연대배치법(連大配置法)과 치윤법(置閏法)을 이용한 태음태양력(太陰太陽曆)이었다. 연대배치법은 달의 운행주기가 대략 29.53일이기 때문에 29일의 작은달과 30일의 큰달을 규칙적으로 배열해서 그 평균이 달의 실제 주기와 일치하도록 하는 방법이었다. 치윤법이란 윤달을 배치하는 규칙적 방법을 말한다. 12번의 달의 주기(삭망월)는 354.367일로 태양의 주기인 365.2422일의 회귀년 주기와 상당한 차이가 난다. 그렇기에 몇 년에 한 번씩 윤달을 넣어서 그 주기를 일치하도록 해야 했다. 체계적인 연대배치와 치윤은 춘추시대 중엽 무렵 19년에 7윤달을 넣는 방식으로 규칙성을 찾기 시작했다. 그러나 19년 7윤달법을 근간으로 하는 만족스러운 역법이 확립된 것은 전국시대 중엽의 사분력(四分曆)에서였다. 사분력은 1년의 주기를 365와 1/4로, 1달의 주기를 29와 499/940일로 정하고, 19년에 7윤달을 넣음으로써, 19년을 주기로 235번의 달이 채워지면 태양의 주기와 차이 없이 딱 맞아떨어질 수 있었다. 이러한 사분력 체계가 처음으로 반포되어 천하의 표준 역법으로 확립된 것은 한(漢)의 태초력(太初曆, 기원전102년)이었다. 이렇게 확립된 중국의 역법체계는 1912년 태양력으로 바뀌기 이전까지 2천여 년 동안 근본적인 변화 없이 유지되었다. 역대 역법 중에 당(唐)의 대연력(大衍曆, 729~761년 사용)과 원(元)의 수시력(授時曆, 1281~1644년 사용)이 가장 우수했다.[6] 1645년에는 서구의 천문 데이터와 계산법을 차용한 시헌력이 반포되어 1911년까지 사용되었다.

한국은 고대 이래 대체로 중국의 역법에 근거해서 그것을 이용해 자체적으로 역일(曆日)을 계산해 역서를 간행·반포해왔다.[7] 한국이 중국의 역법을 수용해 역서를 운용해온 것은 다음과 같은 두 가지 역사적 의미를 지닌다. 첫째, 중국 역법의 수용이 갖는 역사적 의미는 한반도의 역대 국가들이 중국 황제가 제정·반포한 역서를 제후국의 위상으로 채택했다는 사실이다. 번속국의 왕이 중국 황제에 의해 책봉을 받고 그 대가로 조공을 바치는 것과 마찬가지로, 번속국은 당연히 중국의 역서를 받아 와 사용하는 의례, 즉 중국의 정삭(正朔)을 받아 오는 의례를 수행해야 했다. 물론 현실적으로 사대관계는 정치적 사안이기 때문에 의례로서만 중국의 역서를 받아 오고, 실제로는 사용하지 않고 별도의 독자적인 역서를 편찬·사용할 수 있다. 적어도 조선시대에는 그랬다. 매년 동지사(冬至使)가 중국의 역서를 받아 오는 의례를 수행했지만, 그것과는 별도로 '칠정산(七政算)'에 의해 독자적인 역서를 간행·반포했던 것이다. 이는 조선이 적극적으로 중국 중심의 국제 질서에 가담해 동아시아에서의 국가적 위상을 높이고, 동시에 내부적으로 독자적인 역서를 편찬·반포함으로써 문화적이고 이념적인 독립을 추구했음을 의미한다. 이러한 정책은 조선의 천문학이 상당한 수준에 도달해야만 가능한 일이었다.

둘째, 우리의 천문학적 수준이 독자적으로 천체의 운행을 계산해 역서를 편찬할 정도가 되지 못했기에 고대 이래 수준 높은 중국 역법을 수용했다는 사실이다. 실제로 역사 기록을 통해 백제에서는 중국 남조의 송에서 만든 원가력(元嘉曆)을, 신라에서는 당의 인덕력(麟德曆), 대연력, 선명력(宣明曆) 등을, 고려에서는 전기에는 당의 선명력을 후기에는 원의 수시력을, 그리고 조선시대에는 명의 대통력(大統曆)과 청의 시헌력을 각각 수용했음을 알 수 있다. 물론 중국의 역법을 얼마나 소화했고, 독자적인 역서를 편찬해 반포·사용했는지는 명확히 밝혀지지 않았다. 아마도 삼국시대까지는 독자적인 역서를 편찬하지는 못했을 것이다. 그러나 고려시대에는 중국의 신명력에 기반해서 독자적인 역서를 편찬해 반포했을 가능성이 크다. 중국과 고려의 사료에 적힌 날짜가 일치하지 않고 다른 경우가 종종 있다는 사실은 그러한 사정을 짐작케 한다. 똑같은 역법에 의해 계산을 하더라도 관측과 계산의 기준이 되는 지역이 다르면 날짜가 다를 수 있는 것은 당연한 귀결이다. 그렇다면 고려에서 중국의 역법을 이용해 독자적으로 계산해 중국 역서와 날짜가 차이 나는 별도의 역서를 편찬해 반포했을 가능성을 배제할 수 없는 것이다.[8]

그런데 조선 초에 이르면 분명하게 독자적으로 계산하고, 별도의 역서를 편찬·반포했다. 고려 말 1304년 최성지(崔誠之, 1265~1330)가 원(元)에서 수시력을 배워 와 충선왕 때(1309~1313 재위)부터 수시력 체제를 쓰기 시작한 이래 140여 년이 지난 1444년(세종 26)에 이르러서야 수시력 계산법을 완벽하게 학습하고 서울 기준의 데이터를 확보해 『칠정산내편(七政算內篇)』을 편찬했던 것이다.[9] 그간 연구자들은 이러한 『칠정산』의 편찬을 한국의 역사상 첫 번째 '본국력(本國曆)'의 완성이었다고 보았는데, 특히 『칠정산』을 '자주적' 또는 '민족적 역법'으로 이해하곤 했다.[10]

그러나 조선전기 당대의 사람들에게도 '칠정산'이 중국의 역법과는 다른, 조선의 독자적(independent)이고 고유한(unique) 역법이었을까는 의문이다. 세종대 '칠정산' 확립과 천문기구 창제 프로젝트로 대표되는 천문학 사업의 목적이 '중국과 다른 조선의 고유한 역법'을 수립하려던 것과 다소 거리가 있었기 때문이다.[11] 오히려 세종은 선진국 중국의 문화와 제도를 충분히 만족스럽게 수용해서 변방의 신생국가 조선을 '진정한 제후국으로서의 문화국가'로 수립하고자 했으며, 역법의 독자적인 계산과 역서의 간행은 그러한 문화국가를 수립하는 데 필요한 가장 중요한 사업 중에 하나였다고 보았다.

　국왕 세종과 조선의 지배층 사대부-관료들은 조선의 고유한 역법을 추구하기보다는 역법의 만족스러운 계산을 할 수 있는 능력을 확보하는 것이 신생국가 조선이 문화국가를 수립하는 데 반드시 필요하다고 인식한 듯하다. 아울러 그러한 역법의 완전한 학습과 역서의 간행이 중화의 제도를 제대로 준수하는 것이라고 믿었다. 세종이 천문학 프로젝트를 명하면서 던진 말을 보자. "우리 동방이 먼 바다 밖 변방에 있으면서도 무릇 시행했던 바가 '하나같이 중화의 제도를 준수'했는데 오직 천문관측의 기구만이 빠졌다."[12] 곧 다른 제도들은 중화의 제도를 만족스럽게 수용해 정착시켰지만 천문학 부문만은 그러지 못하고 있으니, 정인지(鄭麟趾, 1396~1478) 등에게 명하여 천문학 프로젝트를 시작하라는 것이었다. 따라서 그러한 프로젝트의 결과 얻은 천문관측기구의 제작과 완벽한 역법의 계산 또한 중화의 제도를 만족스럽게 준수하는 것이었음은 당연하다고 하겠다. 천문관측기구의 제작 프로젝트가 성공적으로 끝나고 김돈(金墩, 1385~1440)이 올린 「일성정시의서(日星定時儀序)」의 마지막 문구가 그러한 사실을 단적으로 보여준다. "성스러운 우리 임금께서 때맞춰 요와 순 임금을 본받아 규표(圭表), 구루(晷漏), 혼의(渾儀), 혼상(渾象)의 '고제(古制)'를 회복하였다."[13] 사실 중화의 제도를 배워 익혀 준수하기가 가장 어려운 것이 천문학의 제도였는데, 세종 19년(1437) 무렵 관측기구와 자격루(自擊漏)라는 물시계의 제작을 완료하고, 세종 26년(1444) 무렵 『칠정산내·외편』 편찬을 통해 독자적으로 역법의 계산법을 완성함으로써 요·순으로 상징화되는 중화의 모범적인 제도를 준수할 수 있게 된 것이었다.

　이와 같이 '칠정산'이 중화의 제도를 준수하려는 노력의 결과였다면 그것은 중국 황제가 반포한 역법과는 다른 성격의 것으로 보아야 할 것이다. 먼저 '칠정산'이라는 용어에 주목해보자. 일반적으로 중국의 역법은 '수시력', '대통력'과 같이 '모모력(某某曆)'이라는 이름으로 불렀다. '일곱 개의 천체 운행에 대한 계산'이라는 의미를 지닌 '칠정산(七政算)'이라는 용어는 역법의 이름으로는 썩이 맞지 않는 것이라고 할 수 있다. 즉, 정식 역법의 이름을 얻지 못한 것이며, 계산법을 지칭하는 이름에 불과했다고 할 수 있다.[14]

이와 같이 정식 역법의 이름을 얻지 못한 『칠정산』이라면 그것에 입각해 매년 간행하던 조선의 역서는 중화에서 멀리 떨어진 변방의 '지역 역서(local calendar)'였다고 보는 것이 적절할 듯하다. 조선전기 15~16세기 연대기 사료에는 조선 간행의 역서를 지칭할 때 여러 용어들이 등장하는데, '본조력(本朝曆)', '본국력', '아국력(我國曆)' 그리고 '향력(鄕曆)' 등이다.[15] 그중에 '향력'은 중국의 역서를 지칭하는 '당력(唐曆)'에 대응하는 대쌍으로 연대기 사료에 가장 빈번하게 등장하는 용어였다. '향력'은 문자 그대로 중국의 변방 '지역의 역서'라는 의미일 텐데, 조선 역서에 대한 당대 조선 정부와 사관의 인식을 그대로 보여주는 명칭이라고 할 수 있다.[16]

뿐만 아니라 15~16세기 관상감에서 간행된 조선의 역서에는 '칠정산'이라는 명칭이 정식 서명으로 인쇄되지도 않았다. '칠정산'으로 계산된 조선의 역서 중에 현재 서명이 들어갈 부분이 온전히 남아 있는 1594년도(선조 27) 역서를 보자. 그해 역서의 서명이 들어갈 자리에 '太歲在甲午 歲德在甲 合在巳'이 인쇄되어 있다. 이는 "그해의 太歲(그해를 상징하는 神)는 甲午의 위치에 있고, 歲德은 甲의 위치에, 그리고 歲合의 위치는 巳 위치에 있다"는 뜻을 담은 문장으로, 이 문구는 역서의 두 번째 페이지에 인쇄되는 '연신방위지도(年神方位之圖)'에 적혀야 할 문구였다. 중국의 역서라면 '대명 만력이십이년 세차갑오 대통력(大明 萬曆二十二年 歲次甲午 大統曆)'이라는 서명이 적혀야 할 것이다. 결국 1594년도 관상감 간행의 조선 역서는 정식 서명이 없이, '연신방위지도' 앞머리에 들어갈 문장을 서명처럼 인쇄한 셈이었다.[17]

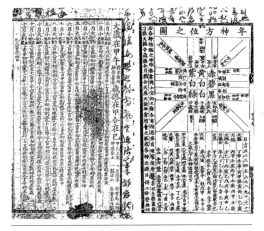

〈그림 2〉 1594년 조선 역서의 1쪽(오른쪽)과 2쪽(왼쪽).

'조선의 독자적 역법'이라고 이해되던 '칠정산'에 따라서 계산되어 편찬된 15~16세기 조선전기의 역서는 1598년까지 역서로서의 정식 서명을 갖지 못한 채 인쇄되어 반포되었던 것이다.[18]

이렇게 역서로서의 정식 서명도 없이 인쇄되던 조선의 역서는 1599년도 역서부터 '대명만력모년 세차모모 대통력(大明萬曆某年 歲次某某 大統曆)'이라는 정식 서명이 붙어 인쇄되었다. 그러나 그 과정을 보면 그마저도 당당하게 조선 역서로서의 자격을 갖추는 것이 아니었다. 1598년 11월 선조는 명(明)의 사신 정응태(丁應泰)가 국내에 들어와 있는 때에 그가 조선의 역서를 혹시라도 보면 큰일이라며 대책을 강구하라고 지시했다.[19] 선조의 판단에 의하면 조선 역서는 중국의 공식 인신(印信)이 안 찍혀 있고, 역서에 적힌 주야의 시각이 중국과 다르기 때문에 살펴보면 '사조품(私造品)'임을 어렵지 않게 알 수 있다는 것이었다. 따라서 당시 예정된 계획대로 인쇄를 진행하고 있던 조선의 역서를 계속 인쇄해서 반포할 수도 없고, 아니면 인쇄를 중단하고 역서를 전국에 반포하지 않을 수도 없는 난처한 상황에 처했던 것이다. 이에 어쩔 수 없이 취한 해결책은 역서 첫 장에 '대명 만력이십칠년 세차기해 대통력(大明萬曆二十七年 歲次己亥 大統曆)'이라는 서명을 넣어 인쇄 반포하는 임시방편이었다. 그러나 중국의 사신이 문제 삼을까 전전긍긍하면서 서명만 중국 역서인 듯이 수정해 인쇄해놓고도 예정대로 반포하지 못했다. 반드시 필요한 고위 관료와 중앙부서에만 나누어 조심스럽게 사용하다가 다음 해 봄 사신 정응태가 중국으로 돌아간 뒤에야 전국적으로 반포할 수 있었다.[20] 이때 이후 조선의 역서는 '대명

모모 대통력(大明 某某 大統曆)'이라는 서명을 넣어 인쇄하게 되었는데, 그것도 중국의 역서인 것처럼 꾸며 서명을 적은 것이었다.

그런데 사실 이때 선조의 걱정은 좀 예민한 반응이었다고 할 수 있다. 1592년 일본의 침략으로 명의 도움을 절실하게 받고 있던 상황에서 명에 대한 사대의 예를 어느 때보다 성의 있게 보여야 할 정국이었기에 선조의 예민한 반응도 충분한 이유가 있는 것이었다고 볼 여지는 있다. 그러나 명이 후금에게 세력이 밀리던 인조대 초반의 정국하에서는 선조대와 다른 조선 정부의 대처를 볼 수 있다. 인조 3년(1625) 1월 즈음 평안북도 가도(椵島)에 주둔하고 있던 명 군대의 장수 모문룡(毛文龍)이 새해의 역서를 구해보길 조선 정부에 요청했다. 그런데 조선 정부는 예전과 달리 조선의 역서를 보내주면서 다음과 같이 구체적인 변명을 늘어놓았다. 황제의 역서가 반포되길 기다려 받아 와 사용하면 너무 늦는다, 제례와 군사의 출병 날짜를 잡는 것은 하나라도 빠뜨릴 수 없는 매우 중요한 일이다, 이에 예전부터 중국의 역서를 좇아 본떠[遵倣] 간략하게 '소력(小曆)'을 만들어 임시로 써왔다는 것이다.[21] 특히 조선 역서가 독자적 계산을 하지 않고 중국의 역서를 거의 그대로 요약해서 써왔다는 사실을 은근히 밝히는 변명을 늘어놓았다. 2년 후에도 모문룡은 길이 막혀 중국의 역서를 구해보지 못했으니, '조선의 역서(본국역서)' 두 권을 요청했고, 정부는 인쇄해서 보내주었다.[22] 모문룡이 조선 역서를 받아보고 어떻게 대응했는지는 알 수 없으나, 어쨌든 중국은 조선이 사사로이 역서를 간행하는 것을 비공식적으로 묵인했고, 그것을 중국과 조선 정부에서는 '소력' 또는 '향력'이라 칭했음을 짐작할 수 있다.[23]

이와 같이 비공식적이었지만 언제부턴가 중국은 조선이 어떤 형태로든 역서를 독자적으로 간행해 사용하는 것을 알고 묵인해왔던 듯하다. 이렇게 인신도 찍히지 않은 조선의 역서를 중국이 묵인한 것은 북경에서 멀리 떨어진 변방 번속국에서도 역서는 꼭 필요하다는, 그래서 임시방편으로 인쇄해 사용할 수밖에 없는 '지역 역서'[24]로 인식했기에 가능했을 것이다. 그런데 이상과 같은 선조, 예종, 인조 때의 사례를 보면 중국에서는 크게 신경 쓰지 않는데 오히려 조선 정부에서 전전긍긍하는 모습을 볼 수 있다. 황제의 역서를 받아 와 써야 하는 것이 공식 예제였고, 먼 변방에서 현실적으로 어떻게 역서를 써야 하는지에 대한 구체적인 규율이 없는 상황에서, 중국 정부는 신경 쓰지 않는데 조선 정부만 걱정하는 것은 당연한 상황인지도 모르겠다. 하지만 이러한 조선 정부의 반응을 통해서 조선의 왕과 사대부 관료들이 조선의 역법과 역서를 어떻게 인식했고, 나아가 조선과 중국의 관계를 어떻게 인식했는지 엿볼 수 있는 좋은 사례라 생각한다.

2. 조선의 천문도와 천하도

중화적 문화국가의 표상이 '칠정산'으로 불리는 제후국 조선의 역법 또는 역서라면, 조선 국왕의 명으로 제작한 천문도와 천하도[25]는 조선 국왕과 사대부 관료들의 세계관 그리고 당대 천문학 지식의 실체를 가시적으로 그대로 보여준다. 서구식 천문도와 세계지도가 유입되기 이전의 조선의 천문도와 천하도를 살펴보자.

천문도가 전통사회에서 지니는 역할과 기능은 현대사회에서 천문도가 지니는 것과는 사뭇 달랐다. 태조 이성계(李成桂, 1335~1408, 재위 1392~1398)가 새로운 왕조를 건설한 지 4년 만인 1395년에 「천상열차분야지도(天象列次分野之圖)」를 제작해 각석(刻石)한 예에서 그러한 사실을 잘 살

펴볼 수 있다. 권근(權近, 1352~1409)이 쓴 발문에는 이 천문도를 제작하게
된 동기를 다음과 같이 명확하게 적어놓고 있다.

> 예로부터 제왕의 하늘을 받드는 정치는 역상(曆象)과 수시(授時)를 선무
> (先務)로 하지 않음이 없습니다. 요(堯) 임금이 희화(羲和)에게 명하여 사
> 시(四時)의 질서를 잡게 하고, 순(舜) 임금이 선기옥형(璇璣玉衡)으로써
> 칠정(七政)을 가지런하게 함은 경천근민(敬天勤民) 함이 늦출 수 없기 때
> 문이었습니다. ……전하께서도 이와 같은 마음을 두시어 위로는 하늘
> 을 공경하고 아래로는 백성의 일에 힘쓰면 전하의 공이 성대하게 빛나
> 서 요순과 같이 융성하게 될 것입니다. 하물며 이 천문도를 비석에 새겨
> 서 영구토록 자손만세의 보배가 될 것이 분명한 것에 있어서이겠습니
> 까.[26]

이를 보면 역상(曆象)과 수시(授時)는 단지 천문학적인 행위만이 아니며 제
왕 된 자가 '하늘을 받드는 정치'를 함에 있어서 무엇보다 먼저 앞서 행해
야 할 중요한 사안임을 분명히 밝히고 있음을 알 수 있다. 그 모범을 보인
제왕이 바로 성황(聖皇)이라 추앙받는 요 임금과 순 임금이었던 것이다. 그
러니 새로운 국가를 건설함에 있어서 왕권을 드높이고 안정된 정국을 이
끌기 위해서는 새로운 왕조의 정치가 요·순의 정치에 비견된다는 것을 전
하에 보여주기 위해 천문도를 제작해야 한다는 것이다. 결국 천문도의 제
작은 그 자체로 새로 출범한 왕조가 경천근민(敬天勤民)하는 정치를 할 것
이라는 당위성을 공표하는 것이며, 그것을 통해 백성들의 지지를 얻어내
고자 하는 고도의 정치적인 행위였던 것이다.
  그렇다고 천문도의 제작이 고도의 정치적인 행위로 그치는 것은 물론
아니다. 천문도의 제작이 정치적인 차원의 동기에서 비롯되었으나, 그것은

결국 천문학의 발전이라는 결과를 낳는다. 태조대 「천상열차분야지도」를 제작하면서 별자리에 대한 이전의 천문학 데이터를 대부분 활용했으나 당시의 제작을 위해 새로운 천문 데이터를 확보하는 과학 활동이 이루어졌다. 예컨대 주극원(週極圓) 안의 별들의 위치를 조선 초에 새롭게 측정한 값으로 바꾸거나 주극원의 범위를 한양의 위도에 맞도록 수정했던 것 등이 그러한 예이다.[27]

이렇게 새로운 데이터를 확보해서 제작한 천문도는 제왕의 성스러움과 왕조의 권위를 만천하에 알리는 상징물이 되었을 뿐만 아니라 천문역법의 표준으로서의 기능도 수행했다. 천문도에 담긴 내용은 크게 나누어 별자리를 그린 '성도(星圖)'와 설명문인 '도설'로 구성되어 있다.[28] 중앙의 가운데 원 안에 1,467개의 별을 크고 작은 다양한 크기의 점으로 새겨 넣었으며, 점의 크기는 별빛에 따라서 달랐다. 중국의 '순우천문도(淳祐天文圖)'를 비롯해 동아시아의 모든 전통 천문도들이 별의 크기를 다르게 그리지 않았던 것과는 달리 별빛의 세기에 따라 점의 크기를 다르게 그린 것은 전통 천문도로는 조선의 「천상열차분야지도」가 유일하다.

별자리를 그린 성도 주위의 여백에는 천문역법의 중요한 상수들이 적혀 있다. 성도 아래 부분에는 개천설(蓋天說)과 혼천설(渾天說) 등의 전통적인 우주구조론에 대한 설명문인 '논천(論天)' 기록을 적어놓았고, 맨 아래 부분에는 천문도 제작의 경위와 제작에 참여한 관료들의 이름과 직책을 적어놓았다. 성도 주위 여백에 적혀 있는 천문 데이터들은 그야말로 천문역법의 중요한 표준적 상수들이었다. 예컨대 황도와 적도 교점의 천구 상에서의 위치가 '월수(月宿)' 기사에 적혀 있는데, 그것은 춘분점은 규(奎) 별에서 14도 소강(小强) 떨어진 도수이고 추분점은 각(角) 별자리에서 5도 소약(小弱) 떨어진 도수라는 것이다. 또한 28수의 거극분도(去極分度), 즉 북극으로부터 떨어진 각거리(角距離)의 값이 제시되어 있다. 이러한 상수들은 세차(歲差)와 같은 천문 현상으로 인해 세월이 지나면서 그 값이 달라지는 수치로 새로이 측정해서 수정해놓아야 하는 중요한 천문 상수들이었다. 또한 중요한 데이터로 24절기 때마다의 해질 무렵과 해뜰 무렵에 하늘의 자오선 정중앙에 오는 별인 중성(中星)이 제시되어 있다. 이것이 을해년(태조 4년, 1395)의 '경위도중성기(經緯度中星紀)'인데, 이는 시간 계산의 기준이 되는 표준 데이터이다.[29] 표준시계인 물시계로 시간을 측정하지만 그 오차는 결국 별의 위치를 가지고 교정하게 되는데, 그 표준이 바로 '중성기'이다. 이렇게 중요한 천문 상수들과 데이터들을 수록한 「천상열차분야지도」는 천문역법에서 표준적인 기준의 역할을 했음에 분명하다.

별자리 그림에는 모두 네 개의 동심원이 그려져 있다. 지름 76.5cm의 맨 바깥 원이 성도의 테두리로, 관측자가 관측할 수 있는 별자리의 남방 한계일 것이다. 이 원의 중심이 북극인데, 이 북극을 중심으로 주극원과 적도가 동심원으로 그려져 있다. 주극원은 반지름이 94mm인 가장 안쪽의 원으로 일 년 내내 항상 보이는 별의 한계, 곧 항현권(恒見圈)이다. 즉, 이 주극원 안의 별들은 북극성 근처의 별들로 일 년 내내 항상 하늘에 떠 있는 별이다. 그 주극원 바깥으로 반지름 222.4mm 크기의 적도가 그려져 있다. 이 적도와 주극원의 반지름을 비교하면 관측지의 위도를 구할 수 있다. 주극원은 항상 보이는 별의 한계로 위도에 따라 변할 것이기 때문이다. 따라서 「천상열차분야지도」의 관측 위도는 $(94/222.4) \times 90° = 38°$가 된다. 이 위도는 고려의 수도 개성의 위도 38°나 조선의 수도 한양 경복궁의 위도 37.6°와 가깝다고 할 수 있다. 이 외에도 또 하나의 원이 그려져 있는데 황도가 그것이다. 「천상열차분야지도」는 적도가 기준이기 때문에 중심점은 적도 북극이 된다. 따라서 황도는 중심에서 벗어나 적도를 안팎으로 통과하면서 어긋나게 그려질 수밖에 없다. 그런데 구면을 평면 위에 투사하는 입체투사법의 작도법에 의하면 황도는 타원으로 그려져야 하며, 그렇게 그

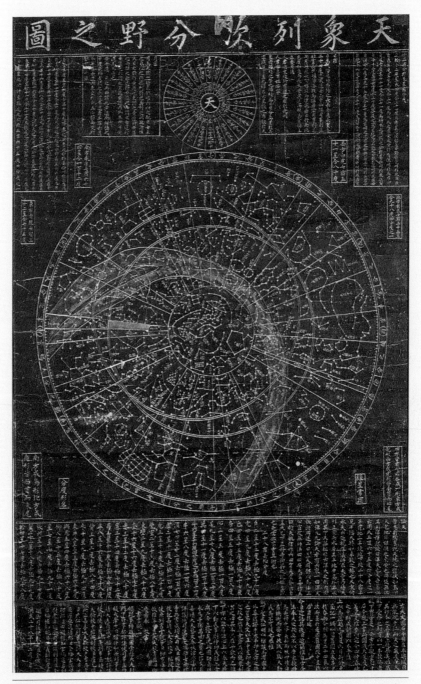

〈그림 3〉 숙종대 석각본 「천상열차분야지도」의 탁본. (규장각한국학연구원 소장)

렸을 때 적도와 만나는 교점(춘분점과 추분점)은 대칭을 이루어야 한다. 그러나 「천상열차분야지도」의 황도는 적도와 동일한 크기의 정원(正圓)으로 그려졌고, 그랬기 때문에 교점도 대칭을 이루지 못했으며, 교점을 잇는 선분이 중심점을 지나지도 않았다. 이는 「천상열차분야지도」가 요즘의 천문도처럼 입체투사법을 사용해 작도하지 않았음을 암시하는 대목이라고 할 수 있다.

실제로 「천상열차분야지도」의 작도법은 현대 천문도와 같이 구면을 평면에 투사해서 그리는 입체투사법이 아니라, 적도 북극과 적도를 각각 중심점과 기준면으로 한 좌표계(polar-equatorial coordinate)에서 북극에서의 각거리가 천문도 중심에서 떨어진 거리에 비례하도록 그려지는 방식이었다고 한다.[30] 이 방법은 측정한 별의 좌표 값을 천문도에 그대로 반영할 수 있다는 실용적인 장점이 있지만, 입체투사법에 비해서 북극에서 멀어질수록 별자리의 모양이 왜곡되는 단점이 있다. 그래서 「천상열차분야지도」는 별자리의 위치는 위의 방식을 써서 위치시키면서도 개개 별자리의 모양은 실제와 가깝게 유지되도록 그렸다.

한편 네 개의 동심원에 수직하게 교차하는, 주극원에서 맨 바깥의 원에 그은 방사상의 선분들을 볼 수 있다. 이것은 적도를 따라서 하늘을 28개의 구역으로 나눈 것인데, 그 구역의 기준이 되는 별자리를 28수라 부른다. 이 28수의 별자리는 전통 천문학과 천문노를 이해하는 데 매우 중요하다. 어떤 특정한 별의 천구 상에서의 위치를 정하는 데 28수의 기준 별을 이용하기 때문이다. 현대 천문학에서 별의 위치는 적위(천구 적도로부터의 각거리)와 적경(천구 춘분점에서 동쪽으로 떨어진 각거리)을 쓰지만 전통 천문학에서는 '거극도'와 '28수 거도'를 썼다. 이때 거극도(去極度)는 말 그대로 북극으로부터 떨어진 각거리(즉 90°-적위)이고, 28수 거도는 28수의 기준별이 되는 별로부터 동쪽으로 떨어진 각거리를 말하는 것이다.

그런데 여기서 흥미로운 것은 〈그림 3〉에서 볼 수 있는 바와 같이 28수로 나눈 28개의 구역이 등분이 아니고 그 사이 간격이 들쭉날쭉하다는 것이다. 이렇게 성도의 구성과 작도법을 보면 현대 천문학의 성도와 상당히 다름을 알 수 있다. 「천상열차분야지도」의 별자리는 크게 3원(垣) 28수(宿)로 나뉘어 체계화되어 있다. 3원은 북극 주변의 자미원(紫微垣), 태미원(太微垣), 천시원(天市垣)을 말하며, 28수는 적도 주위의 별들을 불균등하게 28영역으로 나누어 배열한 별자리를 말한다. 보통 28수는 다시 동서남북 각각 7개씩의 별자리로 나뉘기도 한다. 서구의 별자리와 달리 「천상열차분야지도」 별자리의 특성은 하늘나라와 지상 세계의 모든 것이 별자리로 재현되었다는 사실이다. 예를 들어 북극 주변의 가장 중심 부분에 자리 잡은 '자미원'은 임금과 왕실들이 사는 궁궐을 상징하는 별자리들로 구성되어 있다. 궁궐의 담을 상징하는 별자리가 길게 좌우로 포진해 있고, 그 안에 임금과 왕실 사람들의 별자리가 있다. 그 둘레에는 궁궐 내에 있는 각종의 벼슬아치들과 궐내 기관들과 시설물들이 포진해 있다. 심지어 감옥, 궁녀, 물시계 담당자, 영빈관, 왕의 침대 등의 별자리도 있다. 이 중에 가운데의 '북극오성' 별자리 중 다섯 번째 별이 '천추성(天樞星)'으로 조선 초 시기에 북극성이었다. 하지만 그동안 세차운동에 의해서 북극성이 변해 천추성에서 조금 떨어진 '구진대성(句陳大星)'이라는 별자리가 현재의 북극성이 되었다.

자미원과 마찬가지로 '태미원'은 각종의 정부 시설과 관료들을 상징하는 별자리들로 가득 차 있다. 주요 별자리로는 정부 청사의 울타리 격인 별자리가 좌우의 담장으로 묘사되어 있고, 그 내부에 각종의 벼슬아치와 기관이 포진해 있다. 오른쪽 담장 바깥에는 '영대(靈臺)'라는 별자리가 있어 주목을 끈다. 영대는 원래 농업신에게 제사 지내던 제단이었는데, 농업의 풍흉을 하늘이 하는 일이라고 믿었던 고대인들은 영대에서 천문을 관측하여 하늘의 뜻을 읽고자 했다. 결국 요즘의 천문대 기능을 했던 것이다. 다음으로 하늘의 시장인 '천시원'이 있다. 역시 기다란 좌우의 담이 둘러싸고 있고, 시장 안에는 수레 가게, 보석 가게, 푸줏간 등이 있다. 물건의 길이나 양을 재는 기구들도 포진해 있다.

천시원에서 우리의 시선을 끄는 것이 있다. 왕실 귀족의 우두머리란 뜻의 '종대부(宗大夫)'라는 마름모꼴 모양의 네 개의 별이다. 이 종대부는 중국의 3원 28수의 별자리들을 체계적으로 정리해놓은 「보천가」에 없는 별자리이며, 당연히 중국의 천문도 그림에 등장하지 않는다. 그런데 조선의 정통 천문도인 「천상열차분야지도」에서 '천시원' 구역에 그려져 있는 것이다. 이 '종대부'는 세종의 명으로 이순지(李純之)가 편찬한 「보천가」의 해설서인 『천문유초(天文類抄)』에도 설명이 없다. 오로지 「천상열차분야지도」에만 등장한다. 「천상열차분야지도」 이전 고려의 천문도가 현전하지 않아 이 '종대부'가 언제부터 우리의 천문도에 출현하며 중국의 별자리와 다른

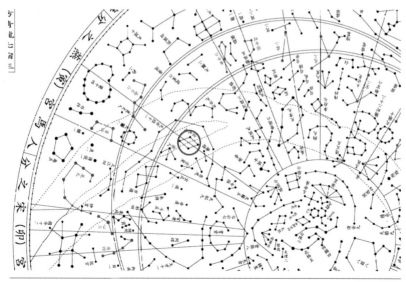

〈그림 4〉 「천상열차분야지도」의 종대부.

우리 고유의 별자리가 되었는지는 현재 파악할 수 없다. 다만 '왕실 귀족의 우두머리'라는 그 의미로 보아, 천자의 황실과 구별되는 변방 제후국 조선(또는 고려) 군주의 왕실을 상징하는 별자리로 천문도에만 은근슬쩍 삽입되어 들어가지 않았나 싶다.

이렇게 「천상열차분야지도」의 별자리는 지상 세계의 모든 것들이 상징화되어, 중앙 중심부에 국가의 중요한 인물들과 기관들이 3원으로 나뉘어 재현되었고, 그 이외의 인간사에서 볼 수 있는 것들이 28수로 나뉘어 재현되었다. 이상과 같은 별자리들을 조선의 천문관원들은 눈감고 외울 정도로 마스터해야 했으며, 하늘에 있는 별의 변화를 빠짐없이 관찰하는 것은 그들의 일상적인 임무였다. 별의 변화는 그것과 대응되는 인간 사회에서의 변화를 예고하는 징조로 해석되었기 때문이다. 정통 역사 기록인 「천문지」란 바로 별자리의 설명과 그것을 통한 인간 사회에서의 예언을 정리해놓은 책이었다. 조선 초기 세종의 명으로 이순지가 편찬한 『천문유초』가 그러했다.

이와 같은 이데올로기적·천문학적 의의와 기능을 동시에 지닌 천문도였기 때문에 태조대 국가적인 사업으로 「천상열차분야지도」를 제작해 각석한 이후에도 천문도의 개정은 계속해서 이루어져야 했을 것이다. 그러나 현실적으로 그러한 개정은 거의 이루어지지 않았다. 하나의 예외적인 경우라면 세종대의 천문도 제작을 들 수 있다. 주지하는 바와 같이 세종대에는 1433년부터 1437년에 이르기까지 혼천의(渾天儀)와 간의(簡儀)를 비롯한 천문의기 제작의 국가적 프로젝트가 수행되었으며, 그와 함께 역법의 정비 작업이 이루어져 1444년에는 『칠정산내편』이라는 역법을 독자적으로 완성할 수 있게 되었다. 그런데 이러한 국가적인 천문학 프로젝트 사업이 추진되던 초기인 1433년에 수시력법에 의거해 천문도를 수개(修改)해서 각석했다고 한다.[31] 현재 세종대에 개정된 천문도가 남아 있지 않아서 그 구체적인 내용에 대해서는 파악할 수 없지만 대통력에 주로 의거했던 태조대의 것과 달리 수시력에 의거했음이 주목할 만하다.

그런데 사실 세종대의 천문도 제작과 개정은 절실히 필요하지는 않았다고 할 수 있다. 「천상열차분야지도」를 제작한 지 30여 년밖에 지나지 않아 정치적 차원에서 새로운 각석 천문도가 요구될 상황이 아니었으며, 또한 천문 데이터가 달라져서 개정해야 할 필요성도 작았을 것이기 때문이다. 이러한 연유로 대통력이 아닌 수시력에 근거해서 개정했을 것이며, 새로 개정해 각석한 천문도가 지니는 정치적 의의와 역할은 그다지 크지 않았을 것으로 생각된다. 이때 제작된 각석 천문도가 현존하지 않고, 이후의 역사 기록에서 전혀 등장하지 않는 것도 이러한 사정과 무관하지 않을 것이다.

세종대의 천문도 개정과 각석을 제외하고 적어도 17세기 이후 서구 천문도가 유입되어 서구식 천문도가 제작되기 이전에 새로운 고법 천문도의 개정·제작은 전혀 이루어지지 않았다. 다만 「천상열차분야지도」 각석의 탁본을 뜨거나, 원본을 그대로 모사해 목판으로 만들어 대량으로 인쇄하는 경우가 있을 뿐이었다. 선조대에는 1571년(선조 4)에 120장에 달하는 천문도를 관상감에서 인쇄해 진상한 적이 있었다. 인쇄한 천문도는 2품 이상의 문신들에게 나누어주었던 듯하다.[32] 이 외에도 상당히 후대의 일이지만 영조대의 기록에 의하면 세자의 책봉 의식을 거행할 때 천문도를 인출(印出)하여 진상하는 것이 규례(規例)였다고 한다.[33] 이러한 규례가 언제부터 시행되었는지는 확인할 수 없으나 훨씬 이전부터 있었을 가능성은 충분하다. 결국 조선전기 이후 새로운 고법 천문도의 개정·제작은 세종대 이외에는 없었으나 계속해서 정부 내에서 필요에 따라 「천상열차분야지도」를 그대로 모사 인출해 사용했음을 알 수 있다.

17세기 이전 「천상열차분야지도」의 제작이 철저하게 정부 내 관상감에서 독점적으로 이루어졌음도 주목할 필요가 있다. 천문도란 역서(曆書)와 마찬가지로 천명(天命)을 받은 유일한 존재인 제왕만이 제작할 수 있는 권위의 상징이었기 때문에 민간에서 사사로이 제작하는 것은 상상할 수 없는 일이었으며, 오로지 특별한 경우에 관상감에서 제작해 중신들에게 반사(頒賜)하거나, 세자의 책봉식과 같은 의식을 거행하기 위해 제작하는 경우가 전부였던 것이다.

조선시대에는 여러 가지 형태의 천하도(즉 세계지도)가 제작·유통되었다. 중국 지역은 자세하게 다루면서 한반도와 일본 등의 주변 지역은 아주 간략하게 보여주는 정도에 불과한 것으로부터, 오대주와 오대양을 포함하는 서구식 세계지도에 이르기까지 다양하다. 포함된 내용이 실재하지 않는 신비로운 상상의 지역들이 대부분인 '원형천하도'라는 세계지도도 있다. 오히려 현존하는 지도의 수량으로 보면 이 상상의 세계지도가 제일 많다.[34]

물론 얼마나 객관적인 지리 정보를 자세하게, 그리고 넓은 세계를 담고 있는가를 기준으로 보면 조선후기에 중국을 통해 한반도에 유입된 서구식 세계지도가 가장 과학적인 세계지도일 것이며, 다른 세계지도들은 비과학적인 지도일 수도 있다. 그러나 특정한 시대, 특정한 문화권 속에서 살고 있던 사람들의 세계인식을 반영하고 있다는 점에서 얼마나 정확한 객관적 지리 정보를 담고 있는가만을 기준으로 세계지도의 가치를 평가할 수는 없다. 현대인이 보기에 비과학적으로 보이는 다양한 전통 세계지도는 조선 사람들이 어떠한 세계관을 지니고 있었는지 보여주는 귀중한 역사 자료인 것이다. 세계지도라는 터널을 통해 전통사회의 속으로 들어가 볼 수 있기 때문이다.

조선의 유가 사대부들에게 세계라 하면 의례히 '직방세계(職方世界)'를 의미했다. 소위 오랑캐가 아닌 문명인들이 살고 있는 세계, 그래서 지도에 그려 넣을 가치가 있는 세계를 일컬어 '직방세계'라 불렀다. 동아시아의 전통사회에서 가장 이상적인 사회로 인식되던 주(周)나라에서 지도 제작을 맡아 하면서 주변국들로부터 조공을 받아들이던 업무를 담당하던 관원이 직방씨였는데, 직방세계란 바로 이 관원이 담당했던 영역을 말했다. 이러한 직방세계는 다름 아닌 성인의 문명권에 들어오는 '중화(中華)'의 세계로서 중국 황제의 영향권하에서 문명의 혜택을 받는 지역을 말하는 셈이기도 했다. 따라서 직방세계, 즉 중화세계는 지도에 그려 넣을 만큼 의미 있는 세계였으며, 그렇기 때문에 아주 자세하게 세계의 정중앙 부분에 위치해 그려졌다.

중화세계 바깥의 지역은 '사해(四海)'라 불리기도 했는데, 세계지도에서 생략하거나 포함시키더라도 아주 소략하게 그려 넣을 뿐이었다. 나아가 사해 바깥의 세계는 '사황(四荒)' 또는 '대황(大荒)'이라 불리는 미지의 세계였다. 이 미지의 사황 세계는 인간의 힘으로는 파악할 수 없는 세계로 인식해서 유가 사대부들에게는 불가지론적으로 '놔두고 논의하지 않는' 세계였다. 그렇기 때문에 세계지도에 포함시키지 않았으며, 함부로 논의하는 것을 이단시할 정도였다.

이렇게 동아시아인들이 지니고 있던 전통적인 세계인식은 세계의 중심에 문명화된 세계인 중화가, 그리고 주변에 야만에 불과한 오랑캐들의 세계가 배치되는 공간적 구도로 세계지도에 그대로 반영되었다. 대표적인 지도가 중국 송나라 때 제작된 「화이도(華夷圖)」(1136년)다. 이 세계지도를 보면 철저하게 중국의 지역만을 자세하게 지도에 그려 넣고 있음을 알 수 있다. 한반도 부분을 주목해보아도 얼마나 소략하게 그렸는지 한눈에 볼 수 있다. 왼쪽 반절만 그려져 있으며, 그것도 서해안의 윤곽이 사실과 많이 다르게 개략적으로만 나타나 있어 도대체 반도인지 아닌지 분간하기조차 힘

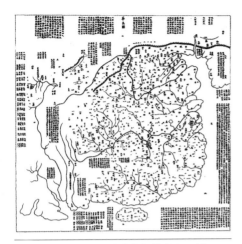

〈그림 5〉 중국 송나라 때 제작된 화이도(華夷圖, 1136년).
(출처: 海野一隆, 「地圖の文化史」, 1996, 29쪽)

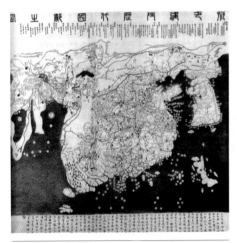

〈그림 6〉 「혼일강리역대국도지도」(1402년), 규장각 소장 모사본.

들 정도다. 그런데 동아시아의 전통사회에서는 19세기 말까지도 이러한 형태의 직방세계 중심의 세계지도가 면면히 이어질 정도로 대표적인 세계지도로서 계승되었음에 주목할 필요가 있다.[35]

조선에서는 조선 건국 직후에 세계의 지도학계가 주목할 만한 훌륭한 세계지도가 제작되었다. 서울대학교 규장각에 그 모사본이 보관되어 있는 「혼일강리역대국도지도(混一疆理歷代國都之圖)」라는 세계지도가 그것이다. 이 지도는 원래 좌의정 김사형(金士衡, 1341~1407)과 우의정 이무(李茂, 1355~1409)가 발의하고, 의정부의 검상(檢詳, 정5품직) 이회(李薈)가 제작해서 1402년 8월 태종에게 바쳤던 세계지도다. 그러나 아쉽게도 현재 원본은 남아 있지 않으며, 후대에 제작된 네 개의 모사본이 전부 일본에 남아 있다. 현재 규장각에 소장되어 있는 것은 모사본 중에 원본에 가장 가까운 것으로 평가받는 일본 류코쿠(龍谷)대학 소장의 것을 최근에 이찬 교수가 사람을 시켜 모사해 기증한 것이다. 이 류코쿠대학본은 1480년에서 1543년 사이에 조선에서 종이에 채색으로 모사되었던 것인데, 임진왜란 때 일본으로 넘어간 것으로 추정된다.[36]

지도의 하단에는 권근의 발문이 적혀 있어 제작 과정에 대한 대강의 내용을 파악할 수 있다. 「천상열차분야지도」의 도설을 썼던 권근이 이 지도의 발문을 쓰고 있음이 매우 흥미롭다. 이 발문에 의하면 「혼일강리역대국도지도」는 중국 원나라 때의 세계지도를 참고했으나, 한반도와 일본 부분이 너무 소략해 한반도지도와 일본지도를 첨가해 새로운 지도를 만들었다고 한다.「화이도(華夷圖)」에서 잘 나타나듯이 중국의 전통적인 세계지도는 중국과 그 주변국만을 담고 있는 것이 일반적이었다. 그런데 원나라가 거대한 세계 제국을 건설하면서 아라비아나 유럽 그리고 아프리카와 같은 머나먼 세계에 대한 지리 정보를 획득하면서 원나라 때 제작된 세계지도에 처음으로 아라비아, 유럽, 아프리카 들이 등장하게 되었다. 대표적으로 주사본(朱思本)의「여지도(輿地圖)」, 이택민(李澤民)의「성교광피도(聲教廣被圖)」그리고 청준(淸濬)의「혼일강리도(混一疆理圖)」를 들 수 있다. 이와 같은 원대의 세계지도들은 명대 제작된「대명혼일도(大明混一圖)」(1389)에서 더 한층 종합·발전되었다고 한다. 결국 조선의「혼일강리역대국도지도」는 바로 이러한 원대의 세계지도와 그것을 계승·발전시킨 명대의「대명혼일도」를 충분히 참고해서 제작했다고 추측할 수 있다. 실제로 현존하는「대명혼일도」와 조선의「혼일강리역대국도지도」를 비교해보면 요동 땅 동쪽인 한반도 부분과 일본 부분을 제외한 중국 본토와 아랍, 아프리카, 유럽 부분은 거의 동일한 내용임을 알 수 있다.

한편 권근의 발문에 적혀 있는 원대의 세계지도가 한반도 부분과 일본 부분이 매우 소략했다는 사실은「대명혼일도」를 보면 금방 사실로 드러난다. 한반도 부분은 거의 삼각형에 가까울 정도이며, 특히「화이도」에서와 마찬가지로 서쪽 반절만이 그려져 있을 뿐이다. 이와 같이 불충분한 부분에 대해서는 최신의 조선지도와 일본지도를 첨가해 넣었다. 한반도 부분은 제작자 이회가「혼일강리역대국도지도」를 제작하기 앞서 3개월 전에「팔도지도(八道地圖)」라는 한반도지도를 제작해서 바치고 있는데, 이「팔도지도」가「혼일강리역대국도지도」의 한반도 부분일 것으로 추정된다. 한편 일본 부분은 1397년(태조 6)에 검교참찬(檢校參贊) 벼슬의 박돈지(朴敦之)가 일본에 통신관으로 갔다가 1399년 돌아오면서 일본지도를 바쳤는데, 바로 그 지도일 것으로 추정된다. 실제로 이때의 일본지도와 동일한 것으로 추정되는 「행기도(行基圖)」와 「혼일강리역대국도지도」의 일본 부분을 비교해 보면 거의 동일한 것을 알 수 있다.

결국 「혼일강리역대국도지도」는 원나라 때 세계지도의 전통을 계승·발전시킨 지도로서 직방세계 중심의 좁은 영역에서 벗어나 아프리카와 유럽을 포함하는 확대된 세계인식을 반영하는 지도였다고 할 수 있다. 또한 14세기 당시까지 가장 우수한 세계지도였던 「대명혼일도」의 지리 정보를 전폭적으로 수용하면서도, 「대명혼일도」에서 심하게 왜곡되었던 한반도와 일본 부분을 비교적 정확하게 교정함으로써 그것을 능가하는 객관적 지리 정보를 담았다고도 할 수 있다. 그렇다고 「혼일강리역대국도지도」가 유가 사대부들의 중화적 세계인식에서 벗어난 것은 물론 아니었다. 전통적으로 「화이도」가 다루었던 직방세계의 영역을 벗어나 유럽의 100여 개 지명과 아프리카의 35개 지명을 다루었지만 전체 지도에서 좌측 주변부에 밀려 있을 뿐이며, 「혼일강리역대국도지도」는 여전히 지도의 대부분 공간을 중심부의 중국 본토가 차지하고 있다. 또한 '천원지방(天圓地方)'의 전통적인 지리관을 반영해서 사각형으로 전 세계를 묘사하고 있을 뿐이다. 결국 「혼일강리역대국도지도」는 단지 직방세계의 외연을 조금 더 확대했을 뿐인 세계지도인 것이다.

그렇지만 원나라 이전의 「화이도」에서 볼 수 있었던 중화적 세계인식이 상당 부분 퇴색되어 있음은 분명하다. 「혼일강리역대국도지도」는 몽골의 '원 제국'이 중국 지역을 포함해 광대한 유라시아 대륙을 지배하던 시대상을 반영한다. 이미 몽골 복속기 이후 고려의 지배층들은 원 제국의 영향권 하에서 다양한 문화를 접하는 경험을 통해 광범위한 지리 정보를 확보했을 것이다. 물론 원 제국이 몰락하고 명이 그 자리를 차지하며 '천하'의 영역은 다시 좁아졌지만 「혼일강리역대국도지도」가 제작되던 1402년 즈음의 시기에는 여전히 광대한 세계인식은 존속했던 것이다.

한편 한반도 부분을 대단히 크게 그린 점도 주목할 만하다. 한반도의 크기는 유럽과 아프리카를 합친 것과 거의 비슷하다. 중국 본토와 비교해도 실제의 크기보다 훨씬 크게 그려져 있다. 정치·외교적으로 조선의 건국과 함께 명나라에 사대외교를 펼쳤지만, 중국 못지않게 문명국이라는 자존심이 반영되었다고 할 수 있다. 「혼일강리역대국도지도」의 제작은 이회한 사람이 사사로이 제작한 것이 아니었다. 좌의정과 우의정이 제안하고 의정부에서 공식적으로 추진한 건국 주도 세력의 프로젝트였던 것이다. 사실 이 「혼일강리역대국도지도」는 「천상열차분야지도」(1395년, 국보228호)라는 천문도의 제작 사업과 함께 이루어진 조선 초의 국가적인 프로젝트였다. 둘 다 권근이 발문을 적고 있는 데에서 그러한 사정을 엿볼 수 있다.

그러나 조선 초기 「혼일강리역대국도지도」에서 드러났던 직방세계에서의 일탈과 확대된 세계인식은 그 이후에 사정이 달라진다. 오히려 세계지도가 다루는 영역이 조선 초의 「혼일강리역대국도지도」에 비해서 축소되어 전통적인 직방세계 중심의 「화이도」 계열로 복귀한다. 우리는 그러한 모습을 「혼일역대국도강리지도(混一歷代國都疆理地圖)」와 「화동고지도(華東古地圖)」(16세기 말 제작)의 제작에서 살펴볼 수 있다. 이와 같은 「혼일역대국도강리지도」와 「화동고지도」는 명대 양자기(楊子器)의 「대명국지도(大明國地圖)」가 그렇듯이 지도학적 차원에서 분명 발전된 측면이 있다. 그러나 원나라 때의 직방세계를 벗어나는 일탈의 세계인식을 거부하고, 명나라 때의 중화주의적인 세계인식을 수용했다는 점에서는 조선 초기의 개방적인 세계에 대한 시야에서 좁아졌음을 부인할 수 없을 것이다. 이와 같이 16세기에 나타난 세계에 대한 시야의 변화는 성리학이라는 학문의 정착과도 밀접하게 연관되어 있다고 볼 수 있다.[37]

〈그림 7〉 인촌기념관 소장의 「혼일역대국도강리지도」.

16세기 이후 조선의 학계는 성리학의 성장과 함께 중화주의적 세계관을 더욱 내면화하게 된다. 그렇다고 조선을 오랑캐의 나라로 여긴 것은 더욱 아니었으며, 오히려 조선은 중국의 중화문명을 완숙하게 수용한 소중화라는 인식이 지배적이었다. 이러한 인식은 결국 원대의 세계인식을 점진적으로 희박하게 했으며, 직방세계 중심의 축소된 시야의 세계지도를 수용하면서도 한반도 부분만은 조선 초 「혼일강리역대국도지도」의 한반도지도로 보충해 넣은 배경이라고 할 수 있을 것이다.

3. 천지에 대한 조선 사대부들의 우주론적 사유

이상 살펴본 천문시리학 분야의 성취는 정부 차원에서 추진되었던 프로젝트의 성과물들이었다고 할 수 있다. 즉, '지역 과학(local science)'으로서 조선이라는 변방의 신생국가에 중화적 선진 문물의 내용물을 정부 주도로 채웠던 성과물들이었던 것이다. 사실 천문과 지리에 대한 전문적인 지식은 고대 이래 제왕에 의해 독점된 고급 정보였다. 천문학과 『대명률』에 의하면 천문도와 천하도를 개인적으로 제작하거나 소장하는 것이 엄격하게 금지되어 있던 사정이 이를 잘 말해준다. 명대에는 천문학 지식의 사습이 원칙적으로 금지되어 있었던 것도 좋은 예이다.[38] 그렇다면 민간의 유가 사대부 지식인들의 천지에 대한 사색은 어땠을까.

인간이 살고 있는 이 우주가 어떻게 생겨나고, 어떻게 생겼는지에 대한 동아시아 식자층의 신화적 사고를 벗어난 합리적 사색은 이미 기원전에 나타났다. 『회남자(淮南子)』 「천문훈(天文訓)」의 기록은 그러한 사색을 보여주는 이른 시기의 문헌기록으로, 우주의 생성과 기원에 대한 신화적 설명에서 벗어난 원초적인, 그렇지만 세련된 모습을 잘 보여준다. 그것에 의하면 이 우주는 미분화된 무형(無形)의 원초적 기(氣)에서 생겨났다. 이 원초적 기의 상태야말로 만물이 생겨나기 이전의 우주 태초의 상태로, 이 기의 분화가 우주 생성의 시초였다. 즉, 기가 맑고 가벼운 것과 탁하고 무거운 것으로 분화가 일어나고, 맑고 가벼운 기가 위로 상승해 하늘이 되고, 탁하고 무거운 기가 아래로 내려가 응고해서 땅이 되었다는 것이다. 이렇게 생성된 하늘과 땅은 각각 양(陽)의 기를 토해내고 음(陰)의 기를 머금어 두 음양의 기의 작용에 의해 해와 달 그리고 뭇 별들이 생겨났다고 보았다.[39] 『회남자』의 논의가 우주의 생성에 대한 사색을 보여준다면 『진서』 「천문지」 서두에 나오는 기록은 우주가 어떻게 생겼는지에 대한 사색을 잘 보여준다. 그 기록에 의하면 우주의 형태에 대한 여섯 개의 경쟁하는 이론적 전통이 존재했다. 그중에 개천설(蓋天說)과 혼천설(渾天說) 두 이론이 널리 호응을 받았다.[40] 개천설은 고체의 하늘이 위에서 돌고, 땅이 그 아래에서 정지해 있는 형상을 전제로 하고 있다. 하늘은 원반과도 같이 둥그렇고 땅은 바둑판처럼 네모진 모양으로 이를 '천원지방(天圓地方)'이라 일컬었다. 사실 대부분의 사람들이 천지의 구조에 대해 말할 때 '천원지방'이라고 말하는 것은 바로 이와 같은 개천설이 말하는 천지의 형태를 염두에 두었다고 할 수 있다.

그러나 이 개천설의 구조에는 설명하기 곤란한 몇 가지 문제가 있었다. 예컨대 무겁고 딱딱한 거대한 고체의 하늘이 어떻게 우주 공간 위에서 회전하면서 떠 있을 수 있는가이다. 하늘이 꺼지지 않을까 걱정했다는 고사에서 나온 '기우(杞憂)'라는 용어가 담고 있는 문제가 바로 이것이다. 또한 둥그런 하늘과 네모난 땅이 어떻게 딱 부합할 수 있는가의 문제도 있다. 태양을 비롯한 천체들이 뜨고 지는 현상을 설득력 있게 설명하기 힘들다는 문제도 있다. 아울러 춥고 더워지는 계절의 변화에 대한 설명도 사실 구차스럽기까지 하다. 하지만 이렇게 문제가 많음에도 불구하고 개천설은 『회남자』에 나오는 우주 생성의 논의와 잘 어울린다. 즉, 맑고 가벼운 기가 '위'로 올라가 하늘이 되고, 무거운 기가 '아래'로 내려가 땅을 이룬 구조와 딱 맞아떨어지는 것이다. 많은 수의 사상가들이 개천설의 우주 구조를 따른 연유가 바로 여기에 있다.

혼천설이 제시하는 천지의 구조는 계란에 비유된다. 달걀의 껍데기가 하늘이고, 노른자는 땅이라는 것이다. 이때 계란 전체는 물 위에 떠 있는 형상이었다. 그럼으로써 하늘이 밑으로 꺼지지 않고 우주 공간에 버틸 수 있다. 그런데 땅이 노른자라고 해서 둥그런 땅을 염두에 둔 것은 아니었다. 땅은 여전히 평평하고 네모난 형태였다. 단지 껍데기와 노른자의 위치처럼 땅이 둥그런 구(球) 형태의 하늘 가운데에 위치해 있다는 논의였다. 그러나 혼천설에서도 하늘은 둥그렇고 땅은 네모난 형상임은 개천설과 다르지 않았다. 이런 점에서 보면 '천원지방'이라고 반드시 개천설이 아님을 알 수 있다.

혼천설은 개천설이 지닌 천문학적 문제들을 어느 정도 해결할 수 있었다. 하늘이 우주 공간에서 밑으로 떨어질까 걱정하지 않아도 되었다. 또한 천체들의 뜨고 지는 현상과 계절의 변화 등과 같은 천문 현상들을 매우 합리적으로 설명할 수 있었다. 그러나 혼천설에 의하면 다른 문제가 발생한다. 하늘과 땅이 물 위에 떠 있음으로써 생기는 문제다. 즉, 뜨거운 불의 속성인 태양이 밤 동안에 어떻게 물속을 통과해서 꺼지지 않고 다시 아침에 떠오를 수 있는가이다. 또한 개천설과 달리 우주 생성의 논의와도 잘 부합하지 않는다. 그럼에도 불구하고 혼천설은 구형의 하늘을 상정함으로써 개천설보다는 많은 천문학적 현상들을 훨씬 합리적으로 잘 설명할 수 있었다. 그렇기 때문에 천문가들은 일반적으로 혼천설을 지지했고, 개천설과 혼천설을 처음으로 소개한 『진서』「천문지」도 혼천설의 손을 들어주었다.

동아시아의 학인들이 상상했던 천지의 생성과 모양, 운동에 대한 사색은 이와 같은 내용에서 크게 벗어나지 않았다. 『회남자』에서 제시된 우주 생성의 과정은 이후 유가 사상가들보다는 도가(道家)나 참위가(讖緯家)들에 의해서 깊이 있게, 그러나 산발적으로 논의가 이루어졌다. 특히 기(氣)나 물의 역할에 대한 논의가 매우 중요하게 다루어졌다.[41] 『진서』「천문지」에서 일단 결론이 난 이후 혼천설과 개천설 중에 어느 것이 더 타당한가의 논란도 이후 없었다. 단지 개천설과 혼천설이라는 흥미로운 두 가지 주장이 있었다고 거론될 뿐이었다. 사실 유가 사상가들은 우주가 어떻게 생성되었는지 그리고 어떻게 생겼는지에 대해 관심이 없었다.

유가 지식인들이 다시 하늘과 땅에 대해 관심을 가지게 된 것은 성리학의 등장과 함께였다. 소옹(邵雍)과 장재(張載) 그리고 주희(朱熹)로 대표되는 중국 송대의 성리학자들은 그동안 도가나 참위가들의 전유물이었던 우주에 대한 형이상학적 논의를 체계적으로 펼치기 시작했다. 그들이 자연을 이해하는 데 적용했던 개념적 틀도 도가나 참위가들에게서 빌려 왔다. 우주 자연의 존재론적 시원과 원리로서의 태극(太極) 즉 리(理), 우주 생성의 물질적 토대로서 기(氣), 그리고 주역(周易)의 괘(卦)로부터 비롯된 상수학적 개념과 체계가 그것들이었다.

중국 송대 성리학자들의 자연이해의 전통은 크게 세 가지로 나누어볼 수 있을 듯하다. 그중에 종래 과학사학자들로부터 가장 큰 주목을 받은 것은 장재의 기론적(氣論的) 자연관과 우주론 전통이었다. 장재는『정몽(正蒙)』「태화(太和)」편에서 우주론 논의의 출발점으로 원초적 기(氣)로 충만된 우주 공간인 태허(太虛)를 제시했다. 이 태허는 우주 만물이 생겨나기 이전의 태초의 상태를 말하는데, 무(無)에서 생겨난 것이 아니며 처음부터 형체를 이루지 않은 분화되기 이전의 원초적인 기(氣)로 가득 차 있었다. 그런데 단지 존재할 뿐 형(形)을 갖추지 않은, 말 그대로 '혼돈미분(混沌未分)'의 상태인 이 기는 그것으로부터 우주 내 모든 유형의 만물이 생겨나게 될, 그야말로 우주 만물의 물질적 근원이었다.[42]

그런데 장재에 의하면 이 태초의 원초적 기가 운동을 그 본질적인 속성으로 갖추고 있음이 주목할 만하다.『정몽』에 나오는 다음의 구절이 그러한 사실을 말해준다. "넓고 아득하여 끝이 없는 태허의 기는 오르내리고 날아 퍼지는 것을 어느 한순간도 쉬어본 적이 없다. 이것이『주역』에서 말하는 이른바 '인온(絪縕, 즉 만물을 생성하는 기운이 왕성한 모양)'이요,『장자(莊子)』에서 말하는 '생물이 숨기운을 서로 불어대는 아지랑이[野馬]'다."[43] 이것을 보면 태초의 상태인 태허에 가득 차 있던 기는 처음부터 운동을 본질적인 속성으로 지니고 있으며, 이러한 기의 운동성이 바로 우주 만물이 생겨나는 출발점임을 말한다고 할 수 있다. 결국 이와 같이 태허 속의 원초적 기는 그 자체 내의 운동성의 원리에 의해서 만물 생성의 시초를 이루는데, 일차적으로 양기(陽氣)와 음기(陰氣)의 분리가 이루어진다. 이것을 장재는 "떠서 올라가는 것은 양의 맑음이요, 가라앉아 내려가는 것은 음의 흐림이다"[44]라고 하면서, 상승 운동하는 맑은 양기와 하강 운동하는 탁한 음기로의 분리가 이루어지는 메커니즘을 제시하고 있다. 이렇게 양기와 음기의 분리가 일단 이루어지고 난 이후에 다시 기의 운동성의 원리에 의해 기의 취산(聚散)과 감응(感應)의 작용이 일어나게 될 것이었다. 이리하여 우주 만물이 생겨나고, 풍(風)·운(雲)·우(雨)·뢰(雷)와 같은 자연현상과 변화들이 일어나는 것이다.

장재는 『정몽』 태화편에서 우주의 생성과 변화의 원리를 태초의 상태인 태허와 원초적인 기의 운동성의 원리에 의해서 설명한 다음 삼량(參兩)편에서는 천지(天地)의 구조와 운동에 대한 논의로 확장시켰다. 즉, "땅은 순수한 음(기)이 가운데 엉기어 모인 것이요, 하늘은 떠오른 양(기)이 바깥에서 운전하며 도는 것이다"[45]라는 구절에서 말해주듯이, 떠오른 양기가 우주의 바깥쪽에서 회전운동을 하는 것이 하늘이며, 우주의 중심에서 순수한 음기가 응집하여 굳어진 것이 땅이라고 했다. 이 천지의 생성과 운동에 대한 장재의 논의는 중국의 우주론사에서 중요한 의미를 지닌다. 즉, 장재의 논의는 우주의 중심(또는 안쪽)에 무겁고 딱딱한 땅이 정지해 있으며, 이 고체의 땅을 기의 상태인 하늘이 우주의 바깥에서 회전운동을 하면서 둘러싸고 있다는 것으로, 기론(氣論)적 우주론 논의를 전통적인 우주 구조론인 혼천설의 우주론 논의와 부합시키는 내용을 담아낸 것이다.

송대 장재에 의해서 구체화된 기론적 우주론, 즉 우주 생성의 기원을 기(氣)에서 찾는 우주론 전통은 『회남자』의 천문훈에서 처음으로 명확한 형태로 서술되었던 중국 우주론에서의 오래된 전통이었다. 그런데 『회남자』에서 정형화된 고대의 기론적 우주론은 고체의 하늘[天]과 고체의 땅[地]이 각각 위와 아래의 위치에 존재한다는 내용이었고, 구조론적으로는 개천설과 부합하는 우주론이었다. 결국 장재의 기론적 우주론은 종래 『회남자』식의 기론적 우주론에서 상·하 위치의 천지(天地)를 내·외의 천지로 바꿈으로써, 적어도 천지의 위치 설정에 있어서 개천설 대신에 전통적으로 역산가(曆算家)들이 『진서』「천문지」이래로 천문 계산의 우월함을 들어 선호하던 혼천설과 부합하는 우주론을 담아냈던 것이다.[46] 뿐만 아니라 무겁고 딱딱한 고체의 하늘이 우주 공간에 떠 있을 수 있는 원인을 물[水]이라는 물질에서 찾았던 혼천설의 한계를 기의 상태인 하늘을 상정함으로써 해결할 수 있게 되었다.

장재에 의해서 기본적 틀이 갖추어진 송대의 기론적 우주론은 성리학의 집대성자 주희에 의해서 계승되어 더욱 구체화되었다. 주희에 의하면 태초의 미분화된 혼돈미분의 원초적 기가 처음부터 회전운동을 하고 있었으며, 시간이 지남에 따라 점점 회전 속도를 늘려나갔다고 한다. 이러한 기의 회전운동은 바깥쪽일수록 엷어지고 빨라져서 마치 회오리바람과 같이 강경(剛硬)해서 천체를 실을 수 있을 정도이다. 또한 반대로 안쪽일수록 속도는 느려지고 짙어져서 기가 응집하고 응결해서 유형의 존재인 찌끼[渣滓]가 되며, 결국 우주의 중심에서 고체인 땅이 생겨나게 되었다는 것이다.[47] 이와 같이 주희의 우주론 논의에서는 기의 회전운동이라는 개념이 중요하게 부각되었는데, 그는 무거운 고체의 땅이 우주 공간에 떠 있을 수 있는 것을 바로 기의 회전력에서 구했다.[48]

이와 같이 다소 물질적 생성의 과정을 논한 기론적 우주론 논의에 비해서 형이상학적인 우주의 근원적 원리의 측면을 제시한 것으로 주돈이(周敦頤)의 태극설(太極說)을 들 수 있다. 주돈이의 「태극도설」은 송대 성리학자들의 대표적인 저술들의 모음집인 『성리대전(性理大全)』에 첫 번째로 등장할 정도로 이후 성리학자들의 자연 논의에서 절대적인 위치를 차지했다. 장재의 기론적 우주론이 오래된 고대 『회남자』의 우주론이 지닌 한계를 극복하면서 구체화되었듯이, 주돈이의 태극은 기본적으로는 "역(易)에 태극이 있다[易有太極]"는 『주역』 「계사전」의 문구에서 비롯되었지만, 직접적으로는 도가 사상가들의 태극도와 태극 개념에서 영향 받은 바가 컸다. 특히 송대 초기의 유명한 도가 사상가였던 진단(陳搏, 호는 希夷, 871~989)이 제작하여 전파시킨 무극도와 태극도는 바로 주돈이의 「태극도설」의 기원이었다.[49]

주돈이는 「태극도설」에서 '비물질적 형이상학적인 우주의 궁극적 근원'으로 태극(太極)을 제시했다. 즉, 태극은 우주 내의 모든 만물의 생성과 다양한 변화들을 가능하게 해주는, 그것보다 더 이상의 근본적 원인이 필요 없는 우주 생성의 궁극적 원인으로서 본체론적 의미를 지닌 것이었다. 그런데 주돈이는 이러한 본체론적인 의미의 태극에 음양(陰陽)·동정(動靜)의 원리와 그것이 운용되는 메커니즘을 부여함으로써 우주의 생성과 변화를 구체적으로 설명하고 있다. 즉, "태극이 동(動)하여 양(陽)을 낳고, 동이 지극해지면 정(靜)이 되는데, 정하면 음(陰)을 낳는다. 정이 지극해지면 다시 동이 된다. 한 번 동하고 한 번 정해서 서로 그 근본이 되는데, 이렇게 음으로 갈리고 양으로 갈려서 양의(兩儀)가 선다"[50]는 것이 바로 그것이다. 이것은 태극에서 음양 이기(二氣)가 분화되어 나오는 우주 최초의 생성 과정을 말하는 것인데, 그 발단이 바로 태극의 동(動)이라는 것이다. 즉, 동의 본성을 내포하고 있는 태극이 동하여 양기가 나오고, 양기의 움직임이 절정에 도달하면 정(靜)한 성질의 음기가 나온다는 것이다. 이렇게 동과 정, 그리고 양과 음이 상호작용하면서 양의(兩儀, 즉 陰陽 二氣)가 생성된다. 음양의 이기(二氣)가 태극에서 비롯된 이후에는 나아가 오행(五行)이 나오고, 음양이기와 오행의 변화작용에 의해서 우주 만물이 생성 변화하게 되는 것이었다.

이와 같이 다소 도교적인 전통의 태극과 태극도에 바탕을 두었던 주돈이의 형이상학적인 태극의 개념과 우주론 논의를 성리학의 중요한 논의로 재해석해놓은 이는 주희였다. 사실 주돈이의 태극 개념은 태극 이전에 무극(無極)을 상정하는, 즉 「태극도설」의 첫 말인 "무극이태극(無極而太極)"에서 주돈이가 의도한 뜻은 '무극으로부터 태극이 나온다'였다. 이 말은 무에서 유의 태극이 나온다는 것으로 전형적인 도가적인 사색이라고 할 수 있고, 무에서 유의 창조를 인정하지 않는 유가 사상과는 부합할 수 없는 개념이었다. 이것을 주희는 "무극이면서도 태극이다"로 재해석하면서 태극 이외에 또 다른 무극이 있는 것이 아니라고 재해석했다.[51] 이럼으로써 결국 주희는 도가적인 색채가 짙었던 주돈이의 태극 개념을 성리학의 원리를 구성하는 데 가장 중요한 개념으로 승화시킨 셈이었다. 즉, 우주 생성의 물질적 근원으로서의 기(氣) 이외에 그 보다 더욱 근원적인 비물질적인 우주의 궁극적인 근원으로서 태극을 제시한 것이다.

세 번째 성리학적 우주론 논의는 소옹의 상수역학(象數易學)적 논의로, 그 풍부한 우주론적 내용에 비해서 종래 과학사학자들로부터 주목을 받지 못했던 것이다.[52] 소옹의 상수학적 우주론은 『황극경세서(皇極經世書)』에서 체계적으로 정리되었는데,[53] 핵심적인 내용을 정리하면 다음과 같다. 먼저 문왕(文王)의 후천역(後天易)에 대해서 전설적인 그림인 하도(河圖)에서 비롯되었다고 믿어지는 복희(伏羲)의 선천역(先天易)을 대비시켜, 후천은 천지의 작용과 변화를 설명하는, 즉 현상을 설명하는 것으로서, 그리고 선천은 그 변화의 근원적 원리를 설명하는 본체로서의 역할을 부여한 점을 들 수 있다. 이 때문에 소옹과 그 학파의 상수역학은 선천역으로 불렸는데, 그들이 제시했던 선천방원도(先天方圓圖)[54]와 같은 도상(圖象)들은 그 자체가 우주의 생성과 변화의 원리를 담고 있다고 믿어졌다. 또한 그들의 도상들과 그것이 담고 있는 원리들이 실제의 천문학 데이터 및 이론과 연결되었다. 즉, 선천방원도는 주로 8괘 및 64괘의 방위를 논하면서 당시의 역법(曆法) 지식을 적용하여 1년 중의 계절의 변화나 음양소장의 과정을 설명하였던 것이다. 이러한 측면은 유학자들이 선천역을 천문역법의 기원으로 믿는 인식이 생기게 된 배경이었다.

또한 소옹의 상수역학은 '수(數)'에 우주의 원리가 담겨 있다는 믿음에도 바탕을 두고 있다. 예를 들어 태극으로부터 양의(兩儀), 사상(四象), 팔괘(八卦), 나아가 64괘가 얻어지는 과정에 대한 도상인 팔괘차서도(八卦次序圖)와 64괘차서도, 그리고 그에 대한 설명인 '가일배법(加一倍法)' 또는 '일분위이법(一分爲二法)'에서 그러한 측면을 잘 살펴볼 수 있다. 태극을 의미하는 1에서부터 2가 생기고, 2에서 다시 4, 그리고 8 등이 얻어지는 과정은 바로 팔

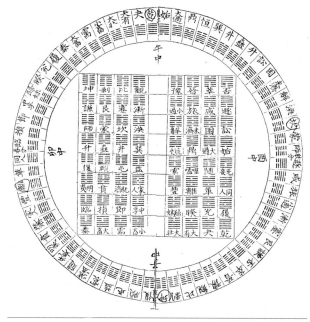

〈그림 8〉 『황극경세서』에서 제시된 '선천64괘방원도'.

괘와 64괘가 얻어지는 과정을 담고 있는데, 이것이 천지 만물이 형성되는 과정을 함축한다고 믿었던 것이다. 이러한 믿음은 결국 후대의 유학자들이 수학의 기원을 상수역학에서 구하는 큰 배경이었다.

수(數)에 우주의 원리가 담겨 있다는 소옹의 우주론은 원회운세설(元會運世說)에 이르러서 절정에 달했다. 이것은 우주의 생성과 변화 그리고 소멸을 단위 시간의 주기로 묘사한 것인데, 1원(元) 주기로 우주는 생성되고 소멸된다고 한다. 우주 주기인 1원은 12와 30이라는 특별한 숫자에 담긴 원리에 따라서 짧은 시간 단위의 주기로 세분되는데, 1원은 12회(會), 1회는 30운(運), 1운은 12세(世), 1세는 30년(年)으로 나뉘었다. 따라서 1운은 360년, 1회는 1만800년, 1원은 12만9600년이 되며, 이것이 바로 현재의 우주를 포함해 모든 우주들이 생성되어 소멸하기까지의 시간적 단위인 것이다. 소옹은 현재의 세상이 1원 내에서 어떠한 시간적 위치에 있는지도 설명하고 있는데, 1회와 2회 때 하늘과 땅이 각각 개벽(開闢)하고, 3회 때 인간을 포함한 우주 내의 사물들이 생겨났으며, 11회 때 사물이 소멸하고, 12회 때 천지가 소멸한다는 것이었다. 소옹 자신이 살고 있는 송대(宋代)의 시기는 8회에 속했다. 소옹은 이러한 우주 주기론을 "경세천지시종지수도(經世天地始終之數圖)"라는 도식으로 정리했고, 그의 아들 소백온(邵伯溫, 1057~1134)은 "경세일원소장지수도(經世一元消長之數圖)"를 작성하여 설명했다.[55] 이러한 수의 원리에 입각한 우주 주기론에 따르면 현재 우리가 살고 있는 우주는 1원의 주기가 다하면 소멸할 것이고, 다시 또 다른 1원의 주기를 갖는 우주가 무한히 반복적으로 생성될 것이었다.[56]

그런데 소옹학파의 이러한 상수학적 우주론 논의는 현대인이 수긍하기 어려울 정도로 수비학적이고 형이상학적인 우주론이라고 할 수 있다. 실제로 그들이 제시한 선천의 도상들과 원회운세설로 일컬어지는 우주 주기론은 우주의 생성과 변화의 원리를 상징적으로 표현한 모델을 넘어서서 그것 자체가 우주의 원리 그 자체를 의미했다는 점에서 수비학적이고 신비적인 측면이 강했다. 그러나 소옹학파의 이러한 상수학적인 우주론 논의는 역시 주희에 의해 계승되면서 성리학적 자연인식체계를 구성하는 중요한 내용이 되었다. 실제로 주희는 정이(程頤, 1033~1108)의 의리(義理) 역학의 태도를 정종(正宗)으로 삼으면서도 하도·낙서에 역(易)의 원리가 담겨 있다고 믿는 소옹의 상수역학의 태도를 중요한 가치가 있는 것으로 파악했으며, 이러한 주희의 태도는 『주역』의 주석서인 『주역본의(周易本義)』와 상수역학의 해설서인 『역학계몽(易學啓蒙)』에서 잘 드러난다.[57]

이상과 같이 송대 성리학적 자연이해의 세 가지 전통은 주돈이의 태극설, 장재의 기일원론적 우주론, 그리고 소옹의 상수역학적 자연이해의 틀로 요약된다. 흥미로운 것은 이 세 가지 전통 모두 중국의 오래된 우주론적 사색, 특히 유가 사상과는 다소 거리가 있었던 전통에서 비롯된 측면이 크다는 점이다. 장재의 기론적 우주론은 『회남자』의 우주론과 그 이후 도가 계열 사상가들의 기론(氣論)에 바탕을 두어 그것이 발전적으로 극복·계승된 우주론이었으며, 주돈이의 태극설과 소옹의 상수학적 우주론은 진단의 무극도, 태극도 그리고 선천도에서 직접적인 영향을 받은 것에서 알 수 있듯이 당대와 송 초기의 도가 사상에서 큰 영향을 받은 것이다. 그럼에도 불구하고 송대 이후 유학자들의 성리학적 자연이해의 틀로 확고한 위치를 차지하게 된 것은 주희의 역할이 컸다고 할 수 있다. 후대의 성리학 또는 주자학자들은 주희의 권위를 빌려 기와 태극 그리고 선천도가 지닌 자연이해의 틀을 수용하고 적용하게 되었다.

그런데 더욱 주목해야 할 것은 세 가지 상이한 계보를 갖는 우주론 논의가 주희에 의해서 성공적으로 종합되었다고 보기 어렵다는 사실이다. 우주의 생성 과정에 대한 이해와 설명에서 기(氣)와 태극(즉 理)이 가지는 상이한 개념과 역할에 대한 논란은 이미 야마다 게이지(山田慶兒)에 의해서 지적되었듯이 주희 자신에 의해서도 해결되지 못했으며[58] 후대의 성리학자들에게서도 마찬가지였다. 그럼에도 불구하고 기와 태극의 관계, 그리고 태극과 선천역의 관계는 성공적이지는 못했지만 많은 성리학자들의 자연이해에서 비교적 연관되어 이해되곤 했다. 이에 비하면 기론적 자연이해와 상수학적 자연이해는 거의 별개의 전통으로 이해되고, 밀접한 연관 없이 전개되어갔다고 볼 수 있다. 따라서 태극설의 전통은 기론적 전통과 상수학적 전통에 각각 흡수·적용되었으며 이후 성리학자들의 자연이해는 기론적 우주론과 상수학적 우주론의 두 가지 흐름으로 전개된 듯이 보이기도 한다.

조선 사대부 학인들의 우주론 논의의 역사적 흐름은 단적으로 말해서 조선 초까지의 도교적이고 불교적인, 그리고 한편으로는 선진 유학적인 자연관에서 탈피해[59] 이상 살펴본 중국 송대에 형성된 성리학적 우주론의 수용과 이해, 그리고 그것의 심화과정이었다고 할 수 있다. 조선의 유가 사대부들이 언제부터 '본격적'으로 성리학적 자연이해를 하게 되었는지는 연구자에 따라서 약간의 의견 편차를 보인다. 그러나 적어도 15세기에는 조선에서의 성리학적 자연이해가 아직은 초보적인 수준이었다고 이해되는 듯하다.

그것은 세종대의 대표적인 우주론 논의를 담은 저서인 이순지의 『제가역상집』(1445년 완성)과 『천문유초(天文類抄)』를 통해서 파악할 수 있다. 이 책들에는 천문학 지식에 관한 역대 중국의 사료들이 정리되어 있는데 그중에는 『성리대전』에 수록된 송대 성리학자들의 우주론 논의도 소개되어 있었다. 이로 보아 조선전기 세종대에도 송대 성리학적 우주론 내용을 알고는 있었다고 할 수 있다. 그러나 그에 대한 태도와 해석을 세밀히 고찰해 보면 사정이 달라진다. 예컨대 이 책들에 서술된 북두칠성에 대한 이해를 보면 그것은 전적으로 『사기(史記)』 「천관서(天官書)」에 수록된 점성술적 이해를 그대로 따르고 있는 것이 한 예이다.[60] 또한 전통적인 역산가(曆算家) 들의 천문학 이론과 송대 성리학자들의 우주론 논의가 차이가 날 경우에 는 역산가들의 입장을 견지하면서 송대 성리학적 우주론을 따르지 않았 던 것도 주목할 만한 예이다. 즉, 하늘의 고체성을 부정하면서 단지 기(氣) 에 불과하다고 주장했던 성리학자들의 주장, 그리고 역산가들의 일월 우 행(右行)이론에 반해서 기의 회전성의 운동 원리에서 비롯된 우주의 생성 과정과 부합하는 천체의 좌선(左旋) 이론 등을 이순지는 따르지 않았던 것 이다.[61] 결국 유가 사대부이면서 세종대 대표적인 천문학 서적을 편찬한 이 순지가 중국 역대의 우주론과 천문학 이론을 수용·정리하면서도 성리학 적 우주론을 따르지 않은 것으로 보아, 세종대 유학자들이 송대 성리학적 우주론을 수용했다고는 보기 어려울 것이다.

이와 같이 성리학적 우주론을 따르지 않았던 이순지가 보여주었던 것 과 같은 태도는 15세기 후반과 16세기 전반에 이르면 약간 달라지는 듯하 다. 우리는 그러한 모습을 일부 유학자들에게서 살펴볼 수 있다. 예컨대 김 시습(金時習, 1435~1494)은 송대 성리학자들의 좌선설을 이순지와 달리 옳 은 이론으로 수용하고 있다. 김시습의 좌선설 수용은 단지 역산 계산의 차원에서 수용한 것이 아니라 우주 생성의 과정에 대한 성리학적 이해에 근거하고 있었다. 즉, 김시습은 현상세계의 생성과 변화의 전 과정을 일기 (一氣)의 운동, 즉 기화(氣化)로 설명했다. 우주를 가득 채우고 있는 것은 모두 기일 따름인데, 인간도 일월성신도 형체가 있는 모든 것들은 기로 이루어져 있으며, 기화에 의해서 생성 변화한다는 것이었다. 김시습은 이 에서 더 나아가 이와 같은 모든 자연의 현상과 존재를 가능하게 하는 근 본적이고 지극한 이치로서 태극(太極)을 상정하고 있다.[62] 한편 기일원론적 우주론 논의는 김정국(金正國, 1485~1541)의 우주 생성 과정에 대한 서술에 서는 더욱 확실하게 드러난다. 그의 우주론 논의는 기본적으로 성리학적 우주론에 기초하고 있다. 즉, 그는 하늘을 하나의 원기(元氣)로 파악했고, 하늘 위를 운행하는 모든 천체는 이러한 원기의 영화(英華)로 간주했다. 또한 천지 만물은 모두 음양오행에서 파생된다고 보았다.[63]

김시습과 김정국의 우주론 논의는 16세기 중반 무렵 서경덕(徐敬德)의 『화담집(花潭集)』에 이르면 또 다른 양상을 띠게 된다. 서경덕의 우주 생성에 관한 논의는 기본적으로 장재의 기일원론적 우주론에 근거하고 있다. 즉, 서경덕은 맑고 단일한 기(氣)가 충만하여 털 하나가 끼어들 정도의 빈 공간도 없는 상태인 태허(太虛)를 물질적 생성의 근원으로 상정했다. 이러한 태허로부터 기의 취산(聚散) 작용에 의해서 우주 만물이 생겨나는데, 기의 취산이란 바로 음양, 동정(動靜), 감리(坎離) 등의 작용을 말하며 이러한 작용에 의해 일기(一氣)가 처음으로 둘로 나누어진다는 것이다. 일기는 음기와 양기로 나뉘는데, 양기의 지극한 것이 고동치며 하늘[天]이 되고, 음기의 지극한 것이 응취(凝聚)하여 땅[地]이 되었다. 이렇게 천지가 생성된 이후에는 다시 양기의 고동침이 더 지극하면서 그 정수가 응결해 해[日]가 되며, 음기의 모임이 더 지극해 그 정수가 응결하여 달[月]이 되었다. 천지와 일월이 되고 남은 나머지 것들은 흩어져 별[星辰]이 되며, 그 땅 위에 있던 것들은 물[水]과 불[火]이 되었다.[64] 우주 만물의 이와 같은 생성 과정은 장재와 마찬가지로 천지의 공간 구조적 위치와 그 운동 상태와 연결되어 이해되었다. 즉, 하늘의 기의 운동 과정에서 생겨난 것이기 때문에 한결같이 움직임[動]을 위주로 하여 한시라도 쉼 없이 원운동을 하며 회전하고, 땅은 응취해서 형(形)을 이룬 것이기 때문에 한결같이 고요함[靜]을 위주로 하여 가운데를 독차지하고 정지해 있다는 것이다.[65]

서경덕의 우주 생성에 대한 논의는 이와 같이 장재의 우주론을 기본적으로 수용하면서도 태허를 태극과 동일시하고 있다.[66] 주지하는 바와 같이 태극은 그것보다 더 궁극의 원인이 필요 없는 우주 생성의 형이상학적인 궁극의 원리로, 우주 생성의 물질적 토대로서의 태허와는 본질적으로 다른 것이었고 각각 다른 역할을 지닌 것이었다. 서경덕은 주희와 같은 송대의 성리학자들에 의해서도 통합되기 어려웠던 태허와 태극을 동일시했을 뿐 아니라 "태허는 맑고 형이 없는데 이것을 일러 선천이라 한다"[67]는 문구에서 단적으로 드러나듯이 소옹의 선천(先天)과도 동일하게 파악했다. 소옹에게 선천이란 우주의 생성과 변화가 일어나기 이전의 우주의 무형의 단계를 가리키는 것으로서 우주 생성 이후의 변화하는 현상들이 있게 한 근거로서의 원리와 질서의 의미를 지닌 본체 개념이었다. 서경덕은 이러한 본체적인 의미의 선천을 태허에 부여한 것이다.[68]

이와 같이 태허와 태극을 선천과 통합한 것은 소옹의 상수역학에 대한 서경덕의 깊이 있는 관심과 이해에서 비롯되었다. 그는 조선 유학자로 소옹과 그 문인들의 저서인『황극경세서』를 최초로 소화해냈고 그것을 전적으로 수용한 학자였다.[69] 서경덕에게 수(數)는 소옹과 마찬가지로 우주의 생성과 변화의 원리 그 자체였다. 그에게 숫자 1은 태허, 태극 그리고 선천과도 같은 존재로 단지 정량적인 의미의 수가 아니라 다른 모든 수들의 본체였다.[70] 그의 문집『화담집』에 실려 있는「성음해(聲音解)」는『황극경세서』의「경세사상체용지수도(經世四象體用之數圖)」를 소화해서 재정리해놓은 것이며,[71] 그의「황극경세수해(皇極經世數解)」는 주로「관물외편(觀物外篇)」의 산술계산을 연구해 정리해놓은 것이었다.[72] 이렇게 서경덕은 소옹과 그의 문인들이 복잡한 산술적 기법을 통해서 화성학(和聲學)과 역산에 적용하여 계산해놓은 것을 소화·이해해서 재정리해놓고 있다. 이러한『황극경세서』에 대한 서경덕의 연구는 그를 조선 상수역학의 비조(鼻祖)로 부르기에 충분하게 만들었다.

물론 서경덕의 우주론 논의가 물질적 생성의 토대인 태허와 기의 작용을 설명해주는 법칙성의 의미를 지닌 태극, 그리고 우주 생성 이전의 현상의 근거로서의 본체인 선천을 성공적으로 통합한 논의라고 보기는 어렵다. 그러나 중요한 사실은 16세기 초반까지 김시습과 김정국 등의 조선 유학자들이 기와 태극의 개념과 기능에 입각해서만 우주의 생성과 변화에 대한 성리학적 사색을 펼치던 것에서 나아가 상수역학적 우주론의 사색을 비로소 하게 되었다는 것이다. 이것은 조선 유학자들이 『성리대전』에 담겨 있는 깊이 있는 성리학 이론들을 16세기 초반 중종대에 이르러 비로소 이해하기 시작했으며, 16세기말~17세기 초 선조대에 이르러서야 본격적으로 이해하기 시작한 사실과 무관하지 않다.[73] 특히 『성리대전』의 내용 중에서도 소옹의 상수역학은 조선 유학자들이 가장 이해하기 어려운 내용이었기 때문에 16세기 이전에 소옹의 상수역학적 우주론 논의를 조선 유학자들이 펼치는 것은 사실 힘들었다. 서경덕의 우주론 논의가 주목을 받는 것은 바로 이러한 상수역학적 우주론 사색을 펼침으로써 송대의 세 가지 전통의 성리학적 우주론 논의를 모두 소화하는 모습을 보여주었다는 데 있는 것이다.

무궁한 공간적 또는 시간적 우주에 대한 논의와 우주의 바깥에 또 다른 우주가 있을 것인지에 대한 논의는 서경덕의 자유로운 상상의 사색을 또한 보여준다. 중국 송대의 신유학자들은 현재 천지의 유일성과 그것이 소멸하지 않을 것이라는 생각에 집착했다. 장재에게서 의미 있는 우주는 인간이 살고 있어 귀와 눈으로 확인할 수 있는 현재의 유일한 우주였다. 그것을 일러 장재는 "하늘에는 바깥이 없다"[74]고 지적했다. 정호(程顥, 1032~1085)도 마찬가지로 현재의 천지 바깥에 또 다른 천지가 있다는 항간의 논쟁을 부정적으로 보면서, 인간의 힘으로 파악이 불가능한 현 천지 바깥의 우주에 대해서 논하는 것을 의미 없는 것으로 보았다.[75] 이러한 입장은 순환적인 우주의 시간적 사이클을 제시했던 소옹에게서도 마찬가지였다. 그의 우주 순환 사이클에 의하면 현재 천지에 앞서 이전의 천지가 있어야 하고, 또한 현재 천지는 주기가 다하면 소멸해야 함이 논리적 귀결이다. 그러나 소옹은 "혹자가 현재 천지의 바깥에 또 다른 천지 만물이 있고, 현재 천지 만물과는 판이하게 다르다고 하는데 나는 모르겠다. 나만 모르는 것이 아니고, 성인도 역시 모르는 바이다"라고 했던 것이다.[76]

소옹 이후에도 시간적으로 선천지 또는 후천지가 존재하는가는 분명하게 수용되는 관념은 아니었다. 그것은 현재의 인간이 살고 있는 세계가 멸망하는 문제였기 때문이다. 예를 들어 주희의 제자들이 수차례에 걸쳐 소옹의 견해에 따라서 현재의 천지가 정말로 소멸하느냐고 물었을 때 주희는 명확한 답변을 회피했고, 결국엔 윤리의 문제와 연결해서 인간 사회가 극도로 타락했을 때 현재의 천지가 멸망할 것이라고 답변한 데서 잘 알 수 있다.[77] 이와 같은 주희였기에 현재의 우주와는 별개로 또 다른 우주를 상정하는 것은 더욱 어려운 것이었다.

서경덕은 이와 같은 중국 신유학자들의 견해에 대해서 불만족스러웠던 듯싶다. 그는 소옹의 앞의 언급을 인용하면서 그 말은 마땅히 다시 생각해봐야 한다며 또 다른 우주의 존재 가능성을 부정하는 것에 대해서 강한 의구심을 보냈던 것이다.[78] 이러한 서경덕의 의문 제기는 상상력의 풍부함뿐 아니라 지적인 비판 의식의 발로였다고도 할 수 있을 것이다.

4. 장현광의 우주론: 만남 이전 성리학적 우주론의 절정

조선에서의 성리학적 우주론 논의는 17세기 전반 장현광(張顯光)에 이르면 송대 성리학적 우주론을 이해하고 소화하는 데 머물렀던 종래의 논의를 훌쩍 넘어 그것을 더욱 발전시키는 내용을 담아낼 정도로 성숙해진다.

장현광의 우주론 논의는 그의 말년 작품인 「우주설(宇宙說)」(1631년)에 잘 나타나 있다. 우주설이라는 용어는 유학자들의 자연지식을 논한 글의 제목으로는 보기 드문 것이라고 할 수 있다. 장현광의 「우주설」은 우주라는 존재 그 자체에 대한 철학적 논의를 펼쳐놓은 논문이라고 할 수 있다. 그렇다고 소옹학파의 상수학처럼 우주에 대한 형이상학적이고 관념적인 논의는 아니었다. 그것은 현재 인간이 살고 있는 실재하는 우주의 생성과 소멸에 대한 철학적 논증이었다. 장현광이 「우주설」에서 던진 가장 핵심적인 질문은 다음과 같은 것들이었고 그에 대한 체계적인 답변이었다고 할 수 있다. 인간이 살고 있는 현재의 천지는 얼마나 광대한가? 이 천지는 유일한가? 아니면 또 다른 우주가 존재할까? 현재의 우주는 소멸할 것인가? 현 우주의 소멸 후에 또 다른 우주가 생겨날 것인가? 그러한 또 다른 우주는 현 우주와 어떻게 다른가?

　　「우주설」에서 펼친 장현광의 우주의 생성과 구조에 대한 논의는 기본적으로 장재의 기론적 우주론과 주돈이의 태극(즉 리) 개념의 결합으로 이루어진 논의였다. 장현광에게 우주의 시작과 그 근원은 태극이었다. 존재하는 모든 것들은 기의 변화에서 비롯되었지만 그 기의 변화를 있게 한 것은 바로 "무극태극(無極太極)의 리(理)"였다. 바로 이 무극태극의 리에서 최초의 원기인 '천지 바깥의 대원기(大元氣)'가 나오고, 이 천지 바깥의 대원기는 '천지의 원기(元氣)'를 만들며, 다시 이 천지의 원기는 '만물의 원기'를 만들었다. 천지의 원기와 만물의 원기는 각각 천지와 만물을 만들고 변화하며 결국 소멸할 것이다. 또한 이렇게 생성된 우주의 구조는 우주 중심의 거대한 땅[地]과 이 무거운 땅을 중심에서 떨어지지 않게 지탱해줄 대기(大氣)의 회전, 그리고 그 바깥에 천지의 끝이라고도 할 수 있는 대각자(大殼子), 또 천지의 끝인 대각자 바깥에 천지와 만물을 있게 한 '천지 바깥의 대원기'가 존재하는 모습이었다.[79]

이러한 장현광의 우주론은 기본적으로는 송대 성리학적 우주론에 근거했으면서도 상당히 다른 발전적인 측면을 볼 수 있다. 먼저 '천지 바깥의 대원기'라는 것을 들 수 있다. 이것은 흡사 장재 우주론에서의 태허와 유사한 성격의 최초 원기이면서도, 천지와 만물의 생성과 소멸에 영향 받지 않고 없어지지 않으며 항상 존재했다. 즉, 생성된 우주는 이 '천지 바깥의 대원기' 안에서 생성과 변화, 소멸을 반복하는 것이다. 또한 송대 성리학자들의 우주는 가장 회전이 빨라 구각(驅殼)과도 같은 상태의 강경(剛硬)한 하늘인 대각자에 의해서 한계가 그어졌으나, 장현광의 우주는 그 대각자 바깥에 인간의 인식이 미칠 수 없이 무한한 천지 바깥의 대원기가 펼쳐졌던 것이다.

또한 장현광의 우주론에서 우리가 주목해야 할 점은 우주의 생성과 변화 그리고 소멸에 대한 사색이 소옹의 상수학적 논의의 틀 속에서 이루어진 사실이다. 16세기 전반 처음으로 본격 이해되기 시작한 상수학은 장현광이 활동하는 17세기 초의 시기에 이르면 보다 많이 보급되었다. 그것은 침류대학사(枕流臺學士)의 서울 학자들과 남인계 학자들에게서 두드러졌다.[80] 우리는 그러한 시대적 분위기를 장현광에게서 단적으로 볼 수 있다. 1609년경에 저술을 마친 그의 「역학도설(易學圖說)」은 그러한 사정을 잘 보여준다. 이 책은 역학과 상수학에 대한 9권 9책에 달하는 방대한 분량의 논술로, 한대부터 중국 송대까지의 역학적 상수학을 종합적으로 정리하면서 그 자신의 견해를 부분적으로 첨가한 책이었다. 실제로 역학적 상수학에서의 중요한 논의가 총망라되어 거론되었다. 권3 교저편(巧著篇)에서는 하도낙서(河圖洛書)에 바탕한 제 논의들을, 권4 체용상편(體用上篇)에서는 선후천팔괘도, 선후천육십사괘도 등과 관련된 제 논의들을, 권5 체용하편에서는 『주역』「계사전」에 근거한 시책(蓍策), 변점(變占)과 관련된 제 논의를, 그리고 권7 조술편(祖述篇)에서는 「태극도설」, 『황극경세서』 그리고 「황극내편(皇極內篇)」에 대한 깊이 있는 논의를 펼쳤다.

역학적 상수학에 일가를 이룬 장현광이었기에 「우주설」에서 펼쳤던 그의 우주의 생성과 소멸에 관한 논증이 상수학적 전통에 의거했음은 자연스런 귀결이었다. 장현광은 실제로 1원(元) 12만9600년을 단위로 해서 천지가 생기고 소멸하며, 그 안에서 이루어지는 생성의 과정과 변화들에 대한 모든 시간 단위들을 12와 30의 수를 교대로 적용해 원회운세의 단위로 구분하여 복잡하게 계산해내는 소옹의 수와 우주 사이클 개념에 전적으로 의존했다. 그도 소옹과 주희를 따라 자·축·회(子·丑·會)에서 천지가 차례로 개벽하고, 인회(寅會)에서 사람과 만물이 생겨나며, 술·해회(戌·亥會, 즉 11·12번째 會)에서 천지가 소멸한다고 보았다.[81]

또한 고대 성인의 시대에는 선(善)했는데 지금의 시기에 와서는 그렇지 못한 이유를 일원(一元) 내의 기상(氣象)으로 설명하기도 한다. 즉, 일원의 기상은 하루 중의 기후와도 같아서 일원의 전반기 때에는 기상이 청명순일(淸明純一)했지만 후반기로 가면서 기상이 점점 산만하고 침암해져서 세태가 기울었다는 것이다.[82] 그렇다면 양기가 가장 극성한 시기인 사회(巳會)가 인간 사회의 가장 이상적인 시대가 될 것이며 사회(巳會) 이후로 사회(社會)는 점점 타락할 것이었다. 실제로 장현광은 소옹의 계산을 예로 들면서 당우(唐虞)의 시기는 바로 일원 중에 양기가 가장 극성한 시기인 사회의 말기에 해당하며 우(禹) 즉위 후 8년에 비로소 오회(午會)에 들어간 이후 인간 사회는 점점 쇠퇴한다고 보았다.[83]

시간 단위에 따른 천지 만물의 생성과 소멸은 물론 음양과 오행의 작용에 의해서 일어나는 것이었지만, 또한 자연의 이치가 수의 원리로 이루어졌기 때문이기도 했다. 장현광에게 자연의 이치는 수를 통해서 완벽하게 이해할 수 있었다. 이기(二氣)와 오행이 우주 안에서 유행함은 각분(刻分)의 쉼도 있을 수 없고, 모든 자연의 질서는 어지러움이 있을 수 없으니, 그러한 이기 오행의 유행과 자연의 질서는 10, 12, 60 등 간지(干支)의 수 체계를 음양과 더불어 배열하여 이해할 수 있었다. 그렇기 때문에 그 모든 것들은 '이수의 자연[理數之自然]'이 아닌 것이 없었다. 진정 자연계의 무궁한 변화무쌍함에도 불구하고 질서를 잃지 않는 것은 자연의 이(理)가 바로 수에 의해서 구성되었기 때문이었다. 그 수의 큰 단위는 원회운세이고 작은 단위는 세월일진(歲月日辰)인데 그 사이에서 이수의 자연을 어긴 질서란 있을 수 없었다. 과거를 거슬러 우주의 처음인 자회(子會)의 갑자까지 미루어 헤아리고, 미래로는 우주의 마지막 순간인 해회(亥會)의 계해까지 미루어 헤아려도 조금의 차특(差忒, 어긋남과 의심)이 있을 수 없었다.[84]

수에 의해 법칙성이 주어지는 자연의 현상에는 조금의 차특도 있을 수 없기 때문에, 모든 자연계의 현상들을 수로써 정확하게 계산하지 못할 것은 없었다. 천지의 가장 큰 단위는 생성에서 소멸까지 일원, 즉 12만9600년이다. 이것은 우주의 대수이며 이 큰 수는 12와 30의 두 수에 의해 분수(分數)가 될 수 있다. 분수는 단지 산술적인 조작에만 의해서 얻는 것은 아니며 그것은 12가 음수이고 30이 양수이기 때문에 이루어지는 이수의 자연이었다. 이러한 분수에 의해서 대수인 원(元)은 회(會)-운(運)-세(世)-세(歲)-월(月)-일(日)-진(辰)-각(刻)-분(分)-리(釐)-호(毫)-사(絲)-홀(忽)-묘(妙)-몰(沒)의 단위[85]로 미세하게 나누어질 수 있다. 따라서 우주의 가장 큰 단위인 일원에서부터 가장 미세한 단위인 몰(沒)에 이르기까지 12와 30 두 수의 호기(互紀)에 의해서 유행하지 않는 것이 없다. 단지 나뉨과 번잡함의 차이가 있을 뿐이다.[86] 장현광은 이러한 입장에서 역가(曆家)들을 비판하기에 이르렀다. 즉, 역가들은 위와 같은 산술을 이용하면 계산하지 못할 것이 없건마는 각분(刻分) 정도의 수만을 활용하는, 즉 첩법(捷法)[87]만을 이용해서 설명할 뿐이었다. 그렇기 때문에 역가들은 일원 이상의 수만큼 광대한 것에 대해서는 증험으로 알지 못하고, 각분 이하의 미세한 수에 대

해서도 파악하지 못하고 말았다는 것이다.[88]

장현광의 이러한 논의를 보면 자연의 이치가 수학적으로 이루어져 있으며, 그렇기 때문에 자연의 모든 변화는 수학에 의해서 파악해내지 못할 것이 없다는 입장인 듯이 보인다. 그런데 장현광에게 수는 태극 또는 이(理)와는 다른 것이었다. 이(理)는 천지 만물의 생성과 그것의 시종을 있게 한 궁극적 원인인 데 비해서, 수는 그 천지 만물이 수의 원리로 이루어져 있다는 차원의 의미를 지녔다. 천지의 크기와 천지의 시간은 정량적인 수치로써 말할 수 있지만 이(理)는 수치로써 크기와 시간을 말할 수 없다는 차이점이 있다. 즉, 이(理)는 더 이상 클 수 없는 크기[莫大]이고, 더 이상 오랠 수 없이 오랜[莫久] 것이며, 상(象)으로써 형상할 수 없는 것이었다. 그렇기 때문에 이(理)는 무상무수(無象無數)이며, 바로 무극이태극(無極而太極)이라고 하는 것이다.[89]

이런 의미에서 장현광의 수에 대한 시각은 수와 수를 통한 모델을 자연의 질서 그 자체로까지 파악하는 소옹학파나, 숫자 1을 본체로서의 태허·태극·선천과 동일하게 보았고 우주의 궁극적 원리인 이(理)와도 같은 것으로 파악했던 서경덕의 상수학적 시각과는 달랐다. 장현광의 수에 대한 이러한 태도는 그의 우주론 논의의 틀이 비록 소옹학파의 상수학적 인식 체계를 따르고 있지만 그들에 비해서, 특히 서경덕에 비해서 수가 지니는 본질적 속성의 측면보다는 자연이 지니는 수학적인 법칙성에 보다 중점을 두었다고 할 수 있을 것이다. 이러한 점은 장현광의 상수학적 우주론이 회귀적이라기보다는 비교적 비판적 측면을 유지했다고 볼 수 있는 근거이다.

장현광 우주론 논의의 비판적 논증은 그의 우주론의 또 다른 중요한 모습이다. 앞에서 언급한 바와 같이 서경덕이 다시 생각해봐야 한다며 제기했던 또 다른 우주의 가능성에 대한 논의는 장현광의 「우주설」에서 가장 심도 있게 펼쳐졌다. 먼저 장현광은 시간적인 우주의 무궁함과 또 다른 우주의 존재를 다음의 언급에서 보듯이 분명하게 명시했다.

> 현재의 일원(一元)의 앞에 반드시 이미 지나간 무궁한 원(元)이 있었고, 현재의 일원의 뒤에 앞으로 다가올 무궁한 원이 있다. 이와 같이 원의 전후에 반드시 무궁한 원이 있으니 현재의 일원만이 어찌 홀로 무궁한 원이 되겠는가? 현재의 원 자회(子會)에 앞서 이전 원의 해회(亥會)가 반드시 있었고, 현재의 원 해회의 후에 반드시 다음 원의 자회가 있을 것이다. 회가 어찌 12회로서 그치겠는가?[90]

즉, 현재의 천지 이전에 수많은 천지가 생겼다가 소멸했고, 현재의 천지가 소멸한 이후에도 수많은 천지가 생겼다가 소멸하는 과정이 무궁하게 이어질 것이라는 말이다.

그런데 그러한 천지의 계속되는 생성과 소멸이 무궁하게 계속됨을 어떻게 믿을 수 있는가. 장현광은 그것을 상수학과는 거리가 있는 형식논리학적인 논증으로 설명했다. 즉, 형기가 있는 사물은 모두 처음과 끝, 그리고 안과 밖이 반드시 존재한다. 이것은 경험적으로 파악할 수 있는 성질의 것이다. 천지도 기 중의 사물에 불과하다. 그렇다면 천지도 처음과 끝, 그리고 안과 밖이 분명히 존재한다고 할 수 있을 것이다.[91] 그런데 천지가 시작이 있다면 시작 이전의 무언가 앞선 바가 있을 것이고, 끝이 있다면 무언가 뒤따르는 것이 반드시 존재할 것이다. 그렇기 때문에 현재 천지의 앞에 다른 앞선 천지가 있었을 것이고, 현재 천지 이후에 뒤따르는 다른 천지가 있을 것이다.[92]

이와 같이 형식논리에 의거해서 시간적인 선천지와 후천지가 존재한다고 논증했지만 궁극적으로 그것들이 존재함을 증명한 것은 아니었다. 사실 우주의 생성과 소멸이 시간 단위의 사이클이 지니는 본질적 속성에서 비롯되었다는 상수학적 관념하에서라면 굳이 증명할 필요는 없었다. 선·후천지가 존재함은 우주의 사이클에 담겨 있는 자연의 원리에 따라 당연한 이치이기 때문이다. 그러나 장현광은 궁극적으로 해결되지 않은 의심에 대해서 끈질기게 문제를 제기했다. 선·후천지는 인간이 경험할 수 없는 것이어서 그 존재가 증명될 수 없는 것이기 때문에 문제의 소지가 남는 것이다.

이 문제에 대해서 장현광은 결국 분명히 존재하지만 그 존재에 대하여 인간이 파악할 수 있는 것과 파악할 수 없는 것이 각각 있다는 것을 인정함으로써 그 해결을 모색했다. 인간이 파악할 수 없는 것은 단지 정신혼백이 통할 수 없기 때문이었지, 이(理)가 없어서 통할 수 없기 때문은 아니었다. 그렇게 인간이 알 수 없는 것은 성인이라도 어쩔 수 없다. 성인도 모르는 것이 있다는 것은 유가적 전통하에서는 도저히 받아들이기 힘든 생각이었다. 장현광은 동자의 입을 빌려 성인이 성인인 이유는 중인(衆人)들이 모르는 것을 알기 때문이고, 이목(耳目)으로 경험한 것 이외에도 알기 때문이라는 비판을 유도한다. 그러나 장현광은 성인도 사람임을 분명히 하고, 성인도 사람인 이상 정신혼백이 통하지 않으면 알 도리가 없다고 단언했다.[93] 이렇게 성인도 모르는 것이 있거늘 선·후천지를 경험으로 증명하지 못하는 것은 어쩔 수 없다는 것이다. 그렇다고 선천지와 후천지에 대하여 전혀 모르는 것은 아니다. 모든 형기(形氣)가 있는 천지들은 그것의 근원인 동일한 태극으로부터 생성되기 때문이다. 즉, 아무리 무궁한 시간 동안에 무수히 많은 천지가 생겼다 사라져도 그것들의 궁극의 근원은 모두 "무극이면서 태극"인 하나의 이(理)라는 것이다.[94] 그렇다면 현재의 천지의 운동과 사물을 통해서 비록 인간이 경험하지는 못하지만 추론이 가능하게 되는 것이다. 결국 장현광이 의도한 것은 바로 이렇게 성인조차도 모를 것이 존재하니 바로 천지 외의 것이 그러하다는 생각이었을 것이다. 즉, 장현광의 선·후천지에 대한 생각은, 모르기 때문에 존재하지 않는다고 부정할 수는 없다는 입장이었다고 할 수 있다.

시간적으로 다른 천지의 존재뿐 아니라 공간적으로 다른 천지의 존재에 대해서도 장현광은 논증하고 있다. 그러나 선·후천지가 분명히 존재한다고 주장했던 것과는 달리 공간적인 다른 천지의 존재에 대해서는 분명히 존재한다고 단언하지는 못했다. 소옹의 우주 순환 사이클에 따라서 선·후천지를 상상할 수 있는 것과는 다르게 현재의 천지 바깥에 또 다른 천지가 존재한다는 것은 훨씬 논증하기가 쉽지 않았을 것이다. 실제로 장현광은 천지 바깥의 대원기(大元氣)의 지극한 바를 추득하고자 했으나 도저히 망연하고 막연해 그 단예를 쫓아 파악해볼 도리가 없다고 실토했다.[95] 그러나 단언하지는 않았지만 공간적으로 또 다른 천지가 존재할 가능성을 역시 부정하지도 않았다. 그러한 장현광의 생각은 동자의 입을 빌어 다음과 같이 유도한 질문에서 엿보인다.

> 선생께서는 천지에는 시종(始終, 시간적 한계)과 제한(際限, 공간적 한계)이 있다고 했습니다. 일단 시종이 있다면 곧 선후천지가 있다는 것이고, 제한이 있다면 곧 현재 천지 제한의 바깥에 무궁한 태허가 있다는 것입니다. 그 무궁한 태허 속에 다른 천지가 병립해 있다는 것은, 역시 그 차지한 바의 구역이 있어서 위에서는 하늘이 되고 밑에서는 땅이 되고 가운데에서는 만물이 됨이 하나같이 이 천지와 같이하는 것을 말하는 것입니까. 이 천지의 사람들은 저 천지가 있는 것을 모르는데, 저 천지의 사람들도 이 천지가 있는 것을 모릅니까.[96]

장현광이 이러한 질문을 유도한 후 내린 대답은 앞서 선천지·후천지의 일에 대해서 알 수 없다는 종래의 입장을 반복하는 것으로 대신했다. 그것은 다른 천지의 사람들이 이 천지가 있는 것을 알고 있는지 그러한 저 천지의 사정을 어찌 알겠느냐는 것이었다. 이 천지의 일도 다 알 수 없는데 저 천지의 그러한 사정까지야 알 수 없다는 것이다. 결국 장현광은 동자의 입을 빌려 공간적인 다른 천지의 가능성을 제시했다고 볼 수 있으며, 그것이 존재한다고 주장을 할 수는 없지만 부정도 하지 않았던 것이다.

그런데 「우주설」이 서술되던 1631년경이면 중국을 통해 시헌력과 지구설 그리고 세계지도 등으로 상징되는 서구 과학 지식이 유입되기 시작하는 시기인데, 장현광의 우주론 논의에서는 그러한 서구 과학을 접한 흔적을 전혀 찾아볼 수 없다는 사실을 주목할 필요가 있다. 따라서 우리는 장현광의 우주론을 서구 과학이 유입되기 이전의, 즉 서구 과학이 전해준 새로운 확대된 자연지식의 영향을 받지 않은 마지막의 고전적 우주론이라고 할 수 있을 것이다. 그러한 장현광의 우주론이 송대 성리학적 자연이해의 세 가지 전통 모두를 완벽하게 소화하는 단계를 넘어 그것을 더욱 발전시켜 정합적이고 자기완결적인 우주론을 펼치는 성숙한 모습을 보여주었다. 더구나 장현광의 우주론은 성리학적 자연이해의 틀에 결코 매이지 않는 자유롭고 진취적인 사색을 보여주었다. 이질적이지만 우수하다고 후대의 연구자들이 평가했던 서구 과학을 접하기 전 조선의 우주론적 사색은 그것을 해체해서 살펴볼 만큼 충분히 성숙해 있었던 것이다.

3장

중국에서의 이질적 과학의 만남과 '일차 번역'의 양상

중국의 역사에서 17세기 전반의 시기는 그 어떤 시기보다 이질적 지식, 즉 서구 과학의 유입이 매우 활발하게 이루어졌던 시기였다. 서구식 세계지도인 『산해여지도(山海輿地圖)』가 마테오 리치(Matteo Ricci, 중국명은 利瑪竇)에 의해 조경(肇慶)에서 1582년에 제작되고, 그것의 완성본이라고 할 수 있는 「곤여만국전도(坤輿萬國全圖)」가 북경(北京)에서 제작·보급되면서 서구 지리학이 소개된 것을 시작으로, 1605에는 『건곤체의(乾坤體義)』가 역시 마테오 리치에 의해 구술·편찬되어 서구 천문학이 소개되기 시작했다. 서구식 수학은 1611년에 유클리드(Euclid, 기원전 325경~기원전 265)의 『기하원본(幾何原本)』 앞부분 6권이 번역·간행되어 전래되기 시작했다. 마테오 리치와 우르시스(de Ursis, 1575~1620, 熊三拔) 그리고 서광계(徐光啓, 1562~1633)와 이지조(李之藻, 1565~1631) 등의 중국인 협력자들에 의해서 비교적 간헐적으로 이루어지던 서구 과학의 소개는 서광계의 주도로 1629년부터 명 숭정제(崇禎帝)의 명에 의해 흠천감(欽天監)의 서국(西局)에서 국가적인 사업으로 시행된 『숭정역서(崇禎曆書)』 편찬 사업이 진행되면서 광범위하게 이루어졌다.

이 국가적인 사업은 중국인으론 서광계를 이어 이천경(李天經, 1579~1659)이 아담 샬(Adam Schall von Bell, 1591~1666, 湯若望), 로(Jacobus Rho, 1593~1638, 羅雅谷)와 함께 중심이 되어 본격적으로 이루어졌다. 그 결과 1635년 1월

21일에 제출된 최종 보고서인 『숭정역서』는 무려 137권에 달하는 방대한 분량의 천문역산서였다.[1] 이 『숭정역서』에 근거한 새로운 역법은 명(明)의 공식 역법으로 반포되지 못하고 청(淸)이 들어선 이후 1644년에 '시헌력(時憲曆)'으로 반포되었으며, 그간의 성과는 『서양신법역서(西洋新法曆書)』(1645년)로 간행되었다.[2] 이와 같이 국가의 공식 역법으로 반포되고 역법서가 편찬·간행되었다는 것은 서구의 전문적인(technical) 천문학, 지리학 그리고 수학 지식이 인정을 받고 중국 천문역법의 네트워크에 정착했음을 의미했다. 1582년 이후 유입되어 중국의 천문학자들과 유가 지식인들을 매료시키거나, 때로는 당황스럽게 하고, 때로는 위협적인 것으로 비쳐졌던 지구설(地球說)로 대표되는 서구 천문학과 지리학의 의미 있는 지식들의 유입은 이렇게 1645년의 『서양신법역서』의 간행으로 일단락되었다.

17세기 이후 동아시아인들의 이질적인 서구 과학과의 첫 만남은 이와 같이 예수회 선교사들과 중국인 관료와 정부라는 행위자들에 의해서 이루어진 여러 프로젝트와 그 산물들에 의해서 이루어졌다. 그런데 그간 이러한 만남에 대한 우리의 관심은 단지 서구 과학의 유입과 그것에 대한 소화의 과정, 또는 정착의 정도에만 집중했다. 서구 과학을 전해준 이들과 그것을 수용한 자들로 이분법적으로 분류되어 역사의 주체가 규정되었고, 그에 따라 얼마나 잘 소화했는지가 항상 문제였다. 이 글은 17세기 이후 중국에서 벌어진 이질적 두 과학의 만남을 통해 이루어진 새로운 과학의 구성이라는 관점에서 서구 과학과의 만남을 바라보고자 한다. 특히 전해준 자와 수용한 자의 인위적 구분을 떠나 예수회 선교사와 중국 정부와 중국인 과학자들을 모두 새로운 과학을 구성하는 데 주체적으로 참여했던 행위자라는 점에서 질적으로 구별하지 않을 것이다. 그것은 중국 땅에서 예수회 선교사들과 중국인 과학자들 그리고 중국 정부라는 행위자들이 이룬 '번역'의 작업이었던 것이다.[3]

이 장에서는 이와 같은 문제의식하에 17세기 이후 중국의 행위자들, 즉 예수회 선교사, 중국 정부 그리고 중국의 유학자들에 의해서 이루어진 여러 '번역'의 양상들을 살펴본다.

1. 예수회의 '번역'의 정치학: 「곤여만국전도」, 기독교 그리고 지구설

동방 선교의 기지였던 마카오를 통해 1582년 중국 땅으로 힘들게 들어온 마테오 리치는 선교의 수단으로 서구식 세계지도와 천문도 그리고 서구 과학서들을 한문으로 번역해 간행하는 작업을 펼쳤다. 천주교의 교리를 담은 교리서들의 간행과 함께, 중국의 지식인들이 과학에 매우 큰 관심이 있음을 깨달은 마테오 리치가 중국인 고위 관료와 사대부들을 개종시키기 위해 서구 과학서들을 한문으로 번역·간행했던 것이다.

그런데 마테오 리치가 천주교 교리서들과 함께 서구 과학서들을 한문으로 번역·간행한 동기는 중국의 지식인들이 과학에 많은 관심을 지니고 있었기 때문만은 아니었다. 즉, 서구 과학 내용 자체가 기독교의 교리와 불가분의 관계에 있었고, 그렇기 때문에 서구 과학의 타당싱을 중국 지식인들이 인정한다면 그것은 곧 천주교 교리의 타당성을 인정하게 될 것이라고 선교사들이 믿었기 때문이었다. 16세기 후반 무렵 중국에 들어오기 전 예수회 선교사들이 배웠던 서구 과학은 실제로 천주교 교리와 하나였으며, 그들은 둥그런 지구를 우주의 중심으로 하는 지상계와 천상계로 구성된 위계적 질서의 우주 구조와 그 원리는 전지전능한 신의 존재를 증명한다고 믿었다.[4] 그랬기 때문에 천체 현상에 대한 정확한 기술과 지구설을 핵심 내용으로 하는 우주 구조에 대한 서구 과학의 논의들을 중국인들이 수용한다면, 그것과 연결되어 있는 기독교를 그들이 받아들일 것으로 굳게 믿었던 것이다.

마테오 리치가 예수회 본부에 보낸 다음과 같은 보고서는 그러한 선교사들의 믿음을 단적으로 보여준다.

"세계지도는 당시 중국이 <u>우리의 신성한 믿음의 모든 것에 신뢰를 갖도록 할 수 있는 가장 훌륭하고 유용한 작품</u>이었다. 그러나 그들이 세계가 넓고 중국은 그 가운데 작은 부분에 불과하다는 것을 보았을 때, 무지한 사람들은 지도를 비웃고, 현명한 사람들은 경위선 눈금의 아름다운 질서를 보면서, 우리의 땅이 그들 왕조로부터 매우 멀리 떨어져 있으며 그 사이에 거대한 바다가 놓여져 있다는 것이 모두 사실이라고 생각하게 되었다. 이것으로 인해 그들은 우리가 그들을 정복하러 왔다는 두려움을 떨쳐버릴 수 있었다."[5]

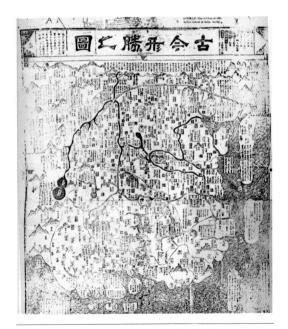

<그림 9> 마테오 리치가 중국에 들어온 후 보았을 중국의 대표적인 고전적 천하도인 「고금형승지도」(1555년).

즉, 협소한 지역만을 우습게 그린 중국의 세계지도와 비교해서 광대한 지역에 걸쳐 정밀하게 묘사한 자신들의 세계지도를 중국인들이 보면 자신들의 무지를 깨닫게 될 것이며, 그러한 깨달음은 결국 기독교적 신성한 믿음을 갖게 될 것이라는 자신감이 묻어 있는 보고서인 것이다.

사실 마테오 리치와 같은 서구인의 입장에서는 이와 같은 확신이 당연하기

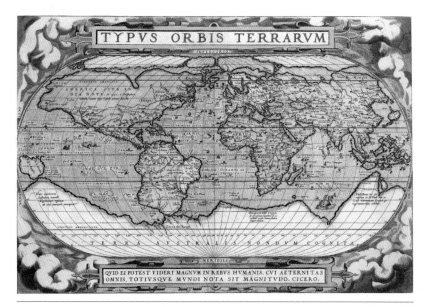

〈그림 10〉 마테오 리치가 소장하고 있었던 Ortelius의 세계지도(1564년).

도 했다. 그가 중국에 오기 전 알고 있던 당시의 세계지도와 중국에 온 후 처음 접했던 천하도를 비교해보면 충분히 짐작이 된다. 마테오 리치가 배웠던 유럽의 세계지도는 〈그림 10〉의 오르텔리우스(Abraham Ortelius, 1527~1598)의 세계지도(1564년 제작)였을 것이다.[6] 〈그림 9〉는 전통적으로 중국인들이 선호하고 널리 유통되었던 '화이도' 계열의 천하도로 마테오 리치가 중국에 들어오기 전 가장 최근에 만들어진 「고금형승지도(古今形勝之圖)」(1555년 제작)이다. 근대인이라면 마테오 리치와 공감할 것인데, 정밀하게 광대한 지리 정보를 담은 우수한 유럽의 세계지도와 협소하게 중국 주변만을 엉성하고 조잡하게 그린 중국의 천하도라는 평가가 서구인 마테오 리치의 자연스러운 비교였던 것이다.

마테오 리치는 그러한 확신을 제작 과정에서 실제로 체험했음을 기록하고 있다. 1582년 즈음 중국 조경(肇慶)에 처음 들어와서 선교의 어려움에

봉착해 있을 때였다. 그의 방에 걸려 있는 유럽의 세계지도를 본 방문객 중에 매우 학식이 깊은 자가 감탄하면서 중국어로 읽을 수 있게 제작해주길 바랐던 것 같다. 마테오 리치는 학식이 깊은 중국인의 그러한 반응은 기껏해야 중국 15개 성(省)과 그 주변 지역에 국한된 매우 협소한 지역을 그린 중국의 세계지도와 비교해서 유럽 세계지도가 우수하기 때문에 당연하다고 생각했다. 그렇게 왕국과 그 주변에 불과한 지역을 그린 지도를 하늘 아래 전 세계의 의미를 지닌 '천하도'라고 부르는 중국인들이 광대한 세계를 이해하지 못한다며 조롱하면서 말이다.[7]

이렇게 마테오 리치는 본격적인 선교 활동에 앞서 유럽 세계지도를 번역하는 작업을 하게 되었다. 그런데 그 과정에 만든 세계지도는 원본과 많이 달라졌다. 리치가 술회하는 바에 의하면 먼저 한자로 기록을 적어야 했기 때문에 원본보다 크기가 커졌다. 또한 많은 새로운 주석들이 추가되었는데, 이는 중국인들이 이해할 수 있게 하기 위해서뿐만 아니라 선교사들의 의도를 더 분명하게 전달하기 위해서이기도 했다. 특히 중국인들에게는 전혀 생소한 성스럽고 전능한 신의 신비로움에 대한 설명을 삽입하기 위해서 더욱 그래야 했다. 그런데 지도학적으로 가장 크게 바뀐 것은 대륙의 배치였다. 〈그림 10〉의 오르텔리우스의 세계지도가 보여주듯이 유럽의 세계지도는 대서양을 가운데 두고 오른쪽에 구대륙이 왼쪽에 신대륙이 배치되어, 전반적으로 유럽이 세계의 중심에 놓인다. 그러나 이런 구도의 세계지도를 중국인들에게 보여줄 수는 없었다. 그들은 중화 제국이 세계의 중심이라고 확고하게 믿고 있었고, 그렇기에 중국이 세계의 주변으로 밀려나는 것을 용납할 수 없다는 점을 마테오 리치는 잘 알고 있었다. 결국 중국이 가운데 오도록 배치를 바꾸어 제작했고, 이를 본 중국인들은 매우 흡족해했다고 한다. 리치는 이와 같은 세계지도의 수정과 같은 일이 패러독스처럼 보일지 모르지만 중국인들이 세계지도를 통해 신에 대한 믿

음을 받아들일 수 있도록 하는 데 적절하다는 사실을 경험을 통해서 깨
달았다고 술회했다.[8]

이렇게 유럽의 세계지도가 중국 땅에 건너와 예수회사 마테오 리치에
의해 중국인을 위한 '새로운 천하도'로서 「산해여지도」라는 '서구식 세계
지도'가 탄생했다. 그러나 중국에 들어온 지 얼마 안 되는 시기였기 때문
에 「산해여지도」는 조잡했고, 담은 지리 정보도 오류가 많았다고 한다. 제
대로 된 만족스러운 세계지도는 1602년에 가서야 완성되었는데, 그것이
「곤여만국전도」였다. 「곤여만국전도」는 천주교로 개종하고 마테오 리치
의 선교 활동을 적극적으로 도왔던 이지조의 도움으로 세로 168cm, 가로
372cm 크기의 6폭 병풍으로 만들어진 거대한 크기의 지도였다. 리치가 처
음 만든 「산해여지도」는 현존하지 않지만 「곤여만국전도」의 모사본들이
많이 남아 있어 그 내용을 잘 살펴볼 수 있다.

그런데 세계지도인 「곤여만국전도」를 꼼꼼히 들여다보면 천문학 관련
정보들이 상당히 삽입되어 있음이 매우 흥미롭다. 중국의 천하도는 오로

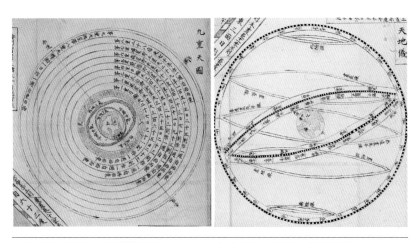

〈그림 11〉 「곤여만국전도」에 삽입된 '구중천도' 〈그림 12〉 「곤여만국전도」에 삽입된 '천지의도'

지 땅의 영역만을 묘사한 도상이었을 뿐이다. 유럽의 세계지도 또한 전통적으로 땅의 세계만을 묘사해왔으며, 16세기 후반 무렵부터 도면의 외곽에 별을 그려 넣는 세계지도가 등장할 정도일 뿐이었다. 그런데 「곤여만국전도」에 삽입된 천문학 관련 정보들은 그 이상이었다. 각종의 세계지리 정보는 물론이고, 전통적으로 동·서의 세계지도 네트워크에 속하지 않았던 요소들, 즉 천문학적 도상(圖象)들, 지구설과 관련된 천문학 이론들, 그리고 중요한 천문학 데이터까지 여백에 빼곡히 수록되었다. 예컨대 지면의 오른쪽 위에 있는 '구중천도(九重天圖)'와 오른쪽 아래에 있는 '천지의(天地儀)'는 우주 전체의 형상을 그린 우주도이다. '구중천도'의 가운데 부분에는 토(土), 수(水), 기(氣, 즉 공기), 화(火)의 '4원소'에 의해서 우주가 생성되어 있음을 알 수 있도록 자세하게 그렸다. 왼쪽 위편에는 일식과 월식이 발생하는 현상을 기하학적으로 도시한 '일식도'와 '월식도'가 그려져 있다. 그야말로 「곤여만국전도」는 땅의 세계만을 그린 세계지도일 뿐만 아니라 천체와 우주에 관한 중요한 핵심적인 천문학적 내용을 담은 서구 천문학과 지리학의 에센스를 담은 지도로서 유럽의 세계지도와는 계보를 달리한다 해도 과언이 아니었다. 이는 물론 구형의 땅과 하늘의 세계를 기하학적으로 통합해서 이해하지 않고 있던 중국인 독자들을 설득하기 위해서였을 것이다. 무엇을 설득하고자 하는 것인가. 중국인들에게는 너무나 생소하고 불온한 내용일 수도 있는 구형의 지구, 그리고 대항해시대 이후 유럽에서 축적된 광대한 지리 지식과 르네상스시대 이후 비약적으로 발전된 유럽 지도학의 성과를 담아냄으로써 신의 전능성에 대한 신뢰를 얻고자 하는 것일 테다.

이와 같이 「곤여만국전도」는 제대로 된 세계지도였지만 이 세계지도가 널리 유포되기에는 한계가 있었다. 오히려 대량으로 제작·유포되어 중국인들에게 널리 알려진 세계지도는 상대적으로 소략하게 그려진 소형의 세계지도였다. 「산해여지전도」라는 이름으로 간략하게 제작되어 일반 책들에 수록되어 유포된 것이 그것이다. 이 「산해여지전도」는 1607년에 간행된 『삼재도회(三才圖會)』, 그리고 1613년에 간행된 『도서편(圖書編)』이라는 백과전서적 문헌에 수록되었다. 대형 지도인 「곤여만국전도」가 몇 개밖에 제작되지 않아 매우 한정된 사람들만이 접할 수 있었던 데 비해, 「산해여지전도」는 동아시아 지역에 널리 유포되었던 『삼재도회』와 『도서편』을 통해서 중국은 물론이고 조선과 일본의 지식인들에게도 널리 알려졌다.

마테오 리치의 세계지도가 하나의 원 안에 세계 전체를 그렸다면, 1674년에는 두 개의 원 안에 세계를 그려놓은 양반구형의 세계지도가 제작되었다. 페르비스트(Ferdinand Verbiest, 1623~1688, 南懷仁)가 제작한 「곤여전도(坤輿全圖)」가 그것이다. 리치의 「곤여만국전도」에 비해 천문학적 내용을 줄이고 대신 지리학적 내용을 많이 수록한 지도였다. 이와 같은 양반구형의 세계지도는 브노와(Michel Benoit, 1715~1777, 蔣友仁)에 의해서도 1767년에 같은 이름으로 다시 제작되기도 했다.[9]

이렇게 서구식 세계지도는 중국인의 세계관과 상식에 부합하도록 최대한 배려—물론 마테오 리치의 입장에서—해서 유럽의 세계지도와는 매우 다른 내용과 지형으로 수정되었지만, 그럼에도 불구하고 그것이 담고 있는 내용은 중국 사대부 지식인들에게는 대단히 생소한 것일 수밖에 없었다. 서구식 세계지도가 담은 생소한 내용이란 크게 두 가지로 요약된다. 첫째, 중국 대륙과 그 주변 조공 권역의 인접국들만을 세계로 알고 있던 중국의 지식인들에게 서구식 세계지도가 보여준 세계는 그야말로 광대한 것이었다. 예수회 선교사가 제작한 세계지도에 그려진 '과거의 세계', 즉 '천하'로 알고 있던 '직방세계'는 아주 일부분에 불과했다. 그야말로 세계는 한없이 넓어졌는데, 그 미지의 세계 대부분에 대해 전혀 모르고 있다는 사실도 중국의 지식인들이 수긍하기 힘든 것이었다.

'직방세계'를 협소화시키며 광대한 영역에 걸친 미지의 세계를 그린 이방인들의 세계지도를 접한 중국과 조선의 유가 지식인들은 문명과 야만의 세계가 혼란스럽게 섞여 있는 모습을 보고 당혹스러움을 감출 수 없었다. 실로 유가적 세계인식에 의하면 중국은 세계의 지리적 중심일 뿐만 아니라 문명의 중심이기도 했다. 중국은 고대 이래 요·순과 공자·맹자 등의 성인들의 교화로 문명을 이룬 유일한 곳이었고, 인근 주변 지역들은 성인의 교화로 문명화됨으로써 유의미한 세계에 들어갈 수 있었다. 중국의 고전적 세계지도, 즉 천하도는 이러한 문명의 세계와 그 인근 교화의 손길이 닿을 수 있는 지역으로 한정된 좁은 지역을 담아냈다. 그런데 서양의 세계지도가 묘사했던 둥그런 땅 위에서는 절대적 중심이란 있을 수 없었다. 둥그런 구체 위에서는 어느 곳이든 자기가 서 있는 곳이 중심일 수 있었던 것이다.

게다가 예수회 선교사들은 그러한 둥그런 지구 위에서 중국은 지리적, 문화적으로 절대적으로 중요하지 않음을 의도적으로 보여주려 했다. 중국의 땅덩어리는 지구 전체 위에서 보면 그리 크지 않았다. 선교사들은 교리서와 지리서의 편찬을 통해서 중국 못지않게 문명을 이룩한 나라가 유럽에는 많음을 강조했다. 그들이 자랑스럽게 소개한 정밀하고 우수한 천문학과 수학 그리고 지리학 지식의 탄생은 유럽이 중국보다 더 문명화된 지역일 수 있음을 은근히 암시했다. 그러한 유럽 문명의 절대적 우위가 기독교적 신의 위대함을 증명하는 것임은 분명했다. 그러나 이와 같이 문명과 야만이 혼란스럽게 전도되는 상황은 중국과 조선의 유가 지식인들에게는 안정된 종래 세계질서의 붕괴를 의미했을 것임은 자명했다.

둘째, 또 다른 생소한 것은 인간이 살고 있는 땅이 둥그런 공 모양의 구형으로 그려졌다는 사실이다. 지구설은 땅의 세계를 원형으로 묘사한 데서 단적으로 표현되었지만, 도면의 여백에 삽입된 우주도인 '구중천도'(《그림 11))와 '천지의도'(《그림 12》)에서도 명확하게 표현되었다. 중국인들의 우주 전체와 그 안에 땅이 위치해 있는 전체 형상은 『삼재도회(三才圖會)』에 수록된 〈그림 13〉의 우주도에서 잘 드러난다. 즉, 원형의 하늘 안에 평평한 땅이 위치한 모습인 것이다. 이러한 우주와 평평한 땅의 형상과 같은 관념을 갖고 있는 중국인들이 둥그런 하늘 안에 둥그런 땅이 있는 우주 모델을 서구식 세계지도에서 보았을 때 분명한 차이를 확인할 수 있음은 어렵지 않았다. 지면 위에 그려진 서쪽 끝과 동쪽 끝은 세상에서 가장 먼 세상의 끝이 아니라, 왼쪽 끝과 오른쪽 끝

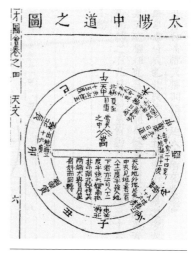

〈그림 13〉 『삼재도회』에 수록된 중국의 우주도

이 땅의 반대편에서 서로 만나는 지역이었던 것이다. 게다가 지구의 두 대척지에서는 서로 발을 마주하고 거꾸로 서 있어야 하는 형국이 벌어져야 했다. 어찌 이런 일이 있을 수 있단 말인가.

구형의 땅에 대한 지식은 유럽에서는 오래된 상식이었다. 완벽하게 둥그런 땅이 우주의 중심에서 안정되게 정지해 있는 우주의 구조는 그 자체로 완벽한 우주의 모습이었다. 이에 비해 중국에서는 땅의 모양이 어떠한지 통일된 명확한 논의가 없었다.[10] 하지만 일반적으로 고대의 중국인들은 〈그림 13〉이 보여주듯이 땅이 평평하다는 관념을 지니고 있었고, 그러한 관념은 '천원지방(天圓地方)'이라는 문구로 표현되곤 했다. 그렇기 때문에 17세기 초 마테오 리치가 땅이 둥그런 사실을 중국인에게 처음으로 소개해준 사건은 동아시아에서 큰 역사적 사건으로 거론되었다. 그런데 지구설이 동아시아에 전래된 이후 그에 대한 동아시아인들의 반응은 어떠했을까? 서구 지구설의 전래가 동아시아 지식인들에게 충격적인 영향을 주었을까? 결론적으로 말해서 마테오 리치의 기대와는 달리 지구설을 수용한 동아시아인들은 많지 않았다.[11]

예수회 선교사들과 근대인들에게는 너무도 자명한 지구설을 동아시아 인들이 처음 접하고 인정하지 않았던 이러한 역사적 상황을 어떻게 이해해야 할까? 과거 근대 역사학은 동아시아 지식인들이 허황한 주자학의 이념에 경도되어 합리적인 땅과 우주에 대한 체계적인 이론의 수용을 거부했다고 평가하기도 했다. 이에 비해 지구설 수용자들을 진보적이고 개방적인 사고의 소유자로서 근대적인 사상을 열기 시작한 실학자로 부각시키기도 했다. 과연 지구설 수용은 진보적이고 개방적이며, 지구설의 거부는 보수적이고 폐쇄적인 사유의 결과일까? 최근의 과학사 연구 성과는 그러한 역사적 이해가 불공평할 뿐 아니라 역사적 사실에도 맞지 않음을 잘 보여주고 있다.[12]

마테오 리치와 같은 서구 선교사들이 전해준 지구설은 피상적으로 보면 근대의 지구설과 다를 바 없었다. 특히 그들이 지구설의 증거로 제시한 여러 가지 경험적 증거들은 분명한 사실이었다. 즉, 달이 땅의 그림자에 가려 월식이 일어나는데 그때 달에 맺힌 땅의 그림자가 원형이라는 점, 북극고도가 북쪽으로 250리 갈 때마다 1도 높아진다는 점, 그리고 동서로 이동할 때마다 태양의 뜨고 지는 시각이 달라진다는 점 등이 그러했다.[13] 더구나 그들이 제작한 새로운 세계지도, 「곤여만국전도」(1602년)는 현대의 세계지도와 다를 바 없이 광대한 땅의 영역을 모두 담고 있고, 위도와 경도에 맞추어 정밀하게 그려진 지형을 원형으로 잘 담아냈다. 이러한 세계지도는 르네상스 이후 서구인들의 지리상 발견을 통한 풍부하고 광범위한 근대적 지리 정보를 담고 있었다. 기껏해야 중국 주변의 좁은 영역만을 그렸던 중국의 고전적 세계지도와 비교해서 지구설 전제하에 그려진 마테오 리치의 세계지도는 근대인이라면 누가 보더라도 근대적 지식의 산물이라고 이해하게 될 것이다. 서두에서 인용한 교황청에 보내는 편지에서 볼 수 있는 바와 같이 마테오 리치조차도 중국 세계지도의 조악함을 보고하면서 앞으로의 선교 활동에 큰 어려움이 없을 것이라며 자신감을 드러낼 정도였다.

그러나 예수회 선교사늘이 전한 지구설은 그들의 세계지도에서 보이는 것과는 달리 근대적 지식이 전혀 아니었다. 그들의 지구설은 코페르니쿠스 (Nicolaus Copernicus, 1473~1543)와 뉴턴(Isaac Newton, 1643~1727) 이후의 근대 과학의 것이 아니라 기독교 신학과 일체를 이루던 고대 아리스토텔레스 우주론에 기반한 고중세 우주론의 것이었다. 태양을 중심으로 회전하는 만유인력을 지닌 지구가 아니라 4원소설에 입각해 우주의 중심에서 안정되게 정지해 있는 지구였다. 지구설의 원리적 근거가 4원소설이라는 그리스시대 물질이론이었던 것이다.

아리스토텔레스(Aristoteles, 기원전384~기원전322)의 4원소설에 의하면 사람이 살고 있는 지상계는 흙, 물, 공기, 불이라는 네 개의 근본적 물질로 이루어졌다. 이 네 가지 원소들은 각각의 절대적 무게와 본래의 위치를 본성으로 갖는데, 가장 무거운 흙은 우주의 중심, 가장 가벼운 불은 우주의 주변이 본래의 위치였다. 가장 무거운 원소인 흙은 우주의 중심에 있어야 안정하기 때문에 끊임없이 우주의 중심으로 향하고, 가장 가벼운 불은 우주의 바깥으로 향한다. 따라서 가장 무거운 원소인 흙은 사방으로부터 우주 중심으로 필연적으로 모여들어 둥근 땅, 즉 구형의 지구를 이루게 된다. 무거운 물체가 땅으로 떨어지는 이유는 중력 때문이 아니라 무기운 물체로서 자신의 본래적 위치인 우주 중심으로 돌아가야 안정을 이루기 때문이었다. 이렇게 가장 무거운 흙이 우주의 중심에 모여 가장 안정된 구형의 상태를 이룬 것이 선교사들이 전한 고중세 유럽의 지구설이었다. 이와 같은 구형의 지구에서는 위와 아래가 없었다. 단지 우주의 중심과 주변이 있을 뿐이며, 지구의 사방에서 인간들이 아래로 떨어지지 않고 사는 것은 너무나 자연스런 우주의 원리였다. 한편 4원소로 구성된 지상계 위에는 달 위의 세계인 천상계가 존재했다. 천상계는 5원소라는 완전한 원소로 이루어져 투명한 천구들이 겹겹이 지구를 둘러싸고 완전한 원운동을 영원히 계속했다. 그러한 천구들 각각에 달, 수성, 금성, 태양, 화성, 목성, 토성 그리고 별들이 박혀 원운동을 했다.[14]

17세기 초 이래 예수회 선교사들이 서광계, 이지조 등 개종자들의 도움을 받아 서구의 천문학, 수학, 지리학을 정력적으로 소개하면서 그들이 가장 기대했던 것은 이상과 같은 지구설을 중국 지식인들에게 인정받는 것이었다. 그만큼 지구설이 서구의 세계인식을 담은 핵심적인 내용이었을 뿐 아니라 천주교 교리와도 불가분의 관계에 있었기 때문이다. 실로 우주의 중심에서 완벽한 구형의 형체를 이루며 안정되게 정지해 있고, 그 둘레를 모든 천체들이 완벽한 원운동을 영원히 할 수 있는 것은 전능한 신이 부여한 우주의 섭리였다. 그러한 내용은 맨 바깥 천구의 실체에서 잘 드러난다. 1605년 간행되어 널리 보급된 천문학 입문서 『건곤체의』에 삽입된 우주도(《그림 14》 참조)의 맨 바깥 천구는 '영정부동천(永靜不動天)'이라는 이름이 달려 있는데, 당초 초고에서는 그 실체를 말해주는 좀 더 긴 이름이었다. 즉, '천주 상제님이 발현하는 천당으로 뭇 성인과 신이 거처하는 영원히 고요하고 움직임이 없는 곳'이라는 것이었다.[15] 이는 전능한 신이 만든 땅과 하늘이 하나의 우주를 이루는데, 맨 바깥의 하늘이 그 신이 있는 곳이라는 의미다. 즉, 인간이 미치지 못하는 하늘 그 너머에 전능한 신의 세계가 있다는 것을 우주도로 표현한 것이다. 『건곤체의』 초고본의 '12중천도'에서 천주 상제가 발현하는 천당이었던 제12천은 비록 1605년의 간행본 『건곤체의』에서 '영정부동천'이라는 약칭으로 적혀 신의 구역임이 숨겨졌지만, 1615년 저술된 엠마뉴엘 디아즈(Emmanuel Diaz, 1574~1659, 陽瑪諾)의 『천문략(天問略)』에 수록된 '12중천도'[16]에서는 다시 『건곤체의』 초고본에서의 명칭으로 살아났다. 또한 기독교로 개종한 이응시(李應詩, 1560~1620?)

가 1603년 제작한 것으로 알려진 「양의현람도(兩儀玄覽圖)」에서는 분명하게 초고에서의 긴 이름으로 적혀 있음이 확인된다.[17] 이와 같이 고요하고 움직임이 없는 '지정부동천'이나, 모든 천체의 운행을 구현해주는 '종동천'과 같은 천구는 천문학적으로 불필요한 천구였지만, 신의 영역을 우주에 상정한 것으로 전적으로 기독교 신학과 일체였던 서구 우주론의 모습을 보여주는 것이었다.

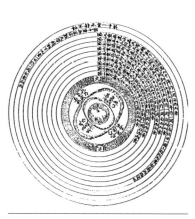

〈그림 14〉 마테오 리치가 『건곤체의』(1605년)에서 소개한 서구의 우주구조, '12중천설도'.

이와 같이 기독교적 신의 섭리를 보여주는 지구설이었기에 예수회 선교사들은 지구설의 원리, 즉, 4원소설을 소개하고 이해시키는 데 많은 노력을 들였다. 중국의 역산가들이 계산의 모델로서만 지구설을 채택하는 것은 신이 우주에 부여한 섭리를 배제하는 것이기 때문일 것이다. 그런데 4원소설의 수용에 대한 강력한 방해물이 있었다. 오행설과 기(氣)의 메커니즘으로 자연을 이해하는 고전적 우주론이 그것이다. 예수회 선교사들이 보기에 유학자들의 기는 생명 활동의 근원이기도 했고 신적인 존재이기도 해서, 만물을 창조한 전능한 신의 존재를 믿는 데 가장 저해가 되는 불순한 관념이었다. 그래서 마테오 리치를 비롯한 예수회 선교사들은 여러 저술을 통해서 기(氣)가 중국의 유학사상 내에서 지니는 전통적인 기능과 의미를 부정하고 단지 물질적인 것에 불과한 것으로 규정하면서 오행설과 기론을 4원소설로 대체하는 설득의 논리를 강력하게 펼쳤다.[18]

가장 먼저 저술된 천문학 개론서 『건곤체의』에서부터 마테오 리치는 지구설의 원리로서 4원소설을 논증하는 서술을 펼쳤다. 『건곤체의』 앞 부분의 「사원행론(四元行論)」이 그것이다. 특히 마테오 리치는 '기는 없는 것과 같다'는 식으로 중국에서의 오래된 사색을 부정하면서, 기는 우주 공간에 꽉 차 있는 4원소 중의 한 물질에 불과하다는 사실을 여러 가지 증거를 예로 들어 설명하곤 했다.[19] 지면 위 대기권의 영역을 4원소에 입각해 각 권역의 두께를 논하는 내용도 기의 물질적 측면을 강조하는 것과 무관하지 않았다. 즉, 토역(土域, 즉 지구를 의미)은 둘레 9만 리에 반경 2만8636리 36장(丈)이고, 토역을 둘러싼 수역(水域)의 두께는 위치와 지형에 따라 다르지만 대강 10여 리이며, 그 바깥의 기역(氣域) 두께는 250여 리이고, 가장 바깥의 화역(火域)의 두께는 무려 46만7953리 82장이었다.[20] 이와 같이 토·수·기·화의 4원소의 구역의 두께를 상세하게 거론함으로써 기라는 것이 토·수·화에 비해서 더 근원적이지 않으며 동일한 차원의 물질적 존재라는 것을 강조한 셈이었다.

그러나 유럽에서는 이미 용도 폐기되어가고 있던 고중세 우주론에 입각한 지구설을, 그것도 불순한 의도가 담긴 기독교 교리와 표리 관계에 있던 지구설을 중국의 유가 지식인들이 액면 그대로 인정하는 일은 예수회 선교사들이 기대하던 대로 일어나지는 않았다.[21] 땅의 사방에 인간이 살고 있다는 주장은 상식적인 감각경험으로 도저히 인정할 수 없는 억측이었다. 앞에서 언급했듯이 중국인들에게는 땅의 정확한 형체에 대한 정론이 없이 지상 세계는 너무나 광대하고 불규칙해서 전체 모양을 단정하기 어렵다는 불가지론적 태도가 일반적이었다. 그럼에도 불구하고 거시적으로 보아 둥그런 형태의 하늘이 위에 위치하고, 네모나고 평평한 모양의 땅이 아래에 위치해 있다는 관념은 어느 정도 인정되는 땅의 모양에 대한 관념이었다. 즉, 땅의 구체적인 모양은 모르나 적어도 위로는 하늘을 이고 있고 밑으로는 평평한 땅을 딛고 서 있음은 자명한 사실이었던 것이다. 이와 같은 우주 구조 하에서는 땅 밑에 사람이 산다는 것은 있을 수 없었다. 무거운 물체가 아래로 떨어지는 것은 감각적으로도 알 수 있는 자명한 사실이듯이 땅 밑에서 사람이 천장에 붙어 살 수는 없을 것이기 때문이다.

지구설의 타당성을 설파하고, 그것을 통해 기독교적 신의 섭리를 설득하기 위해서는 일차적으로 중국인들이 고대부터 의심의 여지 없이 믿어오던 평평한 땅의 관념, 그리고 하늘과 땅의 상하관계 관념을 극복해야 했다. 지평(地平)을 전제로 하늘과 땅이 상하로 놓여 있다는 관념을 지구(地球)를 전제로 땅과 하늘이 중심과 주변의 관계로 위치해 있다는 관념으로 전환하는 것은 세계를 이해하는 인식의 대전환이었다.

이와 같이 우주 안에서의 상-하 관념이 중심-주변 관념으로 전환되기 위해서는 4원소설에 근거해 우주를 이해해야 했다. 그러나 4원소설을 인정하고 기의 역할과 기능을 부정하는 것은 인식론적 대전환을 필요로 하는 사안이었다. 오늘날 우리들에게도 인정하기 어려운 혼란스러운 4원소설에 근거한 지구설이었지만 성리학적 우주론의 틀로 자연을 이해하던 동아시아 유가 지식인들에게 지구설은 상식에서 어긋난 억측에 불과했던 것이다.

중국인들을 설득하기 위해서 예수회 선교사들은 경험적 데이터를 제시하기도 했다. 선교사들 자신이 지구의 정반대편에서 실제로 살다가 왔다는 사실, 그리고 그것을 증명하는 여러 가지 경험 데이터들을 보여주는 것이었다.[22] 이러한 경험적 데이터의 제시는 나름대로 설득력이 있었고, 지구설을 수용한 일부 사대부들도 그러한 데이터들을 즐겨 말하곤 했다. 그러나 경험적 데이터란 제시하는 자들에 대한 불신을 버리지 못하는 한 결코 결정적인 설득력을 지니지 못하는 한계가 있었다.

결국 예수회 선교사들의 기대와는 완전히 다르게 중국의 사대부들 중에 지구설을 수용한 사람은 극히 드물었다. 더구나 앞서 살펴본 4원소설을 전제로 한 서구 우주론에 입각해 지구설을 이해한 사람은 하나도 없었다. 이와 같이 새로운 세계인식으로서의 지구설을 수용하는 데 지식인들이 주저하고 있던 상황에서 의외로 쉽게 지구설의 수용이 이루어진 통로가 있었다. 그것은 천문관측기구와 역법을 통해서였다. 즉, 서구식 천문학에 근거를 둔 천문의기와 역법의 계산법을 보다 정밀한 역법을 확보하기 위한 의도로 수용했다면, 그러한 서구식 천문의기와 역법 계산이 전제로 하고 있는 지구설을 결국 인정하는 셈이 되는 것이다. 다시 말해서 천문의기와 역법의 계산법은 두 개의 서로 다른 패러다임하에서 상호 연결이 될 수 있는 통로였던 것이다.

서구식 역법은 주지하는 바와 같이 기독교로 개종한 서광계와 이지조의 도움을 받은 아담 샬 등 예수회 선교사들의 주도로 이루어진『숭정역서』사업으로 이루어졌다. 명대에는 개력을 이루지 못했지만 1644년 북경을 장악한 청 왕조에 의해서 서구식 역법, 즉 시헌력으로의 개력이 이루어졌다. 이로써 예수회 선교사들이 전한 서구식 수학과 천문 계산이 채택되기에 이른 것이다. 그 이후에도 계산과 데이터가 미진한 부분은 개선되었다. 결국 구형의 땅이라는 기하학적 구조에 기반한 서구 천문학의 이론과 계산법이 정부 차원에서 공식적으로 채택된 것이다. 물론 이러한 작업을 실무에서 수행한 사람들은 흠천감의 전문적인 천문역산가들이었고, 그들은 동서양 모두에서 실재하는 우주의 구조와는 별개로 역법 계산을 위한 우주의 모델에만 관심이 있는 사람들이었다. 이에 비해 고도의 수학적 계산법을 이해할 리 없는 대부분의 중국 지식인들은 극소수의 개종한 사람들을 제외하고는 서구식 역법의 채택에도 불구하고 지구의 관념을 받아들이지 않았다. 다시 말해서 계산을 위한 천문학적 모델로서 구면기하학이 채택되었지만 그것이 실재하는 우주로서의 지구설 수용은 아니었던 것이다.

2. 명말청초 방이지 학파의 기론적 우주론

북경의 천주당과 흠천감을 중심으로 『숭정역서』와 「곤여만국전도」 그리고 서구식 천문도가 예수회 선교사와 중국 정부, 중국인 천문역산가들의 협동 작업으로 '번역'이 이루어지던 때, 강남 지역에서는 만주족의 청 왕조에 저항하며 출사하지 않고 재야에 머물던 일련의 학인들에 의해서 매우 창조적인 사색이 이루어졌다. 예수회 선교사들을 도와 청 정부 내에서 『숭정역서』 편찬 사업을 주도하면서 서구 천문역산학의 수용에 큰 역할을 했던 서광계와 이지조 그룹 못지않게 강남 지역을 근거지로 서구 과학을 적극적으로 배우고 공부했던 방이지(方以智, 1611~1671) 학파의 학인들이 그들이었다.[23]

방이지 학파의 학인들이란 웅명우(熊明遇, 1579~1651)와 방공소(方孔炤, 1591~1655)로부터 시작해서, 방이지, 유예(游藝, 1614~1684경), 그리고 게훤(揭暄, 1625~1705경)과 방중통(方中通, 1633~1698)에 이르기까지 매우 활발한 학문적 토론의 네트워크를 형성하고 있었던 17세기 명말·청초 시기 일련의 중국 학인들을 말한다. 그들은 자신들이 공부한 바에 의하면 구체적인 서구 과학 지식은 참이었고, 그에 비해서 중국의 고전적 문헌에 적혀 있는 자연지식은 대부분이 옳지 않았다. 그들은 고대의 천문학자 장형(張衡, 78~139)으로부터 송대 성리학자들에 이르기까지 중국의 고전적 자연지식 대부분이 명백하게 오류임을 분명히 했다. 특히 성리학적 우주론의 가장 중요한 출처인 소옹(邵雍)의 『황극경세서(皇極經世書)』는 황당한 내용들로 가득 찼다며 가혹하리만치 부정적으로 비판할 정도였다. 그렇다고 서구 과학 지식이 모두 확실하게 믿을 만한 지식은 아니었다. 서구의 광학(光學)은 그러한 대표적인 분야로서 방이지 학파의 학인들은 집단적 토론을 통해 서구 과학에도 부분적으로 결정적인 오류가 있음을 찾기도 했다. 방이지와 계훤, 그리고 방중통과 유예 등은 그러한 서구 광학의 오류를 지적하면서 옳다고 생각하는 새로운 이론을 제시하기도 했는데, 그것이 소위 "광비영수설(光肥影瘦說)"이었다.

그런데 방이지 학파의 학인들이 이렇게 서구 과학 이론의 오류를 지적하는 논의를 펼치면서 그들이 주로 의존했던 자연인식체계가 무엇이었는지 주목해보자. 그것은 중국 고대의 고전적 문헌『황제내경(黃帝內經)』에 나오는 '우주 공간의 기(氣)가 들어준다[大氣擧之]'는 문구에서 단적으로 묘사된 이래, 송대 장재(張載)와 주희(朱熹)에 의해서 체계적으로 구체화되었던 기론적 자연인식체계였다. 즉, 방이지 학파의 학인들은『황극경세서』를 핵심 텍스트로 소옹 학파가 구축한 상수학적 자연인식체계에 대해서는 철저하게 부정하면서도 동시대의 장재가 구축하고 주희가 체계화한 기론적 자연인식체계에 대해서는 옳다고 인정한 것이다. 그런데 당시 그들이 접하고 배운 서구 과학 지식들은 이러한 기의 운행과 변화의 메커니즘과 같은 원리적인 자연인식체계가 없었다. 방이지의 표현을 빌리자면 서구 과학은 질측(質測)에는 능하나 통기(通機)에는 부족한, 즉 원리적 측면에서 부족한 지식이었던 것이다.[24] 결국 방이지 학파의 학인들은 한편으로는 원리적으로 부족하고 일부 오류를 드러내기도 하지만 또 한편으로는 방대하고 정밀하며 실증적으로 타당하기도 한 서구 과학의 지식정보를 기(氣)의 운행과 변화라는 성리학적 우주론 체계를 활용해 재구성하게 된다. 이는 중국 과학의 고전적 패러다임을 중심으로 중(中)·서(西) 우주론을, 나아가서는 중·서의 자연지식을 융합하려는 시도였다고 할 수 있다. 다시 말해서 서구 과학 지식을 중국의 고전적 자연인식의 틀로 중국화하려 했던 것이다.[25] 이러한 방이지 학파의 창조적이고 자유로운 우주론적 사색의 결과가 가장 잘 정리된 문헌은 유예의『천경혹문(天經或問)』전·후집(1675, 1681년)과 계훤의『선기유술(璇璣遺術)』(1675년경 집필)이었다. 이 문헌들에서 그들은 우주에 충만한 기의 거대한 회전운동의 메커니즘을 이용해 티코 브라헤(Tycho Brache)의 우주론을 매우 흥미롭게 재구성했다.[26]

티코 브라헤의 우주 체계에 입각해 거대한 기가 소용돌이치는 기론적 우주론을 구축한 방이지 학파 학인들은 서구 과학의 오류를 지적하며 그것을 대체하는 새로운 과학을 제시했다. 그러한 대표적인 과학 이론으로 광학을 들 수 있는데, 이는 명말·청초 중국 학인들의 창조적 자연 논의의 모습을 가장 잘 보여주어 흥미롭다.

방이지 학인들의 빛에 대한 논의는 크게 나누어 소위 '광비영수설'이라 불리는 광학 이론 논의와 '도영(倒影)'과 같은 현상에 대한 시각적 이해, 즉 사물의 이미지[影]를 시각적으로 지각하는 메커니즘에 대한 논의로 이루

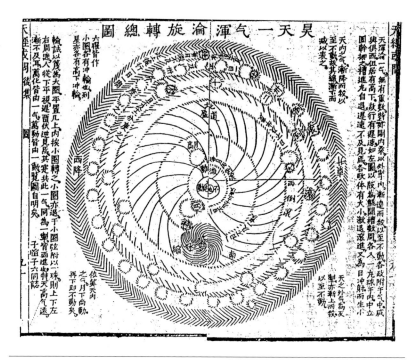

〈그림 15〉 기(氣)의 대회전 메커니즘에 토대를 둔 게훤의 우주도. 우주 체계에서는 Tycho Brache의 그것과 동일하다.

어졌다. 광학이 방이지 학인들의 주요 연구 주제로 부상한 것은 소위 '광비영수설'에 기인한 바가 컸다. 방이지는 그러한 '광비영수설'을 『물리소지』 권1 「역류(歷類)」에서 비교적 자세하게 핵심적 내용을 잘 정리해놓았다.[27]

방이지는 '광비영수설'이 제기되게 된 발단인 『건곤체의』에 나오는 태양과 오행성의 크기, 그리고 지구와의 거리에 대한 서구의 계산치를 먼저 소개했다. 이어서 그 데이터에 대한 방이지 학인들의 문제 제기와 서구 이론을 수정하는 주장들을 소개했다. 가장 먼저 웅인림(熊人霖, 1604~1666)이 『건곤체의』의 계산치대로 태양이 지구보다 165와 3/8배나 크고 1600여만 리 떨어졌다면 태양 크기가 지구와 태양 사이 공간의 두 배나 되는데 이럴 경우 작열하는 태양열을 어떻게 견딜 수 있느냐며 서구인의 천체 크기와 거리 계산에 대해 의문을 제기했다. 웅인림은 서구인들의 계산치는 태양의 내체(內體)와 외체(外體)를 합한 값으로 순수한 태양의 크기인 내체 이외에 외체까지 포함해서 잘못 계산한 것이라고 이해했다.[28] 또한 서구인들은 지구에서 태양까지 4층의 겹으로 이루어진 하늘이 망원경의 렌즈처럼 작용해 태양의 크기가 확대되어 보인 것을 실제의 내체로 계산해 태양의 크기를 더욱 크게 계산했다고 주장했다.

웅인림의 문제 제기는 구유병(丘維屛, 1614~1679)에 의해서 비판적으로 구체화되었다. 구유병은 먼저 태양의 크기가 태양-지구 거리의 두 배나 된다는 웅인림의 계산을 수정했다. 서법(西法)대로 다시 계산하면 태양 직경은 473여만 리로 태양-지구 거리 1600여만 리의 1/3에 불과해서 웅인림의 계산은 틀렸으며 그의 걱정은 과민한 것이었다고 보았다. 그러나 구유병은 웅인림이 걱정할 정도로 태양이 크지는 않지만 『건곤체의』의 태양 크기는 여전히 너무 크다고 보았고, 서구의 또 다른 계산법에 주목했다. 즉, 황도상의 반도(半度)가 태양의 직경이라는 『천문략(天文略)』에 실린 계산법이 그

것인데, 이 계산법에 의하면 황도 반경이 1600여만 리로 이미 알려져 있기 때문에 그 둘레의 반도인 태양의 크기는 13만여 리에 불과하게 된다. 결국 구유병은 『건곤체의』에서의 지구의 165여 배라는 태양의 크기, 즉 473여만 리는 어떻게 나왔는가라는 질문을 던지며 서구 광학 이론에 토대를 둔 태양의 크기 계산법의 오류로 쟁점의 방향을 잡았다.

이렇게 웅인림과 구유병에 의해서 시작된 태양 크기 계산의 토대인 서구 광학 이론의 오류에 대한 논의는 이후 방이지의 제자 계훤과 아들 방중통에 의해서 심화되었다. 그들이 이해한 서구 광학의 오류는 태양 빛에 의해 만들어지는 지구 그림자가 직선으로 나아간다는 전제하에 규각(圭角, 즉 예각)과 직선이 지구를 끼고 만들어지는 지구 그림자의 소실되는 지점까지의 거리를 계산한 것에 있었다. 즉, 서구인들은 태양 빛이 직선으로 나아갈 줄만 알지, 태양 빛[日光]은 항상 비대[肥]하고[29] 지구 그림자[地影]는 항상 수척[瘦]해서 규각과 직선으로 취할 수 없음을 모른다는 것이었다. 빛은 서구의 광학 이론이 전제하듯이 직진으로 진행하지 않으며, 사물의 수(數) 이상으로 넘쳐[溢] 그 그림자[影]가 더 짧게 소실된다[易盡]는 것이다.[30] 서구인은 이와 같이 소실점이 예상 거리보다 훨씬 짧아진 사실을 모르고 태양 빛이 직진하는 것으로만 지구 그림자 소실점을 찾았기 때문에 그것에 의해서 기하학적으로 추적한 태양의 크기가 터무니없이 크게 계산된 것이었다. 결국 논의의 핵심은 빛이 직진한다는 서구인들의 광학 이론을 수정해서, 빛은 비대하고 그림자는 수척한[光肥影瘦] 빛의 성질에 대한 이해, 그리고 그것에 기반한 빛의 메커니즘을 주요 내용으로 하는 새로운 광학 이론을 제시한 것[31]이었다.

그런데 빛이 비대하다고 해서 왜 그림자의 소실점이 짧아지는가? 그 메커니즘 또한 '광비영수설'의 핵심 내용이다. 방중통은 사물 크기의 400배 거리에서 그림자[影]가 소실[節]된다는 '절영률(節影率)'을 제시하기도 했다.[32] 방중리는 허공중의 기(氣)에 '여영(餘暎)'이 있어서 지구 그림자가 빨리 소실되는 연유를 제시했다. 빛은 불과 같은 원리를 지녀서 능히 허공의 기로 하여금 빛을 내어 사물을 비출 수[生光照物] 있도록 하는데, 해 뜨기 전이나 해진 후 환한 것이 이 때문이라는 것이다. 이러한 허공중의 기에 있는 '여영'이 지구 그림자를 빨리 소실되도록 한다는 것이다.[33]

계훤은 더욱 구체적이고 논리적으로 그림자 소실의 메커니즘을 제시했다. 그는 우주 안의 모든 빛의 근원인 태양 빛을 세 가지로 나누었다. 본체의 광, 대조(對照)의 광, 그리고 호영(互暎)의 광이다.[34] 본체의 광은 황도의 반도(半度) 크기인 태양 그 자체의 광을 말한다. 대조의 광은 햇빛[日影]이 직접 비추어 열(熱)을 내는 빛을 말하고, 호영의 광은 햇빛이 미치지 못하는, 즉 집의 실내나 짙은 구름 아래, 그리고 아침과 저녁의 노을 등에서 이리저리 돌아 서로 비추는[展轉相暎] 빛을 말한다.[35] 앞서 방중리가 말했던 허공중에 있는 여영이란 계훤이 말하는 호영의 광과 같은 것이 아닐까 싶다. 이 호영의 광 또는 허공중의 여영이 사물의 그림자 쪽에서 생긴다면 사물의 그림자가 빨리 소실될 수밖에 없을 것이었다. 또한 계훤은 빛이 직진하지 않고 사물을 따라서 휜다[隨物曲附]는 메커니즘도 제시했다. 태양 광은 화기(火氣)와 같아서 둥근 하늘을 순환해 돌아서 정반대쪽에서 합하듯이 지구를 둘러싸고 돌아 정반대쪽에서 합한다는 것이다. 이는 마치 흐르는 물이 숫돌을 감싸고돌아 뒤에서 만나는 것과 같은 이치라면서 일몰 후 해가 땅 아래로 들어갔는데도 햇빛이 마치 환교(環橋)처럼 땅을 감싸며 서에서 동으로 허공을 비추는 것에서 확인했다고 주장했다.[36] 이와 같이 빛이 직진하지 않고 사물을 감싸고 휘어 돌아가는 메커니즘 때문에 지구 그림자는 빨리 소실될 수밖에 없다는 것이다.

이상의 '광비영수설'은 결국 빛이 비대한 본성 때문에 직진으로 나아가지 않고 휘어지거나 이리저리 돌다가 서로 비추기도 해서 직선으로 미치지 않는 곳까지 환하게 비춘다는 빛의 메커니즘에 대한 논의였음을 알 수 있다. 이러한 빛의 메커니즘에 대한 이해는 빛에 의해 만들어지는 이미지[影]를 시각적으로 어떻게 지각하는지, 그 시각의 메커니즘에 대한 이해와 동전의 양면 관계라고 할 수 있다. 전통적으로 중국의 시각에 대한 논의는 서구에서처럼 입사이론과 방사이론 사이의 치열한 논쟁[37]이 있지도 않았으며 대체로 외부로부터 온 자극을 눈이 지각한다는 상식적인 이해 정도에서 더 깊이 있게 고민하지는 않았던 것 같다. 그러나 오래전부터 이미지(또는 그림자)가 뒤집혀 보이는 현상에 대해 주목하고 그 원인과 메커니즘에 대해서 논의했던 전통을 찾아볼 수 있다.

대표적으로 송대 심괄(沈括, 1031~1095)의 『몽계필담(夢溪筆談)』의 기록을 들 수 있다. 심괄은 양수(陽燧, 즉 오목거울)에서 상이 뒤집혀 보이는 것과 창틈을 통해 통과한 사물의 상이 벽에 뒤집혀서 맺히는 것을 『몽계필담』에서 소개했는데,[38] 방이지는 이 기록을 『물리소지(物理小識)』에서 다루었다. 그 기록에 의하면[39] 오목거울에 맺힌 이미지는 모두 뒤집혀 보이는데 산술가들은 이를 '격술(格術)'이라 부른다는 것이다. 심괄은 뒤집히는 이유를 마치 사람이 노를 저을 때 노의 말뚝[臬]이 '애(礙)'가 되는 것과 같다고 분석했다. 즉, 노를 저으면 노 중간의 말뚝이 방해를 해서 노를 젓는 방향과 반대로 물을 밀쳐내는 것과 같이 사물의 상이 뒤집힌다고 이해한 것이다. 심괄이 말하는 이 '애'란 근대 광학의 표현으로는 초점이라고 할 수 있다. 그러나 심괄은 이를 사물의 영(影)이 중간 지점에서 방해를 받아서 뒤집히는 것으로 이해했음이 흥미롭다. 심괄은 창틈을 통과한 사물의 그림자[影]가 벽면에 뒤집힌 채로 맺히는 것, 현대인에게 '카메라옵스큐라(cameraobscura)'로 알려진 현상과도 같은 메커니즘으로 이해했다. 즉, 솔개[鳶]가 날아갈 때 그 그림자가 창틈을 통과해서 솔개의 날아가는 방향과 거꾸로 생겼고, 누탑(樓塔)의 그림자도 창틈을 통과하면서 뒤집혀 벽면에 맺힌다. 이때 그림자가 중간에 있는 '창틈에 속박[爲窓隙所束]'당해서 뒤집힌다고 보았는데, 양수의 '애'와 마찬가지의 메커니즘이라고 볼 수 있다.

그런데 이와 같은 도영 논의에 이어 붙인 세주에서 방중통은 새로운 메커니즘을 제시하고 있다. 그것은 수면(水面) 위에 비친 이미지가 뒤집혀 보이는 현상에 대한 논의였다. 방중통은 물[水]이 능히 사물을 '섭(攝)'[40]해서 그 안으로 끌어들이기[水能攝物入其中] 때문에 수면에 비친 사물의 상이 뒤집혀 보인다고 이해했다. 이러한 물의 섭할 수 있는 성질에 의한 도영은 비단 수면에서만 일어나는 현상은 아니었다. 예컨대 땅과 접한 허공중의 기[空氣]는 물의 속성을 받아서 능히 사물의 영(影)을 섭할 수 있기 때문에 지상의 사물이 공중에서도 뒤집어진 상이 맺힐 수 있다.[41] 이러한 메커니즘은 계훤이 그의 고향 마을 남쪽에 있는 작은 연못 위에서 어느 날 저녁 무렵 기병(騎兵)이 도영으로 보이는 것을 목격했는데, 계훤은 이를 일러 공중의 대경(大鏡)이라 일컬었다.[42] 이와 같이 물과, 물의 속성을 가진 공기는 같은 메커니즘으로 도영하지만, 물의 섭영(攝影)이 위로부터 아래로 일어나는 데 비해 공기의 섭영은 아래로부터 위로 일어나는 차이점이 있을 뿐이라고 방중통은 보았다.[43]

수면에 비친 상이 뒤집혀 보이는 것을 물의 섭하는 작용으로 생각해낸 방중통은 나아가 모든 '도영(倒影)' 현상을 '섭하는 작용'으로 해석해냈다. 오래전 심괄은 도영의 메커니즘으로 오목거울의 초점에서 노의 말뚝과 같은 '애(礙)'의 작용이 일어나거나, 창틈에서 '속박'당하는 작용을 제시했는데, 방중통은 '섭물(攝物, 즉 攝影)의 작용'에 의해 일어나는 것으로 새롭게 해석한 셈이다. 방중통은 당초 물에 비친 상이 거꾸로 보이는 것에서 추론해 물의 섭물(攝物)하는 능력 때문에 도영이 일어난다고 사유했고, 나아가 모든 도영의 작용에 이 섭물(즉 섭영)의 메커니즘을 적용한 것이다. 그리고 물의 속성 때문이라고 보기 어려운, 창틈을 통과한 영이 뒤집히는 현상도 섭하는 작용으로 이해했다. 암실에 구멍을 뚫어놓으면 담 밖 사물의 영(影)이 모두 능히 구멍을 통과해 암실 안으로 섭입(攝入)할 수 있고, 섭입해서는 암실 안 허공중의 기(氣) 안에서 영이 뒤집어져 벽면에 뒤집힌 상으로 비친다는 것이다.[44]

한편 방중통은 이러한 사물의 영이 뒤집히는 메커니즘이 오목거울과 암실의 구멍을 통한 도영에서만이 아니라 눈으로 보는 시각 작용에서도 똑같이 일어난다고 보았다. 즉, 양 눈의 시각이 교차하는 지점이 있고, 이 교차하는 점 이내에서는 왼 눈으로 보면 사물이 오른쪽에 있어 보이고, 오른 눈으로 보면 사물이 왼쪽에 있어 보인다는 것이다. 사물이 교차하는 점에 있으면 좌우의 눈으로 보이는 것이 모두 한 곳으로 모아진다. 사물이 교차하는 점보다 멀리 있으면, 왼 눈으로 보면 사물이 왼쪽에, 오른 눈으로 보면 오른 쪽에 있어 보이게 된다. 물론 실제로 사물이 좌우에 있는 것은 아니며 좌우로 치우쳐 보일 뿐이다. 왜 이런 현상이 일어나는가? 방중통은 눈에 혈수(血水)가 있어 빛을 섭[攝光]하기 때문이라고 보았다.[45] 빛이란 기가 발한 것이기 때문에 혈수에 의해서 끌어당겨질[攝] 수 있고, 눈동자 안의 혈수 때문에 섭광 작용이 일어나 사물의 좌우 위치가 달라 보인다는 것이다. 그러나 도영 메커니즘에서 일어나는 섭물·섭영 작용과 눈동자에서 일어나는 섭광 작용이 동일한 것이라고 보기는 어렵다. 방중통의 이러한 모호함은 사실 개훤의 '시차법(視差法)'을 자신의 섭물·섭영의 메커니즘으로 이해한 데서 비롯되었다고 볼 수 있다.

개훤의 시차법은 "광비영수설"을 서술하는 과정에서 양 눈으로 사물을 볼 때에 사물의 원근과 좌우 위치가 달라 보이는 시각의 메커니즘을 설명하는 내용이었다. 그것에 의하면 눈앞에 있는 사물을 왼 눈을 가리고 오른 눈으로만 보면 사물이 왼쪽에 있어 보이며 오른 눈을 가리고 왼 눈으로만 보면 오른 쪽에 있어 보이는데, 그 이유는 눈으로부터 빛이 비스듬히 나아가 교사(交射)하기 때문이라는 설명이었다.[46] 양 눈에서 빛이 나아가 교차하면서 좌우 위치가 달라 보인다는 게훤이 제시한 메커니즘[47]을 눈동자의 혈수에 의해 일어나는 섭광 작용으로 이해할 수는 없을 것이다. 방중통이 무리하게 게훤의 시각 메커니즘을 자신의 섭광 작용으로 적용한 것이라고 할 수 있다. 그러나 당대 방이지 학인들은 게훤과 방중통의 설명이 다르다고 이해하지 않은 것 같다. 그렇기에 방중통은 자신의 섭광에 의한 좌우 위치의 시각 차이의 예로 게훤의 시차법을 거론했던 것이다.

방중통이 설명하는 눈동자의 섭광 작용과 게훤이 거론했던 눈으로부터 쪼여진 빛의 교사 메커니즘은 눈으로 보는 지각 작용이 어떻게 일어나고 가능한가에 대한 어렴풋한 인식의 단초를 보여준다. 그러나 그들의 관심은 시각 작용의 본질을 규명하려는 데 있지 않았다. 왜 거리가 달라 보이고, 좌우와 위아래의 위치가 반대로 달라 보이는지에 대한 납득할 만한 설명을 찾으려 했을 뿐이다. 그렇기 때문에 섭광 작용과 눈빛의 교사 메커니즘을 '보는 것이 무엇이고 어떻게 일어나는가'에 대한 일반적인 대답으로 확장하지는 않았다.

이상과 같이 방이지 학인들은 서구의 광학이 틀렸다며 새로운 광학 및 시각 이론을 제시했다. 그들의 새로운 이론이 근대인의 기준으로 얼마나 타당한가는 사실 중요하지 않다. 빛의 본성이 무엇인지는 제시하지 않고, 직선으로만 측정하고 계산하는 '질측(質測)'에만 능하고 '통기(通幾)'에는 졸렬한 서구의 광학 이론을 방이지 학인들이 비판했던 점[48]에 주목할 필요가 있다. 그들의 광학-시각 이론은 빛의 본성에 근거해서 펼쳐졌던 것이다.

방이지 학인들의 빛의 본성에 대한 논의는 『물리소지』 권1의 「천류(天類)」에서 짧지만 분명하게 정리되었다. 이미 「기론」에서의 "일체의 사물은 모두 기(氣)의 작용이다"는 선언에서 예고했듯이 빛의 본성은 다음과 같이 기로 표현되었다. "기가 응고해서 형(形)을 이루고, 기가 발(發)해서 빛과 소리를 이룬다."[49] 기가 어떻게 발해서 빛을 이루는가? 기에는 본래 빛이 있기 때문에 태양 불[日火]을 빌려 빛을 발할 수 있다.[50] 즉, 빛의 본성은 기가 발동하는 것으로서 빛은 기의 특정한 상태와도 같은 셈이다. 천지 사이의 모든 변화하는 모습들은 이러한 기가 발동한 빛의 작용으로 볼 수 있다.[51] 그렇기에 "광비영수설" 논의에서 볼 수 있듯이 빛의 작용은 오묘하고, 직선으로만 나아가지 않으며, 사물의 형수(形數) 이외에 흘러넘칠 수 있었다.

기가 발한 것이 빛이기 때문에 기의 상태에 따라 사물의 비추어진 모습도 달라질 것이었다. 기는 사물을 크게도 보일 수 있고, 드러낼 수도 있고, 가까이 보이게도 할 수 있다.[52] 지면 위에 깔려 있는 청몽기(淸濛氣) 때문에 일·월출 때의 해와 달이 크고 높게 보이는, 천문학에서 말하는 '청몽기차(淸濛氣差)'는 그 대표적인 예다. 또한 빛이 없을 것 같은 어둠 속에서 사물을 볼 수 있는 것도 기가 발한 빛의 본성에서 가능했다. 방이지는 양이 음양 모두를 통솔하듯이 빛의 이치는 명암을 관통한다고 보았다.[53] 땅이 태양을 가로막는 어두운 밤에도 허공에 빛이 있고, 어두운 암실에서 사람이 누웠다가 홀연히 눈을 뜨면 눈에도 빛이 있으니, 호랑이·고양이·쥐 등이 밤에도 볼 수 있는 것은 이상할 것이 없다는 것이다.[54]

어떻게 허공중에도 빛이 있고, 눈에도 빛이 있는가? 빛이란 기가 발동하는 특정한 상대이기 때문에 가능할 것이다. 허공의 기는 아직 응고해서 형체를 이루지 못한 상태로, 더불어 갈마들고 호흡하는[摩盪噓吸] 과정에 있다. 따라서 빛의 작용 또한 항상 나머지 공간에 흘러넘치니, 허공중의 기에는 조금의 틈도 없이 상호 반응을 한다.[55] 그렇기 때문에 태양 불이 미치지 못하는 허공중에도 빛이 있는바, 바로 앞서 방중리가 말한 바의 '여영(餘映)'이 그것이었다.[56] 이같이 태양 불을 빌려 발하는 빛은 그 조건과 상태에 따라서 색도 달라진다. 해로 비추는 빛이 황색이고, 불로 비추는 빛이 적색인 것은 의존하는 불에 따라서 색이 달라진 것이고, 달과 별의 빛은 백색, 야린(野燐)의 빛은 청색, 암실의 빛은 흑색인 것은 빛이 돌고 돌아서로 비추면서[輾轉互映] 체감(遞減)해서 달라진 것이었다.[57] 어두움도 기가 발한 빛의 상태일 뿐이라는 이해인 것이다.

방이지 학인들의 이와 같은 자연지식은 기의 운동과 변화의 메커니즘에 입각해 서구의 천문지리학이 알려준 유용한 지식정보들을 활용해 재구성한 것으로, 과거의 고전적 자연지식의 전통과는 다른 모습의 새로운 자연지식이었다. 권1 앞부분 「천류」에서 다룬 빛에 대한 논의인 광론(光論)과 소리에 대한 논의인 성론(聲論) 서술이 그러한 모습을 단적으로 잘 보여주었다. 「천류」는 이어지는 권들에서 다룰 천문지리학을 비롯하여 인체에 대한 논의 및 본초학과 의약학, 음식과 의복 그리고 박물학 등의 방대하고 다양한 자연지식들을 논하는 데 필요한 개념적 틀(Basic Ideas)을 정리하는 내용이었다. 이와 같이 중국의 자연지식을 탐구하는 기본적 개념들에 광론과 성론이 포함된 것은 의외였다.

물론 빛에 대한 자연지식의 전통을 오래전 『묵경(墨經)』이나 조우흠(趙友欽, 1271~1335)의 『혁상신서(革象新書)』 등에서 살펴볼 수 있지만,[58] 간헐적으로 빛에 대한 논의가 이루어졌을 뿐 중심적인 논의 주제는 전혀 아니었다. 서구에서 일찍이 광학 연구가 수학과 철학 분야에서 독립적인 연구 주제로 확립되어 심도 깊은 연구가 이루어졌던 것과 비교하면 중국의 자연지식에서 광학은 줄곧 주변에 머물러 있었다. 그러나 방이지 학파의 학인들에게 광학은 그들이 구축한 새로운 자연지식이 서구 과학을 능가할 수 있게 된 계기였다. 즉, 태양이 지구보다 165배나 크게 잡은 서구 천문학 이론에 의문을 제기하면서, 그 연유를 추적하는 과정에 서구의 광학 이론이 틀렸다고 이해했고, 그것을 수정하는 '광비영수설'이라는 '올바른' 광학 이론을 구축했던 것이다.[59] 그렇기에 빛의 성질과 메커니즘에 대한 논의는 방이지 학파 학인들의 자연학에서 중심적인 위치를 차지하게 되었던 것이다.

그러나 17세기 중·후반 방이지 학파의 학인들에 의해서 이루어진 이와 같은 독창적인 기론적 우주론과 담론은 중국의 지배적인 서구 과학 읽기의 담론으로 자리 잡지 못했다. 방이지 학파의 성리학적이고 형이상학적인 우주론 사색은 강남 지역에서 활동하던 명(明)의 유신들 사이에서 일어났던 에피소드에 불과했다. 중앙 학계의 서광계와 이지조의 문헌학적 접근을 계승한 왕석천(王錫闡, 1628~1682)과 매문정(梅文鼎, 1633~1721)의 과학 담론과 서구 과학에 대한 접근이 대세였으며, 17세기 후반부터 고증학의 문헌학적 접근을 추구하는 일련의 학자들로부터 공격을 받기 시작했다. 중국의 학인들은 방이지 학파의 형이상학적인 우주론 사색을 비판하면서 철저하게 실증적이고 엄밀한 자연에 대한 고찰을 지향했다.[60]

3. 고법 중심의 중서 과학의 회통 담론

앞서 언급한 바와 같이 서구 천문학과 수학의 학습을 주요 내용으로 하는 『숭정역서』 편찬 사업이 개력(改曆) 사업의 일환으로 정부 주도로 이루어졌고, 그 결과물로 청이 들어선 이후 1644년 "시헌력"이 반포되었으며, 1645년 『서양신법역서』라는 제목으로 편찬·간행되었다. 따라서 『서양신법역서』는 『건곤체의』와 『기하원본』을 위시해서 예수회 선교사들이 전해준 중요한 서구 천문학과 수학의 중요한 지식들이 체계적으로 정리·수록된 방대한 문헌이라고 이해되었다. 그런데 시헌력의 반포와 국가 공인의 『서양신법역서』의 편찬이 곧 중국의 고전적 역법의 패퇴와 서구 천문학으로의 대체를 의미하는 것으로 이해되는 경향이 있었다. 과연 그러한가? 흠천감에서 편찬·간행한 청의 공식 역서인 '시헌력서'는 '서구식 역법'이라고 할 수 있는가? 또한 『서양신법역서』는 책 제목이 말해주듯이 '서양의 신법'(즉 서구 천문학)이라고 그 성격을 규정할 수 있을까? 서구 천문학과 수학의 이론과 계산법을 이용한 시헌력으로의 개력 사업을 통해서 중국의 고전적 과학에서 이루어진 지각 변동의 내용과 그 양상을 분명하게 따져볼 필요가 있다.

결론적으로 말해서 서구 천문학과 수학을 이용하여 새롭게 정립한 청의 역법인 시헌력과 시헌력서는 중국의 고전적 역법 체제에서 조금도 벗어나지 않았다고 할 수 있다. 매년 동지 때 간행·반포되었던 시헌력서를 살펴보면 그러한 사실을 단적으로 알 수 있다. 물론 주지하는 바와 같이 시헌력으로의 개력을 통해서 종래의 100각법 시제(時制)가 96각법 시제로 바뀌었고, 주천도수(周天度數)를 고대 이래의 오랜 전통인 '365와 1/4도'에서 서구 천문학에서의 방식인 360도로 바뀌는 등 중요한 핵심적인 변화가 있었다. 또한 지구설을 전제로 서구 수학인 구면삼각법을 이용해 천체 운행을 계산했다. 그럼에도 불구하고 역서로서 시헌력의 체제가 명의 '대통력(大統曆)'과 근본적으로 다른 것은 아니었다. 고대의 태초력(太初曆) 이래 유지되어왔던 '태음태양력'의 기본 양식은 전혀 변하지 않았으며, 그레고리력의 태양력 체제로 바뀐 것은 청이 망하고 난 후 중화민국 시절인 1913년이었다.

시헌력서에 수록되는 내용의 많은 부분은 물론 천문학적 계산치와 데이터들이었다. 시헌력으로 개력한 이후 반포한 청의 역서는 과거 명의 역서와는 많이 다른 점도 있다. 명의 대통력서는 남경에서의 주야각과 절기 시각만을 담은 40쪽 분량의 역서였다. 이에 비해 청 역서는 직접 통치하던 13성을 포함해 청이 지배하던 모든 지역의 방대한 주야각과 절기시각 데이터를 수록했다.[61] 이 중에 청 황제가 책봉한 조선의 왕이 통치하던 조선 지역의 데이터도 포함되었다. 그렇기 때문에 청의 시헌력서는 명의 대통력에 비해 두 배가 넘는 100여 쪽 분량의 방대한 데이터를 담은 역서였다.

그러나 13성의 주야각과 절기시각의 방대한 데이터 이외에는 시헌력서는 대통력서와 다른 점을 찾아보기 어렵다. 역서에 담긴 천문학 내용들로는 일 년의 총 일수, 12달의 대·소, 윤달을 두는 치윤(置閏), 세차(歲差)·월건(月建)·일진(日辰), 일출(日出)이나 일입(日入)의 시각, 달의 삭망과 상하현의 시각, 24절기의 정확한 일시, 28수(宿) 별자리의 위치, 그리고 일식과 월식의 예보 등이 중요한 구성 요소였다. 그러나 이러한 천문학적 구성 요소들이 뼈대이기는 했으나, 역서를 구성하는 대부분의 내용은 천문학과는 거리가 먼 역주(譯註)들로 가득 차 있었다. 그 대부분은 날짜나 방위와 관련해서 '의(宜)'·'불의(不宜)', 또는 '길(吉)'·'흉(凶)'으로 규정된 택일(擇一)과 택방(擇方)의 역주들이다. 택일과 택방은 말 그대로 적당하고 적당하지 않은 날짜와 방위를 가려 해석해놓은 것을 말한다. 이러한 택일과 택방은 지지, 음양오행, 월신(月神), 연신(年神), 28수, 12직(稷) 등의 다양한 시간 주기

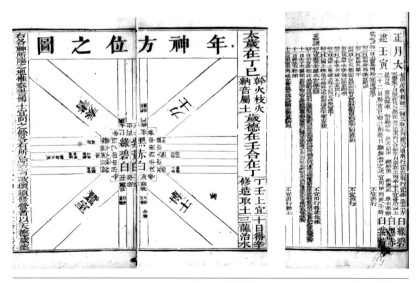

〈그림 16〉「시헌서」(가경 2년, 1797)의 '연신방위지도'와 '1월'의 역주.

들의 조합에 의해서 이루어졌다. 이와 같은 술수학적 내용들이 역서의 중요한 구성을 차지하는 이유는 물론 시간과 공간에 대한 술수학적 믿음 때문이다. 대통력서의 앞머리에 등장하는 '연신방위지도'는 시간과 공간에 대한 술수학적 믿음이 역서에 어떻게 반영되었는지 한눈에 보여주는 좋은 예다. 이러한 '연신방위지도'는 시헌력서의 앞머리에 그대로 수록되었고, 역주 또한 대통력서와 동일하게 채워졌다. 이러한 모습은 시헌력서가 고대 이래 오래도록 이어진 중국의 고전적 역서 체제를 그대로 계승했음을 보여주는 것이었다. 이와 같이 시헌력서는 '서구식 역법'이라는 인식이 무색하게 중국의 고전적 역법과 역서 체제를 그대로 유지했던 것이다.[62]

물론 시헌력을 채택하면서 수용했던, 지구설을 전제로 하는 기하학적 구면삼각법을 이용한 새로운 천문학의 이론과 계산법은 중국의 고전적 천문역산학과는 완전히 다른 것으로, 그것 자체로도 혁명적이라고 할 수 있다. 실제로 1절에서 살펴본 바와 같이 땅이 구형(球形)이라는 사실, 그리고 그 지구 안에서 중국의 땅덩어리는 아주 일부분에 불과하고 게다가 중국 땅만이 유일한 중심이어야 할 근본적인 원리가 없다는 사실 등은 고전적인 세계관과 양립할 수 없는 가히 혁명적이고 동시에 불온한 내용이었음은 분명했다. 그럼에도 이처럼 불온한 내용의 서구 천문학 지식이 중국 정부의 공식 역법을 구성하는 이론과 계산법으로 어떻게 확고한 자리를 잡을 수 있었는지를 시헌력서의 내용과 양식은 잘 말해준다. 서구의 이질적인 천문학과 수학 지식은 해체되어 중국의 고전적 역법체제로 포섭되어 더 한층 업그레이드된 중국의 역서가 만들어지는 데 활용되었던 것이다.

『서양신법역서』에서 서구 과학 지식이 어떻게 확고한 자리를 잡았는지 그 양상은 『숭정역서』 사업의 최고 책임자였던 서광계의 언급을 통해서 단적으로 살펴볼 수 있다. 그것은 "저들의 재질(材質)을 녹여서 대통력(大統曆)의 모형(模型)에 넣는다[鎔彼方之材質 入大統之型模]"는 언설에서 압축적으로 표현되었다.[63] 이 말은 서구의 천문역산학을 해체해 그것의 구체적인 지식정보를 '대통력'으로 대표되는 중국의 역법체계에 넣어서 하나로 회통한다[會通歸一]는 의미였다. 그렇게 해서 얻어진 구성물, 즉 새로운 역법체계 내에서 서구의 천문학 이론과 계산법은 해체되어 지식정보의 상태로 스며들어 중국의 고전적 역법체계, 즉 고법(古法)을 더욱 깊이 있고 풍부한 것으로 만들어주는 데 기여할 뿐이었다.

『숭정역서』가 철저하게 고법 중심의 중·서 천문역산학의 회통이었음은 『숭정역서』 사업 와중에 제작되어 황제에게 바쳐진 서구식 천문도에서 가시적으로 더 잘 살펴볼 수 있다. 서구 천문도의 구성 요소들이 해체되어 어떻게 중국의 고전적 천문도의 네트워크로 등록되었는지 여실히 목격할 수 있는 것이다.

'서구식 천문도'들은 예수회사 그리말디(Philioous Maria Grimaldi, 1639~1712, 閔明我)[64]가 제작한 「방성도(方星圖)」[65]를 제외하면 크게 나누어 아담 샬이 1634년에 제작한 천문도들과 쾨글러(Ignatius Kögler, 1680~1746, 戴進賢)가 1723년에 제작한 것들로 나눌 수 있다.

이 서구식 천문도들이 중국의 고법 천문도와 다른 것은 무엇일까? 먼저 종래 중국의 성좌에는 없던 별들이 새롭게 추가되었던 것과 함께 중국과 조선에서는 관측할 수 없는 남극 주위의 항은권(恒隱圈) 별자리들을 담고 있다는 점을 들 수 있다. 예컨대 「황노남북양총성도(黃道南北兩總星圖)」를 제작한 쾨글러 작성의 성표(星表)에 남극에 가까워 볼 수 없는 별이 23좌 150성이 포함되어 있는 것을 말한다.[66] 그런데 이와 같은 새로운 정보는 사실 사소한 차이에 불과하다고 할 수 있다. 큰 차이는 바로 작도법의 차이에 따른 성좌 도시(圖示)의 외형적 체계에 있었다.

주지하는 바와 같이 「천상열차분야지도(天象列次分野之圖)」와 같은 고법 천문도는 북극을 중심으로 항현권(恒見圈)의 별들을 주극원(週極圓) 안에 그리며, 그 둘레에 적도를 표시하며, 적도에 비스듬하게 황도를 그리고, 가장 바깥의 외곽 원은 출몰하는 별의 남방 한계로 그 안에 항은권의 별자리를 제외한 별자리들이 그려졌다. 또한 구형의 천구 상에 위치하는 별들을 평면 위에 투영하는 방법은, 북극을 중심점으로 하고 적도를 기준면으로 한 좌표계(polar-equatorial coordinate)에서 북극에서의 각거리가 천문도 중심에서 떨어진 거리에 비례하도록 그리는 방식이었다.[67]

그런데 고법 천문도의 이러한 작도법은 측정한 별의 좌표 값을 천문도에 그대로 반영할 수 있는 실용적인 장점이 있지만, 구면을 평면에 투사하는 방법이 아니기 때문에 북극에서 멀어질수록 별자리 모양이 왜곡되게 된다. 실제로 별자리의 모양이 남북 방향으로는 줄어들고 동서 방향으로는 늘어나서 찌그러졌다. 이 때문에 고법 천문도는 별자리의 위치는 이 투영법을 사용해 위치시키면서도 개개 별자리의 모양은 실제와 가깝게 유지되도록 그렸다.[68] 구면을 평면에 투사하는 입체투사법을 사용하지 않기 때문에 생기는 왜곡은 황도의 궤적과 그로 인한 적도와 황도의 교점 위치에도 나타난다. 즉, 북극을 중심으로 하고 적도를 기준으로 하는 입체투사법을 이용해 작도하면 적도는 북극 주위에 정원(正圓)으로 그려지지만, 황도는 중심에서 벗어나 타원으로 그려져야 한다. 그래야만 황도와 적도의 교점(즉 춘추분점)이 대칭이 될 수 있다. 그런데 「순우천문도(淳祐天文圖)」의 황도는 적도와 동일한 크기의 완전한 원으로 그려져 있다. 이 때문에 황적도의 교점은 대칭이 되지 못하고 중심에서 어긋나, 실제 춘추분점의 좌표 값과 다르게 도면에 그려졌다.[69]

아담 샬과 쾨글러의 서구식 천문도는 이와 같은 고법 천문도의 도시 체계 및 작도 방식과는 완전히 달랐다. 서구식 천문도는 먼저 고법 천문도처럼 하나의 원 안에 모든 별자리를 그려 넣은 '현계총성도(見界總星圖)' 형태와 적도(또는 황도)를 경계로 두 개의 원으로 나누어 각각 북반구와 남

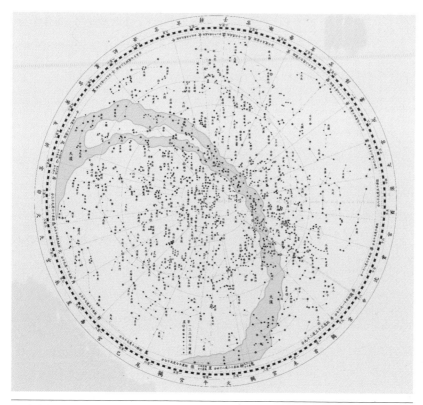

〈그림 17〉 탕약망의 「현계총성도」(Anthony Grafton, *Rome Reborn*, 1993)에 실린 사진에 근거해 오길순이 2002년에 모사해 복원한 그림.

반구의 별을 그려 넣는 형태가 있다. 그런데 본래 서구의 천문도 작도 체계는 전체 하늘 위에 있는 별자리들을 황도를 경계로 나눈 두 개의 원 안에 그려 넣는 것이었고, 이러한 방식은 단원형의 중국식 천분도에 비해 극 주위의 별들을 중심으로 작도하기 때문에 그려진 별자리 모습의 왜곡이 획기적으로 적은 방식이었다. 그렇기 때문에 서구식 천문도라 하면 일반적으로 양반구형의 천문도를 의미하곤 했다.

그런데 외형의 왜곡이 적은 것은 양반구로 나누어 작도한 것에도 물론 기인하지만 입체투사법에 의해 작도한 것이 더 큰 요인이었다. 그것은 평사도법(平射圖法, stereographic projection)이라는 방식이었는데, 남극(또는 북극)

을 시점(視點)으로 해서 북극(또는 남극)을 접점으로 하는 평면에 별자리를 투영해서 작도하는 방식이었다.[70] 이 방식은 천구 상의 어느 지점에서의 임의의 원이든 투영된 도면 위에 원으로 나타낼 수 있는 등 왜곡이 적은 방식이었다.

아담 샬은 이러한 양반구형의 도시 체계와 평사도법에 의한 작도법이 별자리의 왜곡이 없는 우수한 방법임을, 1631년 숭정(崇禎) 황제에게 『숭정역서』 사업의 중간 성과물을 진정(進呈)하면서 올린 「항성경위도설(恒星經緯圖說)」에서 강조했다.[71] 이 도설에는 네 가지 종류의 천문도 도면이 제시되어 있는데, 두 번째가 '적도남북양총성도'이고, 세 번째가 '황도남북양총성도'[72]이다. 이 두 가지 천문도가 바로 평사도법에 의해 양반구형으로 작도한, 아담 샬이 심혈을 기울여 그린 서구식 천문도였고, 이것을 토대로 1634년에 「적도남북양총성도」를 병풍으로 제작했다.[73]

그런데 이에 앞서 첫 번째로 제시된 '현계총성도'(〈그림 17〉 참조)는 단원형으로 작도된 천문도였다.[74] 비록 단원형으로 작도되었지만 이 현계총성도도 입체투사법으로 작도되었다. 그러나 그 방식은 약간 달라서 시점이 남극에서 벗어난 천구 외부에 위치했으며, 천구를 투영한 도면의 위치도 북극의 접점이 아닌 적도면에 위치했다. 따라서 적도 이남은 천구점을 지나 도면에 그냥 투영하지만, 적도 이북은 천구의 점을 앞에 있는 도면으로 끌어당겨서 표시하는 방식이었다.[75] 이 현계총성도는 반구형의 도면에 평사도법으로 작도해야 할 것을 하나의 원 안에 작도하기 위해 이와 같이 약간 달라진 방식을 적용했지만 고법 천문도에 비해서는 작지만 외형의 왜곡을 궁극적으로 피할 수는 없었다. 고법 천문도에 비해 왜곡이 작은 사실은 황적도와 교점의 위치를 살펴보면 잘 알 수 있다. '현계총성도'의 황도는 적도에 비해 그 크기가 약간 크며, 원전한 원이 아니고 황적도의 교점 방향으로 약간 퍼진 타원이다. 따라서 적도를 기준으로 보면 춘추분점

은 대칭을 이루게 된다. 그러나 적도 바깥의 별자리 모양은 현저하게 왜곡됨을 피할 수 없었다.[76]

그럼에도 불구하고 아담 샬은 이와 같은 한계를 지닌 단원형의 '현계총성도'를 작도했으며, 그것을 자신이 새로 제작한 천문도들 중에 가장 앞머리에 두어 황제에게 제시했다. 이는 1절에서 살펴보았듯이 마테오 리치가 「곤여만국전도」를 제작하면서 유럽의 '서구 세계지도'를 중국인들의 관점에서 수정했던 것과 마찬가지로 중국의 천문도 양식과의 충돌을 피하려는 것이 아니었는가 생각된다. '현계총성도'는 입체투사법이라는, 중국의 천문도와 다른 새로운 방식으로 작도되었을 뿐 외형적인 체계는 고법 천문도를 그대로 따랐다. 먼저 별자리도 서구의 것을 전혀 따르지 않고 중국식 별자리와 그 이름을 따르고 있는 사실을 지적할 수 있다. 1634년에 제작한 「적도남북총성도」에 그려진 별 1,812개 중에 새로운 별은 351개에 불과했으며, 나머지 대부분의 별 1,461개는 고대부터 이어져오던 고법 천문도의 별 그대로였다. 언뜻 보면 황도가 적도에 비해서 약간 옆으로 퍼진 타원으로 황적도 교점이 대칭을 이루었을 뿐 그 이외에는 고법 천문도와의 차이점이 눈에 들어오지 않을 정도이다.

또한 본래 서구 천문도가 황도좌표계에 근거한 것이었음에도 불구하고 서구식의 황도좌표계로 그린 '황도남북양총성도'에 앞서 중국의 고전적인 적도좌표계를 기준으로 작도한 '적도남북양총성도'를 현계총성도에 이어 두 번째로 제시한 것도 같은 맥락으로 이해할 수 있다. 1631년 보고서, 즉 『숭정역서』에서 작도한 적도북도가 1634년에 제작한 「적도남북양총성도」의 적도북도 부분에서는 전통 천문도식으로 모양이 바뀐 것도 같은 차원에서 이해할 수 있다. 1631년 보고서 중의 적도북도는 도면의 원 중심에서 뻗어나간 방사선의 직선이 서구식을 따라서 12차와 12궁의 직선, 즉 24절기선과 일 년 중의 시각선이었다. 이에 따라서 도면의 방향도 춘추분을 잇

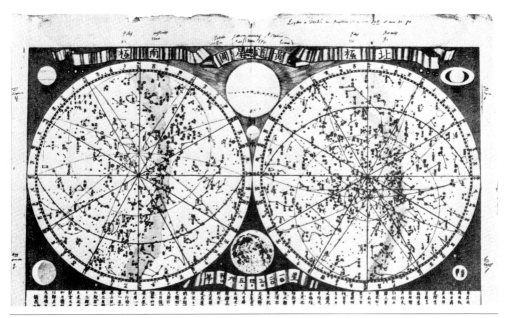

〈그림 18〉 쾨글러의 「황도총성도」(1723년, 국립중앙도서관 소장본).

는 선이 수평선으로, 동하지점을 잇는 선이 수직선으로 방향이 잡혀 있었
다. 그런데 1634년에 간행된 천문도의 도면에서는 이러한 방식이 사라지고
다시 중국식 방식으로, 즉 방사선의 직선이 28수의 직선으로, 그리고 도
면의 방향은 자오선과 묘유선(卯酉線)이 수직·수평선으로 주어졌다. 결국
'현계총성도'는 물론이고 양반구형의 '적도남북양총성도'마저 중국식 천
문도의 방식으로 구성되었던 것이다.

　이러한 전통 천문도의 체계로부터 영향을 받은 서구식 천문도의 작도는
1723년에 제작된 쾨글러의 「황도남북양총성도」(〈그림 18〉참조)에 이르러서
는 많이 달라진다.[77] 먼저 1634년 제작된 아담 샬의 것이 중국식 적도좌표
계를 사용했던 데 비해 서구식의 황도좌표계를 사용하고 있는 점을 지적
할 수 있다. 또한 중심에서 뻗어나간 28수의 방사선이 1631년의 아담 샬의
적도북도에서처럼 황극과 적극에서 각각 뻗어나간 12개의 균등한 간격의

절기선과 시각선으로 바뀌어 그려졌으며, 도면의 방향도 춘추분점과 동하지점이 수직·수평으로 돌려졌다.

그러나 1674년에 작성한 페르비스트의 『영대의상지(靈臺儀象志)』에 기록된 성표(星表)가 중국 고래의 성표의 전통을 잘 계승하지 못했다는 지적을 받은 후, 1744년 건륭(乾隆) 황제의 칙령을 받고 교정 작업에 들어가 쾨글러가 편찬한 『의상고성(儀象考成)』에서는 다시 1631년의 아담 샬의 천문도로 돌아가는 듯한 모습이 엿보인다. 이때의 주요 작업은 『의상지』에서 고래부터 존재하던 별자리를 동정(identification)한 것이 259좌 1,129성에 불과해 「보천가(步天歌)」에 전하는 전통 별자리 중에 335성을 동정하지 못했던 것을 보충하는 작업이었다. 그 결과 277좌 1,319성을 동정해, 「보천가」의 별자리 중에서 145성만을 동정하지 못하고 남겨놓았을 뿐이었다.[78] 이와 같은 연구 성과를 담은 「의상고성」에는 쾨글러가 제작한 성도 세 개가 제시되어 있는데, 항성전도·적도북항성도·적도남항성도가 차례대로 열거되어 있다. 항성전도(〈그림 19〉 참조)는 아담 샬의 「현계총성도」와 형태가 유사하다. 12개의 동일한 간격으로 시각선과 절기선으로 나뉘었던 1723년의 「황도남북양총성도」의 모습은 사라지고 다시 28수의 부등(不等) 간격의 방사선으로 성도가 나누어졌다.

이상과 같이 시헌력과 서구식 세계지도, 그리고 서구식 신법 천문도 등의 구성 내용과 양식을 통해서 중국의 고전적 과학의 틀 속으로 서구의 과학 지식정보가 용해되어 등록된 모습을 확인할 수 있었다. 그러한 양상은 서구 과학과 중국 과

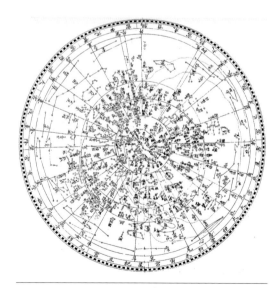

〈그림 19〉 『의상고성』의 '항성전도'.

학의 만남이 이루어진 초기 "저들의 재질을 녹여서 대통력의 모형에 넣는다"는 서광계의 프로젝트 추진 방향에서부터 예견된 것이었다. 이렇게 17세기 전반 명말·청초 시기에 이루어진 '고법 중심의 중·서 과학의 회통' 담론에 입각한 중국에서의 서구 과학과 중국 과학의 '일차 번역'의 양상은 이후 19세기에 이르기까지 지속되었다.

17~18세기 중국 학계의 지배적인 학문적 추이는 고증학적 연구 방법에 바탕을 둔 고전 문헌 연구의 전문화 경향이 두드러졌음은 주지하는 바이다. 이러한 학술적 추이는 명말·청초 고염무(顧炎武, 1613~1682) 등 고증학자들의 학문적 연구에 크게 고무되어 전개된 이후 17~18세기 중국 학인들에게는 일반적이었다. 고전에 대한 문헌학적 연구는 피상적으로는 회귀적인 고대 학문의 부활이었지만, 그것이 지니는 역사적 의미는 고대 경전의 재구성을 통한 이상적인 미래 사회의 지향이라는 의미를 지니는 새로운 학문적 패러다임이었다.[79]

이러한 고증학적 학풍의 전개에 따라 천문학과 수학 그리고 지리학 등의 자연 연구가 고전학의 지식체계로 병합되었다. 실제로 고증학자들은 그들의 연구 프로그램에서 천문학, 수학, 지리학 등의 자연 연구에 높은 우선순위를 부여했다. 중국의 과학이 서구 과학보다 뒤지는 이유는 그동안 수학을 등한시했기 때문이라는 반성이 전대흔(錢大昕, 1728~1804)과 같은 유학자들에 의해서 지적되는 것이 그러한 사정을 여실히 보여준다. 그런데 더욱 주목해야 할 것은 이와 같이 새로운 과학 연구의 프로그램이 수리과학을 지향하는 방향으로 전개되었다는 사실이다. 예컨대 과거 상수학적(서구적인 용어로는 수비학적인)으로 자연을 접근하고 이해하던 것을 지양하고 정량적 데이터에 의한 경험적 추론과 기하학이나 삼각법 같은 수학적 논리 과정을 통해서 자연의 리(理)를 파악해내는 자연학이 추구되었던 것이다. 17세기의 왕석천과 매문정의 역산 연구는 물론이고, 18세기 초순(焦循,

1763~1820)의 역학(易學) 연구와 대진(戴震, 1723~1777)의 『주례(周禮)』 「고공기(古工記)」 연구는 이러한 관점을 잘 보여준다.[80] 특히 왕석천의 『효암신법(曉菴新法)』(1663년)은 그 선구적인 작업으로 '형이상학적 리(理)를 수(數)에 묻어버림으로써 수학적 정밀성을 우주론적 담론의 핵심적 미덕으로 승격시킨 것으로 수리천문학의 전통을 연'[81] 성과였다.

이와 같이 자연에 대한 형이상학적인 접근에서 탈피해 정량적·수학적으로 접근하려는 17~18세기 중국 과학 연구의 패러다임은 고전 자연지식의 전통에 더욱 강한 뿌리를 두고 중국과 서구의 과학을 회통하려는 경향과 결합해 전개되었다. 물론 이러한 경향은 고전에 대한 문헌학적 연구에서 자연스럽게 나타난 귀결이었지만, 사실은 서로 다른 이질적인 두 문명이 만났을 때 벌어지는 일반적인 경향이라고도 할 수 있다. 즉, 두 패러다임이 공존하면서 경쟁하고 상호 영향을 주고받을 때, 특히 외래의 패러다임을 토착 지식인이 접했을 때 외래의 새로운 패러다임과 과학 이론을 전통적인 패러다임과 과학 이론에 바탕해서 종합하고자 하는 것은 일반적인 역사의 과정인 것이다.

이와 같은 중국 전통 과학의 전개는 1660년대 양광선(楊光先, 1597~1669)의 사건을 전후해서 고대의 천문역산학에 대한 고증학적 연구는 깊이를 더해갔고[82], 그러한 중국의 전통 역산에 대한 깊이 있는 연구를 통해서 서구 천문역산과 회통하려는 학문적 경향이 널리 확산되었다. 이처럼 중국의 고법과 서구의 신법을 회통하려는 시도를 가장 수준 높게 체계적으로 이루어낸 이는 바로 매문정이었으며, 그의 『역학의문(歷學疑問)』(1693년)에서 '서구 과학의 중국기원론'과 회통의 시도가 체계적으로 이루어졌다. 그의 『역학의문』에 적혀 있는 "서구의 계산법을 녹여서 대통력의 모형(模型)에 넣는다[鎔西算 以入大統之型模]"[83]는 언설은 반세기 전 서광계가 '숭정역서' 사업을 추진하면서 표명했던 바로 그것이었다. 이러한 매문정의 관점과 그 연구 성과는 그의 손자 매각성(梅瑴成, 1681~1764)이 강희제의 명에 따라서 편찬한『역상고성(曆象考成)』(1723년)과『수리정온(數理精蘊)』(1722년) 같은 국가 공인의 천문학과 수학 문헌에서 채택되기에 이르렀다. 결국 18세기 들어 중국의 고법을 중심으로 신법, 즉 서구 천문학 이론을 회통한다는 관점, 그리고 서구 과학의 중국기원론은 매문정과 매각성 류의 산술적이고 실증적인 수리천문학의 방법론과 함께 부정할 수 없는 패러다임으로 확고해졌던 것이다.[84]

이러한 시대적 분위기 속에서 매문정의 문헌학적 전통에 입각한 수리천문학적 과학 담론이 지배적인 담론으로 자리 잡아갔다. 매문정의 뒤를 이은 18세기의 중국 학인들은 17세기 전반의 서구 과학에 대한 호기심 어린 흥분과 열정에서 벗어나 중국 고대의 천문역산학과 우주론 문헌을 문헌학적 교감과 정밀한 계산을 통해서 그 속에 담긴 원리적 지식을 복원하고, 그러한 고법을 중심으로 신법, 즉 서구 과학을 회통하려고 했다. 이와 같은 중국 천문역산학의 패러다임은『사고전서(四庫全書)』(1772~1781년)의 편찬과 완원(阮元, 1764~1849)의『주인전(疇人傳)』(1799년)에 그대로 반영되었음은 물론이었다. 18세기 후반 건륭제 때의 가장 큰 학술 사업이었던『사고전서』편찬 사업은 고대 이후 중국에서 이루어진 모든 지식의 성과물을 총정리하는 거대한 국가적 사업이었다. 그중에 천문산법 류는 고대 이래 쏟아진 수많은 천문역산 분야의 문헌들을 발굴·정리하여 묶어내면서 중화의 천문산법을 대표하는 신뢰할 만한 문헌들을 선정하여 수록했다. 이때 선정의 기준은 소위 매문정의 연구 프로그램과 과학 담론이었다.『사고전서』의 천문산법 류 편집 책임자였던 대진은 방이지 학파의 우주론적 사색이 너무 억지스런 단정에 불과하고 허황되다며『천경혹문후집(天經或問後集)』과『선기유술』을『사고전서』에서 제외시킬 정도였다.[85] 이러한 학풍 하에서 명말·청초 강남 방이지 학파의 창조적인 계획과 유예의 우주론 사색은 18세기 이후 중국에서 잊힐 수밖에 없었다.

　사실 1720년대에 『역상고성』을 비롯해 『수리정온』과 『율려정의(律呂正義)』가 편찬되어 『율력연원(律曆淵源)』이 완성되고, 이어서 부족한 부분이 1742년 『역상고성후편』의 편찬으로 보완되면서 서구 천문역산의 수입 이후 발전·전개되었던 중국의 천문역산은 일단 총정리되었다고 할 수 있다. 이후 19세기 중엽에 이르기까지 중국에서의 천문역산 연구는 중국기원론의 입장에서 주로 『주비산경(周髀算經)』 등과 같은 고문헌에 담긴 천문역산의 내용들을 새롭게 해석해 확인하는 작업이 주된 경향을 이루었다.[86]

4장

서구 천문역산 -지리학의 조선적 '번역'

17세기 초 이후 조선에서 벌어진 이질적 두 과학의 만남은 중국과는 양상이 많이 달랐다. 특히 오래전 박성래가 지적했듯이 조선에서는 서구 과학을 전해준 주역이었던 예수회 선교사라는 매우 중요한 행위자가 없었다. 조선 사대부들 중에 예수회 선교사를 만나서 그들로부터 직접 서구 과학을 배운 이는 없었다. 그들은 오로지 중국에서 간행된 한역(漢譯) 과학서를 통해서만 서구 과학을 접했던 것이다. 박성래는 중국 및 일본과 달랐던 조선에서의 이러한 사정을 실학자들이 제대로 서구 과학을 이해하지 못했던 가장 큰 요인으로 들었다.[1] 그러나 그랬기 때문에 조선이 중국과 일본에 비해 서구 과학의 수용이 늦었고 뒤졌다는 것은 이 글의 문제의식이 아니다. 다만 이질적 두 과학의 만남이 이루어져 무언가 새로운 구성물이 만들어질 때 중요한 행위자가 하나 없다는 것은 그 만남의 양상이나 결과물에서 상당히 다를 수밖에 없을 것이라는 사실은 주목할 필요가 있다.

또한 예수회사라는 행위자뿐만 아니라 중국과 조선 국내의 지적 배경도 많이 다르다는 사실도 간과해서는 안 된다. 예컨대 이질적 지식을 접했을 때 지식인들의 반응에 큰 영향을 미칠 사상적 요인이라고 할 수 있는 각국의 중화적 세계인식의 내용도 같을 수가 없었다. 명·청 교체로 천하의 패권을 거머쥔 만주족 청은 중화주의를 물론 계속 견지했지만 명대에 비해서 훨씬 유연한 세계관을 보여주었다.[2] 이에 비해 조선은 굴욕적인 호란 이후 소위 '대명의리론'과 '북벌론'이 강화되었던 데서 알 수 있듯이 중화주의적 세계인식이 더욱 강화되는 경향이었다.[3] 그에 따라 서구 과학을 바라보는 인식과 태도에서 중국과 조선의 학인들은 차이가 날 수 밖에 없었다.

지적 배경뿐이 아니었다. 어찌 보면 가장 큰 행위자였던 중국과 조선의 정부도 매우 달랐다. 중국에서는 고대부터 머나먼 조공국의 이방인들이 들어와 정부 관원으로서 정부 차원의 프로젝트를 수행한 전통이 있었다. 따라서 청 황제의 역법을 교정하는 데 도움이 된다면 예수회사들을 발탁해 개력 사업을 맡기는 것도 자연스러운 일이었다. 그렇게 이질적인 문화와 지식을 소화해 자신들의 것으로 만들었던 전통이 있었다. 이에 비해 조선은 국왕이 중국 황제로부터 책봉을 받은 제후국으로서 원칙적으로 조선 정부는 중국 이외 나라들과의 외교 관계를 맺을 수가 없었다. 물론 이러한 원칙은 문자적 의미에 불과하기도 했지만 원 제국과 활발한 교류가 이루어진 이래 명대부터는 외국에서 들어오는 지적 정보의 유일한 통로는 중국과의 사신행이 거의 전부였다. 따라서 이방인이 들어오거나 그들과 직접 접할 기회도 매우 한정적일 수밖에 없었다. 게다가 원칙적으로 천문역법은 중국 황제의 독점적 영역의 것이었기 때문에 근대사회에서처럼 공개적으로 역법을 선진국 중국에서 배워 올 수도 없었다. 그만큼 중국의 천문역산학을 따라잡는 것은 매우 고난스러운 작업일 수밖에 없었다.

이와 같이 중국과는 다른 배경하에서 조선은 이질적인 서구 과학과 접했던 것이다. 엄밀히 말해서 조선이 접한 것은 중국이 접한 서구 과학과는 다른 것이었다. 정확히 표현하면, 중국에서 서구 과학과의 만남이 이루어진 후, 중국이라는 공간에서 중국 정부와 예수회사 그리고 중국 과학자와 학인들에 의해서 구성된 '서구식 과학'을 조선 정부와 학인들은 접했던 것이다. 중국에서 '일차 번역'된 과학이 조선에 전래되었으며, 그것이 조선에서 다시 '이차 번역'되었던 것이다. 4장 이후에서 살펴볼 내용이 바로 이러한 조선에서의 이차 번역의 양상이다.

1. 시헌력 체제의 완성과 자국력 반포의 시도

2장에서 살펴본 바와 같이 세종대에 확립된 조선의 역법과 역서 '칠정산'은 이후 200년 이상 조선의 지역 역서(Local Calendar)로서 문화국가 조선의 표상이었다. '대통력'이라는 중화의 제도를 제대로 준수하기 위해 선진 문화를 수용한다는 차원에서 조선의 국왕들과 사대부 관료들은 '칠정산'이라는 역법의 계산법을 독자적으로 완성했다는 자부심을 가졌다. 이에 부응해 조선의 '칠정산'은 일식 예보에 맞추어 구식례를 행함에 있어 계산 오류로 인한 심대한 문제를 발생시키지 않았다. 그런데도 조선 정부는 1644년 청 정부가 '시헌력'을 반포하자 시급하게 시헌력으로의 개력을 추진하게 된다.

조선 정부가 청의 정삭을 받은 것은 병자호란(1636년)의 굴욕적인 패배 직후 청과 군신 관계를 맺으면서였다. 곧 조선은 1637년부터 명의 정삭 대신에 공식적으로 청의 정삭을 받아 와야 했다. 그러나 내부적으로는 청 역서를 따르지 않고 명의 역서를 따르는 경우가 많았다. 물론 청을 천하의 패권 국가로서 인정하지 않았던 이유가 가장 컸겠지만, 당시 청의 역법이 부실했던 이유도 만만치 않았을 것이다.[4] 1639년도 청의 역서가 조선의 역서와 비교해 4월과 5월의 대소(큰달, 작은달)가 달랐을 때, 명 흠천감 간행의 '대통력서'나 '시용통서(時用通書)'를 참고해서 청 역서가 틀렸음을 확인

하고는 청 역서를 따르지 않고 조선의 역서대로 시행한 것이 그러한 사정을 잘 말해준다.[5]

그러나 청이 중원을 장악하고 북경으로 천도한 1644년, 흠천감에서 '시헌력'을 반포하면서 사정은 달라졌다. 주지하듯이 청이 반포한 '시헌력'은 명의 『숭정역서(崇禎曆書)』를 접수해 반포한 것으로, 북경으로 들어가기 전 청이 반포했던 종래의 역서와는 질적으로 다른 것이었다. 이제 만주족 청은 명을 제거하고 천하의 패권을 차지했으며, 반포한 '시헌력'도 훨씬 우수한 역법이었다. 그러나 호란의 굴욕에 대한 복수심이 강렬하고, 여전히 청을 오랑캐로 여기는 인식이 변함없던 정국하에서 당시 역법 계산과 역서 편찬의 책임을 지고 있던 관상감 제조 김육(金堉)은 시헌력으로의 개력을 다음과 같이 조심스럽게 주장할 수밖에 없었다.

그는 개력의 필요성을 제시하면서 말하길, 그동안 300년 넘게 써오던 역법체제인 '수시력'[6]은 매우 우수한 역법이다, 그러나 역법은 오래되면 오차가 쌓이기 마련이어서 이제 개력할 때가 되었다, 그런데 마침 '서양의 역법'이 세상에 나왔으니 개력할 좋은 기회라고 했다. 청이 채택한 '시헌력' 체제로 어쩔 수 없이 개력해야 하는 상황에서 관상감의 책임자 김육은 종래의 역법체제(즉 칠정산)가 문제 있어서가 아니라, 그리고 청의 역법이 우수하기 때문도 아니라, 단지 역법이란 세월이 오래 지나면 오차가 누적되어 개력하는 것이 당연한 것인데, 이제 그 때문에 개력할 때가 되었으니 개력하자는 논리를 제시했던 것이다. 게다가 개력해야 할 '시헌력'은 만주족 청이 만든 역법이라기보다는 '서양 역법'이라는 점을 김육은 은근히 강조했다.[7] 이러한 김육의 주장을 보면 '시헌력'이 서구식 천문학의 계산법을 채용했다는 사실은 전혀 문제가 아니었다. 단지 당시 극도로 증오하던 만주족 오랑캐들이 만든 역법이 아니라, 서구인들이 만든 역법이라는 사실이 부각되었음이 매우 흥미롭지 않을 수 없다. 적어도 '시헌력'으로 대표되는 서구식 수학과 천문학을 접한 17세기 조선의 관료들과 사대부들에게 그것이 서구식이어서 심각한 문제가 되지는 않았던 것이다.

이와 같이 만주족 오랑캐의 역법이기 때문에 내키지 않았지만 청이 패권을 쥔 새로운 천하 질서의 표준이기 때문에 종래의 역법(즉, 수시력에 기반한 칠정산)이 결정적 결함이 있지 않음에도 불구하고 이후 '시헌력'으로의 개력은 비교적 적극적으로 추진되었다. 그러나 정부 주도의 이러한 개력 과정을 바라보는 조선의 대다수 사대부 지배층의 내키지 않는 심정은 세상에서 사라져버린 남아 있는 명의 역서에 대한 추모의 글에서 잘 표출되곤 했다. 송시열(宋時烈, 1607~1689)이 쓴 "경오대통력발(庚午大統曆跋)"이 대표적인 예이다. 이 글은 당시 전라도관찰사를 지내던 민유중(閔維重, 1630~1687)이 1665년에 우연히 상자를 뒤지다가 명의 대통력 체제에 따라 편찬된 1630년도의 역서를 발견하곤 감명을 받고, 슬픔을 주체할 수 없어 송시열에게 '발문'을 부탁하자, 이에 송시열이 기꺼이 써준 발문이었다. 1637년(청의 정삭을 받아온 때) 이후 보지 못하게 되었고, 1644년 이후에는 언급조차 하지 못하게 되었는데, 이제 와 대통력의 역서를 보니 감개가 무량하고 슬픔을 감추지 못하겠다며, 명에 대한 경모의 마음을 다시 다지게 된다는 내용이었다.[8] 송시열의 제자 권상하(權尙夏, 1641~1721)도 1705년에 조선에서 마지막으로 간행된 대통력서인 1637년의 역서를 보고 역시 경모의 뜻을 담은 발문을 썼다.[9] 명의 대통력 체제에 따른 과거의 역서를 발견하고는 추모의 마음을 남긴 글은 이후 18세기에도 계속 이어졌다.[10]

이 같은 대다수 조선 사대부 지배층의 심정적 거부에도 불구하고, 천하의 패권을 쥔 청의 시헌력 체제에 맞춘 조선의 역서는 필요했고, 꾸준히 '시헌력'에 대한 학습의 노력이 이루어졌다. 따라서 적어도 시헌력으로 개력한 이후 초기의 조선 역서는 가능한 한 청의 역서와 날짜, 절기 등의 데이터가 다르지 않은 역서를 편찬·간행할 수 있게 되는 것이 가장 중요했다. 실제로 1645년 시헌력으로의 개력 사업이 시작된 이후 비교적 소극적이었다고도 할 수 있는 정부 차원의 노력이 적극적인 대책으로 전환되는 계기는 항상 청과 조선의 역서가 차이가 나는 일이었다. 조선 정부는 매년 10월 1일 북경에서 하사받은 청 역서를 가져와 조선에서 편찬할 다음 해의 역서와 비교해 차이가 나는지 확인해보는 것이 연례행사였다. 차이가 날 때마다 전전긍긍하면서 관상감 관원은 그 연유를 밝혀야 했고, 이유를 모를 경우에는 별도의 관원을 북경에 파견해 알아 오거나 배워 오도록 하는 정책을 취했다. 그런데 대부분 조선의 역서는 틀렸고, 그에 따른 책임은 관상감 관원이 져야 했으며, 결국 청 역서에 따라 수정해 간행하곤 했다.[11]

이렇게 추진된 시헌력으로의 개력 사업은 중국의 『숭정역서』 편찬 사업이 그랬듯이 쉽고 간단한 작업이 아니었다. 서구식 수학과 천문학을 완벽하게 이해하고 소화해야만 가능한 작업이었기 때문이다. 특히나 중국과의 책봉-조공 관계 속에서 조선이 독자적으로 역법을 계산하고 역서를 간행하는 것은 있을 수 없는 일이었다.[12] 그렇기 때문에 드러내놓고 개력 사업을 추진할 수 없는 국제 질서 속에서 천문관원을 중국 사신행에 은밀히 파견해 방대한 관련 천문역산서를 몰래 구해 와서는 연구해야 했다. 게다가 그 내용이 종래의 수학 및 천문학과는 완전히 다른 방식이었기 때문에 이는 결코 쉬운 일이 아니었다. 1644년 개력 사업을 시작한 지 10년 만인 1654년 역서부터 비로소 시헌력을 사용할 수 있게 되었다. 그러나 24절기와 날짜 계산을 중심 내용으로 하는 일과력(日課曆)이었을 뿐 칠정력(七政曆)은 엄두도 못 냈다. 즉, 칠정력의 일월 교식과 오성의 운행 계산은 종전의 대통력 체제에 의존할 수밖에 없었다. 시헌력으로 칠정력의 일월식과 오성의 운행 계산을 할 수 있게 된 때는 1708년 무렵에 가서였다. 그 와중에 어렵게 『서양신법역서(西洋新法曆書)』 체제를 소화해나가고 있는데, 청이 1723년 『역상고성(曆象考成)』 체제로 전환하면서 중국 역서와 차이 나는 문제는 다시 원점으로 돌아갔다. 결국 『역상고성』을 어렵게 구득해 와 연구하는 수밖에 없었다. 1728년에는 데이터 표가 빠진 『역상고성』 일부분을 구입해 왔고, 그다음 해에 비로소 『역상고성』 전질을 구해 어렵게 연구를 거듭했다. 그사이에도 중국 역서와 조선 역서의 차이는 계속 났다. 그런데 『역상고성』도 미처 마스터하지 못했는데 청이 타원궤도설에 입각한 『역상고성후편』 체제로 1742년 전환함으로써 문제는 더욱 어려워졌다. 1745년에는 후편 전질을 구해 와 이후 고단한 연구를 계속했다. 그 결과 1760년대 후반에 이르면 『역상고성후편』 체제를 어느 정도 마스터하고 청력과 차이가 나지 않는 역법을 낼 수 있었다. 1644년 시작한 지 120여 년이 지난 후였다.[13]

그런데 『역상고성』과 『역상고성후편』 체제를 어느 정도 마스터했다고 해서 독자적인 역법 계산이 완성되는 것은 아니었다. 이후에도 청 역서와 조선 역서 간의 차이 문제는 궁극적인 해결이 되지 않은 채 계속해서 발생했기 때문이다. 특히 중기(中氣)가 달의 말일 자정(子正) 근처에 오는 경우 중국의 경위도와 조선의 경위도 차이에 따라서 윤달 설정이 다르게 되는 것은 큰 문제였다. 하루 이틀의 차이가 아니라 달이 달라지기 때문이다. 1734년(영조 10) 그다음 해 역법을 계산해보니 청력은 윤4월인데 조선에서 계산한 것은 윤3월이었다. 이럴 경우 논란은 조선의 경위도에 맞춘 계산대로 정력과 다르게 윤3월로 정할 것이냐 아니면 조선의 경위도와 다르지만 청력을 따라 윤4월로 할 것이냐의 문제였다. 논의는 나뉘었지만 결론은 청 역서를 따를 수밖에 없다는 결정이 내려졌다.[14] 이는 아무리 역법 계산을 완벽하게 해도 청 역서와 차이가 날 경우 정치적 세계 질서를 따라 계산과 다른 역서를 내야 했다는 것을 의미한다. 즉, 역법의 차원에서 또는 과학의 차원에서 중국과 동등한 수준을 이룩해도 정치적 문제 때문에 독자적으로 계산한 역서의 반포를 포기할 수밖에 없었던 것이다.

이처럼 조선의 천문관원이 계산한 결과를 포기하고 청 역서를 따라 윤달을 정해 역서를 낸 가장 큰 이유는 정치적 고려에 있었다. 그러나 조선의 천문역산 수준이 중국에 비해 못 미친 데서 오는 자신감 부족도 무시할 수 없다. 특히 일월오성의 계산은 어느 정도 소화했다 하더라도 모든 역법 계산에 없어서는 안 될 뭇 별들의 경위도 데이터는 어찌할 도리가 없었다. 조선에서는 천문 데이터 중에 표준이라고도 할 수 있는 항성의 경위도를, 즉 아담 샬 등이 1628년 측정·추보하고 『숭정역서』의 「항성역지(恒星曆指)」(1631)에 실렸던 데이터를 1700년도가 넘어서도 이용해왔다. 1718년(숙종 44) "금루(禁漏)의 시각을 대통력법의 옛 법에 따라 쓰면서도 시헌력법에 의한 중성(中星)을 교정한 바가 없이 그대로 답습함에 따라 지금에 이르러 착오가 쌓여 자시가 해시가 될 정도로 어그러졌다"[15]는 기록이 있을 정도로 정확한 천문 데이터의 확보는 더 이상 미룰 수 없는 지경에 이르렀다. 영조대에도 조선은 독자적인 항성경위도 데이터를 측정·추보하지 못하고, 중국에서 1744년에 3,083개의 모든 별에 대해 측정·추보한 『의상고성(儀象考成)』(1744~1752)에 실려 있는 방대한 "항성황적도경위도" 데이터를 사용했을 뿐이었다.[16] 조선에서는 이 데이터를 이용해 1745년(영조 21)에는 물시계의 잣대 시간을 정한 『누주통의(漏籌通義)』를 정했고,[17] 1768년(영조 44)부터는 이 방대한 데이터 중에서 28수의 거성과 1등성의 별만을 선정해 44개 별의 경위도 데이터를 이용해 역법 계산에 필요한 데이터를 발췌해 활용했다.[18] 『동국문헌비고(東國文獻備考)』「상위고(象緯考)」에 실려 있는 데이터는 바로 그렇게 중국의 데이터에 의거해 발췌·정리한 값이었다. 물론 이 데이터도 한양에서 구한 실측값이 아니었기 때문에 만족스러울 수 없었다. 「상위고」의 편찬자 서호수(徐浩修)는 "중성 또한 한양 자오선을 기준으로 하면 별자리의 편도가 달라지고, 해시계 물시계도 오경분률(五更分率)이 북경에 비해 빨라진다. 그런데 지금 우리의 『중성기』와 『누주통의』

는 연경법(燕京法)에 따른 것이므로 마땅히 매문정(梅文鼎)으로부터 비난받을 만하다"[19]며 그 데이터의 한계를 분명히 지적하였다. 시헌력을 시행한 지 130여 년이 지난 1789년에 이르러서야 한양을 기준으로 하는 시헌력의 시제(時制)를 확립했던 『중성기(中星記)』도 이 중국의 데이터를 한양을 기준으로 보정한 값에 불과했다.[20]

못 별들의 경위도 데이터를 독자적으로 확보하지 못하고 중국의 데이터를 그대로 사용하는 일은 그래도 나았다. 중국의 데이터를 이용해 조선의 경위도에 맞게 환산해서 사용하면 되기 때문에 방대한 항성경위도 데이터를 조선이 독자적으로 측정·추보해서 구할 필요까지는 인식하지 않았던 듯하다. 문제는 조선의 경위도에 대해서도 정확한 실측값을 가지고 있지 않았다는 사실이다. 조선은 한양의 북극고도(즉 위도)만 실측값을 갖고 있을 뿐,[21] 한양 외 지역에서의 북극고도는 실측값을 가지고 있지 않았다. 뿐만 아니라 한양의 경도 값도 정확한 실측 데이터를 가지고 있지 않았다.[22] 이렇듯 한양의 정확한 경위도도 확보하지 못한 상태에서 청 역서와 조선 역서가 차이 났을 때 계산이 정확하다고 해서 청 역서를 무시하고 조선 역서로 밀어붙이기에는 자신이 없었을 것이다.

『동국문헌비고』「상위고」를 편찬하던 1770년 전후 시기에 이와 같은 사정에 대한 비판과 반성의 목소리가 터져 나오기 시작했다. 「상위고」의 편자 서호수의 아버지인 서명응(徐命膺)은 이미 1760년(영조 36) 조선 8도 각지역에서 북극고도를 측정하고, 그 값에 의거해 주야시각과 절기시각을 제정해야 한다고 주장했다. 그는 함경도 유배 생활을 하면서 직접 상한의(象限儀) 등을 만들어 백두산 유람 시 북극고도를 측정해보기도 했다.[23] 서호수 역시 이러한 주장을 그가 편찬한 「상위고」의 "북극고도"와 "동서편도"를 다룬 기사에서 피력했다. "북극고도" 조에서는 조선의 보척(步尺)이 믿을 만하지 못하기 때문에 지도에 나타난 리차(里差) 비례로 환산[24]한 경위

도 값은 근본적으로 정확하지 않다는 주장이었다.[25]

북경과 한양의 경도 값 차이를 논하는 "동서편도" 조에서는 이를 더욱 구체적으로 주장하고 있다. 리차 비례에 의한 한양의 동서편도 산정(算定) 값은 북경으로부터 편동(偏東) 10도 30분이었는데,[26] 이 값은 특히 절기시각의 추보에 결정적으로 사용되는 값이었고, 특히 정치적으로 매우 중요한 일식과 월식시각의 계산에 사용하는 값이기 때문이었다. 편도 1도마다 절기시각이 4분의 차이가 나므로 북경 절기시각에 42분을 더한 값이 한양에서의 절기시각이었고, 일월 교식시각도 마찬가지로 북경 교식시각에서 42분을 더하는 식이었다.[27] 그간 역서 간행에서 가장 문제가 되었던 청 역서와 조선 역서의 윤달 설정 차이가 근본적으로 이러한 동서편도에서 비롯되었음을 감안하면 북극고도보다 더 중요한 값이었다고 할 수 있다. 마찬가지로 조선에서의 정확한 일월식시각 계산을 위해서도 정확한 동서편도 값(결국 한양의 경도 값)은 정확한 교식시각의 계산에 절대적으로 필요했다. 구식례(求食禮)라는 의식이 천명(天命)을 받아 통치하는 존재인 왕이 자기 성찰의 계기로 삼아 성실하게 치러야 하는 의식이었던 사실을 감안하면 정확한 동서편도 값은 그만큼 매우 중요한 데이터였다. 그런데 당시 조선은 한양에서의 경도 값도 정확한 실측값을 가지고 있지 않았다. 이에 서호수는 『중성기』와 『누주통의』마저 북경을 기준으로 한 데이터를 사용하는 현실에 대해 매문정으로부터 비판받을 만하다는 자조적인 탄식을 하면서 반드시 천문의기를 가지고 조선의 자오선(즉 경도)을 실측해야 한다고 주장했다.[28] 이미 중국에서는 강희연간에 실측값을 구해 활용하고 있었던 사정[29]을 익히 알고 있었을 서호수였기에 한양의 경도를 정확히 측정해야 진정한 절기시각과 일월식 계산을 할 수 있음을 정확히 인식하고 있었던 것이다. 그랬을 때에 청 역서와 다른 조선 역서를 정치외교적 문제에도 불구하고 사용하자는 주장이 힘을 얻을 수 있을 것이었다.

그러나 영조대는 물론이고 정조대 전반기까지도 조선에서 한양의 경도 값은 물론이고, 조선 8도 각지에서의 북극고도도 실측값이 구해지지 않았다. 만족스러운 천문 데이터의 확보 논의와 사업이 추진된 것은 정조대 후반 1789년(정조 14) 무렵에 이르러서였다. 사료에 나타난 계기는 장헌세자의 묘소를 옮기는 국가적 대례를 앞두고 표준시계인 물시계를 바로잡아야 하고 그러기 위해서는 중성을 먼저 바로잡는 것이 선결 과제라는 영관상감사(領觀象監事) 김익(金熤, 1723~1790)의 주장이었다.[30] 이 주장이 발단이 되어 관상감 제조 서호수가 주도하고 중인 천문학자 김영(金泳)이 발탁되어 지평일구(地平日晷)와 적도경위의(赤道經緯儀) 등의 천문관측기구를 새로이 만들고 국가의 표준시간 체제를 정비하는 사업이 추진되었다.[31] 이때쯤에는, 그간 조선에서 사용해오던 1744년의 항성경위도(『의상고성』의 데이터)가 46년이나 지나 그사이 오차가 벌어져 계산이 많이 틀렸으므로 1783년 중국에서 새로이 추보한 항성경위도 데이터를 이용해 새로운 '경위도중성기'를 정하고, 그것에 의거해 『신법누주통의』를 정한 상황이었다.[32] 그런데 이 과정과 결과를 보면 지평일구와 적도경위의 등 서구식 관측기구를 만들었지만 한양의 자오선을 비롯한 경위도를 측정하지는 못한 듯하다. 중성을 정하는 데 의거했던 항성경위도는 결국 업데이트된 중국의 최신 항성경위도 데이터였던 것이다. 그러나 이때 한양 자오선과 항성의 경위도를 독자적으로 측정·추보하지 않았지만, 서호수와 김영 주도로 새로운 천문의기를 만들어 관측 활동에 정밀성을 더하고, 중국의 최신 데이터를 활용하여 『신법중성기』와 『신법누주통의』를 새로이 편찬하는 등 국가 표준시간 체제를 새롭게 한 단계 업그레이드시켰음은 분명한 사실이었다.

2년 후 1791년(정조 15) 무렵에는 더욱 적극적인 천문역산 정책이 서호수 주도로 펼쳐졌다. 먼저 관상감 운영과 제도에서 대대적인 정비가 이루어졌다. 개혁의 중심 내용은 시헌력으로 개력한 지 100여 년이 지났음에도 여전히 대통력 체제로 남아 있던 불합리한 구 제도들을 개선하는 것들이었다. 그중에는 천문관 선발 시험으로 『수리정온』과 『역상고성』을 과목으로 삼은 것도 포함되었다.[33] 이는 관상감 천문관원의 전문성과 수준을 엄격하게 지켜 조선 천문관원의 수준을 한 단계 올리는 데 결정적으로 기여했을 것으로 판단된다. 아울러 서호수의 강한 주장으로 그다음 해 역서에서는 전국 팔도의 북극고도와 동서편도를 계산해 삽입해 넣기로 했다. 비록 측정값은 아니지만 전국 팔도의 북극고도와 동서편도 값은 각 지역에서의 정확한 주야시각과 절기시각을 알려줄 것이었다. 이는 그 전에 청의 역서에서 13성 각지에서의 북극고도와 동서편도를 적용하여 각기 다른 주야시각과 절기시각을 산정하고 있었던 예를 따르려 한 것이다. 청의 역서와 비교하면 조선의 역서는 경기 지역의 역서이지 조선 팔도 전체의 역서라고 할 수 없다는 인식 때문이었다. 이러한 서호수의 주장이 수용되어 일단 그다음 해 역서에서부터 전국 팔도의 북극고도와 동서편도, 그리고 그에 따른 주야시각과 절기시각을 기입해 넣기로 한 것이다. 그러나 적지 않은 신료들의 반대에 부닥친 듯하다. 당초 내려졌던 정조의 결정은 거두어지고 결국 없던 일로 되고 말았다.

이에 대해 정치적 판단을 더 중요시했을 연대기 기록은 규장각 각신 서유방(徐有防, 1741~1798)이 보기에만 좋을 뿐 관상감의 사역이 미치지 못하니 그 결정을 폐지할 것을 건의해서 철회된 것으로 적고 있다.[34] 그러나 천문역산에 전문적인 식견을 지닌 전문가로서의 판단이 더 개입되었을 『서운관지(書雲觀志)』(1818년, 成周德 편찬)의 기록은 다음과 같이 다른 이유를 들고 있다. 즉, 관상감 제조 서용보(徐龍輔, 1757~1824)가 주장하길, 중국 이외의 외국에서 역서를 간행하는 것은 엄히 금하는 바이며, 게다가 청의 역서와 똑같이 각 지역에서의 주야시각과 절기시각을 첨가하는 것은 공연히 일을 확대하는 것이라며 반대했고, 그에 따라서 폐지되었다는 것이다.[35] 이를 보면 연대기 기록의 사관보다 『서운관지』의 편찬자가 정치적 이유로 세대로 된 역서를 발행하지 못했음을 더욱 분명하게 지적하고 아쉬워하고 있는 것이 아닐까 싶다. 어쨌든 비록 측정값은 아니지만 산정값으로라도 청의 역서에 버금가는 전국 팔도에서의 명실상부한 역서 체제를 갖추고자 하는 1791년의 노력은 이와 같이 수포로 돌아갔다.

1791년의 시도는 수포로 돌아갔지만 정조 말년으로 갈수록 중국에 버금가는 명실상부 제대로 된 역법과 역서 체제를 갖추려는 노력은 서호수 주도로 계속되었다. 그 결과 1796년(정조 20)부터 상황이 달라졌음을 사료는 말해주고 있다. 1796년 12월 관상감에서 올린 다음 해의 역서가 청력과 차이가 나는 것이 보고되었다. 청력에서는 소만(小滿)이 24일에 오는데 조선력에서는 25일에 와서 하루의 차이가 났다. 이러한 상황에서 예전 같으면 그 연유를 몰라 담당자가 처벌을 받거나, 중국에 파견해서 차이가 나는 이유를 알아오게 하거나 했을 터인데, 이번의 경우에는 서호수가 단호하게 청력의 계산이 틀렸다며 자신 있게 관상감에서 올린 역서를 그대로 간행할 것을 주장했고, 이는 바로 시행되었다.[36]

그 이듬해 역서에서도 마찬가지 상황이 벌어졌다. 1798년(정조 22) 겨울에 다음 해(1799년)의 청 역서와 조선 역서를 비교해보니 또 차이가 난 것이다. 그 차이에 대해서 서호수는 "신들이 해당 추보관들과 함께 『역상고성』의 계산법에 따라 상세히 살폈더니 우리나라 역서의 추보는 『역상고성』과 서로 맞는데 청력은 틀립니다. 그러니 모두 우리나라 역서에 따라 시행하는 것이 타당하겠습니다"라고 아뢰었다. 그에 따라 그해의 청나라 역서는 관상감에 놔두고 아예 임금에게 바치지도 않았다.[37] 이것은 서호수와 관상감 관원들이 역법 계산에 대한 완벽한 이해와 자신감을 갖추었기에 가능했다고 할 수 있을 것이다. 이러한 자신감은 서호수 사후(死後)에도 한동안 이어졌던 듯하다. 1800년(정조 24) 1월에 다시 청과 조선의 역서가 차이 났을 때에도 관상감에서는 계산상의 오류가 아니고 맞는 계산이기 때문에 조선 역서를 그대로 시행하자고 주장했고 정조는 그에 따랐다.[38]

정조대 말년 3회에 걸쳐 조선의 역서는 청 역서와 차이 나는 그대로 간행·반포되었다. 『역상고성』 체제를 거의 마스터했던 1760년대 이후에도 정치적 고려와 정확한 조선 경위도 데이터를 갖지 못한 자신감의 결여 등으로 청과 다른 역서를 내지 못했는데, 이때에 이르러 독자적인 역서, 즉 조선의 '자국력'을 간행·반포한 것이다. 이로써 1654년 시헌력으로 개력한 이후 처음으로 절기 날짜, 월의 대소, 윤달의 설정 등에서 한양의 자오선을 기준으로 하는 역서를 제정하게 되었다. 그러나 이는 한양의 자오선을 실측한 값에 의거한 것은 여전히 아니었다. 게다가 이러한 독자적인 자국력의 반포는 오래가지도 않았다. 이어지는 순조대에만 해도 청과 조선의 역서는 계속 차이가 나고 그때마다 연유를 파악하지 못해 우왕좌왕하면서 청 역서를 따르는 것을 볼 수 있기 때문이다.

역서를 청과 다른 자국력으로 낸 것이 몇 번이었는지는 분명하지 않다. 아마도 정조대에 국한된 것이었을 듯하다. 조공-책봉의 국제 질서 속에서 청 역서와 달라도 상관없다는 인식과 주장은 역법에 대한 자신감뿐 아니라 국왕의 의지도 절대적으로 필요하기 때문이다. 실제로 정조는 집권 말년 중국의 역법에 버금가는 제대로 된 천문역산을 확립하려 노력했던 듯하다. 이는 정조가 1799년(정조 23) 북경에서 책을 사다가 수리와 역상에 관한 종합적인 책을 편찬하는 일을 이가환(李家煥, 1742~1801)이 맡아서 하면 어떻겠는가 하고 자문한 일에서 엿볼 수 있다.[39] 이때 정조가 편찬하려던 천문역상의 종합적인 책은 청나라의 『율력연원(律曆淵源)』(『수리정온』, 『역상고성』, 『율려정의』 합본)에 버금가는 야심 찬 '역산지대전(曆算之大全)'의 편찬이었을 것이다. 이에 앞서 1795년에는 명과학(命課學) 분야의 고전인 청나라의 『상길통서(象吉通書)』와 『협기변방서(協紀辨方書)』를 종합적으로 검토해 『협길통의(協吉通義)』를 편찬했다. '술수지대전(術數之大全)'의 편찬·간행이었다고 할 수 있다. 또한 정조는 중국의 『농정전서(農政全書)』와 『수시통고(授時通考)』에 버금가는 '농가지대전(農家之大全)'을 편찬하고자 1798년 11월 30일에 「권농정구농서윤음(勸農政求農書綸音)」을 내렸다. 이에 중앙관료는 물론이고 전국 각지의 유생들이 자신이 지니고 있던 농업 기술과 농정책을 정리해 '응지진농서(應旨進農書)'를 바쳤다.[40] '역산지대전'의 편찬을 위한 사업은 어느 정도 물밑에서 준비 작업이 있었던 듯하다. 1798년 11월 29일 관상감에서 보관하고 있던 역서들을 점검하는 과정에서 지난 50~60년 동안의 칠정력(七政曆) 과반 이상이 유실된 것을 알아내고 관리 담당자를 밝혀내 파면하도록 했는데,[41] 이는 정부 내에 소장하고 있는 역산서들의 점검이었다고 할 수 있을 것이다. 또한 다음 해 1799년(정조 23) 5월에는 봄에 돌아온 동지사 일행에 관상감 감생 이정덕(李鼎德)이 관상감에서 필요한 방서 200여 권을 구해 왔고, 감생 정충은(鄭忠殷)·김종신(金宗信)은 『율력연원』 3질을 구해 와 바쳐 그 공로를 시상했다.[42] 그러나 이 사업은 정조의 죽음으로 결과를 보지는 못했다.

2. 19세기 천문역산학의 학습

정조의 죽음으로 열망했던 자국력의 반포는 지속되지 못했지만 그러한 노력의 결과 18세기 조선의 천문역산학은 괄목할 만한 발전을 이루었다. 중국에서의 시헌력 개력과 발전 과정에서 편찬·간행된 『서양신법역서』(1645), 『수리정온』(1722), 『역상고성』(1723) 그리고 『역상고성후편』(1742) 등에 담긴 방대하고 깊이 있는 서구식 천문역산학을 기나긴 세월 동안 조선 정부의 독자적 힘으로 마스터한 것이다. 1644년부터 시작된 개력 사업은 10년 만인 1654년에 시헌력서를 편찬·반포할 수 있었지만 '일과력(日課曆)'에 그쳤을 뿐 '칠정력' 편찬은 이후 100여 년의 기나긴 학습이 더 필요했다. 어느 정도 만족스러운 시헌력 체제의 확립은 150여 년이 지난 1780~90년대에 이르러 결실을 맺게 된다. 즉, 『칠정보법(七政步法)』(1798)으로 정리되어, 시헌력 체제의 완성판이라고 할 수 있는 소위 『역상고성후편』 체제를 완벽하게 소화해 독자적인 시헌력 체제로의 전환을 완성할 수 있었던 것이다. 한양의 태양 출입(出入) 시각과 시헌력 체제가 완벽하게 결합된 '37전(箭) 경루법(更漏法)'을 1789년 시행한 것[43]과, 1800년 직전 몇 해에 그쳤지만 중국의 역서와 날짜가 다른 조선 독자의 역서를 편찬·반포한 것은 그러한 시헌력 체제의 완벽한 소화와 그에 대한 자신감의 가시적 결과물이었다.

그러나 18세기 말 정부 주도 천문역산학의 프로젝트가 일단락된 이후 적어도 19세기 전반기 동안에는 정부 차원에서 이루어진 새로운 프로젝트 관련 기록은 이상하리만치 찾기가 힘들다. 유일하게 1818년 관상감 관원 성주덕(成周悳, 1759~?) 책임하의 『서운관지』 편찬을 들 수 있을 뿐이다. 『서운관지』는 잘 아는 바와 같이 천문지리학의 전문 부서인 관상감의 구조와 운영 및 활동 내용 그리고 연혁 등을 자세하게 정리한 정부 공인 문헌으로, 『동국문헌비고』 「상위고」(1770년)와 함께 천문지리학 분야에서 이루어진 역대의 중요한 사업들을 빼놓지 않고 잘 기록해놓았다. 그런데 『서운관지』는 18세기 동안에 변화된 관상감 중심의 정부 내 천문 활동에 관한 총정리 내용을 담고 있을 뿐 19세기의 기록은 거의 없다. 이후 이만운(李萬運, 1724~1797)에 의해서 증보된 「상위고」와 『실록』 등의 사료에도 19세기 동안 정부 차원에서 이루어진 천문지리학 분야의 프로젝트에 대한 기록은 거의 없다.[44] 19세기 초 연대기 사료에는 단지 조선의 천문역산학 현실을 비판하는 다소 부정적인 목소리만 기록되었을 뿐이었다.

예컨대 1813년의 동지가 10월 그믐에 오는 문제에 대한 『서운관지』의 비교적 긴 기록은 19세기 초 조선 정부 내 천문역산학의 상황을 여실히 보여준다. 1811년 관상감에서 계산한 결과 동짓달이 11월이 아닌 10월이 되는, 종래에 없던 곤란한 결과가 나온 것이다. 이에 조선 정부는 18세기 말 조선 최고의 천문역산가로서 자국력 확립에 큰 기여를 하며 명성을 날렸던 김영을 북경에 보내 해결책을 알아 오도록 했다. 그런데 김영이 북경에 도착하기도 전에 미리 북경에 가 있던 재자관(費咨官)[45]이 중국에서는 이미 1813년의 윤8월을 두지 않고 대신에 1814년의 윤2월로 고침으로써 1813년의 동지가 11월에 오도록 문제를 해결했다고 자세히 알려 왔다. 물론 중국 흠천감(欽天監)에서의 문제 해결은 '동지는 11월의 중기(中氣)'라는 상식적인 오래된 원칙에는 부합했지만, 무중치윤(無中治閏, 즉 중기가 없는 달에 윤달을 배치하는 법)의 원칙은 저버린 것이며, 더구나 천체 운행의 부등속 운동을 반영해서 천도(天度)에 부합하도록 절기를 배치한다는 천문역산학의 중요한 원리도 포기하는 해결책이었다. 이에 대해 성주덕은 『서운관지』의 관련 기록에 대한 사평(史評)을 통해 제사의 절기가 맞지 않는다는 이유로 천도를 어긴 견강부회한 방식이었다며 비판을 가했다.[46] 그러나 조선 정부는 중국의 해결 방식을 그대로 따라야 했을 뿐 다른 방도가 없었다.

그런데 우리가 주목해볼 대목은 당시 관상감에서 동지가 10월에 오는 전례 없는 계산이 나오자 당황했을 것이고, '우리나라의 역관(曆官)들은 구법에만 얽매이고 변통할 줄을 모른다'며 재능이 뛰어난 역관을 중국에 파견해 문제 해결책을 배워 오도록 하고, 새로 나온 책도 구해 오도록 하자고 요청했다는 사실이다. 사실 틀린 계산이 아니었음에도 분명히 세차로 인해 오차가 누적되어 역법 계산에 착오가 있어 동지가 10월에 오도록 관상감에서 잘못 계산했을 것이라고 인식했던 것이다. 시헌력 체제를 완벽하게 마스터하고 자국력을 반포하는 데 주도적 역할을 했던 김영이 여전히 정부 내에서 활동하고 있었는데도 말이다. 이와 유사한 상황은 1823년 일식 계산 문제가 불거졌을 때에도 벌어졌다. 관상감에서 계산한 그다음 해 6월 1일의 일식시각이 무려 '10분 13초'라는 상식 밖의 긴 시각이 나와 분명히 계산에 착오가 있을 것으로 보고 관상감 관원 김검(金檢)을 동지사 행으로 북경에 보내어 흠천감에 문의했다. 이에 대해 흠천감정 이공진(李 拱辰)은 일식이 10분 넘게 일어나는 일은 자연스러운 일로 『고금교식고(古 今交食考)』만 보아도 그 이치를 간단히 알 수 있다며 책을 가져다 연구해보 라고 면박을 줄 정도였다.[47] 이때에도 관상감 제조는 해와 달의 크기를 감 안하면 그럴 이치가 없는데 조선의 역관들이 저들의 중법(中法)에만 매여 변통할 줄을 몰라 틀린 계산을 해결하지 못한다며, 능력 있는 역관을 북경 에 파견해서 배워 오도록 주청했다.[48]

동지가 10월에 오는 1811년의 계산도, 1823년의 10분이 넘는 일식의 계 산도 모두 틀린 계산이 아니었음에도 관상감 제조를 비롯해 고위 관료들 은 조선 관원들의 능력이 부족해 틀린 계산을 했다고 이해했던 것이다. 그 러나 분명한 사실은 적어도 19세기 들어 조선의 역관들이 틀린 계산을 할 정도로 급격하게 수준이 하락했다고 보기는 어렵다는 점이다. 그럼에도 상식 밖의 계산 결과가 나올 때마다 관원들의 능력 부족과 계산의 오류를 거론하는 배경은 무엇일까? 단언할 수는 없지만 18세기 말과 다른 19세기 조선의 천문역산학 역량에 대한 자신감의 차이를 감지할 수 있다. 또한 정 확한 최신 천문 데이터를 확보하지 못한 데서 비롯된 자신감의 결여도 감 지된다. 19세기 초 관상감의 대표적 천문관원이었던 성주덕의 불만의 목 소리가 그것을 보여준다. 조선에서는 1754년의 데이터(『의상고성』의 데이터 를 말하는 듯)를 확보한 지 60년이 지나도록 최신의 실측 데이터를 측정하 는 것은 고사하고, 중국의 최신 데이터조차도 확보하지 못하고 있다고 성 주덕은 안타까워했던 것이다.[49] 특히 성주덕은 항성의 세차운동이 정해진

도수 없이 항상 변하는 것이어서 보정한 값이 실측치와 같을 수는 없기 때문에 최신의 정확한 실측 데이터를 수시로 확보하는 것이 절실히 필요하다고 보았다. 결국 세차 값은 항상적으로 변동하고, 그렇기에 천문 데이터는 수시측험(隨時測驗)해야 한다는 인식[50]하에서 예상 밖의 역법 계산 값이 나왔을 때, 그 값에 대한 자신감이 크지 않을 것임은 충분히 짐작된다.

결국 19세기 초 연대기 사료에 나타나는 조선 천문관원들의 무능에 대한 비판적 기사는 19세기 들어 조선 정부 내 역법 계산의 수준이 급격하게 하락한 증거는 되지 못한다고 할 수 있다. 그렇다면 천문역산학의 프로젝트가 이루어지지 않은 것은 어떻게 볼 것인가. 이와 관련해서 오래전 박성래의 세종대 『칠정산내편』의 확립 이후의 역사를 보는 관점에 대한 논의를 떠올려본다. 그는 세종대 이후 조선의 천문역산 활동이 세종대처럼 이어지지 않은 것은 제왕학으로서의 천문학이 일단 만족스러울 정도로 완성되고 난 이후 더 이상의 사회적, 정치적 필요가 없었기 때문이었다며, 세종대 이후 천문학이 쇠퇴했다고 보는 이해에 제동을 건 바 있다.[51] 19세기 전반 조선의 천문역산학도 이와 같은 시각으로 이해할 수 있을 것이다. 즉, 이미 1800년 직전 어느 정도 만족스러운 시헌력 역법체제가 완성되었고, 이후 심각한 계산상의 문제가 발생하지 않는 한 수정·보완의 사회적, 정치적 필요성이 없다면 완성된 체제에 따라 정상과학적인 천문역산 활동이 이루어진 것으로 이해할 수 있을 것이다. 실제로 19세기 들어서도 18세기에 이루어지던 정상과학적인 천문역산학 활동은 충분히 이루어졌다. 예컨대 정조대에 편찬되기 시작한 『천세력(千歲曆)』이 19세기에도 여전히 계속 편찬되었으며,[52] 중국으로부터 천문역산학 관련 서적을 19세기 이후에도 구득해 오는 사업을 중단하지 않았던 것이다.[53]

18세기 말 확립된 『역상고성후편』 체제의 정상과학적 활동은 정부 내에서뿐 아니라 민간에서도 이루어졌다. 1800년을 전후한 시기는 정부 주도 천문역산학 프로젝트를 통해 유입된 『수리정온』(1722), 『역상고성』(1723) 그리고 『역상고성후편』(1742) 등의 전문적인 천문역산서들을 조선의 일부 학인들이 적극적으로 학습하고, 그 학습의 결과물들을 저서로 남기던 때였다. 18세기 말, 19세기 초 서울 학인들 중에는 『수리정온』과 『역상고성』 등 최신의 전문적인 천문역산학서를 소장하고 소화했던 학인들이 적지 않았다. 예전 같으면 관상감 관원의 전문가들이나 읽을 만한 문헌들이었는데, 유가 사대부로서 그러한 천문역산서들을 학습하고 통달한 학인들이 이제는 예외가 아닐 정도로 많았던 것이다. 그야말로 18세기 말의 시기는 정부 주도 천문역산학 프로젝트에 힘입어 서명응, 서호수, 이가환, 이벽(李檗, 1754~1785), 이승훈(李承薰, 1756~1801), 정철조(鄭喆祚, 1730~1781), 정후조(鄭厚祚, 1758~1793), 홍대용(洪大容), 홍양해(洪量海) 등 많은 수의 조선 학인들이 『수리정온』과 『역상고성』에 담긴 전문적인 천문역산학 지식을 활발한 교류를 통해 학습하던 열기가 뜨거웠던 시기였다.

　이러한 사정은 19세기 초에도 어느 정도 지속된 듯하다. 1810년경 동생 홍길주(洪吉周, 1786~1841)의 공부를 위해 홍석주(洪奭周, 1774~1842)가 선정한 독서목록에는 『수리정온』, 『역상고성』, 『역상고성후편』, 『의상고성』(1752) 그리고 『역산전서(曆算全書)』 등 18세기 동안에 중국에서 편찬된 방대하고 깊이 있는 천문역산서들 대부분이 포함되어 있다. 과거 18세기 중엽 무렵까지 17세기 전반의 문헌들인 『기하원본(幾何原本)』과 『신법산서(新法算書)』 정도가 천문역산학의 주요 학습서였다면, 이제 그것들과는 비교가 되지 않는 19세기 초반의 수준을 엿볼 수 있다. 홍길주는 학습의 단계에 머물지 않고 그것들에 대한 학습을 토대로 조선 독자의 계산법을 제시하고 있어 더욱 흥미롭다. 그의 『기하신설(幾何新說)』(1816년경)은 『수리정온』에서 예제를 뽑아 조선의 전통적인 산술법에 입각해 자신이 고안한 독특한 계산법들을 제시한 저서다. 『호각연례(弧角演例)』(1814년경)는 『역상고성』을 공부하면서 구면삼각법의 미진한 점을 보충·부연하려는 의도로 저술한 수학 책이다. 본래 중국의 수학적 전통에서는 없던 『역상고성』의 천문학 계산을 위해 필수적이었던 구면삼각법의 수학 지식을 일목요연하게 정리한 것이었다.[54]

홍길주의 이와 같은 깊이 있고 독특한 수학 연구는 그가 처한 가계(家系)와 서울 학계의 학문적 토양이 있었기에 가능했다고 할 수 있다. 그의 어머니 영수합 서씨(令壽閤徐氏, 1753~1823)는 수학에 타고한 재능을 가진 이로 어릴 때부터 홍길주의 수학 공부에 큰 영향을 주었다. 또한 『수리정온보해(數理精蘊補解)』를 쓴 서호수와 『기하몽구(幾何蒙求)』(1808년)를 저술한 서유본(徐有本, 1762~1822)은 누구보다 천문역산학에 조예가 깊었던 달성(達城) 서씨가의 인물들로 홍길주의 외가 사람들이었다. 아울러 서호수와 함께 정조대 천문역산 프로젝트의 중심인물이었던 김영은 어릴 때부터 홍길주와 어울리며 그의 수학 연구에 큰 도움을 주었다. 이렇게 1810년대 홍길주의 독창적인 수학 연구의 결과는 풍산(豊山) 홍씨와 달성 서씨의 가학으로서 천문역산학 연구, 그리고 서울 경화(京華)학계 학인의 천문역산학 학습의 열기 속에서 이루어진 것이었다.

1810년대를 절정으로 홍길주와 그를 둘러싼 경화학계 학인의 깊이 있고 독창적인 수학 연구의 열기는 이후 조금 가라앉은 듯하다. 그나마 최한기(崔漢綺)의 천문역산학 학습이 그 명맥을 잇는 정도이다. 잘 아는 바와 같이 최한기는 1830~40년대에 과학기술의 여러 분야에 걸쳐 서구 과학 문헌을 적극적으로 구득해 공부했다. 『농정회요(農政會要)』(1834~42년), 『육해법(陸海法)』(1834년), 『심기도설(心器圖說)』(1842년) 등은 농업기술과 실용기기에 대한 학습의 결과물이며, 『의상리수(儀象理數)』(1835년 이후)와 『습산진벌(習算津筏)』(1850년)은 천문산법 분야 학습의 결과물이다. 그런데 후자의 두 책은 매우 부실한 미완의 책이었다. 『의상리수』는 『역상고성』과 『역상고성후편』을 요약·정리해놓은 책인데, 가장 중요한 내용인 태양 궤도의 계산법을 설명해놓은 부분은 전혀 다루지 않았다. 그나마 권3 부분만 불충분하게 정리해냈을 뿐 권1과 권2는 완성하지도 못했다.『습산진벌』도 『수리정온』을 저본으로 그 내용을 정리한 책이지만,『수리정온』의 중요한 내용은 빠지고 앞부분의 매우 기초적인 내용만 정리해놓은 것에 불과했다.[55] 경화학계 학인들과의 뚜렷한 교류 없이 서울 생활을 힘겹게 유지하던 최한기였기에 매우 적극적이었음에도 그의 천문역산학 공부가 미완으로 남겨졌음은 시사하는 바가 크다.

미완의 학습 모습을 보여주는 최한기와 달리 경화학계 학인들의 천문역산학 공부의 전통은 남병철(南秉哲, 1817~1863), 남병길(南秉吉, 1820~1869) 형제의 눈부신 천문역산학서 저술로 대미를 장식했다. 1850~60년대 남병철, 남병길 형제는 20여 편에 이르는 전문적인 천문역산서를 저술했다. 세도정치기 권력의 핵심부에 있었던 남병철은 청요직(淸要職)을 거쳐 대제학에 오르는 등 관료학계를 대표하는 인물로서 관료 생활 내내 줄곧 관상감 제조를 지내며 수많은 천문역산서들을 남겼다.[56] 남병길의『시헌기요(時憲紀要)』(1860년)는『역상고성후편』에 이르기까지의 시헌력의 이론과 계산법을 집대성한 책으로 관상감 관원의 학습 교과서로 쓰기에 부족함이 없을 정도의 책이며,『성경(星鏡)』(1861년)은『의상고성속편』(1845년)에 이르기까지의 항성에 대한 지식정보를 집대성한 책이다. 남병철의『추보속해(推步續解)』(1862년)는 중국의 수학자 강영(江永, 1681~1762)의『추보법해(推步法解)』를 해설하되 모든 내용을 다 다루지 않고『추보법해』이후 달라진 타원궤도설에 입각한 새로운 계산법에 근거해 태양과 달의 궤도 운행과 일월식 계산을 중심으로 해설해놓았으며,『역상고성후편』에서도 별로 달라지지 않았던 오행성의 계산에 대해서는 다루지 않은 책이었다고 할 수 있다. 그의『의기집설(儀器輯說)』(1859년경)은 천문관측기구의 구조와 사용법 그리고 계산법들을 집대성한 책이다.『의기집설』은 종래『국조역상고(國朝曆象考)』
(1796년)와『서운관지』(1818년)에서 전혀 다루지 않았던 19세기 조선에서
사용되던 천문기구들을 상세하게 소개해놓고 있어 그야말로 조선시대 전
통 천문기구를 총정리한 성격의 책이었다고 할 수 있다. 이렇게 개항을 바
로 앞둔 1860년대까지도 18세기 말 완성된 시헌력 체제하의 정상과학적
천문역산학 연구 활동은 경화학계 학인에 의해서 지속되었다.

3. '동력(東曆)'에 대한 열망

18세기 말 확립된『역상고성』의 시헌력 체제의 정상과학적 활동이 정부 천
문관원뿐 아니라 민간의 사대부 학인들에서 이어지는 한편 정조대 말년에
드러났던 자국력을 갖고자 하는 열망이 19세기에도 일부 학인들에 의해서
드러나 흥미롭다. 정조대 정조와 서명응, 서호수가 바랐던 역법은 향력으로
서의 '칠정산'과 달리 조선 독자의 '자국력'이었다. 이는 먼저 건국 초 세종
대에 이룩했던 천문학 업적에 대한 과거와는 다른 새로운 기억이 등장하
는 것을 통해 알 수 있다. 사실 세종대에 이룩한 천문역법의 성과에 대한
조선시대 당대인의 인식은 현재 우리의 기대와는 상당한 거리감이 느껴진
다. 심지어 1645년 시헌력으로 개력하자는 김육의 주장에서도 세종대의
역법에 대한 주목은 찾아볼 수 없었다. 원의 수시력을 써온 지 365년[57]이
나 지나 오차가 커져서 개력할 수밖에 없다는 논리를 펴면서도, 세종대에
이룩한 쾌거인 '칠정산'은 거론조차 하지 않았던 것이다.

그렇기에 1728년『서경(書經)』의 「순전(舜典)」을 강론하는 주강(書講) 자리
에서 경연관들이 강했던 내용은 주목할 만하다. 이 자리에서 영조는 '선

기옥형(璇璣玉衡)'에 대해서 자세한 내용을 듣고 싶어 했다. 이에 김동필(金東弼, 1678~1737)은 세종이 간의대(簡儀臺), 흠경각(欽敬閣), 보루각(報漏閣)을 설치하고, 숙종이 제정각(齊政閣)을 세워 선기옥형을 안치한 것은 바로 순임금이 "선기옥형을 만들어 칠정을 가지런히 했"던 사업으로, 영조도 이러한 선왕들을 모범 삼아 천문의기 사업에 정성을 다할 것을 강조했다. 옆에 있던 이종성(李宗城, 1692~1759)은 다음과 같이 덧붙였다. "우리 세종은 '동방의 성인'으로 예악과 문물이 크게 갖추어졌습니다. 세종의 덕이 있은 후에야 간의와 흠경각루를 사용할 수 있을 것입니다."[58] 세종과 같은 '동방의 성인' 정도의 덕이라야 천문의기 제작의 뜻이 달성될 수 있다는 주장이다. 영조는 이러한 강론 내용에 매우 흡족해했다.

물론 『서경』을 강론하는 자리에서 흔히 하는 건국 초의 선왕에 대한 경모의 레토릭으로 돌릴 수도 있다. 그러나 '요순의 정치'를 추구했던 탕평군주 영조에게 세종은 특별했다. 영조 이전 조종(祖宗)의 성군으로서 여러 선왕들이 존숭받았지만 영조는 특히 세종을 계승했다는 의식을 강하게 표명했다. 요순의 정치를 추구하는 영조에게 세종은 마땅히 본받아야 할 조종으로서 '동방의 요순'이었다. 국초(國初) 세종이 이룩한 요순의 문물을 영조는 계승해서 다시 일으켜 세우고자 했던 것이다. 실제로 영조대에 세종을 '동방의 요순'으로 추켜세우는 일은 어렵지 않게 찾아볼 수 있다.[59]

'동방의 요순'으로서 세종대 천문의기 제작 사업과 그 성과에 대한 평가도 예전에 없는 새로운 인식을 볼 수 있다. 조종의 모범 사례들을 정리한 『조감(祖鑑)』(1728년, 영조 4)에서 편찬자 조현명(趙顯命, 1690~1752)은 세종대 천문의기 제작 사업에 대해서 다음과 같이 서술했다. "세종대왕은 『칠정산내외편』을 수찬했고, 의상과 규표 그리고 흠경각루와 보루각루 등의 제 기구를 만들었다. 혼상, 일성정시의, 앙부일구, 한양 일출입분 모두가 창제되니 이에 천문역수가 처음으로 오류가 없어졌다."[60] 조현명이 '천문의기와 역법 계산법이 창제되었다'고 서술하는 것에 주목해보자. 세종대 당시 천문학 프로젝트에 참여했던 사대부 관료들이 자신들이 이룩한 성과에 대해서 부여했던 의미와 다소 차이가 남을 느낄 수 있다. 세종대 프로젝트 참여자들은 그들이 이룩한 천문역법의 성과를 중화의 제도를 준수하기 위해서 제작한 것이며, 그것은 "고제를 회복한 것이었다"고 의미 부여를 했다.[61] 이와 같이 세종대 천문학이 고제를 회복하는 것에서 그치지 않고 창제되었다는 서술은 영조대 말년 서명응의 언급에서도 드러난다. 1760년 『성학집요(聖學輯要)』를 강론하는 자리에서 영조와의 문답 과정 중에 부제학 서명응은 다음과 같이 영조에게 말했다. "'우리나라의 역법[我國曆法]'은 세종대왕 때 '창시'된 이후 크게 갖추어졌습니다."[62] '창시했다'는 것은 독자적인 계보를 지닌 성과물을 냈다는 의미로 읽힌다.

세종대와 영조대의 조선 천문역법에 대한 이와 같은 인식의 차이는 『제가역상집(諸家曆象集)』(1445년, 세종 27)과 『동국문헌비고』(1770년, 영조 46) 「상위고」 비교에서도 잘 드러난다. 『제가역상집』은 이순지(李純之)가 『칠정산내외편(七政算內外篇)』 편찬 이후에 중국의 대표적인 천문학 관련 문헌을 참고해서 편찬한 천문학 개론서로, 이순지는 이 책에서 조선의 천문학에 대해서는, 특히 당시 세종대에 이룩한 천문학의 성과 내용에 대해서는 전혀 다루지 않았다. 단지 조선전기 사대부 관료들이 알고 있던 천문학 지식의 모습을 이 책을 통해서 간접적으로 잘 파악해볼 수 있을 뿐이다. 그야 말로 세종대 사대부 관료들이 준수하려고 했던, 그리고 회복하려고 했던 중화의 고제만을 기록한 느낌이 들 정도다.

18세기 후반의 대표적인 천문학 관련 문헌인 『동국문헌비고』 「상위고」는 이러한 『제가역상집』과는 전혀 다른 모습을 보여준다. 「상위고」는 1769년 12월 영조의 편찬 명령이 떨어진 지 5개월 만에 서명응의 아들 서호수가 완성해 이듬해 1770년 윤5월에 영조에게 바친 책으로, 한국 역대의 천문학 연혁과 고사 등을 역사적으로 정리한 것이었다. 따라서 처음부터 끝까지 모두 한국의 천문학에 대한 내용으로 채워져 있다. 「상위고」의 이러한 서술은 한국의 천문학사를 최초로 정리한 것이었다고 평가할 만하다. 편찬자 서호수는 「상위고」 첫 머리에서 조선 천문학의 역사에서 가장 중요한 두 가지 사건을 거론했다. 첫 번째 중요한 사건이 세종대 천문학 사업과 그 결과였다. 고려시대에 이르기까지 중국의 역법을 그대로 수용해 써[承用]왔을 뿐 별도의 역서나 천문기구를 갖추지 못했는데[不別立書器], 세종대에 이르러 비로소 처음으로 '중성을 바로잡고, 천문기구를 창제'했다고 서술했다.[63] 서호수의 이러한 서술은 서명응이 10년 전에 경연 석상에서 영조에게 던진 '아국역법이 세종대에 창시되었다'는 주장을 정부에서 편찬·간행한 문헌을 통해 공식화하는 것이었다고 볼 수 있다.

'아국역법이 세종대에 창시되었다'는 서명응과 서호수의 인식은 『천세력』에서 정부 공인의 담론으로 다시 한 번 공식화되었다. 『천세력』은 향후 100년간의 날짜와 절기시각을 계산하여 수록한 역서의 한 종류로, 1782년(정조 6)에 처음으로 편찬·간행되었다. 이러한 『천세력』의 편찬은 시헌력 체제에 대한 완벽한 소화가 이루어져야만 가능한 것이기 때문에 정조대 시헌력 체제에 대한 자신감의 표출이었다고도 볼 수 있을 것이다.[64] 그런데 이러한 『천세력』에서 우리는 자신감 이상의 정조대 역법에 대한 새로운 인식을 본다. 그것은 세종대에 이룩한 역법을 조선 독자의 계보로 확정하는 선언이었다.

『천세력』 범례의 다음과 같은 언급을 보자.

> "역원(曆元)은 기수(起數)의 기본으로 천문학자가 가장 중시하는 것이다. 중국의 역법은 황제(黃帝)로부터 추산하였기 때문에 황제 61년 갑자년을 상원(上元)으로 삼았다. 아국(我國)은 옛부터 중국에서 반포한 역

법을 좇아 사용했으나, 세종조에 이르러 처음으로 추산의 법을 세웠다. 그렇기 때문에 지금 세종 26년 갑자년을 상원으로 삼았다."[65]

말 그대로 중국의 역법은 화하족(華夏族)의 시조로 일컬어지는 황제(黃帝)로부터 시작되었기에 황제 61년으로부터 상원을 세고, 우리 조선의 역법은 과거 중국의 역법을 그대로 갖다 쓰는 것에서 벗어나 세종대에 처음으로 '추산의 법'을 확립했으니 아국의 역법은 세종 26년[66]부터 상원을 세겠다는 것이다. 중국과 조선의 역법을 상원을 달리함으로써 세종 26년을 상원으로 갖는 조선 역법의 독자적 계보를 선언한 것이다. 실제로 현존하는 『천세력』에는 세종 26년을 상원으로 조선 왕조의 연대기를 60갑자 주기표로 작성한 「역원도(曆元圖)」가 첫 번째 편으로 수록되었다.[67]

조선 역법의 전통이 세종대에 시작되었다는 서명응 부자의 인식이 서호수가 편찬한 『동국문헌비고』 「상위고」(1770년)와 『국조역상고』(1796년) 그리고 『천세력』(1782년)에 반영되어 국가 공인의 언설이 된 이후 19세기에는 일반적인 인식이 되지 않았나 싶다. 1811년(순조 11) 4월 8일 『시경(詩經)』을 강론하는 경연에서 시독관(侍讀官) 홍의영(洪儀泳, 1750~1815)이 '천도'에 대해 설명하는 대목에서 그러한 시대적 인식을 엿볼 수 있다. 홍의영은 세종조에 이룩한 천문학의 성과를 보면 그야말로 '동방의 요순'이라 할 만하다 극찬하면서, 세종조에 확립한 역법과 천문기구를 '우리 왕조의 역법[我朝之家法]'이라고 아뢰었다. 홍의영이 이 말을 하면서 '천도'에 대해 논하는 내용을 보면 그는 천문학이나 세종대 성과에 대해서 부정확하게 알고 있음을 알 수 있다.[68] 즉, 천문학에 해박한 지식을 가진 인물이 아니었다. 그런 사람이 세종조에 확립한 천문학이 우리 왕조의 역법이라고 아뢸 정도면, 그러한 인식은 이제 천문학 전문가와 같은 소수 몇 사람만의 것이 아니었음을 보여준다 하겠다.

세종대에 조선 역법의 전통이 확립되었다는 인식의 확산은 19세기 들어 '동력(東曆)'이라는 용어가 빈번하게 등장하는 것에서도 확인된다.[69] '동력'은 말 그대로 '조선의 역법'이라는 의미를 지닌 용어로, '지역 역법'의 의미를 지닌 '향력(鄕曆)'과는 달리 자국에 대한 인식을 전제로 형성된 용어라고 할 수 있다. 의약학 분야에서 여말·선초(14~15세기) 중국의 의약학에 의존했던 '향약(鄕藥)'에서 벗어나 조선의 독자적 의약학을 구성해낸『동의보감(東醫寶鑑)』(1610년)의 '동의(東醫)'로 인식의 변화가 일어난 것과 같은 맥락이다. 이와 같은 자국의 역법에 대한 인식의 등장과 관련해 이종휘(李種徽, 1731~1797)의『동사(東史)』(1803년 간행)가 주목된다.

이종휘의『동사』는 조선을 중국의 제후국으로서가 아니라 독자적인 문화와 역사를 지닌 나라라는 인식하에, 단군시대부터 고려에 이르기까지의 독자적인 역사를 구성한 역사서였다. 이『동사』에서 이종휘는 조선 이전 역대로 독자적인 역법을 확립하지 못했음을 한탄하고 있다. 이종휘에게 역법은 비록 '천자의 제도'이지만 춘추시대에 노나라에도 역법이 있었듯이 역법은 제후국이라도 한시라도 없을 수 없는 것이었다.[70] 하물며 분야(分野)와 전도(躔度)가 중국과 다를 정도로 바다 밖 일정한 구역을 차지하고 있는 나라에서는 반드시 역법이 있어야 한다고 보았다. 그런데 고구려를 비롯해 삼국이 모두 중국의 역법을 그대로 갖다 썼을 뿐 독자적인 역법이 없어 전도가 맞지 않고 오차가 생겨도 고치지 못했으니 애석하다고 했다.

이러한 사정은 고려에서도 마찬가지였다.[71] 이종휘는 고려의 역법을 논하면서 먼저 정인지(鄭麟趾)가 쓴『고려사(高麗史)』「역지(曆志)」를 그대로 인용했다. 그 내용은 주나라가 쇠한 이후에 역대 제후국들마다 모두 사용하는 역법이 있을 정도로 역법은 한시라도 없을 수 없는 매우 중요한 것임을 강조한 후에, 그러나 고려는 별도의 역법을 수립하지 못하고 당의 선명력(宣明曆)을 수용해 쓰다[承用]가, 나중에 원의 수시력(授時曆)으로 바꾸어 썼을[改用] 뿐이라는 내용이었다.[72] 이종휘는 이어서 선명력과 수시력이 일대의 제도이기는 하지만 고려가 흉내 내어 사용했을 뿐이니 비루함이 심하다며 탄식했다. 결국 한국 고대의 고유한 문화와 역사를 찾아 구성하려던 이종휘는 역법 분야에서 그러한 고유의 독자적인 역법의 전통이 조선시대 이전 고려까지는 없었음을 한탄할 수밖에 없었다. 그러나 중요한 것은 이종휘의 이러한 서술을 통해서 그가 갖고자 욕망했던 '중국의 역법과 다른' 조선 독자의 역법에 대한 인식이 분명하게 표출되었다는 것이다.

이종휘의 이와 같은 조선 고유의 독자적인 역법에 대한 열망은 홍경모(洪敬謨, 1774~1851)의 '동력의 계보학' 서술로 이어졌다. 19세기 초 조선의 대표적인 소론계 경화세족의 일원인 홍경모는 1840년대에 저술한 「역론(曆論)」에서 중국의 역대 역법들을 소개·정리하면서 '동력'을 서술에 포함시켰다. 중국의 역대 역법으로 '상고력(上古曆)'부터 '명력(明曆)', '청력(淸曆)'을 다루고, 이어서 '동력'을 서술했고, 마지막으로 '서력(西曆)'을 소개했다.[73] 그야말로 천하의 모든 역법의 계보를 정리하면서 조선의 역법을 독자적인 계보로 위치시켰던 것이다.

서술 내용의 논조는 40여 년 전 이종휘가 『동사』에서 폈던 것의 연장이었다고 할 수 있다. 단군조선 때부터 삼국시대까지 역대로 사용했을 역법을 추론해내고, 이어서 고려의 역법을 소개·서술했는데, 결론은 별도의 역법을 세우지는 못했으며 중국의 역법을 갖다 썼을 뿐이라는 것이었다. 이어서 조선 세종조에 이르러 처음으로 독자적인 역법을 확립했다고 적었다. 그러나 조선후기의 시헌력은 수시력에 근본을 두어 이름만 다를 뿐 계산법은 동일하다고 서술했다.[74] 즉, 조선후기에 확립한 시헌력이 조선의 독자적인 역법은 아니라는 이해다. 세종대의 역법 이외에는 전부 중국의 역법을 모방해 썼을 뿐이라는 것이다. 홍경모는 이와 같은 '동력'의 서술을 마무리하면서 다음과 같이 그 아쉬움을 피력했다. "역법은 천자가 만드는 것이지만, 제후국에서도 한시라도 없을 수 없다. 그런데 우리나라는 천문학과 수학에 어두워 독자적인 역법을 수립하지 못하고 단지 중국의 역법을 그대로 갖다 쓰기만 했다. 우리나라 사람들은 너무 비루하다."[75] 이러한 홍경모의 마지막 언급은 사실 이종휘가 40년 전에 『동사』에서 한탄했던 것과 동일한 맥락으로 읽힌다. 즉, 조선의 독자적인 역법을 갖고 싶은 열망의 표출이다. 이러한 열망에 의하면 17~18세기 동안 조선 관상감에서 이루었던 시헌력의 완성은 독자적 역법의 계보를 확립한 것이 아니라 청의 역법을 흉내 낸 것에 불과했다.

1645년 이래 17~18세기 동안 추진되었던 시헌력 체제에 기반한 조선 역서의 편찬 노력의 결과 '조선의 독자적 역법'은 과연 수립되었을까? 여전히 중화주의적 세계관이 지배적이고, 중국의 패권적 질서하에 있던 동아시아 상황에서 '조선의 독자적 역법'이라는 것이 가능하기나 한 것일까? 18세기 조선의 천문관원들이 중국의 역법과 계산법이 다른, 계통을 달리하는 역법체계를 확립할 능력은 있었을까? 이 질문에 대한 답은 현재로서는 사실 부정적일 수밖에 없다.

19세기 이종휘와 홍경모가 한탄했듯이 조선의 역법은 중국의 역법체제와 달랐던 적이 없었다. 18세기 말 이룩한 역법의 성과도 중국의 시헌력 체제를 완벽하게 소화한 것이었기 때문에 홍경모가 말했듯이 중국의 역법을 흉내 낸 것에 불과했던 것이다. 역법에 대해 잘 몰랐던 사대부 학인들이었던 이종휘와 홍경모가 중국의 역법체제와 다른 조선 고유의 역법을 갖고자 열망했다면, 서호수와 관상감의 천문관원 같은 역법 전문가들은 조선 고유의 역법을 기대하지도 않았던 것 같다. 오히려 그들은 중국의 시헌력 체제를 완벽하게 소화해 중국의 천문 전문가들보다 더 정확한 역법 계산과 그에 기반한 역서의 확보 정도를 바랐던 것 같다. 사대부 학인들의 꿈에 비하면 훨씬 현실적인 목표였고, 그 목표는 어느 정도 달성했다고 볼 수도 있다. 그러나 그러한 목표도 중국의 역서와 월의 대소나 윤달의 배치 같은, 값이 달라지는 큰 문제에 부닥쳤을 때에는 여지없이 제동이 걸릴 수밖에 없었다. 심지어 조선 역서의 격을 높이려는 시도도 성공하지 못했다. 청의 시헌서 체제에 맞는 격식을 갖추어 팔도의 절기를 수록하려는 노력이 수포로 돌아간 것이 그러했다.

4. 조선 학인들의 과학 담론

18세기 말 이룩한 조선 정부 주도의 천문역산학 성과는 간단하게 규정해서 중국 매문정의 천문역산 패러다임의 결정체인 『율력연원』(즉 『수리정온』, 『역상고성』, 『율려정의』의 합본)을 150여 년이 넘는 오랜 기간에 걸쳐서 마스터한 결과물이었다고 그 역사적 의미를 부여할 수 있을 것이다. 물론 국왕 정조의 강력한 의지를 바탕으로 청 역서와 다른 자국력을 중화적 세계 질서에도 불구하고 독자적 역서를 편찬·반포했다는 의미를 부여할 수 있다. 그러나 동아시아 천문역산의 역사 시간의 관점에서 볼 때 정조 말년 조선의 천문역산학은 1720년대의 중국 역사 시간에서 크게 벗어나지 않았다고 할 수 있다. 『율력연원』이란 문헌이 17세기 초 서구식 수학과 천문학을 이용해 시헌력 체제로 변화된 이후 1720년대에 중국의 학인 매문정이 확립한 천문역산 패러다임의 결과물이었기 때문이다.[76] 따라서 중국에서와 마찬가지로 조선에서도 고전적 자연지식과는 너무나 다른 이질적인 서구의 자연지식, 즉 지구설을 전제로 한 서구식 세계지도와 구면삼각법을 기초로 한 서구식 역법이 17세기 전반 유입된 이후 18세기 동안에는 우주론적으로 또는 형이상학적인 차원에서 흥미롭고 의미 있는 새로운 자연지식, 또는 서구 과학 지식은 유입되지 않았다.[77]

18세기 후반 조선에서 매문정의 『역상고성』 체제가 완성되고, 국가 공인의 천문역산서인 『동국문헌비고』 「상위고」(1770)와 『국조역상고』(1796)에서 그러한 성과물이 정리되면서 적어도 정부 차원, 또는 전문가적인 천문역산가 커뮤니티에서는 매문정의 과학 연구 프로그램[78]이 자연스럽게 수용되었던 듯하다. 우리는 그러한 사실을 「상위고」에서 서호수가 매문정의 연구 성과물뿐 아니라 과학 담론까지도 그대로 수용하는 모습에서 잘 알 수 있다. 보통 매문정의 과학 담론은 실증적이고 수학적인 방법론에 입각해서 중국의 고전적 과학 즉 고법을 중심으로, 이질적이지만 최신의 자연지식인 서구 과학 즉 신법을 해체해 고법의 모형으로 회통귀일하는 것으로 이해된다. 이러한 매문정의 과학 담론은 그의 『역학의문(曆學疑問)』에 적혀 있는 "서구의 계산법을 녹여서 대통력의 모형(模型)에 넣는다[鎔西算 以入大統之型模]"[79]는 그의 선언적 언설에서 압축적으로 표현되었다. 영·정조대 조선 최고의 사대부 천문학자로 인정받던 서호수는 이러한 매문정의 주장을 「상위고」에서 그대로 인용했다.[80]

하지만 매문정의 언설이 국가 공인의 「상위고」에 수록되었다고 해서 조선의 모든 학인들이 그의 연구 프로그램과 담론에 동의했다고 보기는 어렵다. 먼저 서호수 자신도 사실은 매문정과는 다른 과학 담론을 보여주고 있다. 「상위고」 서두에서 시헌력 체제가 천행과 얼마나 부합하는가의 차원에서 종래의 어떤 고전적 역법에서도 유래를 찾을 수 없을 정도로 시헌력은 탁월하다는 서호수의 이해에서 그러한 사실이 단적으로 드러난다. 이러한 서호수의 관점은 고법을 중심으로 신법을 회통한다는 매문정의 관점과는 상당한 거리감이 느껴지는 것이 사실이다. 이후 정조대 천문역산 사업을 주도하고, 자타가 인정하는 조선 최고의 사대부 천문역산가로서 명성을 날리던 서호수는 고법보다는 철저하게 신법에 치우친 편향성을 더욱 보여주었다. 특히 매문정 연구 프로그램의 한 축을 차지하는 서구 과학의 중국기원론적 관점에 대해서 비판적 태도를 그는 견지했다. 조선의 대부분의 사대부 학인들이 당연한 듯이 중국기원론적 사유를 하고 있었던 데에 비해서[81] 서호수는 중국기원론에 동조하는 직접적인 언급을 한 적이 없다. 단지 "동주(東周)의 주인(疇人, 즉 천문역산가)들이 흩어져서 천문역산이 수천 년간 불명(不明)했다"[82]는 언급만 할 뿐 서구 천문학의 내용들과 중국 고대 천문역산가들 간의 어떠한 연관도 언급하지 않았다. 매문정의 정식화된 주장은 고대의 주인(疇人)들이 지니고 있었던 이 천문역산이 그들이 흩어지면서 서구로 흘러들어갔고, 서구인들이 그것을 이어받아 의기(儀器)와 수학적 방법을 이용해 발전시켰다는 논리였는데, 서호수는 그러한 중국기원론의 논리를 따르지 않았던 것이다.

서호수는 이와 같이 매문정의 중국기원론 논리를 따르지 않았을 뿐 아니라 고법을 중심에 두고 신법의 장점을 수용해서 중서(中西)의 천문역산을 회통하려는 매문정의 관점도 따르지 않았다. 「상위고」에서 "서구의 계산법을 녹여서 대통력의 모형에 넣는다"는 유명한 매문정의 언설을 그대로 인용했던 것이 무색할 정도였다. 서호수의 이러한 관점은 『수리정온』과 『역상고성』에 대한 그의 인식에서 잘 드러난다. 그는 『수리정온』을 수학적 계산법만을 수록한 것이 아니라 그 소이연(所以然)의 이치까지도 환하게 밝혀놓았으며, 그랬기 때문에 보는 자마다 쉽게 이해할 수 있고 듣는 자마다 쉽게 활용할 수 있으니 실로 실용을 바로잡는 책[正實用之書]이요 세상일을 구제하는 도구[濟事之具]로 평가했다.[83] 『역상고성』에 대해서는 역대의 모든 역산을 겸수(兼修)해서 중서의 천문학을 회통한 책으로 평가했다.[84]

물론 『역상고성』을 중서의 천문역산을 회통한 책으로 평가한 것은 매문정과 그의 손자 매각성(梅瑴成)이 의도했던 바를 제대로 파악한 것이다. 그러나 강조의 무게중심은 전혀 다른 곳에 가 있었다.

> 『역상고성』의 수(數)와 이(理)는 모두 태서(泰西)의 선비 제곡(第谷, 즉 Tycho Brache)이 실측한 것이다. 무릇 법(法)과 수(數)를 말한 것이 중국과 서구가 동일하지만 서력(西曆)이 중력(中曆)에 비해 뛰어난 것은 수(數)를 말함에 반드시 그 이(理)를 밝혔기 때문이다.[85]

이 글은 두 가지 점에서 매문정의 중서 회통의 관점과 상반된다. 하나는 『역상고성』의 수(數)와 이(理)가 모두 티코 브라헤가 실측한 것에 기반을 두고 있다는 관점이며, 또 하나는 서구 천문학과 중국 천문학이 법(法)과 수(數)에서는 동일하지만 그 이치를 밝히는 것에서는 서구 천문학의 원리가 훨씬 뛰어나다는 것이다. 이러한 서호수의 입장은 「비례약설서(比例約說序)」에 더욱 분명히 드러나서 "『수리정온』이라는 책은 수람(收攬)이 넓고 부분(部分)이 심광(深廣)해서 학자들이 두루 살펴 진구(盡究)할 수 없을 정도이다. (중략) 그러하니 무엇하러 고법(古法)을 기다리겠는가"라고 했다.[86] 이는 『수리정온』에 담긴 수학지식의 내용이 매우 깊고 넓어 중국의 고전적 수학이 필요 없다는 말이다.

이와 같은 서호수의 입장은 중국 학자들의 관점에서 볼 때 가히 과격할 정도로 신법에 편향된 것이었다. 예컨대 매문정의 뒤를 이은 천문역산의 대가로 대진(戴震)의 스승이기도 했던 강영이 서구식 역법의 윤달 배치법인 정기법(定期法)을 옹호하면서 서구 천문학이 중력(中曆)에 비해 우월하다는 주장을 한 이후 중국 학자들로부터 받은 공격을 생각해보자. 그로 인해 강영은 매각성이나 전대흔(錢大昕) 같은 동시대의 학자들로부터 큰 배척을 받았으며, 완원(阮元)은 『주인전(疇人傳)』에서 강영을 매우 부정적으로 묘사했다.[87] 아마도 중국의 학인들이 서호수의 이 「수리정온보해」와 「역상고성보해(曆象考成補解)」를 읽었더라면 심대한 공격을 했을 것임은 자명하다. 반대로 서호수는 고법을 중시하는 중국 학인들을 이해하지 못했을 것이다.

실제로 서호수와 중국 학인들의 인식 차이는 그의 연행 과정을 통해서 표출되었다. 1790년(정조 14) 사은부사(謝恩副使)로 북경에 갔던 서호수는 청의 대학자 옹방강(翁方綱, 1733~1818)에게 혼천설과 개천설을 비교하면서 지구설을 알기 쉽게 이론적으로 설명해놓은 자신의 저서『혼개통헌도설집전(渾蓋通憲圖說集箋)』을 보여주고 서문을 부탁했다. 옹방강의 명성을 익히 들어 알고 있었기에 그가『사고전서(四庫全書)』의 교정 작업을 위해 성경(盛京, 즉 潘陽)에서 올라와 북경에 체류하고 있던 차에 자신이 저술한 저서의 서문을 받고자 기대했던 것이다. 하지만 옹방강은 기대와 달리 자신은 추보지학(推步之學)에 어둡다며 서문은 고사하고 짤막한 발어(跋語)만을 보내왔다. 이에 서호수는 대학자로 알려진 옹방강을 수준이 낮다고 다음과 같이 폄하했다. "옹방강이 역상(曆象)에 조예가 깊다고 모두 말하였다. 그러나 나는 처음에 그가 춘추삭윤(春秋朔閏)에 힘쓴다는 말을 듣고 그가 신법(新法)을 이해하지 못하는 게 아닌가 의심했는데, 이제 그가 보낸 발어를 보니 더욱 그 공소(空疎)함을 징험하겠다."[88]

서호수가 어떤 관점에서 옹방강을 폄하했는지는 둘의 대화에서 잘 드러난다. 서호수가 사신으로 북경에 와 있는 동안 옹방강은 당시『사고전서』를 교정하는 작업을 하면서 중국 역대의 천문역산을 비교·검토하는 연구를 하고 있었기 때문에 서호수의 저서가 유용하리라 생각하고 4~5일 빌려달라고 자청하면서, 진(晋)나라 원개(元凱, 222~285)의 장력(長曆)과 당(唐)나라 일행(一行, 683~727)의 대연력(大衍曆) 중에 어느 것이 우수하냐고 질문을 던졌다. 이에 서호수는 비교적 긴 대답을 하고 있는데, 다음과 같은 서호수의 입장은 옹방강을 당혹하게 만들었을 것으로 생각된다.

서호수는 원개의 장력과 대연력 모두 올바르지 못한 역법이라면서 다음과 같이 부정적으로 평하는 대답을 옹방강에게 주었다.

> 한나라의 태초력(太初曆)은 황종(黃鐘)에서 수(數)를 일으켰고, 당나라의
> 대연력(大衍曆)은 대연지수(大衍之數), 즉 시책(蓍策)에서 수(數)를 일으켰
> 으니 역(易)에서 역(曆)을 찾으려 한 것입니다. (중략) 대체로 악(樂)과 역
> (曆), 역(易)과 역(曆)의 이(理)는 일관하지 않음이 없으나, 그 법은 아주
> 다른 것이니 결코 억지로 갖다 붙여서 현혹하게 만들어서는 안 될 것입
> 니다.[89]

이를 보면 서호수가 '대연력'을 주역(周易)의 체계에서 비롯된 상수학적인 수(數) 개념에 입각한 역법으로서 견강부회해서 현혹시킨 옳지 않은 역법으로 혹평하고 있음을 알 수 있다. 이러한 대연력에 대한 부정적 비판은 원개의 장력에 대해서도 마찬가지여서, 중국의 고전적 역법에서 역의 기원을 잡는 방법인 적년법(積年法)이 견강부회한 것에 불과하다는 식으로 고전 역법에서의 중심 되는 원리들을 부정했다. 결국 서호수는 장력이나 대연력과 같은 고전 역법의 잘못은 서구식 역법을 연구하면 분명히 드러날 것이기 때문에 『숭정역서』나 『역상고성』을 두루 참고하라고 조언을 하기에 이르렀다.

이러한 서호수의 답변은 옹방강이 질문한 의도와 너무나 빗나가 있었음은 매문정 이래 당시 중국 천문역산학의 학풍과 추이를 고려하면 자명하다 하겠다. 서호수의 답변은 처음부터 끝까지 일관되게 고법 즉 고전 역법의 이치가 잘못되었다는 주장을 늘어놓았으며, 신법 즉 서구식 역법에 근거해서 그러한 잘못을 바로잡을 수 있다고 한 것이다. 옹방강이 언제 고전

역법과 서구 역법 간의 차이에 대해 물었던가? 장력과 대연력의 우열이 어떠냐고 물었는데 둘 다 잘못이고 서구 역법이 옳다고 답변했으니, 옹방강의 입장에서는 갑자기 봉변을 당한 것이 아니었을까. 하지만 조선국의 사신이 아닌가. 그래서 옹방강은 앞서 인용한 바와 같이 천문역산에 대해서는 자신이 무지하니 서문을 써줄 수 없다면서 정중히 사양했던 것이다. 옹방강의 서문을 받지 못한 서호수는 결국 옹방강이 고대의 역법에만 매달리는 것으로 보아 신법 즉 서구 역법에는 문외한이며, 중국의 사대부들은 천문역산학을 등한시한다고 보았다. 서호수의 눈에는 중국의 천문학자들이 신법 즉 서구 천문학을 제대로 이해하지 못하고 고대의 역법에만 관심을 가지고 매달려 있는 사람으로 비쳤던 것이다. 조선의 사대부 관료 서호수가 보기에 중국 사대부들의 지적 수준은 매우 보잘 것 없었다. 매문정의 과학 담론에 입각해『사고전서』천문산법류 편집 작업을 하고 있던 옹방강을 사신행으로 북경에 가서 만나본 후 그의 수준이 1세기 전에도 못 미친다고 혹평했던 일화에서 그러한 사실을 잘 알 수 있다. 그의 눈에는 엄연히 탁월한 신법을 추구하지 않고, 과거의 철 지난 천행과도 잘 맞지 않는 고법에 매달리는 옹방강이 천문역산에 무지한 학인으로 비쳤던 것이다.

18세기 말 조선 최고의 사대부 천문학자 서호수가 신법에 편향된 태도와 시각을 가진 예외적인 학인이었다면, 많은 수의 조선 학인들은 왕석천(王錫闡)과 매문정이 부정했던 17세기 중후반 형이상학적 우주론 사색을 펼쳤던 방이지(方以智) 학파의 고법과 신법에 대한 태도와 접근에 훨씬 동조적이었다고 할 수 있다. 5장과 6장에서 살펴보게 될 상수학적 우주론과 기론적 우주론 논의에서 드러나는 일반적인 조선 학인들의 성리학적 자연인식체계에 기반한 서구 우주론의 해체와 재구성의 사색이 그러했다. 조선 학인들의 이와 같은 우주론 논의와 서구 과학 읽기는 큰 맥락에서 매문정에 의해서 부정되고『사고전서』에서 믿을 수 없는 지식에 불과하다고 낙인찍혔던 중국 방이지 학파 학인들의 담론과 매우 유사했다고 할 수 있다. 비록 방이지 학파의 학문적 경향과 달리 소옹(邵雍)의 상수역학적 우주론 논의가 기론적 우주론 논의보다 오히려 지배적이었지만 서구 과학에서는 부족한 우주 생성과 변화의 원리에 대한 설명을 성리학적 자연인식체계를 이용해 해결하려는 학문적 지향은 동일했던 것이다.

17, 18세기 동안 이루어진 조선 사대부 학인들의 이와 같은 서구 과학 읽기와 자연지식 논의는 신법에 편향되었던 서호수의 관점과는 상당히 거리가 멀었으며, 또한 국가 공인의 「상위고」와 『국조역상고』에서 공식화된 매문정의 과학 담론과도 상당한 거리가 있었다고 할 수 있다. 우리는 그러한 사정을 정조대 1789년에 내린 "천문책(天文策)"과 그에 응대한 대책에서도 잘 살펴볼 수 있다. 정조는 윤5월 22일 전(前) 승지(承志) 이가환·이서구(李書九, 1754~1825)와 직각(直閣) 이만수(李晚秀, 1752~1820), 교리 윤행임(尹行恁, 1762~1801) 네 명에게만 "천문책"을 내리고 대책을 올리도록 명했다. 1789년이면 그해 8월부터 정조의 아버지 장헌세자(莊獻世子)의 묘를 옮기는 국가적 사업을 위해서 서호수와 김영 등으로 하여금 국가 표준시간체제와 관상감의 운영 및 제도를 개혁하는 정책을 막 펼치기 시작하던 무렵이었다.[90] 아마도 정조는 천문역산의 개혁을 추진하기에 앞서 문제점을 점검하고 개혁의 방안을 모색하기 위해 정조가 특별히 아끼던 유능하고 젊은 근신들에게 "천문책"을 내린 듯하다. 이 중에 이가환은 종래 천문역산에 해박한 지식을 지녔던 인물로 알려졌던 인물이지만 나머지 세 명은 과학사에서 거론된 바가 없던, 즉 천문역산에 깊은 지식이 있던 인물로 보기 어렵다. 그렇기 때문에 그들이 응대한 대책을 통해서 보다 일반적인 조선 학인들의 천문역산 지식과 신·고법 과학에 대한 태도 등을 잘 보여준다 하겠다.[91]

"천문책"에서 정조가 묻고 있는 중심 논제는 고법과 신법 중에 어느 것이 더 타당한가, 그리고 두 가지 상이한 전통의 역법체제를 어떻게 절충할 것인가였다. 그런데 이 논제들 중에는 「상위고」에서 정리된 공식 역법체제를 감안하면 전혀 문제가 안 되는 논제들도 많았다. 예를 들어 주천도수는 고법의 365와 1/4도와 신법의 360도 중에 어느 것이 더 타당한가의 문제가 그러하다. 주천도수 360도는 이미 시헌력으로 개력한 이후 150여 년 전부터 확고하게 정착되어 사용해오던 시헌력의 기본 틀로서 그 타당성을 묻는 것은 현실적으로 의미가 없는 것이었다. 타당하지 않다면 어찌할 것인가?

각각의 대책을 통해서 네 명의 젊은 관료-학인들은 확연한 견해의 차이를 드러냈다. 신법 즉 서구식 천문역산학에 대한 강한 신뢰를 지녔던 쪽의 극단에 이가환이 있었다면, 서구식 천문역산학에 대한 강한 불신과 고전적 역법 이론과 원리에 대해 강한 신뢰를 보였던 쪽의 극단에 윤행임이 있었다. 이서구와 이만수는 그 중간쯤에 있었는데, 물론 세세한 사안에 대해서는 더 복잡한 견해의 차이를 드러냈지만 이서구가 신법을 더 신뢰한 편인 데 비해 이만수는 고법을 더 신뢰하는 편이었다. 고전적 천문가들에 대한 평가를 보면 이가환을 제외한 나머지 세 명이 모두 전통적인 신뢰의 인식을 보여주었다. 이는 그들이 전문적인 역법 지식과 연구 프로그램에 대한 식견이 있었다고 보기 어려운 인물들이었던 점을 감안하면 여전히 역산학의 분야에서 상고(尙古)주의적 인식이 지배적이었음을 잘 보여준다. 또한 시헌력과 『역상고성』 체제하에서는 너무나 당연한, 논란의 여지도 없던 주천도수 논제에 대해서는 이만수만이 365와 1/4도의 전통적 주천도수를 고집했고 나머지 세 명은 360도의 신법 주천도수가 합리적이라고 보았다. 세차설에 관해서는 이가환과 이서구가 '항성동이설'의 신법이 타당하다고 보았다. 지구설에 대해서는 이가환과 이서구가 지구설을 이용해 주야(晝夜)와 한서(寒暑)의 차이가 나타남을 논리적으로 설명하면서 그 타당성을 논증한 반면에, 이만수는 완전히는 믿지 못하겠다는 회의적 태도를, 윤행임은 고전 문헌의 기록에 근거해 철저한 부정의 태도를 보여주었다.[92]

대책에서 보여준 신법과 고법에 대한 견해의 차이를 드러내는 사실도 흥미롭지만 왕을 비롯한 중신들이 평가한 채점 내용도 매우 흥미롭다. 채점관은 정조를 비롯해 이복원(李福源, 1719~1792), 채제공(蔡濟恭, 1720~1799), 김종수(金鍾秀, 1728~1799), 서유린(徐有隣, 1738~1802)이었는데, 전반적으로 이가환과 윤행임의 대책이 높은 점수를 받았다. 이가환은 서호수와 마찬가지로 일관되게 신법에 치우친 강한 신뢰를 보여주는 답안을 작성했고, 이와 정반대로 윤행임은 일관되게 신법을 부정하고 고전적 전통에서 천문역산의 개혁을 추구하는 답안을 작성했다.[93] 이를 어떻게 해석해야 할까? 분명한 사실은 시헌력으로 개력한 지 150여 년이 지나고, 1760년대 이후에는 『역상고성』 체제를 거의 완벽하게 구현해낸 정조대 조선에서 신법 즉 서구식 역법에 대한 일방적인 신뢰는 정조는 물론이고 조선 학인들로부터도 전폭적인 동의를 얻지 못했음을 보여준다.

그렇다고 고법을 중심으로 신법을 해체해 회통귀일하려는 매문정의 과학 담론으로 설명할 수 있는 것도 아니었다. 아니면 매문정의 과학 담론을 이해할 수 있는 수준이 아니었는지도 모르겠다. 그러나 조선의 학인들이 매문정의 과학 담론과 연구 프로그램을 동의했든 안했든 18세기 말 조선의 천문역산학계가 그 영향권하에 있었음은 부정할 수 없을 것이다. 이미 매문정은 중국에서와 마찬가지로 「상위고」에서 서호수가 거론하고 있는 바와 같이 천문역산학의 불가침적인 존재였다. 특히 그가 『역학의문』에서 정립하고 강희제로부터 절대적인 권위를 부여받은 '서구 과학의 중국 기원'의 대서사는 조선의 모든 학인들이 18세기 후반 이후 의심의 여지 없이 믿었던 신념이었다.[94] 『역상고성』 체제의 완성을 통한 독자적인 자국력의 확립이라는 정치적 목표를 달성하기 위한 노력이었지만 그 성숙의 과정을 통해서 중국에서의 지배적인 과학 연구의 패러다임, 즉 성리학적 자연 인식체계로 자연을 접근하고 이해하는 방식을 지양하고 정량적 데이터에 의한 경험적 추론과 기하학이나 삼각법 같은 엄밀한 수학적 논증을 통해서 자연의 이치를 파악하려는 과학 연구의 경향이 18세기 말에 이르면 조선에서도 형성되는 모습을 보이고 있다. 이는 매문정 과학 패러다임의 결과물이라고도 할 수 있는 『역상고성』과 『수리정온』이 지녔던 절대권 권위의 영향이었다고도 할 수 있을 것이다. 실제로 천문역산학에 조예가 깊었던 18세기 후반 이후 조선의 천문학 전문가들은 매문정의 패러다임을 추종했다.[95]

그에 따라 17, 18세기 동안에 이루어졌던 조선 학인들의 독창적인 형이상학적 우주론 사색은 18세기 말에 이르면서 더 이상 진전되지 않는 양상을 보이는 듯하다. 18세기 중·후반 홍대용과 서명응에서 절정에 달했던 기론적 또는 상수역학적 우주론 논의는 18세기 말 이후에는 더 이상의 세련된 후계자를 내지 못했다. 사대부로서 수리천문학 지식을 갖춘 역산 전문가들이 이전 시기에 비해 많아졌지만, 더 이상 그들은 선배들처럼 형이상학적인 우주론 사색을 펼치지 않았다. 18세기 말 조선 최고의 천문역산가였던 서호수와 이가환을 비롯해서 19세기 전반의 유희(柳僖, 1773~1837)와 홍길주에서 우리는 그러한 학문적 경향을 확인할 수 있다.[96]

이처럼 매문정의 천문역산에 대한 연구 경향과 연구 성과들은 18세기 후반 이래 일부 사대부 학자들에 의해서 적극적으로 수용되었다. 이미 18세기의 서명응과 서호수 그리고 홍대용과 황윤석(黃胤錫) 등은 소위 '상수학'[97]의 대가들로 이름을 날릴 만큼 천문역산에 대한 관심과 연구의 모습을 보여주었다. 19세기에 들어서서는 김정희(金正喜, 1786~1856)를 중심으로 본격적인 고증학적 학풍이 국내에 유입되었다. 김정희의 고증학풍은 금석학을 중심으로 경학 연구나 서화(書畵) 분야에 치중되어 있는 듯하지만,

사실 김정희는 천문역산에도 큰 관심을 기울였고 상당한 수준의 지식을 지니고 있었다. 김정희가 역관이 가져온 중국의 시헌력(時憲曆)을 읽어본 후 중기(中氣)의 순서가 잘못되었다고 지적했는데, 그것을 관상감을 통해 중국의 흠천감에 고정(考訂)해줄 것을 요청하니 그제야 청나라 역산가가 오류를 깨달았다는 일화는 그러한 사정을 잘 보여준다.[98] 실제로 그의 『완당전집(阮堂全集)』에는 천문고(天文考), 일식고(日食考) 등과 같이 천문역산 지식에 깊은 이해를 갖고 있었음을 알 수 있는 기록이 많이 있다.

박규수(朴珪壽, 1807~1877)와 남병철은 김정희의 영향하에서 당시 천문역산학에 가장 깊은 이해를 지녔던 관료학자였다. 둘은 매우 친밀한 교우 관계 속에서 천문역산에 대한 깊은 대화를 나누는 사이였다고 한다. 박규수가 술회하는 바에 의하면 자신의 천문역산에 대한 의견을 나누고 믿을 수 있는 사람은 그의 벗 남병철뿐이었다.[99] 남병철은 그의 혁혁한 세도 가문과 문형(文衡)을 지내는 등의 화려한 관료 생활을 배경으로 누구보다도 청조의 천문역산에 대한 많은 정보를 얻을 수 있었다. 이규경(李圭景, 1788~?)이 지적했듯이 고증학적 천문역산 연구의 상징이라고까지 평가받는 완원의 『주인전』을 남병철이 유일하게 소장하고 있었다는 사실에서 그러한 사정을 알 수 있다.[100]

또한 남병철은 앞서 거론한 청조의 지식인들을 높게 평가하면서 그들의 학문적인 방법과 성과를 따르고자 했다. 그는 청초 이래 당시까지 200여 년간 경학(經學)이 크게 발달해서 실사구시(實事求是)와 육예(六藝)가 비로소 널리 밝혀졌고, 그와 같은 학풍의 진작으로 인해 "상수지학(象數之學)"[101]을 유학자가 마땅히 힘써야 할 것으로 삼았다고 할 정도로 청의 고증학풍을 높게 평가했다.[102] 그러한 유학자로 매문정, 왕석천, 강영, 완원 등을 거론했다. 완원의 『주인전』에 이르러서는 "역산(曆算)이 본래 유학자의 실학(實學)인 것을 비로소 처음으로 알게 되었다"[103]면서 천문역산학이 사대부가 추구해볼 가치가 있는 학문임을 분명히 했다. 남병철은 청의 고증학적 천문역산 연구의 성과를 적극적으로 수용해 『해경세초해(海鏡細草解)』, 『추보속해』, 『의기집설』과 같은 천문역산서들을 저술했다.

그런데 학문적으로 가장 가까웠던 박규수와 비교해보아도 남병철은 다음과 같은 측면에서 당시의 조선 지식인들과 상당히 다른 모습을 드러낸다. 먼저 전통적으로 유가 지식인들이 자연을 접근하고 이해하는 인식체계였던 상수학적 관념에서 남병철이 벗어난 점을 지적할 수 있다. 19세기 중반 남병철이 활동할 당시까지 조선 학인들의 머릿속에 종래의 상수학적 관념은 확고한 자리를 차지하고 있었던 듯하다. 우리는 그러한 예를 '역(易)'이나 '수학'이라는 용어의 수사학적 쓰임에서 잘 살펴볼 수 있다. 예컨대 김정희 사후에 그의 전기를 쓴 민규호(閔奎鎬, 1836~1878)는 김정희를 평하면서 13경을 두로 섭렵했지만 특히 '주역'에 조예가 깊었다고 했다.[104] 또한 남병철이 쓴 글에 "세상 사람들은 소옹(邵雍)이 '수학(數學)'에 가장 정통하다고 한다"는 언급이 있다.[105] 즉, 18세기에 일반적으로 천문역산에 밝은 사람을 '역학(易學)'에 정통하다, 또는 '상수학'의 대가라고 평가했던 것과 크게 다르지 않은 수사학적 쓰임새인 것이다.

그 실제의 모습은 남병철의 학문적 벗이었던 박규수에게서도 단적으로 드러난다. 박규수는 「심의광의(深衣廣義)」에서 『예기(禮記)』의 「심의(深衣)」편에 대한 풀이를 통해 그의 대표 저서인 『거가잡복고(居家雜服考)』에 담긴 철학적 의미를 해석해놓았는데, 그의 상수학적 관념이 그대로 드러나 있다. 박규수는 왜 '심의(深衣)'인가라고 묻고, 그것이 천지의 수(數)에 합당하고, 음양의 위계를 분별했고, 사시 운행의 순서를 밝혔고, 건곤의 이미지를 실었기 때문이라고 자답했다. 아울러 옷의 길이들을 모두 상수학적 개념에 맞추어 해석했다. 즉, 어깨부터 복사뼈까지 5척 5촌인 것은 천지의 수가 55이기 때문이며, 윗도리와 아랫도리의 길이를 1 : 2로 나누는 것은 천일지이

(天一地二)의 개념에 따랐기 때문이라고 했다. 윗도리의 길이가 6폭이고 아랫도리의 길이도 6폭인 것은 1년 중에 양의 달이 6이고 음의 달이 6이기 때문이라고 했다.[106] 혼평의(渾平儀)와 간평의(簡平儀)를 제작해 별을 관측하고, 구형의 지구의를 만들어 전 세계의 나라들을 세계지리학적인 입장에서 비교해보았던 박규수가 「심의광의」편에서는 그것과는 아주 상반된 상수학적 논의로 일관했던 것이다.

이와는 달리 남병철은 하도낙서(河圖洛書)의 수비학적 관념에 근거한 상수학을 천문역산학과는 분명하게 구분했다. 그는 삼대(三代) 이전의 시기에 갖추어졌던 천문역산학이 이후에 쇠퇴한 이유를 다음과 같이 분석했다. 삼대 이후로 주인(疇人, 즉 천문역산가)의 자제들이 흩어져버려 천문역산학 지식이 전해지지 못했을 뿐 아니라 오히려 천문역산학이 도참(圖讖)과 연결되거나 하도낙서의 상수학에 연결되었을 뿐이다. 그로 인해 결국 역법의 계산이 단지 소옹의 원회운세설(元會運世說)에 의거할 뿐 실제로 관측한 데이터에 의거하지 않아서 천체의 운행과 교식의 추보가 점점 어그러져버렸다.[107] 이는, 1세기 전에 조선 최고의 사대부 천문역산 권위자였던 서명응이 삼대 이후 천문역산이 쇠퇴한 것은 상수학적 천문학을 제대로 활용하지 않았기 때문이라고 분석했던 것과는 실로 판이한 시각차라고 할 수 있다.

남병철이 당시의 학인들과 다른 또 한 가지 점은 서구 과학의 중국기원설에 대한 부정적 인식과 태도이다. 앞서 살펴본 바와 같이 조선의 학인으로는 18세기 서호수와 이가환 정도가 중국기원설에 비판적인 거의 유일한 예외적 학인들이었다. 북학파 학인들로부터 추앙을 받던 서명응이 서구 과학 수용의 정당화 논리로 활용한 이래 대부분의 조선 지식인들이 이를 따랐다. 남병철과 가장 친했던 박규수도 예외는 아니었다. 그는 땅이 둥글다는 이론은 '주비지설(周髀之說)'[108]보다 정밀한 것이 없다면서도 서구의 지구설은 원래 중국 고대의 천문역법에 있는 내용이며, 그것보다 못하다고 이해했다. 나아가 주비지설이 고대 이후로 사라졌지만 지금 다시 부활한다면 서구의 지구설(즉 천문학)이 필요 없다고까지 주장했다. 이러한 인식은 서구인들에 대한 불신과도 연결되었다. 박규수는 기본적으로 서구인들을 오랑캐에 불과한 우매한 사람들이라고 보았다. 지구가 둥글다는 것은 유가 지식인들은 이치로서 깨닫지만 서구 오랑캐[西夷]들은 큰 배를 타고 지구를 한 바퀴 돌아본 다음에야 비로소 지구가 둥글다는 것을 깨달았으니 어찌 느리고 우둔하지 않다고 하겠는가, 라고 했던 것이다.[109]

그러나 남병철은 『추보속해』의 후서(後序)에서 당시의 일반적인 조선 학인들의 생각과는 다른 주장을 길고 자세하게 피력했다. 『추보속해』는 중국의 고증학자 강영을 경모하여 명칭을 붙인 책이었다. 강영은 중국의 고증학계에서도 서구 과학 중국기원설을 따르지 않고 서구 과학을 지나치게 믿었다고 비판받던 인물이었다. 남병철은 자신의 책이 강영을 따랐다고 서문에서 밝혔는데, 다시 후서에서 이를 보다 논리적으로 부연했다. 남병철은 매문정, 왕석천, 강영, 완원 등의 학자들이 천문역산에 정통했으나 그중에서도 강영이 단연 뛰어나다고 지적했다. 그 이유는 강영만이 서구 과학을 객관적이고 공평하게 평가했기 때문이었다.

특히 남병철은 서구 과학 중국기원설을 철저하게 비판했다. 그는 서구 과학이 원래 중국의 고대 과학에 있던 내용이라는 주장은 총명한 학자들이 서구 과학이 우수함을 배척할 수 없음을 깨닫고 그것을 빼앗아 자기 것으로 삼은 행위와 같다고 보았다. 요컨대, 서구 천문역산학의 독창성을 인정해야 한다는 것이었다. 나아가 서구 과학이 오랑캐들이 얻어낸 지식이므로 곧 오랑캐의 학문이라고 폄하하는 인식도 비판적으로 보았다. 즉, 실재하는 하늘의 운행에 얼마나 부합하느냐에 따라서 학문을 평가해야지, 그것을 획득해낸 사람이 화(華)나 이(夷)냐에 따라 학문의 화이를 가를 것

은 아니라는 지적이었다.[110]

　이 같은 남병철의 인식은 19세기 중엽 당시의 반서학적 사회 분위기하에서는 상당히 파격적인 것이었음에 분명하다. 그렇기에 서구 과학을 확신한 강영을 따르는 이유를 장황하게 늘어놓았을지도 모른다. 어쨌든 우리는 남병철의 서구 과학에 대한 새로운 인식과 태도를 통해서 상수학이라는 고전적 자연이해의 체계를 벗어나는 모습과 함께, 화이론적 세계관을 벗어나 서구 과학을 객관적으로 이해했던 모습을 살펴볼 수 있다. 그러나 남병철에게서 보이는 이러한 모습이, 18세기 후반 서호수와 이가환이 그러했듯이, 19세기 중반 무렵에는 예외적이었다는 사실도 간과해서는 안 될 것이다.

5. 신법천문도의 전래와 혼천전도의 탄생

1631년(인조 9) 북경에서 돌아온 정두원(鄭斗源, 1581~?)이 서구 천문지리학 책들과 과학기구 그리고 『만리전도』 등과 함께 「천문도남북극(天文圖南北極)」 2폭을 바친[111] 이후, 예수회사들의 주도로 제작된 중국의 서구식 천문도는 거의 대부분 조선에 전래되었다. 1645년(인조 23)에는 봉림대군을 수행하고 돌아온 한흥일(韓興一, 1587~1651)이 서구식 천문도로 보이는 「개계도(改界圖)」를 바쳤으며,[112] 1649년(인조 27)에는 오준(吳竣, 1587~1666)이 아담 샬(Adam Schall, 湯若望)에게서 성도(星圖) 10장을 얻어 왔다고 한다.[113] 1741년(영조 17)에는 역관 안국린(安國麟)과 변중화(卞重和)가 북경의 천주당을 방문하여 쾨글러(Ignatius Kögler, 戴進賢)와 페레이라(Pereira, 徐懋德)에게서 천문도를 얻어 왔다.[114]

물론 이때 들어온 서구식 천문도들이 무엇이었는지 명확하지는 않다. 그러나 중국에서 천문도들이 만들어진 연대를 고려하면 추정은 충분히 가능하다. 1631년에 정두원이 가져온 천문도는 탕약망(아담 샬)이 「적도남북양총성도(赤道南北兩總星圖)」를 제작하는 과정에 만든 천문도일 가능성이 크고,[115] 한흥일이 1645년에 가져온 「개계도」는 아담 샬이 제작한 「적도남북양총성도」(1634년) 또는 「일전수성지차도(日躔壽星之次圖)」(1636년)일 가능성이 크다. 오준이 1649년에 들여온 성도는 아담 샬에게서 얻어 왔다고 했으므로 그의 것임에 틀림없다. 이후 1741년 안국린 등이 들여온 천문도도 쾨글러에게서 얻어 온 것이기 때문에 그가 1723년에 제작한 「황도남북양총성도(黃道南北兩總星圖)」임이 분명하다.[116]

이와 같이 1634년에 간행된 아담 샬의 천문도는 한흥일과 오준 등에 의해서 1640년대에 조선에 유입되었다. 그런데 조선에서 이것을 모사해 제작한 것은 60년이나 지난 1708년(숙종 34)에 이르러서였다.[117] 이후 18세기 동안에는 관상감에서만 여러 차례 공식적으로 서구식 천문도가 모사 제작되었다. 1714년(숙종 40)에는 허원(許遠)이 북경에서 구해 온 『의상지(儀象志)』를 토대로 그 안에 실려 있는 도본(圖本)을 참고해 천문도를 모출(模出)했다고 한다.[118] 『의상지』의 도본을 참고했다면 그것을 토대로 만들었던 『의상고성』에 나오는 쾨글러의 「항성전도」와 「적도남북양총성도」일 것이다. 또한 1743년(영조 19)에는 2년 전에 역관 안국린과 변중화가 들여온 쾨글러의 「황도남북양총성도」를 8폭의 병풍으로 제작했다.[119] 또한 영조대에는 「황도남북양총성도」를 「천상열차분야지도(天象列次分野之圖)」와 함께 하나의 병풍 좌우에 나란히 수록하는 천문도 병풍도 제작되었다.[120]

그런데 1630~40년대 서구 천문도가 처음 들어온 이후 조선에서의 모사 제작은 뒤늦게 이루어졌음이 주목된다. 시헌력(時憲曆)의 개력 사업이 중국에서 반포되자 바로 관상감 제조 김육의 주도로 추진되었던 것을 고려하면 늦은 편이라고 할 수 있다. 물론 중국의 역서에 부합하는 조선의 역서를 편찬하는 일은 외부적으로 중국 중심의 국제 질서 하에서 조금이라도 늦출 수 없는 중요한 현안이면서, 동시에 내부적으로 자주 독립국으로서의 위상에 부합하려는 문화적 차원의 정책이었다. 그러나 천문도의 경우에는 사정이 달랐다. 중국에서 간행된 천문도와 우리의 「천상열차분야지도」가 차이가 난다고 해서 현실적으로 하등 문제가 되지 않았을 것이다.

오히려 서구 과학과의 만남이 이루어진 처음 17세기 동안에는 고법 천문도를 복원 제작하는 등의 고전적 과학에 대한 관심과 복구 정책이 더 활발하게 진행되는 듯한 양상이 보일 정도였다. 실제로 1687년(숙종 13) 즈음에는 태조대의 「천상열차분야지도」 각석본이 별자리를 읽을 수 없을 정도로 낡아 더 이상 사용하기 힘들게 되자 원본 그대로 새로운 돌에 다시 새기는 사업이 이루어졌다. 1395년 처음 제작된 이후 300년 가까운 시간이 흘렀기 때문에 별의 경위도도 상당히 달라졌을 텐데 전혀 달라진 값을

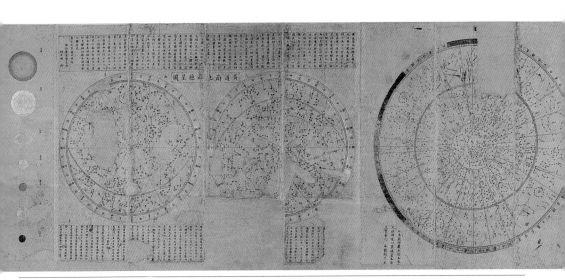

〈그림 20〉 국립민속박물관 소장의 「신구법천문도」.(출처: 『天文, 하늘의 이치·땅의 이상』, 국립민속박물관 편, 2004, 60~61쪽)

반영하지 않고 그대로 복사했다. 이와 유사하게 국초의 천문의기를 복원하는 사업도 이루어졌다. 고전적 천문의기의 상징이었던 '혼천의(渾天儀)'는 세종대에 제작된 이후 거의 방치되다시피 했는데, 1650년대 이후 최유지(崔攸之, 1603~1673)와 이민철(李敏哲, 1631~1715) 등에 의해 세종대의 전통을 계승하는 혼천의가 복원 제작되었다.[121]

이는 천문도와 혼천의가 지니는 제왕의 절대적 권력의 상징 또는 제왕학으로서 제왕 된 자가 무엇보다 앞서 중요하게 신경 써야 할 천문의기라는 이데올로기적 상징성이 17세기에도 여전히 유효했다는 것을 말해준다 하겠다. 그럼에도 서구 천문학 지식이 조선에 유입된 지 100여 년, 천문도가 전래된 지 60여 년이 지나는 18세기 초반의 시기에 이르러 비로소 서구식 천문도의 모사 제작이 관상감에서 이루어질 수 있었음은 그것이 가능하게 했을 무언가의 사회적 변화가 그간 이루어졌다고 볼 수 있을 것이다. 먼저 생각해볼 수 있는 여건 중 하나는 조선 초 「천상열차분야지도」가 지녔던 절대적인 권위의 상징성이 예전과 같지 않게 된 시대적 변화를 들 수 있을 것이다. 「박연혼천도(朴堧渾天圖)」라고 알려진 고법 천문도에 그 변화상이 잘 드러난다.

이 천문도는 '박연혼천도'라고 제목이 붙어 일본 국회도서관에 소장되어 있는 것으로, 설명문인 "혼천도해(渾天圖解)"에 의하면 동하지와 춘추분점의 천구 상 위치를 당시의 데이터로 고쳤으며, 성도(星圖)도 황적도의 교점을 위치에 맞게 고쳐 작도한 것 이외에는 「천상열차분야지도」의 계보를 잇는 고법 천문도임을 알 수 있다. 한 연구가 추정한 1680년대의 제작 연대로 보면[122] 숙종대에 「천상열차분야지도」를 복각한 시기와 거의 일치하는데, 숙종대 정부에서 각석한 「천상열차분야지도」가 태조대의 것을 조금의 데이터 수정도 없이 원본 그대로 각석한 것과 비교해 매우 흥미롭지 않을 수 없다. 즉, 관상감에서 공식적으로 제작한 것은 조금의 수정도 없이 국초의 상징적인 천문도를 원본 그대로 복사했지만, 비슷한 시기에 제작된 누가 만들었는지조차 파악할 수 없는 「박연혼천도」는 당시의 데이터로 수정해놓았던 것이다. 사실 17세기 이후 서구식 천문도와 성좌표(星座表)들이 알려지면서 태조대의 천문도 데이터와 성도를 수정할 수 있는 것은 그리 어려운 일이 아니었기 때문에 숙종대 석각 천문도가 원본 그대로 복사 제작된 것이 오히려 이상하다고 할 수 있다. 「천상열차분야지도」가 조선왕조의 시조인 태조가 만든 것으로 그것에 수정을 가한다는 것은 절대 위엄을 건드리는 것이기 때문에 관상감에서 감히 수정을 하지 못했다면 지나친 상상일까.

그러나 「박연혼천도」가 관상감에서 제작했는지 아니면 사사로이 제작된 것인지 파악할 수는 없지만, 관상감에서 공식 왕명으로 제작되지 않았음은 분명하다. 결국 「박연혼천도」는 알 수 없는 천문 전문가에 의해 사사로이 제작되었거나 관상감에서 제작되었어도 비공식적으로 제작된 고법 천문도라고 할 수 있는데, 이렇게 제작된 천문도의 "혼천도해"에 담긴 제작의의가 「천상열차분야지도」의 발문 내용과 큰 차이를 보여 더욱 흥미롭다. "혼천도해"는 「천상열차분야지도」와 마찬가지로 역상(曆象)과 수시(授時)가 요·순의 으뜸가는 정치였다는 원론적인 언급을 먼저 하고 있지만, 이어서는 "하늘이 상(象)을 드리워 길흉을 보이는 것은 인군(人君)에게 계고(誡告)하는 도(道)이다"라는 『주역(周易)』의 문구를 적어놓고 있다. 더 나아가서는 "인군(人君) 된 자는 계속해서 반성하고 덕을 닦지 않으면 안 되는데, 이 때문에 당우(唐虞) 이래 역대 제왕들이 설관(設官)하여 찰후(察候)에 힘쓰지 않은 자가 없다"고 하면서, 하늘의 견고(譴告)를 잘 살피기 위해서 고인(古人)들이 하늘의 상(象)을 천문도에 기록했다고 끝맺고 있다.[123]

태조대 「천상열차분야지도」의 "발문"과 비교하면 '제왕에 대한 하늘의 견고(譴告)'가 유난히 강조되고 있음을 알 수 있다. 이러한 강조가 왕명으로 제작된 것이 아니라 사사로이 제작된 천문도에 적혀 있는 기록에서 강조되었다는 점에서, 그것이 지니는 의미는 천문도를 통한 제왕의 절대적인 권위를 제한하는 것이었다고 할 수 있을 것이다. 천문도를 독점적으로 제작할 수 있는 권한보다는 제대로 제작하고 관찰해야 하는 제왕의 책임이 강조되고 있는 것이다. 이 같은 천문도에 대한 달라진 인식은 결국 관상감에 의해 독점적으로 제작되던 전통적인 관행의 해체를 낳는 사회적 배경 중에 하나였을 것이다.

실제로 조선후기에는 수많은 고법 천문도들이 「천상열차분야지도」로부터 사사로이 모사 또는 필사되어 널리 보급되었다. 조선전기 『대명률(大明律)』에 의거해 천문도의 사사로운 제작은 물론이고 소장도 금지되었던 것과 비교하면 대단히 큰 변화다. 그 형태들도 아주 다양하다. 매우 정교하게 모사한 것이 있는가 하면, 별자리의 위치를 부정확하게 개략적으로 그린 것도 많다. 한편 설명문을 가능한 한 원본대로 충실히 담아내려 한 것이 있는가 하면, 단지 성도만 그린 것들도 많다. 한 폭의 그림처럼 아름답게 채색한 것이 있는가 하면 흑백으로만 그린 것까지 다양한 스펙트럼이 존재한다.[124] 천문도의 사사로운 제작과 유통은 19세기가 되면 더욱 확대된 듯하다. '태연재(泰然齋) 중간(重刊)'이라고 설명문이 쓰인 쾨글러의 「황도총성도」류의 서구식 천문도의 제작과 유통이 그러한 예다. 이 천문도는 '도광(道光) 갑오년(甲午年)', 즉 1834년에 태연재 최한기가 목판으로 제작한 것이다. 크기도 성도의 원 지름이 약 31cm 정도여서 소지하기에도 편리해 목판으로 제작된 후 인쇄되어 널리 보급된 듯하다. 현재 이 목판본 「황도남북총성도」는 전국의 많은 공사립 박물관과 개인이 소장하고 있다. 이같이 매우 다양한 형태로 필사된 수많은 고법 천문도의 존재는 그것 자체로 권위적이어야 할 천문도가 조선전기와는 달리 사사로이 필사되고 소장되었다는 중요한 역사적인 변화를 보여준다고 할 수 있다.

천문도에 대한 인식 변화 및 사회적 변화와 함께 신법 천문도가 고법 천문도에 비해 하늘의 실제 모습을 더욱 잘 반영한다는 인식도 보이기 시작했다. 1680년대 제작의 「박연혼천도」의 도해 설명문에도 그러한 인식은 잘 드러난다. 즉, "혼천(渾天)의 형체는 둥근 탄환과 같아 적도 이남에서 하늘의 도수는 점점 좁아지는데, (천상열차분야지도의) 도면에서는 점점 넓어지니 형세가 서로 어긋난다"[125]고 하면서 「천상열차분야지도」의 도면이 하늘의 둥그런 형체를 제대로 반영하지 못하고 어긋난다는 사실을 분명하게 지적하고 있는 것이다. 이 천문도의 설명문을 "혼천도해"로 이름한 것도 천문도란 혼천의 형상을 제대로 담아야 한다는 제작자의 인식을 반영한 것이 아닐까 생각된다. 사실 둥그런 혼천의 형상을 하나의 원으로 작도했을 때 별자리들이 어긋나 하늘의 실제 모습을 왜곡할 수밖에 없다는 점은 1631년 아담 샬이 쓴 「경위도설도해(經緯圖說圖解)」의 '현계총성도설(見界總星圖說)'에서 이미 지적된 바였다. 이러한 아담 샬의 인식을 「박연혼천도」의 제작자는 공유하고 있었던 셈이다.

서구식 천문도가 하늘의 형상을 잘 반영한다는 인식은 1708년 숙종대 아담 샬의 「적도남북양총성도」를 왕명에 따라 병풍으로 제작하는 데 주도적이었던 최석정(崔錫鼎, 1646~1715)에게서도 분명하게 나타난다. 그가 쓴 서문에 의하면, 최석정은 서구식 천문도가 천체를 이분(二分)해서 하나는 북극을 중심으로, 다른 하나는 남극을 중심으로 했는데, 이것은 고법 천문도와 다르지만 오히려 천상(天象)의 참된 모습[眞面]을 얻은 것이라고 파악했음을 알 수 있다.[126]

18세기 중후반 전문적인 천문학 지식을 겸비했던 것으로 인정받던 서명응은 개천(蓋天)과 혼천(渾天)의 개념 규정을 통해서 「천상열차분야지도」의 단점을 지적하기도 했다. 서명응의 논리는, 천문을 그린 도(圖)는 하늘의 상(象)을 반영하는 것인데, 하늘의 상은 개천과 혼천이 있지만 혼천상

(渾天象)이 참다운 상이라고 파악하는 데에서 출발한다. 혼천상은 가운데 가 넓고 남북이 좁아 마치 둥근 종 모양과 같은데, 그 표면에 있는 일월성 신을 혼상 외부에서 바라보고[從外願視] 작도한 것이 혼천도라고 보았다. 이에 비해 개천상(蓋天象)은 삿갓[笠] 모양의 상으로, 그 상의 내부에서 우 러러 살핀[人中處仰之] 것이 개천도(蓋天圖)라고 보았다. 서명응은 이러한 개 천도가 하늘을 헤아리고 묘사함에 혼천도보다 훨씬 못 미친다고 평가했 다. 그 이유는 하늘의 상은 구형의 혼천상인바, 이러한 구형의 혼천상을 개천도로는 참된 도수를 얻을 수 없기 때문이었다. 그런데 관상감에 전해 지고 있는 조선의 천문도, 즉 「천상열차분야지도」가 바로 개천도라는 것이 다.[127]

이처럼 숙종대 영의정을 지냈던 최석정과 영·정조대 문형(文衡) 출신의 서명응 등이 지녔던, 서구식 천문도에 대한 해박한 지식에 근거한 긍정적 인식을 조선 식자층들이 공유하고 있었다면 서구식 천문도의 제작과 유 통이 널리 이루어질 수 있는 사회적 여건은 충분했다고 할 수 있을 것이 다. 결국 17세기 동안 이루어지지 않았던 서구식 천문도의 제작과 유통은 18세기 들어 앞서 지적한 바와 같이 정부 내에서뿐만 아니라 민간 차원에 서도 널리 이루어졌다. 그렇다고 서구식 신법 천문도가 고법 천문도를 대 체한 것은 물론 아니었다. 17세기뿐 아니라 18세기와 19세기에도 계속해서 수많은 고법 천문도들이 민간에서 사사로이 모사·유통되었던 사실이 이 를 단적으로 말해준다. 여전히 서구식 천문도의 제작과 소장은 서구 과학 에 해박한 지식을 지녔거나, 최신 정보를 접할 수 있는 환경에 처해 있던 일부 사대부 학인들에게 국한되었다. 즉, 조선후기의 천문도는 '천상열차 분야지도'류의 고법 천문도들이 널리 필사되고 소장되는 가운데, 그와 병 행해서 서구식 신법 천문도가 일부 식자층에 의해 목판으로 인쇄되거나 필사되어 유통되는 양상이었다고 할 수 있다.

한편 고법 천문도의 체계와 서구식 신법 천문도를 절충하려는 시도가 있었다는 점 역시 주목할 만하다. 사실 신·고법 천문도의 절충은 아담 샬의 「현계총성도」(1634년)와 쾨글러의 「항성전도」(1744년경)에서 이미 이루어진 바였다. 3장 3절에서 살펴본 바와 같이 아담 샬과 쾨글러는 고법 천문도에서처럼 하나의 원 안에 모든 별을 그려 넣는 방식이 천체를 제대로 반영하지 못한다는 사실을 분명하게 주장하면서도 중국의 고법 천문도 체계와 서구식 작도법을 절충해서 유럽의 천문도와는 다른 새로운 천문도들을 만들어 바쳤던 것이다. 즉, 「현계총성도」와 「항성전도」는 서법이 해체되어 고법 중심의 체계로 회통된, 새로운 천문도의 네트워크가 구성된 결과물이었던 것이다. 이렇게 새로이 만들어진 서구식 천문도는 중국과 조선의 국가 공인 천문도로서 확고한 위치를 확보했다.

서호수가 1796년에 책임 편찬한 『국조역상고』에 실려 있는 "동국현계총성도법(東國見界總星圖法)"[128] 기록은 그러한 사정을 짐작케 한다. 그 내용은 북위 38도 위치의 한양을 기준으로 하는 '현계총성도'의 작도법을 『항성역지』에 수록되어 있는 작도법을 발췌·정리해서 자세히 설명해놓은 것이다. 이 기록은 말미에 영조 20년(1744)에 정한 적도경위도표에 의거해 세차를 교정하고 현계(見界)를 조선 한양의 위도에 맞추어 천문도를 작성하게 하기 위함이라고 그 취지를 적어놓았다. 이를 보면 고법 천문도의 복제가 아닌 새로운 데이터로 개정된 천문도를 관상감에서 제작할 때에는 서구식 작도법을 채용한 "현계총성도"를 제작할 것을 정식(定式)으로 정해놓은 셈이었다.

신·고법 천문도를 절충하려는 시도는 서명응에게서 더욱 분명하게 드러난다. 그는 「신법혼천도서(新法渾天圖序)」에서 관상감에 전해지고 있는 개천도인 고법 천문도가 천체의 형상을 제대로 반영하지 못한다는 점을 인식하고 매우 고민했다고 술회하고 있다. 그래서 두 개의 상(象, 즉 渾天象과 蓋

天象)을 상호 참작해서 혼천도와 개천도를 절충하는 천문도를 만들려고 시도한 지 오래되었다고 한다. 그런데 그의 아들 서호수에게 천문역산을 가르치고 있던 관상감 관원 문광도(文光道)가 자신의 고민을 듣고 기꺼이 절충하는 천문도를 제작해주었는데 그 천문도를 "신법혼천도"라 이름했다.[129] 그러나 이때 문광도가 제작해준 신법혼천도는 현계총성도와 같은 형태는 아니었던 듯하다. 서명응이 적어놓은 「신법혼천도설(新法渾天道說)」을 보면 적도 이북과 이남의 양반구로 이루어진 '적도남북양총성도'였음을 알 수 있다. 특히 성도에 그려진 별자리가 300좌 3,083성이었던 것으로 보아 『의상고성』에 있는 쾨글러의 성표를 이용해 작도한 것이었음을 확인할 수 있다.[130] 선천방원도(先天方圓圖)와 같은 도상(圖象)에 담긴 원리를 통해 서구 천문학이 설명하고 있는 제 과학적 사실들을 상수학적으로 재해석하고자 했던[131] 서명응으로서는 개천도의 체계와 혼천도의 작도법을 절충하는 천문도를 만들고 싶어 했던 것은 자연스러운 욕심이었을 것이다. 그러나 서명응은 문광도가 그려준 양반구형의 혼천도에 만족해야만 했던 듯하다.

그런데 서명응이 이루지 못한 신·고법 천문도를 절충한 천문도의 제작이 19세기에 이르러 기묘한 방식으로 이루어진다. 「혼천전도(渾天全圖)」라 이름 붙은 독특한 천문도가 그것이다. 이 천문도는 현재 10여 점 이상이 국내외 여러 박물관에 소장되어 있는데, 내부분이 동일한 목판에서 인쇄된 것으로 추정된다.[132] 또한 목판 인쇄본뿐만 아니라 필사되어 보급되기도 했으며, 심지어 나무판에 새긴 것도 있을 정도로 대중적으로 널리 보급된 듯하다.[133] 아마도 현존하는 것의 수량으로 보면 고법 천문도보다 적지 않은 수가 존재한다고 볼 수 있을 것이다. 이 「혼천전도」는 종래 18세기에 제작된 것으로 알려졌으나, 최근에는 1848년에서 1876년 개항 이전 사이에 제작된 것으로 추정되기도 했다.[134] 그렇다면 조선시대 최말기에 가장

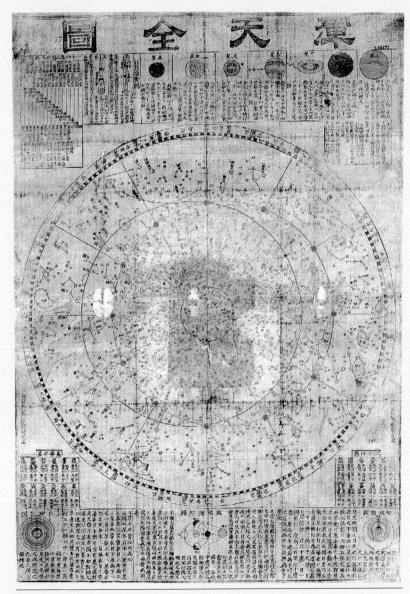

〈그림 21〉 규장각 소장의 「혼천전도」.

널리 보급되었던 대표적인 천문도가 「혼천전도」인 셈이다.

「혼천전도」는 독특한 성도의 작도와 함께 여백에 적힌 설명문도 흥미롭다. 먼저 도면의 상단에 있는 설명문을 보면 일월오성의 그림과 함께 크기와 운행 주기 등의 데이터를 적어놓은 '칠정주천도(七政周天圖)'가 있다. 데이터들은 모두 마테오 리치(Matteo Ricci, 利瑪竇)가 작성한 『건곤체의(乾坤體義)』의 것이다. 그러나 일월오성의 그림은 토성에 다섯 개의 위성을 그리고 목성에는 네 개의 위성을 그리는 등 쾨글러의 「황도총성도(黃道總星圖)」(1723년)의 그림과 거의 일치하고 있다. '칠정주천도' 옆에는 일월식의 원리를 기하학적으로 도시하고 간략하게 설명해놓은 '일월교식도(日月交食圖)'가 있는데, 이 그림은 『역상고성』의 「교식총론(交食總論)」 관련 기록과 거의 동일한 내용이다. 한편 '일월교식도' 옆에 도시되어 있는 '24절기 태양출입시각도'는 1783년(정조 7) 「계묘년 경위도중성기」 데이터를 도식으로 적어놓은 것이다. 성도의 하단에는 '칠정신도(七政新圖)'와 '칠정고도(七政古圖)' 그리고 '현망회삭도(弦望晦朔圖)'와 그에 대한 설명문이 각각 적혀 있다. '칠정신도'는 티코 브라헤(Tycho Brache)의 우주 구조를 도해한 것, '칠정고도'는 프톨레마이오스(Claudius Ptolemaios, 83~168년경)의 지구 중심의 우주 구조를 도해한 것, 그리고 '현망회삭도'는 달의 위상 변화를 도해한 것으로 모두 1723년에 완성된 『역상고성』의 관련 기록과 거의 동일한 것으로 보인다.[135] 이상 살펴본 도면 여백의 내용들은 모두 서구 천문학이 알려준 지식정보임을 알 수 있다. 이는 결국 「혼천전도」의 제작자가 서구 천문학의 최신 정보를 도면에 담으려고 노력했음을 보여주는 것이다.

하지만 가운데에 위치한 성도를 분석해보면 이해할 수 없는 점들이 많다. 전체 외형적인 형태는 하나의 원 안에 모든 별을 그려놓는 고법 천문도의 양식이다. 별자리는 고법 천문도의 것이 아니라 서구식 신법 천문도의 별자리에 가깝다. 성도의 외곽에는 12차와 12궁 그리고 24절기를 표시해놓았다. 중심에서 외곽으로 뻗은 방사선의 직선은 28수의 구획이 아니라 12개로 등분한 시각선과 절기선이다. 그런데 시각선과 절기선이 합쳐져서 하나로 되어 있다. 서구식의 「적도남북양총성도」나 「황도남북양총성도」에서는 적극(赤極)은 시각선이 황극(黃極)은 절기선이 방사상(放射狀)으로 외곽으로 뻗어나갔던 것인데, 「혼천전도」에서는 이 두 방사선이 기묘하게도 하나로 합쳐져 있다. 적도와 황도는 엄연히 분리되어 있는데도 말이다.

동일한 크기의 적도와 황도는 둘 중에 어떤 것도 기준이 아니고 각각의 중심이 성도의 중심에서 벗어나 있다. 적도와 황도의 두 교점, 즉 춘추분점이 성도의 중심에서 정확히 대칭을 이루도록 적도와 황도를 그렸다. 별자리의 전반적인 방향도 서구식을 따라서 춘추분점을 남북 방향으로, 동하지점을 동서 방향으로 맞추었다. 극 둘레의 작은 원은 조선의 위도 38도의 주극원(週極圓)이 아니라 황적거도인 23.5도를 반경으로 하는 원이다. 왜 23.5도의 작은 원을 중심원으로 했는지 이해 못 할 일이다. 이러한 반경의 중심원은 서구식 「적도남북양총성도」와 「황도남북양총성도」의 반구에서 찾아볼 수 있는데, 황도와 적도의 극이 동시에 표시되면서 그 각거리의 차이인 23.5도 반경의 동심원을 적극이나 황극 주위에 둘러쳤던 것이다.

이같이 기묘한 성도(星圖)의 작도는 천문학상 비과학적인 방식이라고 할 수 있다. 서구 천문학의 기준에서는 물론이고, 고법 천문학의 기준에서 보아도 천문도로서의 기능을 하지 못하는 불구이다. 이와 같은 비과학적인 성도를 어떻게 해석해야 할까? 성도의 제작자가 서구식 천문도의 체계와 그것이 담고 있는 새로운 이질적 구성 요소들을 담으려는 의도가 컸음은 짐작할 수 있다. 그렇다면 전통적인 고법 천문도의 큰 틀인 '현계총성도'의 체계 안에 양반구로 나누어져야 할 서구식 천문도의 체계와 요소를 담아내려 한 시도였다고 할 수 있다. 결국 서구식 천문도에서 담겨 있던 구성 요소들이 서구식 천문도의 네트워크에서 분리되어 '혼천전도'라는 이름의 새로운 네트워크로 기묘하게 재구성되었던 것이다. 이와 같이 새롭게 '번역'된 천문도 '혼천전도'는 얼핏 보아 '고법천문도' 또는 '현계총성도'의 외형을 닮았으나, 그 어느 것도 되지 못했다. 특히 천문학적으로는 성립될 수 없는 불구의 천문도가 되어버리고 말았다.

「혼천전도」의 성도는 한마디로 말해서 천문학적으로 의미를 가지는 복잡한 구도를 무시하고, 기하학적으로만 완벽하리만큼 균형 있고 통일된 구도의 네트워크로 구성되었다고 할 수 있다. 그런데 이 '혼천전도'가 「여지전도(輿墜全圖)」라는 19세기 말 최고의 지도 전문가 김정호(金正浩)가 만든 세계지도와 함께 세트로 19세기 중반에 목판으로 인쇄되어 대량 보급되었다. 이 천문도를 접한 19세기 조선의 수많은 식자층은 어느 누구도 이 천문도가 기형이라는 사실을 언급한 이가 없다. 오히려 이 천문도는 유행처럼 널리 유통되었다. 현재 많은 문집에 필사본으로 실려 있거나, 여러 박물관에 목판 인쇄본, 또는 그 채색본이 남아 있는 것이 그러한 사정을 말해준다.

6. 서구식 세계지도의 전래와 조선적 천하도 및 여지전도의 탄생

서구식 세계지도는 1603년 사신행으로 북경에 다녀온 이광정(李光庭)과 권희(權憘)가 '구라파국여지도(歐羅巴國輿地圖)' 6폭을 들여온 이후 대부분 조선에 전래되었다. '구라파국여지도'는 마테오 리치가 1602년에 제작한 단원형의 「곤여만국전도(坤輿萬國全圖)」로 추정된다.[136] 이때 들여온 「곤여만국전도」가 현존하지 않아 마테오 리치가 제작한 병풍형의 대형 지도인지는 확인할 수 없다. 「곤여만국전도」는 여러 가지 형태로 제작되었다. 예컨대 대형 병풍으로 고급스럽게 제작되어 황제에게 헌상된 것과 같은 대형 지도는 일반인이 접하기 어려운 것이었다. 이에 비해 책자에 삽입될 정도로 간략하게 그려진 소형의 「곤여만국전도」들은 『삼재도회(三才圖會)』나 『도서편(圖書篇)』 같은 백과전서적 문헌에 삽입되거나 필사되어 널리 유통되었다. 아마도 중국과 조선의 많은 사대부들은 이러한 소규모 마테오 리치의 간략한 세계지도를 접했을 것이다.

현존하는 대표적인 「곤여만국전도」로는 8폭 병풍으로 커다랗게 제작된 서울대학교 박물관 소장본을 들 수 있다. 이 「곤여만국전도」는 이광정과 권희가 들여온 지 한 세기나 지나 1708년 숙종대 영의정 최석정 주도로 관상감에서 아담 샬의 「적도남북총성도」와 함께 제작된 것이었다. 마테오 리치가 황제에게 헌상했던 원본은 6폭의 병풍이었는데, 조선 관상감에서는 설명문을 좌우 두 개의 폭에 담아 8폭으로 늘리고, 여백에 신비한 동물들과 선박들의 이미지를 그려 넣어 제작했던 듯하다. 그에 따라 크기도 172×531cm로 매우 커졌다. 설명문에는 당시 책임자 최석정의 서문도 포함되어 있어, 제작 과정을 자세히 알려주고 있다.[137]

이후 조선에 전래된 단원형의 서구식 세계지도로는 1623년에 알레니(Giulio Aleni, 중국명 艾儒略, 1582~1649)가 제작한 「만국전도(萬國全圖)」를 들 수 있다. 이는 1631년 북경에서 돌아온 정두원이 아담 샬의 천문도 등과 함께 로드리게스(Jeronimo Rodriguez, 중국명 陸若漢, 1561~1633)로부터 받은 것들 중에 포함된 세계지도였다.[138] 물론 이때 들여온 「만국전도」가 역시 전하지 않아서 그 실체는 알 수 없지만 후대에 이것을 모사한 것들이 전한다. 정조 때의 관찬 지도집인 『여지도(輿地圖)』(1770년대)에 수록된 「천하도지도(天下圖地圖)」가 그것이다.[139] 마테오 리치의 「곤여만국전도」와 마찬가지로 알레니의 「만국전도」도 그가 저술한 지리서 『직방외기(職方外紀)』에

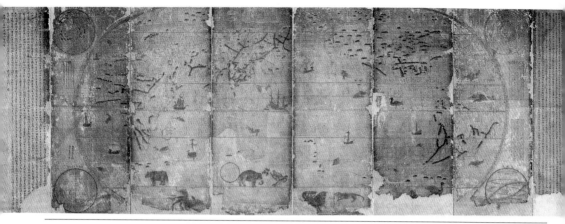

〈그림 22〉 서울대학교 박물관 소장의 마테오 리치의 「곤여만국전도」.

간략하게 그려져 수록되었기 때문에, 중국과 조선의 많은 사대부들은 이 『직방외기』를 통해서 단원형의 「만국전도」를 접했을 것이다.

　서구식 세계지도는 단원형의 세계지도뿐 아니라 구대륙과 신대륙이 각 각 하나의 원에 그려진 양반구형으로도 제작되었다. 페르비스트(Ferdinand Verbiest, 중국명 南懷仁)가 1672년 세계지리서 『곤여도설(坤輿圖說)』을 편찬한 후, 1674년에 목판으로 간행한 146×400cm 크기의 대형 양반구형 세계지 도인 『곤여전도(坤輿全圖)』가 그것이다. 이 『곤여전도』가 언제 조선에 전래 되었는지 분명하지 않으나 서울대학교 도서관 등에 1674년의 목판 초간 인쇄본이 전하는 것으로 보아 사신행을 통해 중국에서 세작된 지 얼마 안 되어 조선에 전래되었을 것으로 추정된다. 그러나 단원형의 마테오 리치와 알레니의 세계지도에 비해 이 양반구형의 『곤여전도』는 상대적으로 널리 유통되지는 않았던 듯하다.[140]

　이와 같이 중국에서 제작된 서구식 세계지도는 고전적 천하도와는 다 른 이질적인 내용에도 불구하고 사신행을 통해 빠른 시간 안에 조선에 전 래되었고, 비교적 큰 저항 없이 식자층 사이에서 널리 유통되었던 듯하다.

도면에 담긴 이질성과 불온함을 감안했을 때 큰 저항 없이 유통되었다는 사실이 의아스러울 정도다. 무엇이 조선 사대부 지식인들을 당혹스럽게 했으며, 그럼에도 불구하고 유통되었던 구체적 배경은 무엇일까?

먼저 서구식 세계지도가 구형의 땅을 전제로 그려졌다는 사실이 3장 1절에서 살펴본 바와 같이 중국 사대부들뿐만 아니라 조선 사대부들에게도 받아들이기 힘든 내용이었음을 들 수 있다. 이는 평평한 땅 위에 사람이 살고 있는 세계가 펼쳐져 있고, 그 위는 하늘이요 아래는 땅이라는 고대 이래의 오래된 상식적 인식과 정면으로 충돌하는 것이기 때문이다. 서구식 세계지도는 둥그런 땅의 형체를 전제로 위도 아래도 없는 세계를 그렸다. 우리가 발 딛고 있는 땅 저 밑 대척지에 사람들이 거꾸로 매달려 살고 있다니, 어찌 이런 일이 있을 수 있단 말인가. 게다가 둥그런 지구 위에서 보면 세계 문명의 중심인 중국은 전혀 중심이 되질 못하는 형국이었다. 그야말로 중화와 오랑캐의 구별이 모호한, 문명과 야만의 구분이 사라지는 형세였던 것이다. 이러한 사실은 중화주의적 세계관을 지닌 유가 지식인이라면 감히 수긍할 수 없는 내용이었다. 따라서 여러 연구자들이 밝힌 바와 같이 천문역법에 전문적 지식을 지녔던 소수의 학인들을 제외하면 중국과 조선의 대다수 사대부들 중에 실재하는 땅의 모습이 구형이라는 사실을 믿는 이는 거의 없었다.[141]

또한 서구식 세계지도를 처음 본 조선의 사대부들은 그것이 담은 내용의 기이함과 세계의 광대함에 당혹스러우면서도 흥미를 가졌을 것이다. 종래의 고전적인 세계인식 그리고 지리 상식과는 너무나 거리가 멀었기 때문이다. 무엇보다 놀라웠던 것은 '직방세계'를 벗어나 확대된 세계에 대한 지역을 담아낸 점이었다. 조선 사대부들이 처음 본 세계지도에는 그들이 세계의 전부라고 알고 있던 중국 중심의 직방세계가 지도 전체 중에서 아주 좁은 지역에 불과하게 그려져 있었다.

사실 직방세계 바깥에 드넓은 세계가 존재한다는 사실 그 자체는 그다지 충격적이지 않았을 것이다. 유가 사대부들이 탐독하기를 꺼려했던 『산해경(山海經)』과 『회남자(淮南子)』 등의 고전 문헌만 읽어봐도 문명의 세계 바깥에 미지의 기이한 세계가 광대하게 펼쳐져 있다는 것은 주지하는 바였기 때문이다.[142] 그러한 기이한 야만의 세계는 '천하도'에 그려 넣을 만한 존재 가치가 없기 때문에 논할 필요도 없었고, 그래서 '천하도' 즉 세계지도에 그려 넣지 않은 것이다. 중국과 조선의 유가 사대부들에게 유의미한 세계는 문명의 세계인 직방세계와 중화의 성교(聖敎)가 미치는 그 주변 지역일 뿐이었다. 따라서 존재하는지도 알 수 없으며 기이한 괴물들로 가득한 광대한 세계에 대해서 상상하는 『산해경』과 고대의 인물 추연(鄒衍)의 오래된 논의는 『사기(史記)』의 저자 사마천(司馬遷, 기원전145?~기원전86?)이래 유가 지식인들에게는 불경스럽기까지 한 것이었다.[143] 그렇게 불경스러운 미지의 세계에 대한 고찰이나 논의는 유가 사대부들에게는 적절하지 않은 지적 사색이었다. 그러한 지적 태도는 "성인(聖人)은 육합(六合)의 바깥에 대해서 놔두고 논하지 않는다"[144]는 『장자(莊子)』「제물(齊物)」편의 언설이 단적으로 말해주듯이 고대 이래 직방세계 바깥의 미지의 세계에 대한 유가 지식인들의 공통된 태도였다.

그럼에도 불구하고 당혹스러운 것은 북경에서 살고 있는 파란 눈의 이방인들이 그동안 존재하는지조차 알 수 없고 알 가치도 없었던 미지의 세계로부터 머나먼 길을 통과해 중국에 왔고, 그 지역이 세계지도에 명확히 묘사되어 있었다는 것이다. 그러한 세계지도를 제작한 이들은 『산해경』에 등장하는 기이한 괴물이 아니라 청 황제의 역법 '시헌력'을 편찬하는 흠천감을 책임지는 정식 관원들이었다. 그들은 지적으로 신뢰할 만한 사람들이었기에 그들이 그리는 광대한 세계를 전적으로 부정하기란 어려웠을 것이다. 자신들의 눈앞에서 살아 움직이는, 게다가 해박한 과학 지식을 지닌 서구 선교사들의 존재는 부정할 수 없는 사실이었다. 실제로 마테오 리치가 술회하는 바에 의하면 그가 제작한 「곤여만국전도」를 보고 머나먼 지구 반대편에서 자신들이 왔다는 사실에 중국 사대부들이 당혹스러워했고, 적지 않은 사대부들이 중국만이 문명국이 아니며 세계는 넓다는 사실을 받아들였다고 한다.[145] 이는 물론 마테오 리치와 직접 만나면서 그들에 우호적인 자세를 보였던 일부 개종자들의 경우에 해당하는 예외적 사례에 불과한 것으로, 마테오 리치의 기대감이 반영된 술회였다. 그러나 어쨌든 예수회사들이 세계지도가 표시하는 이역만리 머나먼 곳에서 왔다는 사실은 직방세계 너머에 기이한 괴물의 나라만이 아니라 문명인들이 사는 세계가 있다는 사실을 부정하기 어렵게 하는 배경이었다.

그렇지만 대다수 조선의 사대부 학인들은 서구식 세계지도에 대해 의심과 불신의 눈초리를 거두지는 않았다. 심지어 1708년 관상감에서 「곤여만국전도」를 제작할 때 책임자였던 최석정조차도 광대한 지구 전체 중에서 북반구 아시아의 일부에 불과한 지역에 중국 구주를 그린 서구식 세계지도는 '그 학설이 지나치게 광대하고 거짓됨이 황당무계하고 불경(不經)스러움을 넘어섰다'고 서문에서 비판적으로 적었다.[146] 당대 누구보다 천문학 지식이 상당했던 최석정도 이런 부정적인 인식을 표명할 정도였으니, 서구식 세계지도가 담은 광대한 지리세계에 대해 마테오 리치가 기대했던 신뢰를 보낸 조선 사대부 학인은 거의 없었다고 보아도 좋을 것이다. 그러나 여전히 그 존재에 대해서는 전적으로 부정하지 않았다. 황당무계하고 불경스럽다고 비판했던 최석정은 서문 말미에서 "그 학술이 전수(傳授)된 바가 유래가 있으니 조급하게 깨기보다는 잠시 놔두고 기이한 견문을 넓히는 것이 타당하겠다"[147]며 여지를 남겼던 것이다. 즉, 비록 황당하고 불경스러운 학술이지만 예수회사들이 나름대로 믿을 만한 전문가들이기에 일단 놔두고 더 살펴보면서 견문을 넓히자는 제안이었다. 서구식 세계지도를 접한 조선 사대부라면 최석정의 이러한 생각과 견해를 같이했을 것이다. 즉, 대다수의 조선 사대부들은 서구식 세계지도에 담겨 있는 확대된 세계의 지리 정보에 ⫸도의 의심의 눈초리를 보냈지만, 일부 학인들은 직방세계를 넘어서 드넓은 세계에 대한 호기심을 키우며 관심을 가졌던 것이다.

이처럼 비록 불경스럽지만 호기심 가득한 눈으로 관심을 보이는 이들이 있었기에 서구식 세계지도는 적지 않게 유통되었다. 정부 차원에서 대형의 지도가 제작되었을 뿐 아니라 민간에서도 널리 제작·유통되었다. 특히 19세기 들어 민간에서 두드러졌는데 하백원(河百源, 1781~1844)처럼 알레니의 「만국전도」를 모사해서 소장하거나,[148] 또는 최한기가 목판으로 제작한 양반구형 서구식 세계지도가 널리 유통되었다. 최한기가 1834년에 제작한 「지구전후도(地球前後圖)」는 1800년에 중국의 장정부(莊廷敷)가 제작했던 「지구전후도」를 토대로 42×88cm 정도의 휴대하기에 전혀 불편하지 않은 크기로 목판에 새긴 것이다. 최한기가 지도를 그렸고 목판에 새기는 작업은 「대동여지도(大東輿地圖)」로 유명한 김정호가 맡았다고 한다.[149] 이규경이 술회하는 바에 의하면 이전에는 판본이 적어 집에 소장하는 이가 매우드물었는데 최한기가 지도를 판각한 이후 널리 유통되었다는 것이다.[150]현재 이 목판의 인쇄본들이 전국의 많은 도서관과 박물관 그리고 개인 서가에 소장되어 있다. 아마도 수량으로 보면 가장 많은 서구식 세계지도일것이다.

한편 서구식 세계지도가 조선에 유입된 이후 이상과 같이 모사본들이정부 차원에서 그리고 민간에서 제작·유통되는 사회적·지적 풍토하에서종래의 천하도와는 계보를 달리하는 새로운 천하도들이 만들어져 유통되었던 사실 또한 매우 흥미롭고 주목할 만하다. 이는 유럽의 세계지도와는 다른 서구식 세계지도가 중국이라는 공간에서 '번역'되어 구성된 것과마찬가지로 중국의 '서구식 세계지도'와는 또 다른 새로운 천하도들이 조선이라는 공간에서 다시 '번역'되어 구성된 것이었다. 3장 1절에서 살펴본 바와 같이 마테오 리치의 「곤여만국전도」와 알레니의 「만국전도」 그리고 페르비스트의 「곤여전도」는 중국이라는 공간적 무대에서 예수회사라는 행위자들과 중국 황제 및 사대부-관료라는 행위자들 간의 문화적·이데올로기적 힘겨루기의 과정을 통해 유럽의 세계지도와는 다른 네트워크의 '서구식 세계지도'가 구성된 것이었다. 이렇게 중국에서 '일차 번역'된 서구식 세계지도가 조선에 유입된 후 조선의 사대부 학인들과 지도 전문가라는 또 다른 행위자들이 개입하여 중국에서와는 다른 '이차 번역'이 이루어져 중국과는 매우 다른 새로운 세계지도, 즉 조선의 천하도들이 만들어졌던 것이다.[151]

조선에서 새롭게 만들어진 천하도는 크게 세 가지를 들 수 있다. 먼저 김수홍(金壽弘, 1601~1681)이 1666년에 143×90cm 크기의 목판으로 제작한 『천하고금대총편람도(天下古今大摠便覽圖)』가 있다. 얼핏 보아 세계지도라기보다 중국 지도처럼 보일 정도로 중국 대륙이 지도의 대부분을 차지하지만, 당시 알고 있던 세계 전부를 묘사하는 천하도임에 분명하다. 계보로 보면 화이론(華夷論)적 세계 질서를 보여주려는 의도의 「화이도(華夷圖)」에서 지형지세를 과감히 무시하고 중화적 세계 질서를 극단적으로 표현한 천하도라고 할 수 있다. 중국 땅이 지면 대부분을 차지하게 그려 넣고, 그 주위에 오랑캐 나라들을 기록으로만 배치해놓아, 중화의 화려한 문명과 초라한 오랑캐의 차별적 질서를 한눈에 파악할 수 있게 그린 전형적인 화이론적 세계지도인 것이다.[152]

이미 「곤여만국전도」 등의 서구식 세계지도가 들어와 있는 시기에 오히려 화이론적 세계 질서를 더 극단화한 천하도가 서인계 학인 김수홍에 의해 제작되었다는 사실은 17세기 중반 조선 학계의 사상적 경향을 그대로 보여주는 매우 흥미로운 증표가 아닌가 싶다. 이때는 병자호란에서의 굴욕적인 항복 이후 군신 관계를 강요받으며 만주족의 오랑캐 족속에 불과 했던 청 황제로부터 책봉을 받아야 했던, 문화국가 조선의 자부심이 갈가리 찢어졌던 시기였다. 조선 사대부들에게 명청 교체라는 동아시아 정세의 변화는 문명과 야만이 뒤집어지고, 천하의 중심과 주변이 뒤바뀌는 말세의 도래와도 같은 대사건이었다. 이러한 대격변의 시기에 병자호란 때의 강력한 척화론(斥和論)자로 청 심양(瀋陽)에 잡혀가기까지 했던 김상헌(金尚憲, 1570~1652)의 종손인 조선의 지배층 지식인 김수홍은 화이론적 세계질서를 더욱 강화한 천하도를 새로 그렸던 것이다. 김수홍이 이 지도를 목판으로 제작했음은 그 안에 담긴 중화적 이념의 메시지를 널리 유포하기 위한 의도였다고 보아도 무리는 없을 것이다. 그는 지도를 그리면서 여백에 1666년의 청대 정보가 아니라 이미 망한 지 20여 년이나 지난 명대와 그 이전의 지리와 역사 정보들을 빼곡하게 적어놓으며 멸망한 중화의 기억을 호출하고 싶어 했을 것이다.

그런데 이와 같이 강화된 화이론적 세계인식을 표현한 「천하고금대총편람도」에도 그 세계인식과는 거리가 먼 이질적인 정보들이 담겨 있어 주목하지 않을 수 없다. 먼저 중국 주변 사이(四夷) 지역에 일본(日本)이나 유구(琉球)처럼 실재하는 나라의 지명뿐만 아니라 '여인국(女人國)', '소인국(小人國)', '대인국(大人國)' 등 상상 속의 지명들이 주목된다. 이 지명들은 『산해경』에 등장하는 기이한 괴물들이 사는 나라들의 지명이다. 실재하는 오랑캐들이나 조공국들이 있어야 할 곳에 유가 사대부라면 그 존재를 인정할 수 없는 신비한 상상 속의 나라들을 배치했던 것이다. 조선의 주류 사대부 김수홍이 과연 그러한 상상 속의 나라들의 존재를 인정했을까? 또한 지도에는 상상 속의 나라들뿐 아니라 '서양국(西洋國)'과 '구라파국이마두(歐羅巴國利瑪竇)'도 적혀 있다. 이미 '서양'과 마테오 리치 등의 서구인들에 대해서 안 지 오래되었기에 이는 이상할 것이 없다. 오히려 화이론적 세계지

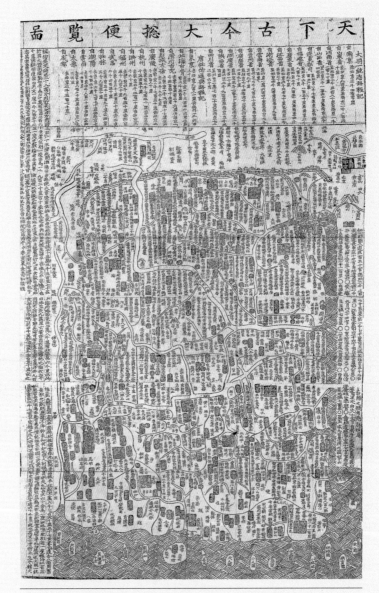

〈그림 23〉 서울역사박물관 소장의 「천하고금대총편람도」.

도에 그 지명들이 삽입되었다는 것은 중국 중심 천하 질서 속에 시민권을 가지고 등록되었다는 것을 의미한다고 할 수 있다. 그렇지만 이를 본 조선의 독자들이 받을 메시지는 명확했다. 즉, '서양국'과 '구라파국이마두'라는 서양의 나라들을 유가 사대부들이 '황당무계하고 불경스럽다'며 불신과 의심의 눈초리를 보내며 무시했던 『산해경』의 여인국, 소인국 등과 유사한 나라들로 보았을 것이다. 이는 예수회 선교사들이 가장 우려했던 예기치 않은 결과를 낳은 셈이었다.

화이론적 세계지도에 어울리지 않는 정보는 지도 좌측의 김수홍이 쓴 설명문 기록에서도 보인다. 김수홍은 이 설명문에서 천지의 크기에 대해서 논했는데, 그 정보의 출처 및 내용이 직방세계를 다룬 『한서(漢書)』「지리지(地理志)」의 논의와는 다른 것이었다. 즉, 김수홍은 『요순전주(堯舜傳註)』 및 『계곡만필(谿谷漫筆)』에서의 천지 크기에 대한 비교적 유가 사대부들에게 익숙한 논의를 먼저 소개했지만, 이어서 하늘의 크기가 지름이 23만여 리라거나 해내(海內)의 동서 길이가 2만8천여 리라는 『회남자』에서의 천지 크기 논의와 서구 천문학에서의 '하늘의 1도가 땅에서 250리이다'는 '측천법(測天法)' 내용을 적어놓았다.[153] 유가 사대부가 화이론적 세계지도의 설명문에서 『회남자』의 천지에 대한 기록을 인용하며 논의하는 것은 분명히 예외적이라고 할 수 있다. 예외적인 기록은 서구 천문학의 '측천법'도 마찬가지였다. '하늘의 1도가 땅에서는 250리가 된다'는 서구 천문학의 측천법은 주지하는 바와 같이 지구설 하에서 하늘과 땅의 기하학적 상응의 우주 모델을 가정했을 때 성립되는 논설이다. 강화된 화이론적 세계지도의 제작자가 지구설을 인정했을까? 그 가능성은 희박할 것이다.

이렇듯 매우 이질적인 여러 지적 정보들이 김수홍의 「천하고금대총편람도」에서는 어색한 동거를 하고 있다. 가장 중요한 큰 틀은 '화이도'의 전통에 기반한 화이론적 세계 질서를 보여주려는 체제다. 그러나 등록된 요소들 중에는 그것과 지적 계보를 전혀 달리하는 이질적인 것들이 삽입되어 있다. 유가 지식인들이 터부시하던 비유가적 지리 전통의 『산해경』과 『회남자』의 정보들이 그 하나이며, 서구 천문지리학에 소속된 지적 정보들이 또 다른 하나이다. 이와 같은 비유가적 지리 정보와 서구 천문지리학의 지적 정보들은 김수홍이라는 중화주의자에 의해서 화이론적 세계 질서를 강화하기 위한 새로운 네트워크에 포섭되어 등록되었다. 이렇게 「천하고금대총편람도」라는 새로운 천하도는 만들어졌다.

오래된 비유가적 지리 정보와 서구 천문지리학의 지식이 해체되어 새로운 천하도의 구성 요소로 등록되는 모습은 소위 '원형천하도(圓形天下圖)'에서 더욱 명확하고 가시적으로 살펴볼 수 있다. '원형천하도'는 그 구성 내용과 독특한 구도 때문에 국내의 연구자들은 물론이고 해외의 지도학자들로부터 주목을 받아온, 조선 유일의 '조선적 천하도'[154]로 알려져 있다. 국내의 박물관이나 고도서관뿐 아니라 해외의 유명 아카이브[155]에도 유사한 원형천하도가 소장되어 있을 정도로 현재 많이 남아 있다. 현존하는 대부분의 원형천하도의 제작 시기는 모두 17세기 이후로 추정되며, 상당수가 조선후기 사대부들이 흔히 소장하고 있던 지도책들의 첫 머리에 삽입되어 있다. 대중적으로 가장 많이 알려진 『해동지도(海東地圖)』에 수록된 〈그림 24〉의 원형천하도도 그렇다. 지도책에 수록되었기 때문에 그 크기는 고작해야 A4 용지 크기 정도에 불과한 소형이다. 종래 대부분의 천하도들이 적어도 한 변이 1m가 넘는 대형이었던 것과 비교하면 상당히 작은 크기라고 할 수 있다. 크기가 작은 만큼 담은 내용도 종래의 세계지도들과 비교할 수 없을 만큼 매우 소략하고, 전 세계의 대략적인 윤곽과 지명을 써놓았을 뿐이다.

조선후기 '원형천하도'의 출현은 그 자체로 민간에서 소지도 책자들이 제작되어 유통되었던 것과 역사적 맥락을 같이한다. 즉, 국가의 독점적 통제를 벗어난 지도의 제작과 유통 그리고 소장이었다. 이러한 지도 책자들은 비록 상세하지 못하고 대략적인 내용을 담았지만 천문도와 함께 제왕이 독점하던 천하의 지리 정보에 대한 조선후기 사대부들의 자유로운 사색의 모습을 여실히 보여준다. 그만큼 국가적인 차원의 이념을 벗어난 자유로운 사상적 편린들이 지도 책자들에 담겨 있으며, 그 대표적인 모습을 책 첫머리를 장식하는 원형천하도에서 잘 살펴볼 수 있는 것이다. 현존하는 천하도의 숫자도 매우 많다. 조선시대에 제작된 천하도 중에서 가장 많

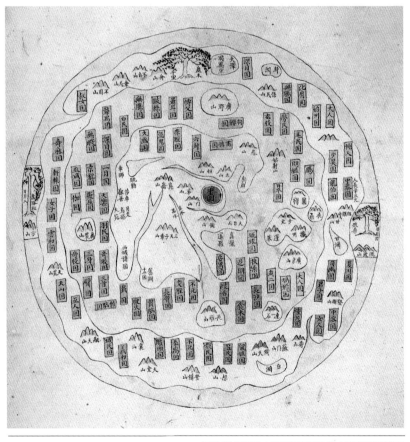

〈그림 24〉 규장각 소장의 『해동지도』에 수록된 원형천하도.

을 것이다. 그 형태도 가지각색이다. 어느 것이 가장 오래된 것인지, 원형에 가까운 것인지 판단할 수 없다. 누가 처음에 제작했는지 알아낼 수 없음은 물론이다. 따라서 왜, 어떻게 원형천하도가 처음에 만들어졌는지 파악하기가 불가능하다. 누군가에 의해서 17세기 이후에 그려진 다음 놀랍도록 빠르게 소규모 휴대용 지도 책자에 삽입되어 널리 유통되었다. 서구식 세계지도가 불신과 의심의 눈초리를 받으면서도 조선후기 상당히 널리 유통되었다는 사실이 의아스럽다면, 원형천하도 또한 그에 못지않다. 소위 '유교의 나라 조선'에서 유가적 세계인식을 비웃기라도 하는 듯한 비유가적 원형천하도가 아무런 저항 없이 사대부들 사이에 유통되었다는 사실은 유가 사대부들의 정신세계가 우리의 상식과 상당히 달랐지 않았나 생각될 정도이다.

'원형천하도'는 종래의 천하도와 어떻게 다른가. 먼저 '원형천하도'의 도면이 둥그런 원형으로 그려져 있음이 특이하다. 고전적 천하도의 사각형 구도와는 완전히 다르고, 오히려 서구식 세계지도의 타원형과 유사하다. 서구식 세계지도가 아닌 천하도로서 원형으로 그려진 천하도는 동아시아에 없었던 일이다. 또한 원형의 도면 내부에 땅의 세계 전부를 그려 넣은 천하도도 전에 없던 일이다. 앞서 서술한 바와 같이 『산해경』이나 『회남자』 같은 지리서들이 도가적 신비의 광대한 세계를 담았지만 유가 지식인들은 그런 상상의 지리세계를 거부했고, 협소한 중국 중심의 직방세계만을 천하도에 담았다. 따라서 '화이도'나 '이적도(夷狄圖)' 계통의 현존하는 모든 종래 천하도들은 광대한 땅의 세계 전부를 그리지 않고 중국과 그 주변 일부만을 그린 셈이었다. 이에 비해 원형천하도는 전통적으로 유가 지식인들이 '놔두고 논하지 않던[存而勿論]' 미지의 광대한 세계를 상식의 세계로 끌어들였다. 원형천하도의 제작자는 그런 비상식의 미지 세계를 왜 천하도 도면 안으로 끌어들였을까? 한 세기 전이라면 상상할 수 없는 일탈적 지적 작업이 이루어졌고, 그러한 일탈이 가능할 만큼 조선전기 때와는 다른 시대가 되어 있었다. 서인계 주류 사대부 김수홍도 목판으로 제작해 널리 유포시킨 「천하고금대총편람도」에서 『산해경』에 등장하는 신비의 나라들을 끌어들이지 않았던가.

'원형천하도'의 구성과 내용을 들여다보면 『산해경』과 도가적 지리서들을 호출해서 구성했음을 알 수 있다.[156] 〈그림 24〉에서 볼 수 있듯이 원형천하도는 크게 내대륙-바다-외대륙-바다-바깥 원의 구도로 구성되어 있다. 내대륙에 중국과 조선 그리고 일본 등이 있다. '내대륙'은 언뜻 보아 가면(假面) 같아 보이기도 하고 또는 옆에서 본 사람의 얼굴 같아 보이기도 한다. 내대륙을 바다 너머에서 둘러싸고 있는 '외대륙'은 둥그런 고리 모양이고, 내대륙과의 사이에 내해(內海)가, 그리고 외대륙 바깥에 외해(外海)가 있다. 도면의 맨 우측과 좌측에는 각각 해와 달이 뜨고 지는 곳임을 상징하는 나무들과 산이 그려져 있다. 해와 달이 뜨는 우측에는 '일월출(日月出)'이라는 기록과 함께 '유파산(流波山)'과 '부상(扶桑)'이라는 뽕나무가, 해와 달이 지는 좌측에는 '일월입(日月入)'이라는 기록과 함께 '방산(方山)'과 '반격송(盤格松)'이라는 소나무 그림이 그려져 있다. 아울러 도면의 북쪽 끝에는 '반목천리(盤木千里)'라는 이름의 신령스러운 나무가 있다.

대략적인 윤곽으로 그려진 대륙과 바다에는 수많은 지명들이 빼곡하게 적혀 있다. 지명들의 개수는 판본에 따라 나른데, 대영박물관 소장의 천하도처럼 168개나 되는 것도 있지만 대부분의 천하도들은 보통 140여 개의 지명들이 적혀 있다. 그런데 그 많은 지명들은 중국과 조선, 일본, 안남(安南), 유구(琉球) 등의 아시아 지역 지명들, 그리고 태산(泰山)과 숭산(嵩山) 등 중국의 오악(五嶽)을 제외하고는 모두 실존하지 않는 지명과 산들이다. 흥미롭게도 그것들 대부분은 신화 속에서나 나오는 여인국과 대인국 그리고 불사국(不死國)과 같은 것들이다. 중국과 그 인근 지역의 실존하는 지역을 제외하고 대부분은 상상 속의 지명들이다. 이 실존하지 않는 가공의 지명들은 중국 고대의 신화적 지리서로 알려진 『산해경』에서 찾아볼 수 있다. 주지하다시피 현실을 중요시하는 조선시대의 유학자들에게 신화적 도가의 세계지리 지식을 담고 있는 『산해경』은 대표적인 이단 서적으로 기피해야 할 불경스러운 서적이었다. 그럼에도 『산해경』에 나오는 지역을 수록한 것에서 짐작할 수 있듯이 원형천하도에 나오는 지역들은 거의 대부분이 신선과 관련된 지명들이었다. 연구자들에 의하면 『동천복지악독명산기(洞天福地嶽瀆名山記)』라는 도교 경전에 나오는 신선이 사는 곳으로 알려진 지역 17곳이 원형천하도에 기재되었다고 한다.[157]

일월의 출입처와 신령스러운 나무의 수록은 전적으로 신선사상에 기인한 것이라고 할 수 있다. 세계의 동·서 끝과 북쪽 끝에 그려져 있는 이 신령스러운 나무들은 일종의 우주목(宇宙木)으로 신선적인 신비스러움이 극대화된 것이다. 우주목들이 있는 곳은 해와 달이 뜨고 지는 곳으로서 땅의 맨 끝이자 하늘과 만나는 곳이었다. 이는 도면이 그린 둥그런 원의 안쪽은 땅이며 그 바깥은 하늘로서, 둥그런 원은 광대한 땅과 하늘이 만나는 경계를 표시한 것이었음을 의미한다. 그렇다면 오상학이 주장하듯이, 도면의 원은 둥그런 땅을 표현하는 것이 아니라 둥그런 하늘을 그린 것이라고 봐야 할 것이다.[158] 오래전 연구자들은 원형천하도의 원형이 서구식 세계지도의 영향을 받아 둥그런 땅의 외곽을 묘사했다고 보았다. 그러나 원형천하도의 원형이 둥그런 하늘을 상징한다면 천하도의 모양이 서구식 세계지도가 보여준 지구(地球)의 외형에서 직접적인 영향을 받았다고 보기 어려울 것이다.

이와 같이 신선적이고 도가적인 내용을 담고 있는 신비적인 천하도는 세계 어느 곳에서도 유사한 예를 찾아볼 수 없다. 동일한 유교문화권이고 도교와 신선사상의 영향권하에 있었던 중국과 일본에서는 전혀 찾아볼 수 없고, 오로지 조선의 지도 책자들에서만 찾아볼 수 있다. 그렇기 때문에 세계의 지도학자들로부터 오래전부터 큰 관심을 받았고, 그들은 그 기원이 무엇인지 규명하고자 했다. 과연 천하도의 구성과 내용은 어떻게 만들어졌을까?

오래전 나카무라 히로시(中村拓, 1890~1974)는 원형천하도가 한(漢)나라 이전에 중국에서 만들어져 조선에 전해졌는데, 16세기 이후 목판 인쇄술의 발전에 따라 뒤늦게 인쇄되어 널리 보급되었을 뿐이라고 주장했다.[159] 그러나 이러한 주장은 한국인들의 독립적인 문화 구성 능력을 부정하는 편견에서 나온 것에 불과한 실증적이지 못한 주장이라고 할 수 있다. 재미 한국사학자 레드야드(Gari Ledyard)는 원형천하도의 내대륙 형체를 「혼일강리역대국도지도(混一疆理歷代國都之圖)」의 이미지에서 추론하기도 했다. 그는 천하도의 중앙 내대륙의 외형적 윤곽이 「혼일강리역대국도지도」로부터 어떻게 변형되어 이루어졌는지 유추해서 가시적으로 보여주었다.[160] 이러한 레드야드의 주장은 매우 흥미롭지만 실증적으로 증명할 수 없다는 점에서 단지 추측에 불과하다는 비판을 면하기 어려운 것이 사실이다.

한편 단원형 서구식 세계지도의 윤곽에서 직접적으로 기원했다는 주장도 있다. 예컨대 천하도의 둥그런 외곽은 서구식 세계지도의 지구설로부터 영향을 받아 둥그런 땅을 묘사했다고 한다. 또한 천하도의 내대륙은 서구식 세계지도의 구대륙에, 천하도의 외대륙은 서구식 세계지도의 신대륙에 각각 대응된다는 것이다.[161] 그러나 원형천하도의 외형이 서구식 세계지도로부터 기원을 두었다면, 왜 원형천하도의 창안자는 신선적이고 도가적인 상상의 지명들로 천하도를 채웠을까? 이에 대해 서구식 세계지도를 접하고 직방세계 바깥의 확대된 세계지리의 존재를 인정할 수밖에 없었던 원형천하도의 창안자가 확대된 세계의 묘사를 동아시아의 오래된 고전 문헌에서 찾았고 그것이 『산해경』이나 신선적이고 도가적인 지리서 전통이

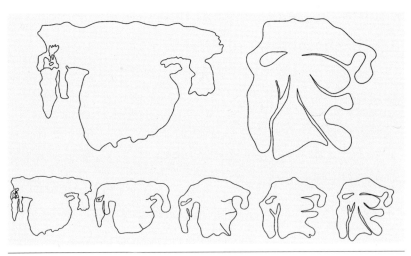

〈그림 25〉 레드야드의 원형천하도의 「혼일강리역대국도」 기원설 유추도.

었다고 추론하고 있다. 그러나 오상학이 주장하듯이 원형천하도와 서구식 세계지도 사이에는 외형적 유사성을 찾아보기에 구성과 내용이 너무나 다르다. 오상학은 오히려 서구식 세계지도가 큰 저항 없이 수용되는 조선후기의 시대적 배경 속에서 조선의 사대부들이 『산해경』과 같은 도가적 문헌에 담긴 지리 정보에 근거해 원형천하도를 독창적으로 창안했다고 보고 있다.

이렇듯 원형천하도가 어디에 기원을 두고 구성되었는지 추론하는 것은 확정하기 어렵다. 그러나 분명한 것은 원형천하도는 유가 사대부의 지도책 첫머리에 오기에는 부적절할 정도로 불경스러운 내용을 담고 있다는 사실이다. 즉, 중화의 직방세계를 협소하게 만드는 광대한 땅의 세계 전부를 그렸다는 점, 그리고 그 광대한 지역이 도가적이고 신선적인 지리서에 등장하는 상상 속의 나라들로 채워졌다는 점이다. 어떻게 이렇게 불경스러운 천하도가 제작되어 유가 사대부들의 지도책 첫머리를 장식할 수 있었을까?

원형천하도가 서구식 세계지도와 유사한 사실로부터 추론해볼 수 있을 것이다. 원형천하도는 도면이 원형으로 그려졌다는 점과 유가적 전통과 달리 광대한 땅의 세계 전부를 담았다는 점, 그리고 땅과 하늘을 모두 담았다는 점이 서구식 세계지도와 같다. 물론 원형천하도의 원형은 지구설 하에서의 땅의 형체가 아니라 하늘의 원형을 표현하는 것이었지만 원 내부에 땅의 세계 전체를 그렸다는 점에서 동일하다. 땅 전체를 원형으로 그린 전례가 고대 이래 동아시아에서 없다는 점에서 원형의 구도는 분명 서구식 세계지도의 구성 요소라고 할 수 있다. 또한 땅의 세계를 그리는 천하도에서 하늘을 담아내는 구도도 동아시아에 전례가 없다는 점에서 서구식 세계지도의 구성 요소이다. 광대한 미지의 세계를 담아낸 점은 서구식 세계지도의 독점적 요소는 아니지만, 적어도 광대한 미지의 세계에 대한 논의를 상식의 영역으로 끌어들이는 데 기여한 것은 서구식 세계지도의 영향임을 부정할 수 없을 것이다. 결국 원형천하도라는 새로운 유형의 천하도의 구성은 서구식 세계지도가 전해준 새로운 지적 정보들에 의해 촉발되었다고 볼 여지가 크다.[162]

실제로 서구식 세계지도는 구형의 '지구(地球)' 관념과 그 지구 안에 중국 중심의 직방세계를 넘어서는 보다 넓은 세계에 대한 지식을 전해주었다. 구형의 지구는 대다수의 조선후기 지식인들이 도저히 인정할 수 없었을 것이다. 그러나 직방세계 바깥의 넓은 세계는 서구의 세계지도가 묘사하듯이 충분히 존재할 수 있는 것으로, 부정할 수만은 없었을 것이다. 결국 조선의 원형천하도 창안자는 직방세계를 넘어선 확대된 세계를 담은 새로운 천하도를 만들게 되었다. 그런데 광대한 구역에 대한 지리 정보를 서구의 지리서들이 전해준 것이 아닌 중국 고대의 지리서에서 찾았고, 그 고전 문헌은 유가의 전통에서는 애초부터 직방세계 바깥의 세계를 상정하지 않았기 때문에 신선적·도가적 문헌에 의존할 수밖에 없었던 것이다. 이렇게 서구식 세계지도와의 만남이 이루어진 이후 기이한 조선의 새로운 천하도는 탄생했다.

아울러 간과할 수 없는 점은 상상의 세계를 묘사하고 있는 기이한 세계지도인 원형천하도가 조선후기 지식인들이 소지했던 지도책의 첫머리를 장식했다는 사실이다. 이는 종래 유학자들에서는 금기시되던 신선적·도가적 전통에 기반을 둔 세계인식이 조선후기 지식인들에 의해서 부정되지 않았다는 사실을 말해준다. 즉, 수많은 조선후기의 유가 지식인들이 원형천하도에서 나타난 바와 같은 비유교적인 기이한 방식으로 직방세계 바깥의 확대된 세계를 상식으로 인식하고 있었다는 것이다. 이것은 직방세계에 국한되었던 고전적인 유가적 세계인식이 기이한 원형천하도에 의해 내부로부터 무너지고 있었다는 것을 의미할 것이다.

또 하나, 조선후기에 새롭게 만들어진 천하도로 「여지전도(輿墬全圖)」가 있다. 이 세계지도는 1850~60년대 지도 제작자 김정호(金正浩)가 최한기의 도움을 받아 85.5×59cm 크기의 목판으로 제작한 것이다. 언뜻 보아 원형으로 도안된 서구식 세계지도와 전혀 달라 방형으로 그려진 고전적 천하도처럼 보인다. 그 내용을 자세히 들여다보면 네모난 지면 위에 아메리카 대륙과 남극 대륙을 제외한 구대륙만이 그려져 있다. 오상학에 의하면 장정부의 「지구전후도」를 토대로 그려졌다고 한다. 그런데 한반도와 동아시아 지역이 장정부의 세계지도보다 훨씬 과장되게 크게 그려져 있다.[163] 마치 과거 화이론적 천하도들에서 동아시아 지역과 한반도가 과장되었던 것과 같이 말이다.

이러한 「여지전도」는 서구식 세계지도를 접한 조선의 지도 제작자가 그것을 어떻게 활용했는지 명확하게 보여주는 지도이다. 장정부의 「지구전후도」라는 서구식 세계지도에서 구대륙의 지형과 거기에 담긴 지리 정보만 추출하여 고전적 양식인 방형의 천하도에 삽입했던 것이다. 추출된 구대륙조차도 중국과 한반도가 과장되게 수정되어 그려졌다. 그렇게 새로 구

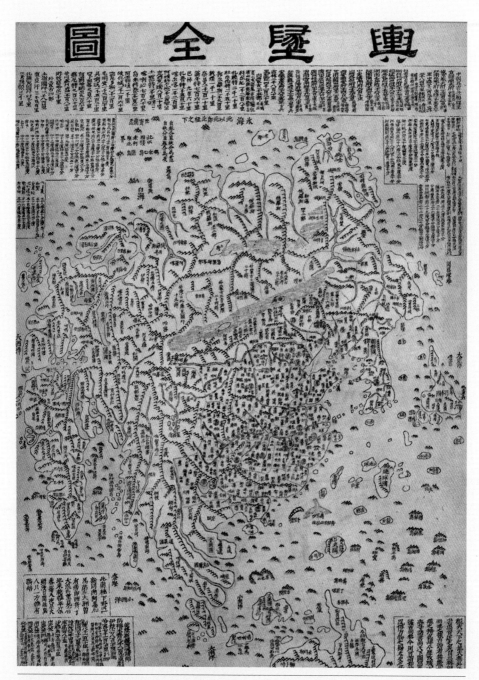

〈그림 26〉 김정호가 제작한 「여지전도」(서울역사박물관 소장본).

성된 「여지전도」는 여전히 중국 중심의 네모나고 평평한 땅의 세계 모습을 보여준다. 신대륙을 제외시키는 등 땅의 세계 전부를 그리지 않고 일부만 그렸으며, 그로 인해 지면 안에 하늘의 공간도 없어졌다. 구성 양식과 보여주는 세계상의 관점에서 그 계보를 군이 따져본다면 「우적도(禹迹圖)」에 가깝다고 할 수 있을 것이다. 이 세계지도를 보고 '서구식 세계지도'라고 부를 수 있을까? '시헌력'을 '서구식 역법'으로 부르기 곤란한 것과 마찬가지일 것이다. 이렇게 서구식 세계지도는 19세기 후반 조선 최고의 지도 제작자 김정호에 의해서 해체되고 그 일부의 구성 요소가 가공되어 새로운 천하도의 세계지리 질서에 편입되었던 것이다.

5장

상수학적
새로운
우주론의
사색들

17세기 초 이후 18세기 말까지 시헌력이라는 청의 새로운 역법의 완벽한 소화와 그것에 기초한 독자적 역서의 편찬과 간행은 제후국 조선의 입장에서 절대적으로 필요한 사업이었다. 그렇기에 길고 고단한 정부 주도의 개력 사업을 통해, 예수회 선교사들과 중국 천문역산가들에 의해 중국식으로 옷이 갈아입혀진 서구식 천문역산학 지식은 많은 유가 사대부들의 심정적 저항에도 불구하고 조선에 도입되었다. 그런데 그 안에 담긴 우주론적 자연지식은 조선의 학인들이 그대로 받아들이기에는 껄끄럽고 불온한 내용들이 적지 않았다. 특히 전통 성리학적 우주론 및 역법체계와 배치되는 종동천설(宗動天說), 지구설, 일월오성의 우행설, 그리고 정기법(定氣法)이라는 절기 배치법 등이 그러했다. 이 이론들은 역산 전문가들에게는 시헌력 체제의 수용과 함께 기계적으로 수용되는 것이었지만 사대부 유학자들에게는 사정이 달랐다. 그러한 자연지식들은 고전적 패러다임, 즉 성리학적 자연인식체계와 부합하지 않았으며, 고대 이래 성인이 부여해주고 성리학이 정당화해온 상하의 명분적 사회질서와 윤리에 위협적이었다. 결국 서구식 천문역산학이 담고 있던 새로운 자연지식을 어떻게 수용할 것인가, 또는 고전적인 성리학적 자연이해의 틀 속에서 어떻게 이해할 것인가는 조선 학인들이 풀어야 할 중요한 숙제였다.

이질적이고 기원이 다른 서구의 새로운 자연지식을 접하면서 그것을 읽고 이해했던 조선 학인들의 패턴은 다양했는데, 크게 나누어 두 가지 유형으로 나눌 수 있겠다. 하나는 상수학적 인식체계에 기반해 서구 우주론을 이해했던 학인들을 들 수 있다. 김석문(金錫文, 1658~1735)과 서명응(徐命膺)이 대표적인 예이다. 김석문은 그의 『역학이십사도총해(易學二十四圖總解)』 (1726년)에서 매우 흥미롭고 주목할 만한 독자적인 우주론을 제시했다. 그의 우주론을 구성하는 지식정보는 티코 브라헤(Tycho Brache)의 천문학에 기반한 서구 천문학에서 비롯된 것이었지만 그 이론적 토대는 철저하게 성리학적 자연인식체계였다. 그가 의존했던 성리학적 자연인식의 틀이란 주돈이(周敦頤)의 「태극도설(太極圖說)」에 담긴 태극으로부터 비롯된 우주만물 생성 변화의 메커니즘과 소옹(邵雍)의 원회운세설(元會運世說)로 대표되는 수비학적 우주 주기론이었다. 사실 이러한 김석문의 우주론 사색은 얼마나 믿을 만한 천문학 정보에 근거했는가의 차이만 있을 뿐 대부분의 조선 유학자들이 자연을 이해할 때 취했던 일반적인 접근이었다. 가장 극단적이고 고차원적으로 성리학적 인식체계를 활용해 서구 천문학이 알려준 새로운 우주론적 지식정보를 해석한 사람은 영·정조대 학계를 대표하던 서명응이었다. 서명응은 철저하게 송대 소옹이 부활시켜놓은 상수역학적인 자연인식체계만을 활용해 서구 천문학이 전해준 천체의 구조와 운동, 그리고 천체의 현상에 대한 구체적인 지식정보들을 체계적으로 재해석해 정리했다. 특히 하늘이 우주의 원리를 담은 하도(河圖)를 내리고, 성인인 복희(伏犧)가 그것으로부터 얻어냈다는 도상들인 선천도(先天圖)를 이용해서 어떠한 천문학 이론이라도 해석하려 했다. 그야말로 그에게 선천도는 우주와 인간 사회에 일반적이고 보편적으로 관철되는 대원리가 담긴 진리 그 자체였다. 김석문과 서명응은 이와 같은 방식으로 상식적인 감각경험에도 부합하지 않고, 상하 관념에 입각한 고전적인 천원지방의 세계관과도

부합하지 않는 서구의 지구설을 참 지식으로 받아들였다.[1]

　김석문과 서명응 같은 이들이 상수역학적인 개념과 체계를 이용해 지구설과 같은 이질적 지식을 논증했다면, 이와 달리 기(氣)의 개념과 메커니즘에 의존해 이해한 논자들도 많았다. 대표적인 인물이 이익(李瀷)과 홍대용(洪大容)이다. 지구와 같이 둥그런 물체는 상하 사방에서 중심으로 향하는 세력이 있다는 이익의 '지심설(地心說)', 지구의 회전운동에 따라 지구를 둘러싼 기가 회전하면서 허공중의 기와 부딪혀 지구 중심으로 향한다는 홍대용의 '기의 상하지세(上下之勢)'는 성리학자의 입장에서 지구설을 수용 가능하도록 해석하는 흥미로운 가설들이었다. 물론 이러한 이익과 홍대용 사색의 우주론적 기반은 장재(張載)에 의해서 제시되고 주희(朱熹)에 의해 더욱 구체화된 송대의 기론적 우주론이었다.[2]

　조선 유학자들의 서구 천문학 지식에 대한 이해의 방식이 이렇게 달랐음에도 공통적으로 성리학적 자연인식의 틀에 입각해 서구 과학 지식을 읽었다는 사실은 주목할 필요가 있다. 자연지식에 조예가 깊은 조선 유학자라면 서구 천문학이 전해준 지식정보들을 타당한 것으로 인정했다.[3] 특히 서구 과학은 경험적·실증적 데이터에 근거했다는 점, 그리고 정밀한 수학에서 비롯되었다는 점이 장점으로 이해되었다. 그러나 그들은 동시에 서구 과학은 현상을 잘 설명해주는 지식이기는 하지만 자연의 참다운 원리, 즉 '소이연지고(所以然之故)'를 밝히는 지식은 못 된다고 인식했다. 이익과 홍대용은 전 우주에 충만한 기에서, 김석문은 태극과 수비학적인 수(數)에서, 그리고 서명응은 '선천도'에서 그러한 '소이연지고'를 찾으려 했다. 결국 조선 유학자들은 경험적이고 실증적인 차원에서 옳다고 파악했던 서구 과학의 지식정보를 이용해 17세기 초 장현광(張顯光)에서 절정에 달했던 성리학적 우주론 논의를 더욱 풍부하게 진전시킬 수 있었다. 다시 말해서 조선의 학인들은 그들이 접한 서구 과학을 해체해 그 지식정보들을 성리학적 우주론의 네트워크에 새롭게 등록함으로써 더욱 세련된 우주론을 구성해냈던 것이다.

조선후기 학인들이 그들이 접한 서구 과학 지식을 어떻게 해체해서 성리학적 우주론 네트워크에 등록해냈는지 살펴보는 것이 이 장과 다음 장의 과제이다. 먼저 상수학적 우주론에 대해서 살펴본다.

1. 김석문의 상수학적 지동설

1697년 『역학도해(易學圖解)』[4]에서 처음 정리된 김석문의 우주론은 다음과 같은 두 가지 배경에서 그 이전 시기의 우주론 논의[5]와 달랐다. 하나는 김석문이 활동하는 17세기 중반 이후 18세기 초엽의 시기에 이르면 상수학(象數學)에 대한 이해와 보급이 이전 시기와 비교할 수 없이 진전되었다는 점이다. 16세기 전반에 고작해야 침류대학사(枕流臺學士)의 일부 서울 학인들[6]과 정구(鄭逑, 1543~1620)와 장현광(張顯光)의 문인들에 국한되었던 상수학에 대한 연구는 양적·질적으로 성장했다. 특히 남인계 학자들뿐 아니라 17세기 전반에는 남인계의 상수학 연구에 비판적 태도를 보였던 노론계의 학자들, 그리고 소론계 학자들에게서도 골고루 상수학 분야의 두드러진 연구가 이루어졌다.[7] 이제 김석문이 활동하던 시기에 이르면 일부 학자들은 소옹학파의 역학적 상수학을 완벽하게 소화해 그것을 비판할 수 있는 수준에 도달할 수 있었을 것인데, 김석문은 그러한 학자들 중의 한 명이었다.

또 하나의 달라진 배경은 서구 과학 지식을 접하고 직간접적으로 그 영향을 받기 시작했다는 점이다. 주지하다시피 1603년 이광정(李光庭)이 「구라파국여지도(歐羅巴國輿地圖)」 6폭을 들여오고 1631년 정두원(鄭斗源)이 육약한(陸若漢, Johannes Rodriguez)으로부터 서구 과학 서적과 기구들을 얻어 들여온 이후에 17세기 조선에서는 서구 과학 지식들이 줄곧 유입되어 들어왔다. 일반적으로 서학이 17세기 조선 사회에 별 영향을 주지 않았던 데에 비해서 세계지도와 천문학 관련 서적들은 조선의 지식인들에게 작지 않은 의미 있는 영향을 미쳤다. 특히 서구식 세계지도에 담긴 지리 정보 중에 중국이 세계의 중심이 아니라는 것과 함께 중화적 세계가 협소하며 땅의 세계 전체는 매우 광대하다는 것은 조선 지식인들을 당혹스럽게 했다. 또한 1644년 관상감 제조였던 김육(金堉)의 시헌력 도입 주장으로부터 시작된 서구식 역법의 학습이 정부 차원에서 오래도록 적극적으로 이루어진 것 또한 조선 지식인들의 우주론적 사색에 변화를 가져다준 큰 배경이라고 할 수 있었다. 즉, 서구 천문학 이론에 바탕을 둔 새로운 역법의 계산 방식이 정부 차원에서 정식 도입되면서 천문역산학에 해박한 지식을 지닌 일부 조선 학인들은 서구 천문학이 종래의 천문역산학보다 우수하다는 사실을 어느 정도 인정했다. 그리하여 적어도 우주의 외형적 구조와 천문 상수에서는 서구 천문학에 담겨 있는 지식정보들이 고전적 이론들을 대체해나갔던 것이다.

김석문의 우주론 논의는 앞에서 보았듯 어울려 보이지 않을 것 같은 매우 이질적인 두 가지 요소가 동시에 나타난 조선 최초의 우주론이었다. 2장 4절에서 살펴본 바와 같이 김석문보다 한 세기 앞서 매우 흥미롭고 정합적인 우주론을 펼쳤던 장현광의 우주론 논의에서는 서구 천문학의 지식정보들이 전혀 등장하지 않았다. 이에 비해 김석문의 우주론에서 서구 천문학의 이론과 데이터들은 중요한 구성 요소가 되었던 것이다. 그의 우주론에서 서구 천문학의 내용들이 어떻게 자리잡았는지 살펴보자.

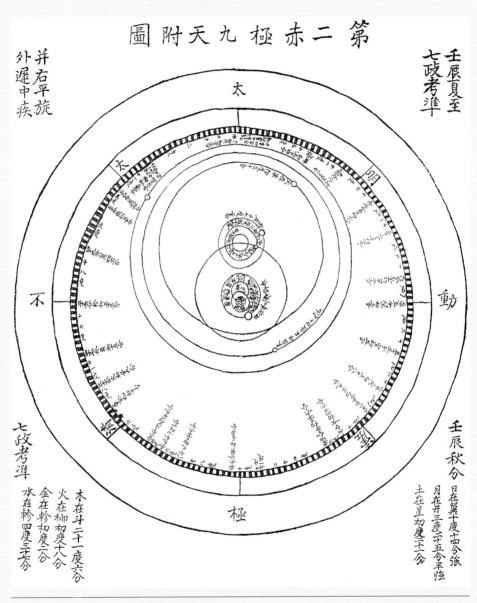

〈그림 27〉 김석문의 '제이적극구천부도(第二赤極九天附圖)'.

김석문은 땅의 모양이 구형이라는 것을 포함해서[8] 천체의 궤도와 그 배치에 대한 정보를 서구 천문학에서 도입했다. 그가 제시했던 우주 구조(〈그림 27〉)는 다음과 같은 아홉 개의 하늘로 이루어져 있다. 제1 지륜천(地輪天), 제2 월륜천(月輪天 즉 太陰天), 제3 일륜천(日輪天 즉 太陽太白辰星天), 제4 형혹천(熒惑天), 제5 세성천(歲星天), 제6 진성천(鎭星天), 제7 항성천(恒星天 즉 經星天), 제8 태허천(太虛天), 제9 태극천(太極天)이다. 이들 중 맨 바깥이 부동(不動)의 '태극천'으로 그 안으로 들어오면서 점점 회전속도가 빨라지는데 '태허천'이 제일 느리고 가장 중심의 '지륜천'이 제일 빠르다. 태백(금성)과 진성(수성)은 태양을 중심으로 돌기 때문에 독자적인 하늘의 궤도를 이루지 못하고 '일륜천'에 포함시켰다. 이러한 천체 구조는 외형적인 구조만을 보면 항성천 바깥의 것, 즉 종동천(宗動天), 동서세차천(東西歲差天), 남북세차천(南北歲差天), 상정천(常靜天) 등이 배제되고 태허천과 태극천이라는 전통적인 색채가 강한 것으로 바뀐 것 외에는 티코 브라헤의 우주 체계(〈그림 28〉 참조)와 아주 흡사함을 알 수 있다.

천체들의 중심은 지구가 아니라 천심(天心)이었는데, 지구를 포함해서 모든 천체(즉 천의 궤도)들은 우주의 중심인 천심을 중심으로 회전운동했다(물론 태극천은 부동). 이와 같이 우주의 중심이 지구가 아니라 천심인 것도 역시 서구 천문학의 프톨레마이오스(Ptolemaios)의 이심궤도(Eccentric)에서 도입한 것이었다. 또한 일월오성의 크기와 항성을 6등분으로 분류하고 그 크기를 제시한 것도 마테오 리치(Matteo Ricci)의 『건곤체의(乾坤體義)』(1605년)에 근거한 것이었다.[9] 이러한 천체들의 정확한 크기와 별의 등급에 대한 지식은 서구 천문학의 데이터가 유입됨으로써 조선 지식인들이 비로소 처음 알게 되었던 것이다. 김석문이

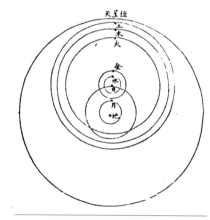

〈그림 28〉 부노아의 『지구도설』(1799년)에 실린 티코 브라헤의 우주도.

활용한 서구의 천문학 지식은 『숭정역서(崇禎曆書)』 「오위력지(五緯曆志)」(1634년)의 중요한 내용을 담아낸 것으로, 『역학도해』가 저술될 17세기 말 무렵 역산 전문가가 아닌 유가 사대부의 우주론 논의로서는 상당한 수준의 전문적인 천문지식을 정확하게 담아낸 것이었다고 할 수 있다.[10] 특히 티코 브라헤의 우주 체계는 탕약망(湯若望, Adam Schall von Bell)의 「원경설(遠鏡說)」(1626)에서 처음으로 다루어진 이후 「오위력지」에서 본격적으로 소개되었으며, 가장 믿을 만한 우주 체계로 알려졌다.[11]

그러나 우주의 구조와 천체들의 운동이 있게 한 원리는 서구 천문학의 원리가 전혀 아니었다. 그 원리적 근거는 17세기 초 장현광의 우주론 논의에서 성숙한 모습을 볼 수 있었던 성리학적 체계에서 도출되었다. 김석문에게서 천지 만물의 생성과 운동, 소멸 등에 관한 사색은 전적으로 주돈이의 태극으로부터 출발하는 형이상학적인 생성의 원리, 그리고 소옹학파의 수(數)가 지니는 본질적 속성으로서의 우주의 구성 원리에 의존하고 있다. 그에게는 장재의 태허 안에 충만한 기(氣)로부터 출발한 물질적 생성의 과정은 태극과 수의 원리에 비해 중요하지 않았다. 김석문에게 태극은 천지가 생성되기 이전의 본체로서 청탁, 동정, 내외, 원근, 대소, 변멸(變滅)이 없는 적연부동(寂然不動)의 상태이다.[12] 이러한 태극으로부터 태허가 생겨난다. 그런데 적연부동의 태극에서 어떻게 미동(微動)의 태허가 생겨날 수 있는가? 김석문은 그것을 체용의 논리로 다음과 같이 설명했다. 태극은 곧 이(理)이고, 이(理)에는 체용이 있다. 즉, 태극의 부동은 체(體)이고 동(動)은 용(用)이다. 또한 정(靜)이란 동(動)의 기미로서 이미 부동 안에 동을 배태하고 있다. 따라서 체(體)인 부동의 태극에서 용(用)인 미동(微動)의 태허가 생겨날 수 있는 것이다.[13] 이것은 주돈이가 「태극도설」에서 말한 바의 '태극이 동해서 양을 생성한다[太極動而生陽]'는 원리가 구현된 것이었다.[14] 이렇게 미동의 태허가 태극으로부터 태극천 내부에서 생겨난 이후엔 이 태허천으로부터 그것보다 빠른 항성천이 그 내부에서 생기고, 다시 더 빠른 진성천이 그 내부에서 생긴다. 이런 식으로 태허천 안쪽으로 들어갈수록 더욱 빠른 천들이 생겨나, 가장 안쪽에서 가장 빠른 지륜천, 즉 땅[地]이 생겨난다. 이렇듯 나중에 안쪽에서 생길수록 운동이 빠른 것은 역시 주돈이가 말한 바의 '동극이정(動極而靜)'이라는 것이다. 이 말의 의미는 결국 태극 내에서 미동의 태허가 생기고 태허 안에서 그것보다 빠른 천들이 생겨나는데 생성의 과정이 경과하면서 점점 빠른 것들이 생겨났다는 것이다.[15]

한편 김석문은 이러한 천지의 생성과 우주의 구조를 수의 본질적 속성에 근거해서도 설명한다. 그에 의하면 정(靜)한 것(즉 태극)에는 수(數)가 없다. 수의 시작은 아주 미동(微動, 미세한 움직임)에서부터 시작한다. 바로 1이 그것으로, 미동인 것이다. 따라서 본체인 태극에는 부동이므로 수가 없고, 미동의 태허가 바로 수의 시작인 1이다. 결국 1은 태허의 미동이고, 미동하는 곳을 일러 일허(一虛)라고 한다. 이 일허가 수의 시작으로, 이로부터 모든 수가 생겨나고 만물이 생겨난다.[16] 김석문에게 이 일허라는 수는 바로 움직임의 시초로서 움직임의 가장 작은 단위가 될 것이고, 태허천이 하루 움직이는 단위가 되었다. 또한 허(虛)는 주천도수의 가장 작은 단위인 주천 허수(周天虛數)이기도 했다. 김석문은 원의 각도 단위를 도(度)로부터 시작해서 60단위로 나누어서 (度)-分-秒-微-纖-忽-茫-塵-埃-虛의 9단계로 세분했다.[17] 이처럼 일허가 태허천이 하루 움직이는 단위로서 주천허수라면, 태허천이 주천(周天)을 한 바퀴 도는 데 걸리는 주천일수(周天日數)는 $60^9 \times$ 360일로 계산이 될 것이다.[18] 김석문이 계산한 태허천의 일주년수, 즉 일주하는 데 걸리는 연수는 9933조 1611억 2839만 5980년이었다.[19]

김석문은 여기서 더 나아가 태허천 둘레의 길이와 직경까지 구하고 있다. 그는 태허천이 하루 움직이는 단위 1허의 거리와 지구가 하루에 움직이는 거리 9만 리가 동일하다는 전제로부터 그 값을 구했다. 그렇다면 태허의 둘레는 '태허의 주천일수× 9만 리'가 될 것이며, 직경은 그것을 원주율[20]로 나누면 될 것이다. 그렇게 해서 김석문이 구한 태허천의 둘레는 약 3.265×10^{23}리였고 직경은 약 1.139×10^{23}리였다.[21] 이러한 방식으로 김석문은 모든 천체들의 궤도 반경을 구해냈다.[22] 물론 각 천들의 주천일수는 태허천의 주천일수를 얻은 방식과는 달랐다. 항성천의 주천일수는 세차로부터 구해서 2만5440년이었다. 김석문은 세차의 움직임이 바로 항성의 운동이라고 보았기 때문이었다. 다른 천체들은 모두 경험적으로 이미 알려진 주천일수를 따랐다. 즉, 진성(辰星, 수성)은 29년, 세성(歲星, 목성)은 12년, 형혹(熒惑, 화성)은 2년, 태양은 1년, 달은 평균 27일에 일주하는 것을 이용했다.

그런데 김석문의 이와 같은 논의를 따라가면 의문이 생긴다. 그의 계산이 설득력이 있기 위해서는 그러한 계산들이 성립할 수 있는 전제들, 즉 태허천이 하루에 움직이는 단위가 왜 일허인지, 그리고 일허의 거리(마찬가지로 모든 천체들이 하루 움직이는 거리)와 지구가 하루 움직이는 거리 9만 리가 왜 같은지가 물리적으로 해명되어야 하기 때문이다. 물론 김석문은 태허가 하루 움직이는 단위인 일허에 대해서 다음과 같이 논증한다. 부동의 태극천으로부터 생겨난 태허천과 지륜천의 운동을, 지심을 중심으로 하는 지구라는 구면체의 회전운동에 비유한다. 지심은 부동이지만 지심에서 약간만 벗어난 곳은 미동하기 시작해서 지륜(즉 지면)에서 가장 빠르다. 지심(地心)은 부동이고 따라서 태극의 부동에 비유된다. 태극이 부동이지만 미동의 태허를 그 안에 함축하고 있고 나아가 태허로부터 생겨난 모든 천체들의 움직임을 함축하고 있듯이, 부동인 지심도 움직임의 시작인 1을 함축하고 있고 더 나아가 지심에서 떨어진 모든 부위의 운동을 함축하고 있으며 따라서 지면의 9만 리 운동도 함축하고 있다. 결국 지심에서 처음으로 떨어져 움직임의 시작이라고 할 수 있는 것, 즉 1의 운동과 지심에서 가장 멀고 그래서 가장 빠른 지면의 하루 9만 리 운동은 같은 시간 동안에 일어나는 것이다. 지면이 하루 9만 리 운동할 때 지심에서 가장 가까운 곳은 하루에 1의 운동을 하는 것이다. 이것과 천체의 운동이 그대로 비유된다. "지심의 부동은 태극의 체이고, 지륜의 움직임은 태허의 용이다"라는 표현이 말해주듯이 부동의 태극에서 바로 벗어나 1의 미동을 하는 태허의 운동, 즉 일허는 천체 중에서 가장 빠른 지구의 하루 9만 리 운동과 동일한 것이 되고 말았다.[23] 이와 마찬가지 논리로 다른 천체들의 하루 운동도 지구의 하루 9만 리 운동과 같다고 할 수 있다.

김석문의 이 논증은 현대인이 이해하고 납득하기에는 논리의 비약이 크다고 할 수 있다. 그러나 김석문에게는 그것이 전혀 논리의 비약이 아니었다. 이러한 의문은 주천도수를 60단위로 세분해서 도(度)로부터 허(虛)에 이르기까지 9단계로 나누고 그것을 활용해 바로 태허의 주천일수를 계산해내는 것에서도 제기할 수 있다. 왜 9단계로 나누어지는가? 이것은 아마도 9단계로 나누고 가장 작은 단위가 허가 된 것이 아니라, 먼저 허와 도가 있고 그 사이를 무언가의 근거에 의해서 9단계로 나누었을 것이다. 그 무언가의 근거란 바로 9라는 수가 지니는 본질적인 속성에서 비롯되었다고 할 수 있다. 김석문의 우주 구조와 운동에서 9라는 수는 자주 등장한다. 하늘의 천체는 9천이고, 하늘 밑의 세계도 9층(즉, 지심으로부터 지면 위 대기권에 이르는 공간의 사이를 9층)으로 나누었으며,[24] 지구는 하루에 9만 리 움직인다. 이와 같이 하늘이 9층이고, 하늘 아래 구역이 9층이라면 주천도가 세분화되는 것도 9단계로 나누어짐은 오히려 자연스런 이치일 것이다. 그러나 문제는 주천도수를 9단계로 나누는 것은 물리적인 실재가 아니라는 데 있다. 김석문에게는 물리적 실재와 산술적 도구의 구분이 없었던 것이다. 그랬기 때문에 그는 단지 산술적으로 9단계로 나누어진 주천도수를 적용해서 바로 물리적 실재인 천체들의 운행주기(즉 주천일수)를 계산해낸 것이다.

결국 김석문의 논증과 계산은 태극으로부터 나온 비물질적인 형이상학적인 원리와 수의 본질적 속성에 근거해서 물리적으로 실재하는 천지의 운행을 사색해낸 전형적인 상수학적 관념의 소산임을 보여준다고 할 수 있다. 그런데 이러한 김석문의 풍부한 상수학적 상상력은 원회운세(元會運世)의 주기로 우주의 생성과 소멸이 일어난다는 소옹의 우주론 논의를 아류로 만들어버릴 정도였다. 소옹의 이론은 우주의 사이클을 30년을 1세(世), 12세를 1운(運), 30운을 1회(會), 12회를 1원(元)으로 묶고, 1원=30×12×30×12=12만9600년의 기간 동안에 개벽(開闢)과 폐합(閉闔)의 생성·소멸이 일어난다는 것이었다. 소옹의 논의는 물리적 실재인 천체와 만물의 운동·변화에서 우주의 사이클을 추론해낸 것이 아니라, 단지 수적인 시간 단위의 본질적 속성에서 나온 형이상학적 추론의 소산이었다. 그런데 김석문은 물리적인 천체 운동의 규칙성과 변화에서 우주의 개벽과 폐합의 주기를 계산해 새로이 제시했다.

김석문이 우주 사이클의 근거로 삼았던 것은 세차운동이었다. 세차운동이란 지구축이 변화하면서 황도와 적도가 만나는 교점이 해마다 서쪽으로 조금씩 이동하는 현상을 말한다. 김석문은 이것을 일도(日道)와 지도(地道)가 서로 경사져서 동서 두 점에서 교차하고, 지구가 서에서 동으로 일도를 남북으로 관통하면서 한 바퀴 지나는 것으로 이해했다. 즉, 지도의 서교점(西交点)에서부터 일도의 북쪽에서 동행(東行)해 가장 북쪽에 도달했을 때를 일광(日光)이 길어져서[長] 만물이 성한 제1 개물(開物)의 시기로 보았고, 다시 동행해서 동교점에 이르렀을 때를 제1 폐물(閉物)의 시기로 보았다. 이 기간이 바로 1회가 되는데 하나의 작은 개폐의 사이클이라고 할 수 있고, 세차운동 주기의 1/2이 된다. 다시 일도의 남쪽에서 지구가 동행해 가장 남단에 도달했을 때가 제2 개물의 시기이며, 다시 지구가 동행해 서교점에 이르면 다시 폐물의 시기가 되니 이것이 2회가 되고 지구가 한 바퀴 순환한[轉] 것이다.[25] 즉, 지구가 이렇게 일전(一轉)하는 것이 바로 세차운동의 기간이 되는데, 김석문은 이것을 2만5440년으로 보았다.[26] 이로 보면 1회의 기간은 1만2720년이 되어 소옹의 1만800년과는 차이가 남을 알 수 있다. 그러나 이 2만5440년은 일대(一大) 개폐의 단위는 아니며 단지 소규모 개폐의 주기(즉 2會)에 불과했다. 이러한 회의 개폐 주기가 모여서 일대 개폐의 주기가 될 것이었다. 그 원리는 다시 일도와 지도의 경사각이 달라지는 것, 즉 황도와 적도의 경사각이 0도에서 45도강(度强)까지 변화하는 것에서 찾았다. 45도강이 되었을 때가 '일대 개벽'의 시기이며, 반대로 0도가 되는 때는 '일대 폐색'의 시기이다. 그렇게 한 번 순환하는 기간은 60회, 또는 지구가 지도를 30번 도는 기간이었다. 결국 그 기간은 76만3200년이었다. 이것이 김석문에게는 진정한 일원이었고, 소옹의 일원 =12만9600년보다 6배 이상이나 긴 기간이었다.[27] 김석문의 우주 순환 사이클은 여기에서 끝나지 않고 일원의 제곱을 세 번씩이나 해서 76만3200 년의 8제곱의 기간(1.1151×10^{48}년)이라는 엄청난 우주 사이클을 상상해냈다.[28]

　이와 같이 당시의 천문학에 담겨 있는 천체의 물리적 운동 이론과 데이터 등에 근거해 우주의 생성과 소멸의 주기, 그리고 운행의 메커니즘을 도출해낸 김석문의 작업은 가히 전례가 없는 독창적인 지적 사색이었다고 할 수 있다. 그 산물이 바로 그간 우리 학계가 주목했던 조선 최초의 지구-지동설의 내용이었다. 그러나 그 구성의 과정은 서구에서와 같은 코페르니쿠스적 혁명의 전환도 아니었고, 과거 전통으로의 회귀적 사유 과정으로 이해하는 것[29]도 적절하지는 않다. 그것은 우주의 생성과 소멸의 과정이 수에 내재한 본질적 속성에서 비롯되었다는 상수학적 관념에 근거한 고전적 우주론의 심화 과정이었다. 물론 이러한 지적 작업은 김석문이 새로이 접하고 학습한 보다 정밀하고 일부 타당하다고 여겨지는 서구 천문학 지식을 해체해서 그것을 구성했던 지식정보들을 새롭게 심화된 상수학적 우주론의 네크워크에 등록함으로써 가능한 것이었다. 이렇게 새로이 구성된 김석문의 우주론에서 지구는 그것이 속했던 서구 천문학에서와는 달리 예기치 않게 회전운동을 하게 되었다.

2. 서명응의 선천학적 천문학의 구축

김석문의 상수학적 지동설의 두 가지 배경이었던 조선 학계의 상수학적 사유체계의 심화, 그리고 유입된 서구 과학 지식정보의 영향은 18세기 중후반에 활동했던 서명응에게는 더욱 커졌다. 먼저 김석문 이후 18세기의 조선 학계에서 상수학이 점점 중요도를 더해간 사실을 살펴보자. 그것은 낙론계 학풍의 분위기를 통해서도 엿볼 수 있다. 즉, 김창흡(金昌翕, 1653~1722)은 그의 문인 김석문에게 상수역학의 연구를 격려했으며, 김원행(金元行, 1702~1772)도 김석문의 연구 성과를 높이 평가하면서 황윤석(黃胤錫) 같은 제자들에게 상수학 연구를 장려했던 것이다. 비록 심성론과 예론의 의리학(義理學)에 비해서는 부차적이었지만, 18세기를 통해서 인물성동이론(人物性同異論)이라는 호락논쟁(湖洛論爭) 속에서 낙론의 이론적 근거의 역할을 다소 제공해주는 것으로서 상수학은 낙론계 학자들에게 점점 주목을 받았던 것이다.[30] 이러한 상황은 비단 낙론계 학자들에게 국한되지는 않았을 것이며, 특히 이후 낙론계 학자들을 중심으로 북학파라는 장래 조선 학계를 주도할 그룹이 생성되어나간 역사적 사실을 고려하면 조선 학계에서 그것이 갖는 의의는 크다고 할 것이다. 서명응은 비록 소론계 학자로서 낙론의 학맥과는 인연이 없지만 서울을 중심으로 학문 활동을 벌이던 낙론계 북학파 학자들과 긴밀한 학문적 교류를 유지한 인물이었다.

한편 서명응은 서구 과학 지식의 방대한 최신 정보를 접할 수 있는 환경의 중앙에 위치해 있었던 관학자였다. 그는 영·정조대에 정계에서 안정된 지위를 확보하고, 특히 학문적으로는 문형 출신으로서 권위를 누렸다.[31] 정조대에 규장각이 설립되어 학문 활동의 중심으로 부상한 이후에는 규장각의 크고 작은 서적 간행 사업에 책임자로서 두드러진 활동을 하기도 했다.[32] 서명응은 이미 1754년 젊었을 때에 서장관(書狀官)으로 북경에 가서 직접 청의 발달된 문명을 체험하고 돌아오기도 했다. 이러한 환경에서 그는 누구보다도 영·정조대 학계의 중심에 있으면서 청으로부터 유입되는 최신의 방대한 천문역산 정보를 확보할 수 있었고, 그의 아들 서호수(徐浩修)와 함께 최고의 천문역산 전문가로 통했다.[33] 그들은 이미 영조대에 정부가 공식적으로 인정한 천문학 지식이자 당시로서는 가장 수준 높은 내용이 실려 있다고 할 수 있는 『동국문헌비고(東國文獻備考)』(1770년) 「상위고(象緯考)」를 서명응은 편집당상(編輯堂上)으로서 책임자의 위치에서 편찬 사업을 주도했고, 서호수는 편집낭청(編輯郎廳)으로서 직접 집필했다. 서명응은 이에 앞서 1760년에는 북극고도의 측정이 절실히 필요함을 인식하고 각 도 감영의 위치에서 북극고도를 측정할 것을 영조에게 요청하기도 했다.[34] 이러한 서명응이었기에 후배 북학파 학자들은 그를 북학파의 비조로 일컫기도 했던 것이다.

이와 같이 조선 학계에서 문형(文衡)으로서 학문적 권위를 지녔던 서명응의 상수학적 우주론 논의는 일부 학자들의 개인적인 성향이었다기보다는 당시 학계(적어도 상수학)의 대표성을 지니는 것이었다고 보아도 무리가 없을 것이다. 서명응은, 상수학적 인식체계의 심화·확대를 통해 당대의 우수하고 정밀한 천문학 지식정보들을 유학자들의 전통적 우주론망으로 융합했던 김석문의 시도를 더욱 극단적으로 전개하였다.

서명응의 천체의 구조와 운동, 그리고 천체들의 형상에 대한 논의는 「비례준(髀禮準)」과 「선구제(先句齊)」에서 잘 살펴볼 수 있다.[35] 「비례준」에서는 우주의 전반적인 구조를 구중천설로 설명한 후, 일월오성을 포함해 여러 별들의 형상과 운동에 대해 정리해놓았으며, 「선구제」에서는 천체의 구조와 운동에 대한 천문학적인 계산들에 대해 정리해놓았다. 이 책들에 나타난 서명응의 천문학 지식은 『건곤체의』(1609년)로부터 『역상고성(曆象考成)』(1723년)에 이르기까지 비교적 최신의 데이터를 담고 있다.[36] 그런데 그 내용 중에 주목을 끄는 것 중 하나는 서명응이 「오위력지」(1634년) 이래 보다 합리적인 이론으로서 학자들로부터 인정을 받았던 티코 브라헤의 우주 체계(보통 新圖로 알려졌음)를 따르지 않고, 일반적으로 '고도(古圖)'로 알려진, 지구를 중심으로 모든 행성들이 원운동을 하는 프톨레마이오스의 우주 체계를 따른 점이다. 철저하게 티코의 우주 체계에 입각한 『역상고성』이 1720년대에 이미 조선에 전해져 1725년에는 그것에 바탕을 둔 『신수시헌칠정법(新修時憲七政法)』이 시작되었고, 게다가 지반경차(地半徑差)와 청몽기차(淸蒙氣差)의 예에서 알 수 있듯이 서명응이 그것을 분명히 알고 있었는데도 말이다. 또한 서명응은 김석문 이후 일부 학자들 사이에서 큰 관심을 모았던 지전설도 전혀 언급조차 하지 않았다. 왜 그랬을까?

먼저 천문역산가의 입장에서 티코의 우주 체계와 지전설 논의를 구태여 전개할 필요가 없었을 수도 있다. 서명응은 재야학자가 아니라 오래도록 고위 관직에 있었고, 특히 관료학계를 대표하는 문형 출신의 학자로서 정부의 천문역산 정책에도 적지 않게 관여하고 있었다. 1770년 『동국문헌비고』「상위고」 편찬 시 편집당상으로서 활동했던 것은 그 대표적인 예라고 할 수 있다. 이런 위치에 있었던 서명응에게 일차적으로 중요했던 것은 전통적인 천문역산 계산에 필요한, 그리고 적어도 그것과 모순되지 않는 우주 체계와 운동 이론이었을 것이다. 장현광이나 김석문과 달리, 그에게는 유학적 전통 속에서의 풍부한 상상력을 동원해 우주의 생성·소멸 과정과 부합하는, 그것과 통일적으로 설명되어야 하는 우주 체계와 운동 이론이 필요 없었을 수 있다는 것이다. 실제로 그가 책임자의 위치에서 편집에 큰 영향을 미쳤을 「상위고」의 내용을 살펴보면 이와 같은 모습이 보인다. 「상위고」에는 『역상고성』의 천문지식은 물론이고 케플러(Kepler)의 타원궤도에 대해 기술하고 있는 『역상고성후편』(1742년)의 내용도 포함되었다. 그러나 우주의 구조에 대해서는 여전히 1605년 『건곤체의』에서 처음 제시되었던 12중천설이 소개되어 있으며 티코 브라헤의 신도는 언급조차 없다. 지전에 대해서도 마찬가지로 전혀 언급하지 않았다.

그 보다 서명응에게 중요했던 것은 별개의 천문역산 이론들이 그의 상수학적 체계와 부합해야 한다는 것이었다. 이러한 모습은 그의 상수학적 우주론 논의를 펼친 「선천사연(先天四演)」[37]에서 잘 드러난다. 「비례준」과 「선구제」가 천체의 구조와 운동, 그리고 그 계산에 관한 천문역산 지식을 종합적으로 기술해놓은 책이었다면, 「선천사연」은 천문역산 지식을 동원해 그의 상수학 체계를 보다 정교화한 책이었다. 서명응은 이 책에서 오로지 소옹이 부활시켜놓은 선천역이라는 상수학적 사유체계만을 적용해 철저하게 천문역산 지식을 해석하고 있다.[38] 장현광과 김석문에게서 보이던 장재의 기론적 우주론 전통은 전혀 찾아볼 수 없다.

서명응의 자연이해, 또는 천문역산 이해의 기본적 틀은 선천도(先天圖)와 구고법(句股法)이었다. 선천도란 하늘이 우주의 원리를 담은 하도(河圖)를 내리고, 복희가 그것으로부터 얻어냈다고 하는 도상인 선천8괘차서도(先天八卦次序圖), 선천8괘방위도(先天八卦方位圖), 선천64괘차서도(先天六十四卦次序圖), 선천64괘방원도(先天六十四卦方圓圖, 2장의 〈그림 8〉)[39]를 말하는 것이다.

구고법이란 『주비산경(周髀算經)』과 『구장산술(九章算術)』에 담겨 있는 수학을 말한다. 그런데 "복희가 하늘을 우러러 관찰하고 땅을 굽어 살펴 선천방원도를 지었으며, 다시 방도(方圖)를 추연하여 개천의 의기들을 만들고, 구고법을 창시하여 역도(曆度)를 세웠다"[40]는 데에서 단적으로 알 수 있듯이 전설적 성인인 복희가 선천방원도에서 구고법이라는 수학적 방법을 얻고, 구고법으로 천체 운행의 계산인 천문역법을 얻었다는 것이다. 결국 "천하만사의 신묘한 움직임과 변화들 그리고 지행(智行)은 큰 것도 역시 선천방원도, 작은 것도 역시 선천방원도, 정밀한 것도 역시 선천방원도, 조박한 것도 역시 선천방원도이다. 하물며 역도를 세우는 대사(大事)에서는 어떻겠는가?"[41]라는 표현에서 드러나듯이 서명응의 상수학은 선천방원도라는 하나의 도상으로 모든 것이 귀결되었고, 따라서 천체의 운행 원리와 법칙은 모두 이 선천방원도에 의해서 설명되지 못할 것이 없어야 했다.

서명응은 선천방원도의 원리에 입각해서 가능한 한 모든 천문역법 지식들을 해석했다.[42] 땅의 형체가 원형인 것, 하늘이 구중천인 것, 지구의 축이 23.5도로 기운 것, 하늘의 좌선과 일월오성의 우행, 동승지차(同升之差)라는 현상[43], 지구 상의 위도에 따른 기후의 차이 등이 선천방원도의 원리로 설명한 대표적인 천문학 지식들이었다. 그중에 하늘의 좌선과 일월오성의 우행을 설명하는 서명응의 논증을 구체적으로 살펴보자.

두건(斗建, 즉 북두칠성의 자루 부분)이 좌선(左旋)하는 것은 지상의 방위로 자·축·인·묘…… 술·해의 방향으로 도는 것으로 순수(順數)하는 것이니, 이것은 바로 선천원도(先天圓圖)에서 왼쪽 반의 진괘(震卦)로부터 건괘(乾卦)에 이르는 순수이다. 일전(日躔, 즉 해의 궤적)이 우전(右轉)하는 것은 천상의 방위로 해·술…… 축·자의 방향으로 도는 것으로 역수(逆數)하는 것이니, 이것은 바로 선천원도의 오른쪽 반의 손괘(巽卦)로부터 곤

괘(坤卦)에 이르는 역수인 것이다.[44]

이것을 보면 천(天, 즉 항성)은 좌선(左旋)하고 해와 달이 우행하는 근거를 선천방원도의 외도인 원도(圓圖)의 64괘 배열 순서에서 찾고 있음을 알 수 있다. 즉, 원도에서의 64괘 순서를 보면 왼쪽 반의 건괘로부터 복괘에 이르기까지는 '복희64괘차서도'의 순서에 준해서 배열되어 시계 반대 방향이다. 그런데 오른쪽 반의 구(姤)괘로부터 곤(坤)괘에 이르기까지는 시계 방향으로 배열되어 있다. 이것을 서명응은 시계 반대 방향을 순수(順數)의 방향으로, 시계 방향을 역수의 방향으로 보아, 천이 좌선하고 일월이 우행함은 이러한 선천원도의 원리에 따라 서로 다른 방향으로 회전운동을 한다고 해석했던 것이다.[45]

물론 이러한 서명응의 논증은 하늘이 좌선하고 일월이 우행한다는 현상을 물리적인 원리로 설명한 것은 아니기에 현대의 우리들이 납득할 수 없다고 할 수 있다. 왜 선천원도에서의 괘의 배열 방향과 천체의 운행 방향이 연결되어야 하는가? 선천방원도가 단지 천체의 운행을 묘사해놓은 모델에 불과하다면 서명응의 논증은 궤변일 수밖에 없다. 그런데 서명응에게 그것이 근거가 될 수 있는 것은 선천방원도가 자연의 질서 그 자체이기 때문이었다. 즉, 도상이 지니는 본질적 속성으로 인해서 자연의 제 현상과 변화들이 존재하는 것이다. 서명응에게는 천체의 운행과 같은 현상뿐 아니라 수(數)마저도 이러한 도상에서 비롯된 것에 불과했다. 예컨대 소옹의 '원회운세설'과 같이 우주의 생성과 소멸의 사이클을 설명해놓은 법수(法數)[46]도 소옹의 독창적인 창작이 아니라 모두 복희가 창제한 선천방원도에 갖추어져 있던 것을 이전의 사람들은 전혀 깨닫지 못했는데 소옹이 비로소 수법을 이해해서 도출해낸 것에 불과하다고 보았다. 서명응은 천문역법과 마찬가지로 소옹의 '원회운세설'에 입각한 우주의 생성 과정에 대한 논

의를 「선천사연」에서 자신의 선천방원도에 따라 그 근거를 제시하기도 했다.[47]

이렇듯 선천방원도는 복잡한 천체의 구조와 운행을 설명해주는, 또는 그러한 것들이 있게 한 원리적 근거였기 때문에 국가 공인의 천문역법으로 확고한 위치를 차지한 새로이 유입된 서구 천문학 지식들은 이 도상에 비추어 합리적으로 설명 가능한 것이어야 했다. 그렇다면 티코 브라헤의 우주론이 묘사하고 있는, 수성과 금성 등의 행성들이 태양 주위를 돌고, 태양은 자신의 주위를 도는 뭇 행성들을 대동하고서 지구를 중심으로 도는 구조를 서명응으로서는 자신의 선천방원도로 설명하기가 곤란했을지도 모른다. 아니면 아주 복잡한 계산을 통해 설명할 수 있더라도 그럴 필요를 느끼지 못했을 수도 있다.

그렇다고 서명응이 종래의 선천방원도에 비추어 설명이 곤란한 천문역산학 지식을 모두 거부한 것은 아니었다. 분명한 사실로 인정되고 있는 천문학 지식의 경우에는 오히려 반대로 선천방원도를 수정하기도 했다. 선천방원도의 수정은 '지원설(地圓說)'과 긴밀하게 관련되어 있다. 서명응에게 땅[地]이 구형이라는 서구의 천문학 지식은 너무나 당연한 참[眞]이었다. 그것은 지면 상에서 250리 이동할 때마다 북극고도가 1도 차이가 나는 것과 같이 경험적으로도 증명되는 것이었다.[48] 그런데 서명응은 지원의 근거를 '하도'((그림 29))에서 찾았다. 즉, 하도중궁의 5점은 십자가 모양으로 종횡으로 각각 3점을 이루는 모양을 갖는데 바로 그러한 모양으로부터 땅의 원형이 도출되었다는 것이다.[49] 그렇지만 사람들은 선천방원도의 내도가 정방형인 것에 구애받아 지방(地方)으로 잘못 알고 말았으며, 유가(儒家)들마저도 계속해서 지원설을 수용하지 않고 있다는 것이었다.[50] 그래서 서명응은 지원의 형체와 선천방원도를 부합시키기 위해서 아예 방도(方圖)를 45° 기울여놓아 정방형이 아니라 마름모꼴로, 즉 대각선이 상하좌우로 똑바르게 교차하도록 수정했다(《그림 30》).

이렇게 방도를 수정하더라도 충분히 정당성을 확보할 수는 있다. 즉, 마름모 모양으로 세워놓은 새로운 방도는 하도중궁의 다섯 점의 형상과도 더 부합했던 것이다. 게다가 종래 알고 있던 선천방원도가 복희가 원래 그렸던 것이라고도 볼 수 없었다. 실제로 역사상 처음으로 선천방원도가 제시되었던 것은 복희 시대가 아니라 남송대 주희의 『주역본의(周易本義)』에서였기 때문에 그동안 원래의 참된 선천방원도, 즉 복희가 의도했던 도상을 잘못 알고 있었을 수가 있다. 이렇게 해서 서명응은 송대 신유학자들, 즉 채원정(蔡元定, 1135~1198)과 주희가 제시했을 것으로 추정되는 선천방원도를 수정해 새로운 천문학 지식과 보다 잘 부합하는 새로운 선천방원도를 제시했다.[51] 그 결과 서명응은 더 많은 새로운 천문학 지식들을 그의 새로운 선천방원도에 입각해 설명할 수가 있었다.

서명응의 우주론 논의에서 우리는 두 가지 사실을 추론해볼 수 있다. 첫째는 서명응이 서구의 정밀하고 설득력 있는 천문학 지식과 접하면서 상

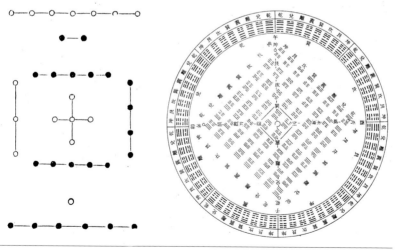

〈그림 29〉 하도(河圖).　　　　〈그림 30〉 수정된 서명응의 '선천64괘방원도'.

수학적 인식체계를 오히려 더욱 복잡하고 정교하게 심화시켰다는 점이다. 이는 당시 국가 공인의 역법 계산의 근간을 이루던 서구 천문학 이론이 타당하다는 것을 인정할 수밖에 없었던 관료 유학자에게 그것을 수용하면서 취했던 정당화의 일환일 수도 있다. 이러한 정당화의 노력은 서명응의 천문학 관련 저서 중에 가장 체계적으로 서술되어 있는 세 권의 책, 즉 「선구제」, 「비례준」, 「선천사연」의 서문에서 소위 '천문학의 성인 유래설'[52]이라는 입장으로도 극명하게 드러났다. 그 내용은 고대에 성인 복희(伏羲)에 의해서 선천역과 그것의 용(用)이라고 할 수 있는『주비산경(周髀算經)』과 같은 구고법이 갖추어지고, 나아가 완벽한 천문역법이 창제되었다는 것이다. 그런데 진(秦)의 분서(焚書)이후 선천역은 도가들의 전유물로 빠져버려 구고법이 그 체(體)를 잃어버리고, 구고법은 서구로 일실(逸失)되어버려 선천역은 용(用)을 잃어버렸다. 결국 이후 천문역법이 날로 쇠퇴해 현재에 이르러 불만족스러운 열악한 역법이 되고 말았다. 그런데 서구로 흘러갔던 천문학이 다시 중국에 들어왔으니 그것의 내용인즉 결국 복희에 의해서 창제된 구고법에 불과하다는 것이다. 이 입장에 의하면 서구 천문학이 근세의 역법보다 우수한 것은 당연했고, 그것을 수용하는 것은 잃어버렸던 고대의 수학과 역법을 다시 배우는 것이 되는 셈이었다

이렇게 서명응에게 천문학과 선천역은 체용(體用)의 관계였다. 즉, 용(用)이었던 고대의 구고법과 천문역법이 이상적이었던 것은 체(體)인 선천역(先天易)을 겸비했기 때문이었다. 그러나 고대 이후 구고법과 역법이 서구로 흘러갔다가 다시 중국에 들어왔으니 서구의 천문학은 체인 선천역에 대해서 용인 것이다. 이러한 인식에 근거하여 서명응은 서구의 천문학이 비록 수학적으로 우수하나 그것의 체인 선천역이 결여되어 있기 때문에 지엽적인 것은 잘 규명해주어도 근본 뿌리는 파악할 수 없는 것에 불과하다고 비판했다.[53] 결국 서명응은 서구의 우수한 천문학에 그것의 근거이고 체인 보다

심화된 선천역을 부여하는 작업을 했고, 그것이 그의 천문학 관련 세 권의 저서였던 것이다.

　서명응의 선천방원도 수정에서 엿볼 수 있는 두 번째 사실은 선천방원도라는 종래 유학자들에 의해 의심의 여지가 없이 믿어져왔던 도상에 수정이 가해졌다는 점이다. 물론 중국에서는 선천도와 상수학 자체를 부정하는 유학자들의 주장을 어렵지 않게 찾아볼 수 있지만,[54] 적어도 조선의 학계에서는 18세기까지 선천도의 진위에 대해 의심하는 큰 움직임은 나타나지 않았다. 그런데 서명응의 선천방원도 수정은 선천도의 절대성에 대한 믿음이 깨지는 계기가 될 수도 있다. 특히 선천도 수정의 큰 배경으로 국가 공인의 역법에 활용된 서구의 일부 천문학 지식이 명확하게 참인 것과 그러한 천문학이 우수한 수학에 기반을 두었다는 사실을 서명응이 분명하게 자각한 점이 컸다는 사실을 간과해서는 안 된다. 즉, 국가 공인의 역법에 확고한 자리를 차지할 정도로 위협적인 이질적인 천문역산학 지식이 계속해서 등장하고, 그것을 고전적인 선천학으로 재해석하는 방식으로 상수학적 인식체계의 망으로 끌어들여 재구성하면서 그 과정에서 상수학 체계가 보다 심화되었고 게다가 예기치 않게 수정되었다. 이러한 자연의 질서 그 자체의 의미를 지녔던 선천학 도상이 우수하다고 판단한 서구 천문역산학에 맞추어 수정되는 결과는 결국 종래 절대적으로 믿었던 도상에 대한 의심으로 발전될 소지가 있는 것이다. 그 방향으로의 전개는 선천도의 역사성에 대한 자각을 낳을 수도 있다. 서명응이 채원정과 주희가 제시했던 선천방원도가 틀렸음을 자각하는 것은 바로 이 같은 선천방원도의 역사성을 인식하는 계기가 될 것이었다.

3. 이규경의 '천지합구도' 상상과 지동설 이해

17세기 이후 조선의 유가 사대부들에 의해 구성된 세련되고 정합적인 우주론 논의는 앞선 절에서 살펴본 바와 같이 1700년을 전후한 시기의 김석문의 우주론과 18세기 후반의 서명응의 우주론을 들 수 있다. 특히 서명응의 상수역학적 선천학에 의한 서구 천문학 지식의 해체와 재해석은 전문적인 천문역산가 수준의 지식을 지닌 관료 학계의 대표적 인물에 의해 제시되었다는 점에서 조선 유가 사대부들의 서구 천문학 지식을 활용한 성리학적 우주론 논의의 일반적인 지형을 엿볼 수 있다는 점에서 주목할 만했다.

그런데 17세기 말 이후 100여 년 동안 이루어졌고, 18세기 말 서명응에 이르러 절정에 달했던 조선 학인들의 상수학적 우주론 사색은 서명응 이후 뜸해지는 양상을 보인다. 18세기 후반 매문정(梅文鼎) 류의 엄밀하고 실증적인 고도의 천문역산학 지식의 학습과 연구가 활발해지면서, 그러한 전문 지식을 갖춘 사대부 천문역산가일수록 예전과 같은 형이상학적 상상의 사색이 자리할 공간은 축소될 수밖에 없을 것이었다. 실제로『역상고성』과『수리정온(數理精蘊)』등의 전문적인 천문역산학을 학습하고 그에 대한 조예가 깊었던 18세기 말, 19세기 초의 학인들, 예컨대 서호수, 이가환(李家煥), 홍길주(洪吉周) 등의 전문가적 천문역산 지식을 지녔던 서울 학인들에게서 서명응 식의 세련되고 설득력 있는 상수학적 우주론 논의는 거의 찾아볼 수 없었다. 이는 18세기 말 절정에 달했던 세련되고 정합적인 조선의 우주론이 19세기로 계승되지 못했음을 보여준다. 그렇기에 19세기 전반 이규경(李圭景)의『오주연문장전산고(五洲衍文長箋散稿)』[55]에서의 파편적이고 일탈적인 우주론 논의는 주목할 만했다.

이규경의 변증들에는 서구식 천문지리학 지식정보와 함께 중국의 고전적 우주론 전통에서 출현하는 수많은 논의들이 등장하고 있다. 그와 함께 이규경 이전 조선의 선배 유학자들이 펼쳤던 독창적인 우주론 사색들이 중요한 비중으로 등장한다. 주희와 소옹의 우주론 같은 유가적 전통의 무대 위에서 진솔한 사색을 펼치는 듯하면서도 도가와 신선의 세계를 넘나드는 우화(寓話)를 펼치기도 한다. 그야말로 궁극적으로 통합되기 어려운, 오히려 체계화를 거부하는 성격이 다른 계통의 풍부한 파편적 지식들이 이규경의 하늘과 땅에 대한 상상에서 등장한다. 19세기 초 조선의 일반적인 사대부 지식인들과 동일한 지적 공간에서 활동하던 이규경 역시 상수학적 자연인식체계와 중화주의적인 중국기원론적 담론하에서 하늘과 땅에 대한 지식을 이해하고 사유했다. 천지에 대한 많은 변증들 중에서 천지의 구조와 모양에 대한 상상, 땅의 운동에 대한 논의는 그러한 이규경의 상수학적 우주론 사유를 보여주는 대표적인 예이다.

이규경은 구형(球形)의 하늘이 아홉 겹으로 둘러쳐 있고(구중천설), 하늘의 가운데에 위치한 구형의 땅 위에 오대주가 펼쳐졌다(지구설)는 당대 새로운 천문지리학의 지식을 충분히 인지하고 있었다. 그런데 하늘이 구중이듯이 땅도 구중으로 "하늘과 땅이 서로 대대(待對)하고 배우(配偶)해서 전체가 하나의 구(球)를 이룬다"는 이규경의 사유가 흥미롭다.[56] 하늘과 땅의 기하학적 대응을 땅의 구중으로까지 연역(演繹)하고 있는 것이다. 하늘과 땅이 각각 아홉 겹이면서, 전체가 하나의 큰 구를 이룬다는 흥미로운 논의는 「천지합구도변증설(天地合球圖辨證說)」을 비롯해 여러 변증설에서 이루어졌다. 기록에 의하면 당시에 소위 「천지합구도」라는 것이 있었고, 이규경이 그것에 대해서 변증해놓고 있다는 것인데, 제시된 그림이 없어 구체적으로 「천지합구도」가 어떤 그림인지 분명하게 파악할 수는 없다.

서구식 천문도와 세계지도를 누구보다 자세히 파악하고 있었을[57] 이규경이 상상해낸 '천지합구도'란 어떤 모양의 도상이었을까? 조선후기에 유통되었던 지도 중에 땅을 구중으로 묘사하고 있는 지도는 없다. 다만 하늘과 땅을 동시에 그렸고, 특히 구중천을 묘사하고 있는 것은 있다. 예컨대 가장 대표적으로 마테오 리치의 『곤여만국전도(坤輿萬國全圖)』에 수록된 「구중천도(九重天圖)」를 들 수 있다(3장 1절의 〈그림 11〉 참조). 이 그림은 『곤여만국전도』뿐 아니라, 『도서편(圖書篇)』에도 수록되어 있어 관심 있는 사대부라면 어렵지 않게 구해볼 수 있는 그림이었다. 아홉 겹의 하늘을 그렸고, 그 안 중심부에 화역(火域)과 기역(氣域), 그리고 수(水)와 토(土)가 아우러져 이룬 지구(地球)가 그려진 그림이다. 이 「구중천도」는 구중천의 하늘과 지구를 그리고 있지만 지구는 단지 수(水)와 토(土)가 결합해 만들어졌다는 사실을 보여주는 모양일 뿐 '지구도'는 아니다.

또 다른 지도는 중국의 『삼재일관도(三才一貫圖)』에 수록되었다고 하는 「천지전도(天地全圖)」이다(〈그림 31〉).[58] 「천지전도」는 「구중천도」와 마찬가지로 구중천의 하늘을 외곽에 그렸고 그 내부에 땅을 그린 것은 같지만, 「구

〈그림 31〉 「천지전도」 (국립중앙도서관 소장본).

중천도」와 달리 서구식 세계지도가 묘사하는 구대륙과 신대륙 모두를 포괄하는 땅의 세계를 대략적으로 그렸다. 그러나 비록 이 두 그림이 구숭천의 하늘과 구형의 땅을 그렸으나, 땅이 아홉 겹이 아님은 분명하다. 따라서 둘 다 이규경이 언급하는 '천지합구도'일 수가 없다. 그렇다면 땅을 구중으로 묘사하고, 구중의 땅이 구중천과 함께 큰 구(球)로 묘사된 그림이 당시에 있었단 말인가?

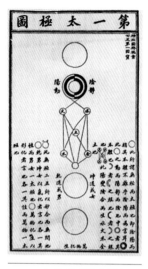

<그림 32> 주돈이의 「태극도」.

이규경은 '천지합구도'를 태극도(太極圖)를 연상하며 그렸다. 그는 구중의 지구를 그릴 때면 그 1중(重)을 반은 음(陰)으로 반은 양(陽)으로 표시했고, 나머지 중(重)들도 그와 같이 태극을 상(象)하듯이 그렸다고 했다.[59] 이렇게 그려놓은 땅의 구중이 어떤 모양일지는 잘 상상이 가지 않지만 아마도 이규경이 상상하는 모양은 주돈이의 「태극도(太極圖)」에 있는 음양(陰陽)의 동정(動靜)을 표상하는 그림을 염두에 둔 듯하다.[60] 그러나 문제는 그것을 구체적인 형상으로 어떻게 그렸는가이다. 태현(太玄)의 구지(九地)나 추연(鄒衍)의 구주(九州) 등과 같이 땅을 구분한 고전 전통의 논의는 중층(重層)이 아니었고 지구의 외각(外殼)을 따라 방우(方隅)를 구분해서 이름한 것임을 인정했듯이, 땅이 비록 구중이나 그것을 구체적인 지형으로 어떻게 그릴 것인지는 이규경도 막막하지 않았나 싶다. 그렇기에 이규경은 그와 같은 땅의 구중이 비록 명칭은 없으나 이(理)가 그 안에 있음이 하늘의 구중과 같다고 하면서, 땅의 '구중의 기[九重之氣]'가 하늘의 '구중의 형상[九重之象]'과 더불어 상호 유통하지 않음이 없다는 원리적인 언급만 늘어놓았을 뿐 구체적인 구중지(九重地)의 형상을 그림으로 묘사하지 않고 회피했다.[61]

그런데 「구중천도」, 「천지전도」와도 다른 '구중천'과 '구중지'를 합친 「천지합구도」를 이규경은 어떻게 상상하게 되었을까? 잘 아는 바와 같이 중국의 천문도와 천하도 전통에 하늘과 땅을 하나의 면에 같이 묘사한 적은 없었다. 하늘은 '천문도'로, 땅은 '천하도'로 별개의 그림으로 그렸을 뿐이다. 물론 천지를 통합적이고 유기적으로 연관시켜 이해함은 자연스런 동아시아인들의 천지에 대한 사유였지만 그러한 사유를 그림으로 묘사하지는 않았다. 더구나 하늘과 땅이 기하학적으로 대응된다는 사고는 전혀 존재하지 않았다. 그렇기 때문에 마테오 리치의 『곤여만국전도』가 묘사하는, 특히 그 안에 수록된 「구중천도」가 묘사하는, 하늘과 땅이 아우러져 기하학적으로 하나의 구(球)를 이룬 모양은 신선한 충격이었을 것이다. 물론 지구설에 내포되어 있던 무중심과 대척지의 내용은 지적으로 그리고 상식적으로 수용할 수 없는 충격적인 내용이었지만, 이와는 달리 기하학적으로 대응된 하늘과 땅의 통일적 묘사는 과거의 오랜 유기체적 천지관이 체계화를 거부하며 유지되어오던 상황에서 '콜럼버스의 달걀'과도 같이 신선한 아이디어로 보였을 것이다.

중국과 조선에서는 위와 같이 17세기 초 서구식 천문지리학 유입 이후 하늘과 땅을 기하학적으로 대응해서 총체적으로 이해하는 사유가 등장하기 시작했다. 하늘과 땅을 하나의 면에서 통일적으로 묘사하는 우주지적(宇宙誌的) 지도들의 등장은 대표적인 예이다.[62] 중국에서 여무(呂撫, 1671~1742)가 그린 「천지전도」와 앞 4장 6절에서 살펴본 조선의 「원형천하도」가 그것들이다. 현존하는 세계지도로 가장 많은 수를 차지하는 17세기 이후 제작된 조선의 「원형천하도」는 유가 사대부들이 즐겨 소장하고 참조했던 세계지도였다. 이규경이 거론하는 「천지합구도」도 그러한 우주지적 도상 중에 하나가 아닐까?

그러나 「원형천하도」는 구중의 하늘도 아니고 구중의 땅도 아니어서 이규경이 거론하는 「천지합구도」와는 차원이 다르다. 도대체 하늘과 마찬가지로 땅이 아홉 겹이라는 생각은 어디서 나온 것일까? 아홉 겹은 아니지만『곤여만국전도』에 수록된「구중천도」를 보면 땅의 세계, 즉 달의 궤도 아래가 여러 겹임을 알 수 있다. 달 궤도 바로 밑에 화역(火域), 그 밑에 열역상기(熱域上氣)와 냉역중기(冷域中氣)가 있고, 지면 바로 위에 난역하기(煖域下氣)가 있어 보기에 따라서 네 겹으로 이루어져 있다고 인식할 수 있다. 게다가 토(土)와 수(水)로 아우러진 지구도 두 겹으로 인식할 수 있을 것이다. 그렇다면 하늘 아래 하늘과 대응하는 땅의 세계(즉 달 궤도 아래의 세계)가 모두 여섯 겹으로 이루어져 있다는 인식이 가능하다. 구중은 아니지만 하늘뿐 아니라 땅의 세계도 여러 겹으로 이루어져 있다는 인식은 충분히 가능했던 것이다.

이와 같은 내용을 담은 마테오 리치의「구중천도」는 참신하고 획기적인 우주도였겠지만 "하늘과 땅은 대대(待對)해서 배우(配偶)를 이룬다"는 관념에 충실했던 조선의 유가 사대부에게는 무언가 불완전한 우주도였지 않았을까 싶다. 하늘은 아홉 겹인데, 그것과 대대(待對)의 관계를 이루어야 할 땅의 세계가 여섯 겹으로 그려졌으니, 그 얼마나 부조화로운 우주의 모습인가. 하늘의 세계가 아홉 겹이라면 당연히 땅의 세계도 아홉 겹이어야 한다. 이와 관련해서 아주 오래전인 17세기 말 김석문의 우주론 사유가 주목된다. 이 장의 1절에서 살펴본 바와 같이『역학도해』(1697년)에서 펼쳐진 김석문의 우주론에 의하면 하늘은 가장 바깥의 태극천(太極天)으로부터 가장 아래(즉 가운데 쪽)에 위치한 지륜천(地輪天)까지 모두 아홉 겹으로 운행의 주기와 거리가 각각 달랐다. 그런데 흥미롭게도 김석문은 이러한 구층의 하늘에 대응해서 구층의 땅의 세계를 상상했다. 김석문이 상상하는 땅의 세계는 빛의 성질이 질(質)에 속하는지 기(氣)에 속하는지에 따라서 질에 속하는 지중(地中)의 4층과 기에 속하는 지상(地上)의 5층으로 이루어져 있었다. 세분하면 지중은 가장 중심의 화(火) 구역부터 토(土)와 석(石), 그리고 가장 바깥에 위치하는 수(水)의 영역까지 네 겹이었다. 지면 위에는 바로 풍(風)의 영역으로부터 그 위의 한(寒)과 서(署)의 영역이 있고,[63] 그 위로 달에 가까운 야(夜)와 해에 가까운 주(晝)의 영역이 있어 모두 5층이었다.[64] 지중과 지상 모두 해서 9층의 땅의 세계였던 것이다.

17세기 말 9층의 하늘에 대응해서 9층의 땅의 세계를 상상했던 김석문의 우주론 사유는 이후 18세기 동안 조선 사대부들에 의해서 계승되지는 못한 듯하다. 어느 누구도 구중천과 더불어 구중지를 논한 바가 없다가, 한 세기를 훌쩍 넘어 19세기 초 이규경에 이르러 다시 등장한 것이다. 그러나 이규경은 「천지합구도」를 변증하면서 김석문을 전혀 거론하고 있지 않다. 물론 다음 절에서 살펴보겠지만 이규경은 지운(地運)에 대해 변증하면서 김석문의 『역학도해』 일부분을 전재해놓고 있다.[65] 따라서 이규경이 김석문의 구중지 아이디어를 접했을 가능성은 매우 크다. 아니면 김석문의 『역학도해』에서 구중지에 대해 논한 부분을 읽고도 이규경이 이해하지 못했을 가능성도 있다. 사실 천문역산학에 전문가적 수준이 아니었던 이규경이 『역학도해』를 완벽하게 소화했을 가능성도 적은 편이다. 그렇다면 이규경의 구중지 아이디어는 독자적인 상상인 것일까?

어쨌든 언젠가부터 이규경은 구중천과 구중지가 기하학적으로 아우러져 하나의 큰 구형의 세계를 이룬다는 상상을 하게 되었다. 그런데 이규경이 하늘의 구중천에 대응하는 땅의 구중을 더욱 확신하게 된 계기는 오래전부터 알고 있던 이익(李瀷)이 『성호사설(星湖僿說)』에서 주장했던 '지심공허(地心空虛)'의 아이디어였던 듯하다. 그는 이익의 아이디어를 예전에는 별로 깊게 탐구하지 않다가 나중에 비로소 깨달았다며 이익의 '지심공허'를 아홉 겹으로 이루어진 땅의 구조에 대한 하나의 예로 생각했다. 이익의 '지심공허'란 땅의 한가운데가 텅 비어 있다는 것으로, 지심은 동시에 주천(周天)의 중심이기도 해서 만물의 생성과 변화의 근원이며, 그 가장 가운데는 생물의 근원으로 여자의 자궁과 같다는 논의였다.[66] 그런데 이규경은 이러한 '지심공허'를 태극도의 형상과 연관해서 사유했다(《그림 32》를 참조할 것). 즉, '태극도'는 바로 천지의 형상을 묘사한 것인데, 태극도의 음양 동정을 표상한 그림의 가운데 작은 흰 원[小白卷]이 바로 지구 중심의 공허(空虛)라고 본 것이다. 그렇다면 이와 같은 지심공허는 지구의 아홉 겹 중에 가장 가운데에 있는 영역이 될 것이다. 그래서 이규경은 '태극도'를 바로 '천상지구도(天象地球圖)'라고 불렀던 것이다.[67]

그렇다면 결국 이규경이 상상하고 있는 「천지합구도」란 구중천을 묘사하고 있는 「구중천도」나 「천지전도」의 구중천 내부에 주돈이의 「태극도」에서의 음양 동정 부분을 그려놓은 우주지의 모양이 되지 않을까? 우리는 이와 같은 이규경의 논의에서 우주의 생성과 변화의 원리를 담은 '태극도'에서 구중천과 구중지가 아우러져 하나의 구를 구성한다는 원리를 도출하는 19세기 전반 조선 사대부의 흥미로운 상상의 사유를 볼 수 있다.

한편 지구 형체에 대한 논의가 하늘에 대한 논의와 함께 여러 변증설에서 이루어진 데에 비해서, 지구의 운동에 대한 논의는 「지구전운변증설(地球轉運辨證說)」에서만 유일하게 이루어졌다.[68] 「지구전운변증설」은 내용에 따라 크게 세 부분으로 나뉘는 서술이었다. 도입부는 고금의 지운(地運)을 논한 사례들을 소개하는 서술이고, 이어서 김석문의 『역학도해』 일부가 길게 그대로 인용되었다. 끝으로 그러한 지구 운동 논의를 우주론적으로 성격 부여하는 짧은 서술로 마무리 지었다.

이규경은 먼저 조선의 성리학자답게 '복희(伏羲)'와 '역(易)'을 거론하면서 지구의 운동에 대한 논의를 시작하고 있다. 즉, 선천역(先天易)의 창시자 복희가 천지의 높고 낮음과 멀고 가까운 이치에 통달해서, 천지를 꿰뚫어보기를 모르는 것으로부터 추연(推演)해서 아는 것에 이르러서야 그쳤다는 것이었다. 이렇게 '역'을 복희에 의해 밝혀진 천지의 기수(紀數)와 절도(節度)가 적혀 있는 천지의 원리가 담긴 책으로 믿는 조선의 성리학자다운 원론적인 언급으로 변증을 시작했다.[69] 주역 상수학의 인식체계로 자연지식을 이해하는 이규경의 사유가 지구의 운동을 변증하는 서두에서부터 여실히 드러난 셈이다.

이어서 이규경은 그간 하늘을 논했던 것은 풍부했지만 땅에 대한 논의는 그에 비해 간략해 의심이 쌓였다며, 그중에서도 특히 소략했던 땅의 운동에 대한 고금의 논의를 소개하겠노라고 했다. 종래의 지운(地運) 논의로 제시된 것은 『상서고령요(尙書考靈曜)』와 조선의 『성호사설』 그리고 『하도위(河圖緯)』[70]였다. 『상서고령요』의 내용은 땅이 동서남북으로 움직인다는 오래된 고전적인 사유설(四游說)에 대한 간략한 소개였다. 『성호사설』을 소개하는 내용은 장자(莊子)와 주희의 땅의 움직임에 대한 유명한 논의였다. 『장자(莊子)』「천운(天運)」편에서는 "하늘이 움직이는가? 땅이 정지해 있는가?"라고 물으며 땅의 운동 가능성을 제기하는 대목, 그리고 주희가 "어찌 하늘이 바깥에서 돌고 땅이 따라서 돌지 않음을 알겠는가? 지금 여기 앉아서 단지 땅이 움직이지 않음을 아는 것만이 가능하다"라며 역시 지운의 가능성을 논하는 대목이었다.[71] 『하도위』의 내용은 배와 연안의 상대적 운동에 비유해서 땅이 항상 움직이며 정지하지 않는다는 간략한 언급이었다.[72]

이러한 종래의 땅의 운동에 대한 전통적 논의가 지구의 회전운동을 논하는 것도, 그것을 주장하는 논의도 아니었음을 우리는 잘 알고 있다. 그런데 이규경은 그러한 종래의 논의들을 지구의 회전운동을 내용으로 하는 당대의 지전·지운 논의와 연관시키고 있다. 이규경이 상기한 땅의 움직임에 대한 여러 논의들을 소개하면서 마지막으로 『하도위』의 배와 연안의 상대적 운동을 비유한 논의를 한갓 '우언(寓言)'이 아니라고 하는 대목을 주목해보자. 비록 『하도위』의 논의가 '우언'이 아니라고 언급했지만, 이규경이 보기에 상기한 고전적 땅의 움직임에 대한 논의는 우화적 수준의 논의가 아니라, 지구가 항상 움직이며 한순간도 멈추지 않는다는 진솔한 주장이었다. 그럼으로써 이규경은 오래전 『상서고령요』와 『하도위』, 그리고 상자와 주희 등이 펼쳤던 단지 땅의 움직임에 대한 논의를 당대의 구체적이고 실제적인 지운 논의와 질적 차이를 없애버렸다. 나아가 이규경은 이렇게 오래전 동아시아의 우주론 전통에서 논했던 땅의 운동에 대한 '진솔한' 논의를 당시의 천문학서와 연결시켰다. 즉, 오래전부터 이루어졌던 땅의 운동에 대한 논의가 당시 '율력(律曆)'과 '수리(數理)'의 여러 책들에서 원리가 밝혀지고, 지운의 도수가 정해졌으며, 역산(曆算)을 정함에 사설(辭說)이 매우 상세해졌다는 것이다.[73]

그런데 당대의 천문학서 중에 이규경이 말하고 있듯이 지구의 운동을 주장하고, 그 원리를 담은 책이 있었던가? 물론 『역상고성』(1723년 편찬) 등의 천문학서에서 지운설을 소개하기는 했지만 피상적이었으며, 인정하지도 않았다. 중국에서 최초로 코페르니쿠스(Nicolaus Copernicus)의 지동설을 구체적으로 소개한 것은 부노아(蔣友仁, Michel Benoist, 1715~1774)의 『지구도설(地球圖說)』(1767년 편찬)이었다. 이 『지구도설』은 19세기 중반 무렵 조선에 전해져 이청과 최한기가 책을 직접 접하고 열람했다.[74] 그러나 이규경은 『오주연문장전산고』를 집필할 1840년대까지도 이 책을 직접 접하지는 못한 것 같다. 지운을 논하는 「지구전운변증설」에서 전혀 언급조차 하지 않은 것에서 그러한 사실을 짐작할 수 있다.[75] 그런데도 이규경이 당대의 천문학서에서 지운의 원리가 밝혀졌다고 했으니, 그가 지적하는 당대의 율력과 수리의 책이 무엇인지 궁금하다. 그러나 분명한 사실은 이규경이 당대의 (아마도 전문적인) 천문학서가 지동설을 담고 있다고 인식하고 있다는 것이다. 그렇기에 이규경은 후세에 서구의 신법이 번성하면 지운에 입각한 역법이 반드시 일어날 것이라고 기대했던 것이다.[76]

이렇게 당대 천문학서에서 그 원리가 밝혀졌듯이 지구의 운동이 분명한 사실임에도 당대 중국과 조선의 학인들이 그러한 지동설을 수용하지 않음을 이규경은 강하게 비판했다. 이규경은 당시 땅이 움직이면 만물이 모두 넘어져 뒤집어질 것이라며 땅의 운전(運轉)을 받아들이지 않는 사람들의 주장을 다음과 같이 반박했다. 즉, 커다란 땅이 만물을 점흡(粘吸)하고 있으니 만물이 비록 뒤집히고 엎어지려고 해도 자연히 부동(不動)할 것이며, 게다가 땅의 대기(大氣)가 그 안에서 만물을 둘러싸서 끌어당기고 있으니 뒤집어지고 넘어질 틈이 없다는 것이다.[77] 그럼에도 불구하고 '지구전운설'을 갑자기 들은 자들이 팔을 걷어 올리며 그 그릇되고 망령됨을 책망하려 들겠지만, 지구 전운의 논의는 이미 옛 성현들이 논차(論次)한 바로서 숨죽이고 물러나 앉아 있을 수 없을 것[78]이라며 지구의 운동을 강하게 주장했다.

이규경은 지구의 운동을 강하게 주장하는 서술에 이어서 김석문의 『역학도해』 중 일부분을 길게 전재해놓았다. 그런데 이규경은 김석문의 『역학도해』를 대곡(大谷) 성운(成運, 1479~1579)의 『역학도설(易學圖說)』이라 잘못 알고 소개했다. 성운의 『대곡집(大谷集)』에 관련 저술이 있을 리 없는데, 이규경의 분명한 착오다. 게다가 이규경은 『역학도설』이 중국인이 쓴 『상위도설(象緯圖說)』을 윤색(潤色)한 것에 불과하다고 소개하고 있다. 『상위도설』이 어떠한 책인지는 현재 파악할 수 없으나 이 또한 착오일 가능성이 크다.[79] 이규경은 『역학도설』을 늦게 얻어 보았다면서, 지전도(地轉圖)는 없이 설(說)만 보았는데 내용이 가히 칭찬할 만했다고 평가했다. 이에 '지전지운설(地轉地運說)'을 번잡한 것은 빼고 요점만 취해서 기록한다[80]며 『역학도해』의 상당 부분을 그대로 인용해놓았다.

인용한 부분은 운(運)-회(會)-원(元)의 주기를 일도(日道)와 지도(地道)의 궤적을 더듬어 계산·추론하는 부분이었다. 즉, 김석문의 1원이 소옹의 6배의 수로 도출되고, 나아가 대운(大運)의 수, 그리고 대운×대운의 수를 추론해서 땅의 시종지수(始終之數)를 계산하는 소옹의 상수학에 기반한 형이상학적인 추론의 부분이었다. 사실 지구의 유행과 궤도, 그리고 천지의 구조를 구체적이고 독창적으로 설명하는, 현대의 연구자들이 보기에 지구의 운동이라는 주제에 더 부합하는 부분은 인용·소개하지 않았다. 번잡한 것은 제외한다는 편집 기준에 비추어 이규경에게 그러한 내용은 번잡하고 중요하지 않은 내용이었을까?

그러나 이규경에게는 지구 운동에 대해 구체적으로 논한 내용보다 소옹의 상수학에 기반한 형이상학적인 추론의 내용이 더욱 중요했다는 사실을 주목할 필요가 있다. 이는 김석문의 '지운설'이 모두 갖추어져 부족한 바가 없을 정도지만, 결국 소옹의 12만9600년의 천지 시종지수(始終之數)를 따라 그 핵심 요지를 취한 것이며, 지구의 실제 운행의 수치로 『황극경세서(皇極經世書)』에서 말하는 일원(一元, 즉 우주 생성과 소멸의 한 사이클)의 수(數)을 분배했을 뿐[81]이라며 김석문의 '지구전운설'이 지닌 의의를 평가하는 데에서 그러한 사실을 잘 알 수 있다. 즉, 이규경은 김석문의 '지구전운설'을 철저하게 소옹의 상수학적 '원회운세설'에 기반한 우주주기론 논의의 맥락에서 파악했던 것이다.

한편 말미에서 이규경은 김석문의 '지구전운설'에서 논한 바의 수(數)가 이치를 캠이 근거가 있고 논리가 정연했다며 그 측상(測象)할 수 있는 의기가 없음을 아쉬워했다.[82] 무엇을 의기로 측상하나? 태양의 궤도[日道]와 땅의 궤도[地道]의 운동을 관측하고 싶은 것인가? 흥미롭게도 이규경은 그러한 관측을 실제로 추구한 듯하다. 그는 별도의 다른 의기가 필요 없이 단지 혼천의에 태양, 태음, 지구의 움직임을 표상하는 3개의 환(環)을 설치하면, 그것을 돌려가면서 관측해서 헤아릴 수 있다고 했다. 그러한 기구가 어떠한 모양일지 궁금한데, 이규경은 그렇게 고안한 의기를 『지운약설(地運約說)』 중에 도회(圖繪)했다고 소개했다.[83] 『지운약설』은 현재 전하지 않으나 땅의 운동에 대한 역대의 논의들을 모아 이규경이 정리한 저술이었을 것이다. 이 저서에 자신이 고안한 혼천의 그림을 실은 것이다.

4. 우화적 일탈: 홍대용과 이규경의 다세계설

우주 먼 곳 어딘가에 우리 인간이 살고 있는 세계와 같은 또 다른 세계가 있을 수 있다는 파격적 상상을 한 '다세계설'은 지동설과 함께 홍대용(洪大容)을 유명한 실학자로 만든 매우 흥미로운 우주론 논의다. 그런데 2장 4절에서 거론했던 바와 같이 무한우주와 다세계에 대한 논의는 원래 송대 성리학적 우주론에서부터 논란이 되었던 문제였다. 장재와 소옹 그리고 주희는 문인들로부터 현재 인간이 살고 있는 이 우주가 과연 소멸할 것인가, 그리고 유일한 우주인가라는 질문을 받곤했다. 그런데 소옹의 원회운세설에 의하면 현재의 천지에 앞서 이전의 천지가 있어야 하고, 또한 현재의 천지는 주기가 다하면 소멸해야 함이 논리적 귀결이었음에도 불구하고 자연에 대한 지식은 인간의 가치문제에 종속적인 것에 불과하다고 여겼던 성리학자답게 그들은 모두 현재의 이 우주는 유일하며 소멸하지 않을 것이라는 생각에 집착했다.

송대 성리학적 우주론을 학습하고 수용해 흥미로운 우주론적 사색을 펼쳤던 일부 조선의 지식인들은 이와 같은 송대 성리학자들의 논의에 불만족스러워 했다. 그들은 송대 성리학자들의 견해를 그대로 따르지 않았으며 또 다른 우주가 충분히 존재할 수 있다고 생각했다. 우리가 사는 천지가 소멸하지 않을 것이라는 소옹의 언급을 비판하면서 또 다른 우주의 존재 가능성을 부정하는 것에 대해 강한 의구심을 보냈던 서경덕(徐敬德)

의 비판적 사고는 그 시작이었다.[84] 단지 또 다른 우주가 존재하지 않을 것이라는 소옹의 견해에 의문을 보내는 정도에 머물렀던 서경덕에 비해 장현광은 보다 구체적인 논증을 펼쳤다.

장현광은 2장 4절에서 살펴본 바와 같이 그의 『우주설(宇宙說)』(1631년)에서 공간적이고 시간적인 또 다른 우주의 존재 가능성에 대해 깊은 사색을 펼쳤다. 그는 시간적으로 현재의 천지에 앞서 수많은 천지가 생겼다가 소멸했고, 현재의 천지 이후에도 수많은 천지가 생겼다가 소멸하는 과정이 무궁하게 이어질 것이라고 추론했다. 또한 시간적으로 무한한 선·후천지가 영원히 반복할 뿐 아니라 공간적으로도 무한한 우주, 즉 인간이 살고 있는 이 우주 바깥의 또 다른 우주의 존재에 대해서도 추론했다. 물론 장현광은 천지 바깥의 대원기(大元氣)의 지극한 바를 추득하고자 했으나 도저히 망연하고 막연해 그 단예(端倪)를 파악해볼 도리가 없다며 그 어려움을 실토했다. 그러나 공간적으로 또 다른 천지가 존재할 가능성을 부정해서는 안 된다며 그 존재 가능성을 열어놓았던 것이다.

서경덕과 장현광의 또 다른 우주의 존재에 대한 이와 같은 논의는 서구 과학 유입 이후 최석정(崔錫鼎)의 「우주도설(宇宙圖說)」(1705년)에서 다시 한 번 확인된다. 「우주도설」은 마치 장현광의 「우주설」을 요약해놓은 듯한 느낌이 들 정도로 유사한 논의를 펼치고 있지만, 실상은 마테오 리치의 「지구지도(地球之圖)」를 보고 느낀 바를 적어놓은 것이었다. 최석정이 본 마테오 리치의 지구도는 하나의 공간적 세계와 하나의 세계의 개벽만을 그려놓았다. 즉, 우(宇)는 공간적 우주를 의미하고 주(宙)는 시간적 우주를 의미하는데, 마테오 리치의 「지구지도」는 우설(宇說)이라는 것이다. 이에 최석정은 기(氣)의 본체는 지극히 커서 끝이 없고, 영원히 지속해서 쉼이 없으니 어찌 이 우주가 하나의 세계와 하나의 개벽에 국한될 수 있겠는가라며 무한한 우주에 허다한 세계(즉 공간적으로 또 다른 우주)와 허다한 개벽(즉 선천지·후천지)이 있을 것이라고 주장했다. 그 무한한 우주에 허다한 세계와 허다한 개벽이 있다고 하더라도 음양오행의 운화(運化)와 삼강오상의 윤리는 어느 곳에서나 존재할 것임을 이(理)로써 추론해 알 수 있다는 것이다.[85]

결국 최석정은 장현광이 주장했던 바의 시간적·공간적 다우주론적 관념에 입각해서 마테오 리치의 「지구지도」가 하나의 세계로만 국한된 편협한 것임을 비판했다고 할 수 있다. 한 세기 전 17세기 초엽 서구 천문학 지식이 유입되어 들어오기 이전에 장현광은 성리학적 우주론 논의를 비판적으로 전개해서 다우주론적 관점을 얻었다. 그런데 서구 과학 지식이 들어온 이후 그것을 접한 최석정은 성리학적 사유에 기반해 얻은 다우주론적 관점에 입각해 우주를 한정되게 묘사한 마테오 리치의 세계관을 비판했던 것이다.

서경덕 이래 송대 성리학자들의 또 다른 우주의 존재에 대한 회의적 태도를 비웃으며 그 존재 가능성을 열어놓고 자유분방한 사색을 펼쳤던 조선 학인들의 전통은 서구 과학 유입 이후 최석정을 거쳐 18세기 후반 홍대용에서 더욱 세련되게 펼쳐졌다. 홍대용은 그의 「의산문답(毉山問答)」에서 지구와 지동의 논의를 전개한 것으로 유명하다.[86] 그런데 사실 회전하는 구형의 땅이라는 가설이 야기하는 대척지 문제나 정립(正立)의 문제 못지않게 심각한 난제는 거대한 무거운 땅덩어리가 우주 공간에 어떻게 떠 있을 수 있는가의 문제였다. 물론 이 문제는 전통적으로 『황제내경(黃帝內經)』 이래 송대 성리학자들에 이르기까지 기론적인 차원에서 땅을 둘러싸고 회전하는 '대기가 들어준다[大氣擧之]'는 방식으로 해결되곤 했다. 그러나 홍대용은 솜털처럼 가볍고 힘이 없는 기가 어찌 무거운 땅덩어리를 들어줄 수 있는가라며 전통적인 문제의 해결을 아주 어리석은 것으로 부정했다.[87] 홍대용의 근본적인 문제 해결은 상하 관념의 새로운 정립에 의한 것이었다. 즉, "넓고 넓은 태허에는 육합(六合)의 구분조차 없는데 어찌 상하지세(上下之勢)가 있을 수 있느냐"[88]는 언급에서 드러나듯이, 우주 공간에서 보면 본디 상하(上下)의 구분이 무의미하다는 관점을 견지했다. 우주 공간에 상하가 없다면 결국 올라갈 위가 없고 떨어질 아래가 없으니 무거운 땅덩어리가 아래로 떨어질 것을 걱정할 필요가 없다는 것이다.

나아가 홍대용은 지구는 무한한 우주 공간 속에서 보면 중심이 아니라는 생각을 하게 된다. 즉, 지구가 일월오성의 중심부에 있기는 하지만, 즉 태양계의 중심이기는 하지만, 태양계 바깥의 뭇 별들의 관점에서 보면 중심이 아니고 그 별들이 중심이 된다는 것이다.[89] 이것은 무한한 우주공간 속에서 상대적인 우주의 중심 개념을 제시한 것이라고 할 수 있다.

이러한 홍대용의 무한한 우주와 상대적인 공간 개념은 서경덕과 장현광 그리고 최석정 등에서 보였던 비판적 우주론 논의를 연상케 한다. 그들의 논의에서 언급되었던 우주 또는 천지가 홍대용에게서는 '지계'(地界, 태양계)로 바뀌었다. 장현광의 '또 다른 천지[他天地]'가 홍대용에게서는 '수많은 성계(星界)'가 되는 셈이었다. 결국 홍대용에게 우주란 이 '지계'를 포함해서 수많은 '성계'들의 무한한 집합이었다. 그런데 홍대용의 상상력은 '지계'와 같은 '성계'들의 집합이 우주의 전부인 것으로 끝나지 않았다. 홍대용의 우주는 다음과 같이 무한히 펼쳐졌다.

은하계(銀河界)란 여러 계(界)를 총칭한 것으로 우주 공간을 두루 돌면서 하나의 큰 고리를 이루었다. 이 고리(즉 은하계) 가운데에는 많은 계가 있는데 그 수가 천만이나 된다. 태양계도 그중에 하나이니, 은하계야말로 태허(太虛) 중의 일대계(一大界)이다. 그러나 이것은 지구에서 볼 때 그러할 뿐, 지구에서 보이지 않는 바깥에도 은하계와 같은 것이 몇 천만 억이 될지 모를 일이니, 나의 아득한 눈으로 은하계가 일대계이다라고 경솔하게 말하기 어려울 것이다.[90]

이러한 논의는 다세계설(또는 다우주설)로 확장된다. 즉, 우주는 무한하기 때문에 우리 인간이 살고 있는 이 세계만이 존재하는 것이 아니라 이 세계 밖에 또 다른 세계가 존재할 수 있다는 것이다. 홍대용은 지구에서 보이지 않는 저 먼 곳에 우리 은하계와 같은 것이 몇 천만억 개가 더 있을지 모를 일이라며 우주의 무한함과 또 다른 세계의 존재에 대해서 풍부한 사색을 펼쳤던 것이다.[91]

홍대용의 무한우주와 다세계설은 바로 서경덕, 장현광, 최석정으로 이어지는 논의의 연장이었다고 할 수 있다. 시간적·공간적으로 또 다른 우주가 무궁하게 펼쳐지리라던 선배들의 생각은 홍대용에 이르러 태양계는 무궁한 우주 안에서 일부에 불과한 하나의 계(界)일 뿐이며, 이 우주 공간에는 또 다른 태양계와 같은 것들이 수없이 존재할 것이라는 논의로 전개되었다. 이러한 우주관은 지구를 중심으로 또는 태양을 중심으로 하는 한정된 우주관에 머물러 있었던 서구인들이 전해준 당시의 서구 천문학 지식을 조롱할 정도였다.

18세기 후반 홍대용에 의해서 펼쳐졌던 독창적이고 흥미로운 조선 학계의 또 다른 우주에 대한 사색의 전통은 19세기 초 이규경에게도 이어졌다. 그런데 이규경은 지구의 운동 논의를 펼치면서 홍대용의 우주론에 대해서는 전혀 언급조차 하지 않았다. 홍대용의 우주론에 대해 모르고 있었을까? 이규경이 『오주연문장전산고』에서 『담헌서(湛軒書)』에 수록된 내용을 두 번 정도 인용하고 있는 것을 보면 홍대용의 「의산문답」을 읽었을 가능성이 전혀 없지는 않다.[92]

낙론계 학인들 사이에서는 유명했던 홍대용의 지동설 관련 논의를 언급조차 하지 않은 이규경이 홍대용의 우주론 중에서 유독 다세계설 논의를 거론하며 변증을 하고 있어 흥미롭다. 홍대용의 '다세계설'은 한마디로

"일월성신 중에 각각 하나의 세계가 존재한다"는 내용이었다. 그런데 이규경이 거론하는, 홍대용이 주창했다는 다세계설은 현대인이 주목하는 내용과는 다소 거리가 있다. 어떻게 다른가?

이규경은 선배 담헌(湛軒) 홍대용이 일찍이 "일월성신 중에 각각 하나의 세계가 있다"는 주장을 펼쳤는데, 중국의 인사들과 더불어 자못 논란이 있었다[93]며 관련된 논의들을 고금의 전거를 들어 변증했다. 이규경이 변증하는 내용의 핵심은 크게 두 가지로 압축된다. 첫째는 홍대용의 다세계설이 홍대용 자신의 창설(創說)이 아니라는 것이다. 이규경이 홍대용 이전의 다세계설로 드는 것은 호인(胡寅, 1098~1156)의 「영령원윤장기(永寧院輪藏記)」에서 소개하는 불교의 세계론으로, 즉 "천상(天上)에 당(堂), 지하(地下)에 옥(獄), 일월(日月) 중에 궁궐(宮闕), 그리고 성진(星辰)의 구역에 이수(里數)가 있다"는 것이었다.[94] 이규경은 홍대용이 아마도 이러한 호인의 논의를 미처 보지 못하고 스스로 자신의 창설이라고 여긴 듯하다고 보았다. 이는 자신의 조부 이덕무(李德懋, 1741~1793)가 북경에 가서 중국의 명사들과 나눈 이야기에서도 확인되었다고 한다. 즉, 이덕무가 홍대용의 다세계설을 중국인들에게 소개한 모양인데, 그들 모두 중국에서도 이러한 논의가 있었다며 그 실 내용을 잘 살펴보면 신이(神異)할 바가 없다는 것이었다.[95]

이어서 이규경은 하늘과 일월 그리고 성신 중에 각각의 세계가 있음을 말해주는 고금의 전거들을 찾아 제시했다. 먼저 하늘에도 각각의 세계가 있다는 전거로 들고 있는 것은 12중천 및 구중천을 변증했을 때 들었던 전거들과 크게 다르지 않았다.[96] 이규경은 하늘에 12중천이 있어 각각의 하늘마다 주재하는 바가 있고 그 안에 일월오성이 포진해 있는 것, 그리고 뭇 별들이 북신(北辰)을 둘러싸고 삼원(三垣)과 28수의 별자리들이 복잡하게 얽혀 있는 것은 바로 그것들이 각각 하나의 거대한 세계를 이루는 것이라고 이해했다. 나아가 일월은 고사하고 그 아래 마치 군국(郡國)이 있는 것처럼 경성(經星)들을 좌(座)와 관(官)으로 부르는 것을 보면 하늘에 세계가 있다는 설은 분명하다고 보았다. 이러한 사실은 당시의 천문역산서에서 찾아볼 수 있을 뿐 아니라,[97] 다른 분야의 고전들에서도 확인되는 것이었다. 즉, 『주례(周禮)』에 나오는 호천(昊天)이니 오제(五帝)니 하는 용어들, 『초사(楚辭)』에 나오는 구천의 이름들, 불교의 33천, 도가의 33천 등이 그러한 예들이라고 보았다.

일월과 성신에도 세계가 있다는 전거들도 마찬가지였다. 그중에는 일월의 크기를 논한 전거들도 제시되었는데, 예컨대 마테오 리치가 주장한 태양의 지름 488만4035리도 그 하나이다. 태양의 지름이 488만여 리라는 것이 태양에 하나의 세계가 있다는 증거라는 주장이다. 사람 사는 세상처럼 이수(里數)로 재기 때문인가? 심지어 『열선전(列仙傳)』, 『신선전(神仙傳)』 등에 출현하는 달을 두고 상상을 펼치는 이야깃거리들도 달에 독자적인 세계가 있음을 증명하는 것이라고 이규경은 변증해놓았다.

이규경이 변증하는 홍대용의 다세계설을 보면 하늘 위와 땅 아래에 천당과 지옥이 있다는 식의 불교적 세계의 논의, 또는 신선의 세계 그 어딘가에 우리 인간이 사는 세계와 같은 것이 존재한다는 이해와 다를 바 없음을 알 수 있다. 이처럼 이규경이 상상하는 다세계설의 내용은 앞서 살펴본 홍대용의 다세계설과 분명 다르다. 홍대용의 다세계설은 무중심의 우주 안에서 그 어딘가 모르는 무한한 먼 세상에 우리 인간 세상과 같은 또다른 세계가 존재하는데, 현재 우리가 보는 별의 세계가 바로 그러할 것이라고 상상하는 것이었다. 그렇다면 이규경이 홍대용의 다세계설을 잘못 이해한 것인가? 그러나 이규경의 다세계설 사유는 홍대용의 사유와 사실 별로 다르지 않은 것 같기도 하다. 특히 우화(寓話)의 차원에서 사유하는 것에서 보면 그러하다.

이규경이 이해하는 홍대용의 다세계설에 대한 변증의 핵심 내용 두 번째는 바로 홍대용의 다세계설 논의를 이규경이 우언(寓言)으로 파악하고 있는 것이다. 홍대용의 다세계설을 하늘과 일월성신 가운데에 각자 별개의 독자적인 세계가 존재한다고 이해한 이규경은 그러한 논의가 『장자』 및 『열자(列子)』의 우언과 상하를 견줄 정도의 흥미로운 이야기일 뿐이라고 파악했다. 특히 『장자』의 「소요유(逍遙遊)」편에서처럼 과장과 풍자로 얼룩진 신비의 세계에 대한 자유로운 상상의 사색과 홍대용의 다세계 논의는 다를 바 없었다.[98] 이규경은 대저 벌집, 개밋둑, 새집 그리고 짐승의 우리들도 각자의 세계가 있는데, 하물며 뭇 하늘과 일월성수(日月星宿)가 소관하는 권역으로 나뉘어 각각의 영역에서 신선이 사는 동부(洞府)의 세계가 이루어지지 않았겠는가라며 우주 내의 모든 영역에서 별개의 세계가 펼쳐짐을 상상했다. 결국 이와 같이 땅에는 분야(分野), 하늘에는 분성(分星)이 있어 상호 부응하니, 이것이 "일월성신이 각각 세계를 이룬다"는 홍대용의 다세계설이 유래한 바였다.[99]

그런데 이규경은 홍대용의 다세계설이 비록 과장과 풍자로 얼룩진 상상의 사색인 우언에 불과하나, 그럼에도 불구하고 가위 호사가(好事家)들의 화젯거리[話欛]가 될 만하다고 평가했다. 그러한 점에서 홍대용의 다세계 우화는 원굉도(袁宏道, 1568~1610)의 우화보다 낫다고 보았다. 그것은 원굉도가 『장자』의 「소요유」편에서 펼쳐진 우화의 세계를 해체적으로 해석해 풀어놓은 『광장(廣莊)』 「소요유」편에서 편친 우화였다. 그 내용은 천지를 거대한 장부(丈夫)에 빗대고, 사바세계(娑婆世界)를 장부의 골절(骨節)에 있는 허공처(虛空處)로 비유하는 것이었다. 그 설에 의하면 사람의 몸은 비록 5척에 불과하지만 360개의 골절 중에는 3만6천 종의 시충족(尸蟲族)이 있다고 한다. 그중에는 눈이 있는 것도 있고, 발이 있는 것도 있고, 기욕(嗜欲)이 있는 자도 있으며, 밤과 낮, 해와 달, 산악(山嶽)과 하독(河瀆)이 있고, 부자(父子)와 부부(夫婦)의 양생(養生)과 송사(送死)가 다 갖추어져 있음을 알 수 있을 것이라고 했다. 그렇다면 천지는 하나의 거대한 장부이고 사바세계는 골절의 허공처가 될 것이며, 인물(人物), 조수(鳥獸), 성현(聖賢), 선불(仙佛)은 거기에서 사는 3만6천 종 가운데의 한 종족일 뿐이라는 이야기였다.[100]

홍대용의 다세계설을 원굉도의 황당한 우화와 비교한 이규경은 그러한 우화들에서 한편으로는 힌트를 얻고 또 한편으로는 자신감을 얻었는지 자신이 펼친 황당한 상상을 슬쩍 제시한다. 자신이 일찍이 망상(妄想)을 해보았다며 그 내용을 다음과 같이 소개했다. 구중천과 구중지(九重地)가 합해서 하나의 구(球)를 이루는 것이 일반적인 하나의 세계의 구조적 모습이다.[101] 그런데 지구를 오대주(五大洲)로 나누어도 혼연일체가 되어 하나의 큰 구를 이룰 수 있듯이, 구중천의 내부에 탄환 같은 아홉 개의 땅을 상정한다면, 각각이 구중천과 아우러져 현재 우리의 세계처럼 하나의 구를 이룰 수 있지 않느냐고 상상했다. 그렇다면 구중천을 공유하는 모두 아홉 개의 세계로 구성된 집단이 가능한 셈이다. 나아가 육합(六合)의 내외에 이와 같은 세계 집단들을 동일하게 상정한다면, 육합의 내부에 하나, 그리고 바깥에 여섯 개 해서, 모두 7개의 세계 집단이 가능하며, 결국 육합의 내부에 있는 우리가 사는 세계를 빼면 총 54개의 세계가 육합 외부에 존재할 수 있다는 상상이었다.[102]

물론 자신의 이러한 상상에 대해서 이규경은 '망상(妄想)'임을 분명히 하며, 추연의 구주설(九州說)과 유사한 상상임을 실토했다. 실제로 구중천 내부에 아홉 개의 세계를 상정하고 그러한 세계 집단이 육합 외부에 여섯 개 있어 도합 54개의 세계를 상정하는 사유는, 적현신주인 중국이 속해 있는 구주(九州)가 아홉 개 더 있는 대구주를 상정하는 것과 대동소이한 상상이었던 것이다. 그러나 이규경은 자신의 상상이 장자의 우화와는 또 다른 것이라며, 혹시 있을지 모르는 세속의 비판의 화살을 돌려놓고도 있다. 즉, 추연 구주설의 입설(立說)은 율수(律數)로써 추측(推測)한 것으로 장자가 펼쳤던 우언과는 차원이 다름을 주장한 것이다.[103] 그렇다면 자신의 망상이 단지 헛된 우언은 아니며 추연의 대구주설처럼 율수에 입각해 추측한 것이라는 자기 변론인 셈이었다.

深目国
大澤
周萬里
盤木
千里
山舟
山白不
山尼章

無腸国
歐絲国
聶耳国
博父国
山野廣
拘櫻国

白民国
天狻国
流鬼国
赤脛国
六封国
甫慎国
山飛

車師
疏勒
莎車
鄯善
大宛
烏孫
月天
西域諸

崑崙山
山峯
山門
山恒
山太
朝鮮
中国
赤水
黑水
三天子鄣山
山衡
天台山
真儺
暹羅
琉球国
安

6장

기론적
인식체계에
기반한
자연 논의

17세기 초 서구 과학과 만나기 이전 조선의 학인들은 장현광(張顯光)의 우주론에서 살펴보았듯이 이미 성숙한 성리학적―상수학적이고 기론적인―우주론 논의를 펼쳤으며, 그러한 지적 토대하에서 18세기 김석문(金錫文)과 서명응(徐命膺) 같은 일부 학인들은 새로이 접한 서구의 천문학 지식을 세련된 상수학적 지식체계를 이용해 매우 흥미로운 우주론 논의를 정합적으로 펼쳤음을 살펴보았다. '주역(周易)'의 지적 전통에서 비롯된 상수학에 기반해 서구 과학과 같은 이질적 지식을 해체해서 조선의 지적 사유체계로 포섭해 이해하는 지적 경향은 19세기까지 지속된 조선의 일반적인 상황이었다. 조선의 학인들은 이질적 지식을 접했을 때 그들이 궁금해하는 문제에 대해서 상수학에 기반해 문제를 풀었던 것이다.

이제 조선 학인들이 이질적 자연지식을 만났을 때 그것을 이해하는 또 다른 방식이 이 장에서 살펴볼 내용이다. 고대 이래 동아시아의 오래된 지적 전통이었던 기의 기능과 작용의 메커니즘에 입각한 우주론적 사유가 그것이다.

1. 18세기 지구설의 번역과 이해

종래 중세적 사유의 테두리를 벗어나 근대적 차원의 사색을 보여주는 것으로 이해되던 지동설과 무한우주설 그리고 다우주설의 지적인 기원은 서구 과학의 지적 전통과는 거리가 멀고 오히려 조선에서의 신유학적 우주론 논의의 전통에서 나온 사색이었음을 앞 장에서 살펴보았다. 그러나 천문학적으로 지동설, 무한우주설, 다우주설과 밀접하게 연결되는, 인간이 살고 있는 이 땅이 구형(球形)이라는 지구설(地球說)은 사정이 달랐다. 3장 1절에서 살펴본 바와 같이 지구설은 전적으로 서구 과학이 가져다준 새로운 관념이었고, 조선후기 새로운 자연지식의 형성에 적지 않은 역할을 했다.[1]

전통적으로 서구에서는 고대 그리스 이래 둥근 땅이 일반적으로 상식적 관념이었던 데 비해 동아시아인들이 지닌 땅의 형태에 관한 관념은 "천원지방(天圓地方)"이라는 표현에서 단적으로 드러나듯이 평평하다[方]는 것이었다. 고대의 개천설(蓋天說)과 혼천설(渾天說) 모두 천원지방에 입각한 우주론[2]으로서 땅의 평평함에 대한 전면적인 반론과 의심은 17세기 마테오 리치(Matteo Ricci, 利瑪竇)의 『곤여만국전도(坤輿萬國全圖)』(1602년)에서 처음으로 소개되기 이전에는 제기되지 않았다.[3]

마테오 리치는 고대 그리스의 프톨레마이오스(Ptolemaios)의 우주 구조에 입각한 지구설을 소개하면서 여러 가지 설득의 논리와 증거들을 제시했다. 그는 먼저 중국 고대 장형(張衡)의 혼천설과 『대대례기(大戴禮記)』에 나오는 증자(曾子; 기원전505~기원전436)와 선거리(單居離)의 문답을 예로 들면서 자신이 소개하는 지구설은 중국의 고대 전통 속에서도 찾아볼 수 있다고 주장했다. 즉, 지구설이 비문화인인 서구인들만의 주장은 아니며, 그래서 믿을 만 하다는 논리다. 이와 아울러 실증적이고 경험적인 증거들을 제시했는데, 남북의 이동에 따른 북극고도의 변화, 동서 간의 이동에 따른 시간 차이, 그리고 실제로 자신이 지구 반대편의 서구에서 중국에 오면서 항해했던 경험들이었다. 이러한 마테오 리치의 논의는 그의 『건곤체의(乾坤體儀)』(1605년) 「천지혼의설(天地渾儀說)」에서 그대로 재정리되어 중국의 학인들에게 널리 알려졌다.[4] 이후 중국과 조선의 지식인들은 지구설이 타당하다는 주장을 펼칠 때면 마테오 리치가 말했던 논리와 증거들을 흔히 거론하곤 했다.

마테오 리치가 전한 지구설은 엄밀하게 말해서 '근대 과학'이 아니라 서구 고·중세의 과학 내용에 불과했고, 아전인수식으로 지구설의 동아시아적 전례를 중국 고대의 문헌에서 호출하여 제시했던 것이지만, 중국과 조선의 지식인들에게 지구설은 분명 이질적인 패러다임이었다. 특히 지구설은 구형의 지구 위에서 고정된 하나의 위치를 중심으로 지정할 수 없음을 함축하고 있기 때문에 지리적으로 중국 중심의 세계관을 위협하는 것이었다. 따라서 중국과 조선의 지식인들에게 지구설을 수용하는 것은 간단한 문제가 아니었다. 실제로 「곤여만국전도」가 1603년 이광정(李光庭)과 권희(權憘) 등 사신 일행에 의해서 조선에 전래된 이후 17세기 동안은 김만중(金萬重, 1637~1692)을 제외하곤 지구설을 수용한 지식인은 거의 없었다.[5] 심지어 앞 장에서 살펴본 바와 같이 무한우주와 다우주론을 들어 서구 천문학의 한계를 비판했던 최석정(崔錫鼎)조차도 지구설에 대해서는 그 진위를 모르겠다고 토로할 정도였다.[6]

이와 같이 매우 이질적인 지구설을 수용하는 데 지식인들이 주저하고 있던 상황에서 의외로 쉽게 지구설을 인정하게 되는 통로가 있었다. 그것은 천문의기와 역법을 통해서였다. 즉, 서구식 천문학에 근거를 둔 천문의기와 역법의 계산법을 보다 정밀한 역법을 확보하기 위한 의도로 이용했다면, 서구식 천문의기와 역법 계산이 전제로 하고 있는 지구설을 결국 인정하는 셈이 되는 것이다. 다시 말해서 천문의기와 역법의 계산법은 두 개의 서로 다른 패러다임하에서 상호 연결이 될 수 있는 통로였던 것이다.[7]

그런데 4장 1절에서 살펴본 바와 같이 서구식 역법 계산법은 조선후기에 정부 주도로 적극적으로 수용되었다. 명을 몰아내고 중원을 차지한 청이 시헌력(時憲曆)을 반포하자 1644년 그해부터 김육(金堉)은 시헌력으로의 개력을 주장하고 있다. 이후 일부 세력의 약간의 반대에도 불구하고 조선 정부는 적극적으로 서구식 역법의 수용을 추진해 결국 1653년에는 시헌력에 의거해 역서를 편찬하기에 이른다. 그 이후에도 이해가 미진한 부분과 중국에서 새롭게 채택된 최신의 천문학 이론과 계산법들을 계속 수용해나갔다.[8] 결국 땅이 구형이라는 기하학적 구조에 기반한 서구 천문학의 이론과 계산법이 정부 차원에서 공식적으로 채택된 것이다. 물론 이러한 작업을 실무에서 수행한 사람들은 전문적 천문역산가들인 관상감(觀象監) 관원들이었는데,[9] 그들은 동서양 모두에서 실재하는 우주의 구조와는 별개로 역법 계산을 위한 우주의 모델에만 관심이 있는 사람들이었다. 이에 비해 고도의 수학적 계산법을 이해할 리 없는 대부분의 사대부들은 서구식 역법의 채택에도 불구하고 지구의 관념을 수용하지 못했다고 할 수 있다. 그들에게 지구설은 황당해서 놔두고 논하지 않아야 할 성격의 자연지식이었다.

그러나 천문학 이론과 고도의 계산법을 이해할 수 있는 학인들의 경우에는 사정이 달랐다. 그들은 일반적인 유가 사대부들과 달리 경험적으로 이해 불가능한 지구설을 인정했다. 그들이 지구설을 해석하고 설득하는 논거는 두 가지 방식이었다. 5장에서 살펴본 김석문과 서명응 등이 상수학적 인식체계로 지구설을 독해했다면, 이익(李瀷)과 홍대용(洪大容) 등은 '회전하는 기의 메커니즘'으로 지구설을 독해했다.

이익은 백과전서적인 에세이집인 『성호사설(星湖僿說)』에서 한역(漢譯)서구 과학서가 전해준 새로운 자연지식 정보들을 정합적이고 전문적인 수준은 아니지만 나름대로 많은 관심을 가지고 해석해놓았다. 이익의 서구 과학에 대한 관심은 일찍부터 학계의 주목을 받았고, 『성호사설』에 기록된 서구 과학의 지식정보들에 대한 이익의 단상들은 18세기 중반에 이르기까지 조선의 유학자들이 어느 정도로 서구 과학을 수용·인식하고 있었는지를 보여주는 좋은 예로 거론되었다. 실제로 『성호사설』의 천문역산과 지리학 분야의 논의들을 보면 『건곤체의』와 『천문략(天問略)』 그리고 『직방외기(職方外紀)』 등 서구 선교사들이 편찬한 서구 과학서들을 이익이 읽고 소화했음을 알 수 있다. 또한 이익은 그러한 서구 과학 지식에 대해서 매우 긍정적인 시각, 즉 시헌력으로 대표되는 서구의 천문역산이 최고로 우수하다는 인식을 하고 있었다.[10] 그러나 그렇다고 해서 서구 과학의 토대인 자연인식체계마저 따르지는 않았다. 그러한 사실을 우리는 우주론 논의에서 중요한 관건이 되고 있는 지구설 및 지동설과 관련된 이익의 사색에서 잘 살펴볼 수 있다.

주지하는 바와 같이 이익은 서구의 지구설을 인정했으며, 지동설에 대해서는 지동(地動)을 주장하는 자들이 있는데 그럴 가능성은 충분히 있으나 면밀히 따져보면 지정(地靜)이 맞을 것이라고 결론지었다.[11] 특히 지구설에 대해서는 그것이 서구 과학이 전해준 것으로 타당할 뿐 아니라, "지구의 상하(上下)로 사람이 살고 있다는 설(說)"이라고 소개하는 것에서 알 수 있듯이 그것이 불러온 논쟁점을 명확히 인지하고 있었다.[12] 즉, 인간이 살고 있는 이 땅의 형태가 둥그럴 경우에 상하의 관념이 부정되게 될 뿐 아니라 중심에서 정반대의 위치, 즉 대척지(對蹠地)에 사람이 살게 되어 결국 우리가 살고 있는 이 땅의 밑에 거꾸로 서 있는 사람들이 있게 되는 문제가 발생하는 것이었다. 사실 상하가 사라지게 되는 문제는 상하의 명분과 질서를 부정하는 것으로 종래의 성리학적 세계관에 대한 심각한 위협이었고, 이에 양광선(楊光先)을 비롯한 중국과 조선의 많은 학인들은 그러한 지구설이 지닌 무상하(無上下)의 관념을 반박했으며, 대척지 문제는 지구 밑에 반대로 서 있는 사람들이 어떻게 밑으로 떨어지지 않을 수 있는가의 문제로 핵심적인 논쟁거리였다.[13]

이익은 조선 유학자 김시진(金始振, 1618~1667)과 남극관(南克寬, 1689~1714)의 논쟁을 거론하면서 계란 밑에 붙어 있는 개미가 떨어지지 않음을 들어 지구설을 주장하는 남극관의 주장을 근거 없는 주장이라면서 반박하고, 지심론(地心論)이라는 원리를 제시했다.[14] 지심론이란 지구와 같이 둥그런 물체는 상하 사방에서 그 중심인 지심을 향하는 그 무언가가 있다는 것인데, 이 보다 구체적인 설명을 이익은 "발직방외기(跋職方外紀)"에서 적어놓고 있다. 그 내용은 다음과 같다. 땅은 둥그런 하늘의 가운데에 있다, 하늘은 하루에 한 바퀴씩 돌고, 그 둘레가 엄청나니 그 운동력도 매우 굳셀 것이다, 그런데 이렇게 굳세게 회전하는 하늘의 안쪽에 있는 것은 그 세력이 안쪽을 향해서 모이지 않는 것이 없다, 이것은 둥근 주발의 안에 어떤 물체를 놓고 기틀을 사용하여 회전시키면 그 물체는 떠밀리고 쏠리다가 주발의 정중앙에 도달해서야 움직임을 그만두는 것과 같은 이치이다.[15]

"발직방외기"의 이러한 서술 내용은 지구 둘레의 모든 물체는 하늘의 굳건한 회전력에 의해서 '지구 중심으로 향하는 세력'을 지닌다는 것이다. 즉, 지구를 제외한 모든 물체는 회전운동을 하고 있는데, 하늘의 회전운동이 가장 굳건하고 안쪽으로 들어갈수록 회전력은 약해져 결국 가장 안쪽에 위치한 땅은 정지해 있다는 것이다. 또한 지구를 둘러싼 채 하늘의 회전력에 의해서 이루어지는 대기의 회전이 지구를 우주 공간 속에 버티게 해준다는 것이다. 이러한 내용은 2장 4절에서 살펴본 바와 같이 장재(張載)에 의해 제시되고 주희(朱熹)에 의해 더욱 구체화된 '기(氣)'의 회전 메커니즘'에 기반한 우주의 생성과 운동에 대한 논의가 더욱 세련되게 전개된 것이라고 할 수 있다. 장재와 주희의 논의와 다른 것이라면 대기의 회전력이 지구를 우주 공간에 버티게 해줄 뿐 아니라, 대기의 회전이 지심으로 향하는 세력을 형성하며, 이러한 세력은 지구 위의 물체들이 지구 밑으로 떨어지지 않고 지구면에 부착해 있을 수 있는 소이연(所以然)이라는 사실을 사색해낸 것이다. 이렇게 이익은 장재의 우주론에 근거해 그것을 더욱 발전시켜 지구설이 지닌 대척지의 문제를 풀고 있는 것이다.

그러나 중심으로 향하는 세력의 소이연을 하늘의 굳건한 회전력에서 구하고, 우주의 중심인 지심을 동력학적으로 가장 안정적인 곳으로 생각한 이익의 사색은, 땅이 그렇게 안정적인 위치에서 정지해 있어야 하는 결과를 낳았다. 이는 그가 지동의 가능성에 대한 논의를 펼쳤지만 결국 그러한 가능성을 부정하고 지정(地靜)으로 결론지었던 배경으로, 이러한 논리적 귀결은 그와 동시대를 살았던 김석문의 상수학적 우주론과는 정반대의 사색이었음이 흥미롭다. 즉, 김석문은 우주의 가장 바깥에 위치해 있는 태극천과 태허천이 가장 안정적이어서 부동(不動)하고 미동(微動)하며, 우주의 중심에 가까이 갈수록 회전운동이 빨라져 결국 지구면에서 가장 빠르다는 결론을 도출했다. 이것이 김석문의 지동설이었던 것이다. 이와 같은 아쉬움은 홍대용의 기론적 우주론에서는 과감하게 사라진다.

홍대용은 낙론계의 거두 김원행(金元行)의 문하에서 수학했던 인물로 황윤석(黃胤錫), 정철조(鄭喆祚) 등과 함께 상수학과 천문역산의 전문가로 통했다. 황윤석이 술회하는 데에서 잘 나타나듯이 김석문의 지구설과 지동설의 내용을 담은 정합적이고 독창적인 상수학적 우주론 논의는 홍대용을 비롯한 김원행의 석실서원(石室書院) 학인들에게 매우 큰 영향을 미친 듯하다.[16] 그런데 김석문 우주론에 영향을 받았을 홍대용의 우주론 논의가 김석문과는 상당히 다른 모습을 보여주고 있다는 사실이 더욱 흥미롭기도 하다.

홍대용의 우주론 논의가 기본적으로 장재의 기론적 우주론에 기초하고 있음은 「의산문답(鼁山問答)」에 적혀 있는 다음의 서술에서 단적으로 드러난다.

> "광막한 태허(太虛)에 가득 찬 것은 오직 기(氣)로서 안[內]도 없고 바깥[外]도 없으며, 시작[始]도 없고 끝[終]도 없다. 이러한 기가 끝없이 넓게 쌓여 결국은 응취(凝聚)하여 질(質)을 이루는데, 허공을 둘러싸고 돌거나 가운데 머물면서 선전(旋轉)하니, 그것들이 바로 지(地)·월(月)·일(日)·성(星)의 무리들이다."[17]

그야말로 원초적 기로 가득 찬 태허에서부터 물질적 생성의 과정이 도출되고, 생성 과정에서의 회전운동에 의해 우주의 둘레에 천체가 생기고 가운데에 땅이 형성되었다는 장재의 기론적 우주론이 그대로 반영된 내용이라고 할 수 있다. 그러나 "가운데에 머물면서 선전(旋轉)한다"는 대목에서 홍대용의 우주론은 이익과 달리 장재의 우주론을 넘어서버렸다. 즉, 구형인 지구가 태양계의 중심에서 정지해 있지 않고, 허공중에 떠서 하루에 한 바퀴 도는 자전(自轉)운동을 하고 만물이 그 지면(地面)에 붙어 있다고 주장을 한 것이다.

홍대용은 땅의 형체가 둥그런 것과 그러한 형체의 땅이 회전운동하는 것을 연결시켜 통일적으로 설명하고 있는데, 그것이 유명한 "지면 위의 상하지세(上下之勢)"에 의한 다음과 같은 설명이었다.

> "무릇 땅덩어리는 회전운동하길 하루에 한 바퀴 돈다. 땅의 둘레는 9만 리이고 하루는 12시간이다. 9만 리나 되는 너비를 12시간 내에 도니,

그 운행의 급함은 번개만큼 빠르고 포탄보다도 빠르다. 땅이 이처럼 급하게 돈다면 허기(虛氣)가 물살이 솟구치듯이 움직여 허공중에서 에돌면서 땅으로 모여들고 만다. 이리하여 상하지세(上下之勢)가 있게 되니, 이것이 지면 위의 형세이고 지면에서 멀어질수록 이러한 형세는 없어진다."[18]

이를 보면 상하지세란 지면 위의 기(氣)가 물살이 솟구치듯이 요동치며 땅으로 모여드는 세력을 말함을 알 수 있다. 그런데 왜 지면 위의 기가 요동치며 땅으로 모여드는가? 홍대용은 이러한 현상의 유사한 예를 다음과 같이 강물의 흐름에서 들어 보이고 있다. "두 기(氣)가 서로 부딪혀 안쪽 땅으로 모여드는데, 이는 마치 강가에서 물살이 솟구쳐 '화보(화보)'를 이루는 것과 같다. 상하지세(上下之勢)가 이렇게 이루어지는 것이다."[19] 즉, 흐르는 강물의 강가에서 일어나는 현상을 세밀히 살펴보면 강물의 흐름과 강가 땅의 부딪힘에 의해서 물살이 강가에서 생기게 된다. 그런데 그 물살이 솟구쳐 향하는 방향을 보면 강가의 땅으로 향한다. 홍대용은 이를 바다의 파도가 어느 곳에서든 모두 해안선에 수직으로 와서 부딪히는 것과 동일한 현상으로 이해했다. 이와 같이 땅을 둘러싼 기(즉, 흐르는 강물)와 허공중의 기(즉, 강가의 땅과 같이 땅에서 멀리 떨어져 움직임이 없는 기), 두 기가 부딪혀 격렬하게 요동치면서 땅 위의 기(氣)가 모두 지면(地面)으로 향하는 세력이 홍대용의 상하지세였던 것이다. 이러한 상하지세의 정도가 땅에서 멀어질수록 작아지는 것은 자연스런 귀결이었다.

이러한 홍대용의 상하지세는 땅이 둥그렇기 때문에 결국 지구의 중심으로 향하는 세력이 되는 셈인데, 그렇다면 이익이 말한 바의 지심으로 향하는 세력과 동일한 현상이 된다고 할 수 있다. 그러나 그러한 세력이 일어나는 소이연은 전혀 달라졌다. 즉, 이익에게서 지심으로 향하는 세력은 하늘의 매우 빠른 회전운동에서 비롯되어 동력학적으로 안정적인, 정지해 있는 지심으로 그 방향이 주어졌지만, 홍대용의 지심으로 향하는 상하지세는 이익과는 정반대로 지구의 급속한 회전운동, 그리고 그로 인한 땅과 허공중의 기의 부딪힘에 의해서, 파도가 해안선에 수직으로 몰아치듯이 요동치는 기가 지면에 수직으로 모여드는 세력이었던 것이다. 그럼으로써 홍대용은 지구설과 지동설을 동시에 통일적으로 설명할 수 있었다.

홍대용은 이러한 상하지세로 지구설과 지동설이 야기하는 문제점들을 해결했다. 즉, 지구설로 인한 대척지의 문제와 지동에 따른 움직이는 지구 위에서 사람이 쓰러지지 않고 똑바로 서 있을 수 있는 문제 등이 그것이다. 홍대용에게 '상하지세(上下之勢)'라는 것은 어느 정도의 두께로 기(氣)가 땅을 둘러싸고 있는 둥그런 지면 위 어느 곳에서나 적용되는 것이었다. 따라서 지구 위의 어느 곳에 서 있든 이러한 지면 위의 상하지세에 따라 무거운 물체는 아래로(즉 중심으로) 향하게 된다. 그렇다면 지구의 반대편 대척지에 우리와 반대로 서 있는 사람들이 지구 아래로 떨어질 염려가 없을 것이다.

또한 지구가 회전한다면 엄청나게 빠른 속도로 움직일 것인데, 그 위에 있는 사람들이 쓰러지지 않고 서 있을 수 있는 문제를 다음과 같이 풀어 나갔다. 땅덩어리가 매우 크니 둘러싼 기(氣)도 매우 두터워, 대나무 바구니처럼 엉키고 뭉쳐서 하나의 공 모양을 이루어 허공중에서 선전(旋轉)한다, 이것이 빠른 속도로 움직이면서 외부의 기와 마찰을 일으키는데 그 만나는 부분은 폭풍과도 같이 요동치니 술사(術士)들이 이해하던 강풍(罡風)이 바로 이것이다, 이것을 지나 벗어나면 순수하고 고요하다.[20] 이와 같이 땅을 둘러싼 기는 매우 두터운데, 외부의 허기(虛氣)와 접촉하는 부분에서는 폭풍과도 같이 요동치나 그 안쪽은 매우 고요한 상태가 된다는 것이다. 따라서 그 안에 서 있는 사람들은 지구가 아무리 빠르게 회전운동을 하더라도 아무런 동요를 느끼지 않고 서 있을 수 있는 것이다.

이상과 같은 홍대용의 우주론 논의에서 상수학적 추론을 전혀 찾아볼 수 없다는 사실은 동시대 서명응의 우주론이 고도로 극단적인 상수학적 기교를 부렸다는 것과 비교해서 주목할 만하다. 오히려 홍대용은 「의산문답」에서 "내가 세상에 나아가 일원(一元)을 계산해보니 몇 천만억 년이 될지 도저히 알 수 없다"[21]며 소옹(邵雍)의 일원(一元) 12만 9600년이 천지개벽의 주기가 되는 것을 믿지 못하겠다는 상수학에 대한 부정적인 입장을 분명히 밝히고 있다. 상수학에 대한 홍대용의 부정적인 시각은 그의 「계몽기의(啓蒙記疑)」에서 더욱 잘 드러난다. 이 저서는 소옹의 상수학 체계를 발전적으로 계승하여 송대의 상수학을 정리한 주희의 『역학계몽(易學啓蒙)』을 읽으면서 의문이 나는 사항을 정리해놓은 글이었다. 그런데 홍대용은 하도(河圖)의 형상에서 역법의 원리를, 낙서(洛書)에서 지리(地理)의 원리를 추적하려는 소옹과 주희의 시도에 대해 전혀 근거 없이 단지 추측함이 지나치게 심할 뿐이라는 혹평을 던지고 있다.[22] 뿐만 아니라 『역학계몽』의 복잡한 산술적 계산을 통한 주역 체계의 모든 설명들을 "이해할 수 없다[不可解]", "명확하지 않다[未明]", "그렇지 않다[不然]" 등으로 일관되게 부정했다.[23] 상수학적 인식체계에 대한 부정뿐 아니라 홍대용은 전통적인 우주론의 여러 가지 측면들, 즉 음양오행에 입각한 생성과 변화의 설명 방식들, 하늘과 땅의 인간 세계 사이의 감응(感應)의 관념에 근거한 천문관과 분야설 등을 철저하게 부정했다.[24]

홍대용이 상수학적 자연인식체계에 대해서 전면적으로 부정적인 시각을 지녔다는 점은 김원행의 문인들에게 큰 영향을 주었던 김석문의 지동설에 대해 홍대용이 한마디의 언급도 하지 않은 배경이 아닐까 싶다. 홍대용은 조선의 유학자로서 김석문에 이어 지동설을 그의 우주론에서 담아내었다. 그렇지만 그 원리적 근거는 김석문과는 달랐으며, 오히려 홍대용은 남인계 학인 이익의 기론적 논의를 발전적으로 계승했다. 즉, "지심으로 향하는 세력"이 있다는 이익의 주장을 더욱 발전시켜, 마찰을 일으키는 두 기(氣) 사이의 요동침에 의해서 발생되는 "지면, 즉 지심으로 향하는 상하지세"의 메커니즘을 구체화시킴으로써 지구설과 지동설 모두를 설득력 있게 설명해낸 것이다.

2. 19세기 초 4원소설과 방이지 학파 우주론의 뒤늦은 유입

지구설과 구면천문학을 근간으로 하는 서구 천문지리학 지식이 17세기 이후 조선에 유입된 이래 조선 학인들의 그에 대한 독법은 잘 아는 바와 같이 세련된 성리학적 자연인식의 틀에 입각해 재구성·재해석하는 것이었다. 김석문과 서명응 등 대부분의 조선 사대부들은 상수학적 자연인식체계에 근거해 읽었고, 이익과 홍대용 등 일부 사대부들만이 기론적 자연인식체계에 근거해 읽었다. 17~18세기 조선 학인들의 이와 같은 서구 천문학과 우주론 독법은 동아시아 유가 지식인들에게는 거시적 차원에서 공통적으로 나타나는 경향이었다. 비록 17세기 말 이후 중국에서는 잊혔지만 17세기 전반 강남의 방이지(方以智) 학파 학인들이 기의 대회전 메커니즘으로 서구 과학 지식을 읽고 재구성했던 독법과 크게 다르지 않았다. 일본에서는 방이지 학파의 일원이었던 유예(遊藝, 1614~1684)의 『천경혹문(天經或問) 전·후집』(1675, 1681년)이 전해지면서 17세기 말 이후 중국에서 사라졌던 방이지 학파의 기론적 우주론이 널리 유행했다.[25] 이와 같은 중국 및 일본에서의 정합적이고 체계적인 기론적 우주론 사색과 비교해서 조선의 이익과 홍대용의 기론적 우주론 논의는 아주 초보적이고 단편적이었다고 할 수 있다. 이익과 홍대용의 서구 과학 독법은 체계적인 우주론 사색이라기보다는 지구설과 지동설을 설명하기 위한 단편적인 논의의 수준에 불과했던 것이다. 이에 비하면 김석문과 서명응의 서구 과학 지식정보를 재구성한 상수학적 우주론은 중국과 일본에서는 유사한 예를 찾아볼 수 없을 정도로 정교하고 세련된 것이었다. 17~18세기 조선 학인들의 상수학적 우주론은 고도로 세련되고 정합적이었던 데 비해 기론적 우주론은 매우 초보적인 단편적 논의에 불과했던 것이다.

이러한 차이는 어디에서 비롯된 것일까? 두 가지 배경을 들 수 있을 것이다. 하나는 16세기 서경덕(徐敬德) 이래 성장했던 조선 학인들의 자연에 대한 상수학적 이해의 전통이다. 1600년 이후 서구 과학이 처음 유입되어 들어오기 시작하던 시기 장현광의 『우주설(宇宙說)』(1631년)에서 잘 드러나듯이 조선 학인들의 우주론 사색은 일반적으로 상수학적인 인식체계 내에서 이루어졌다. 조선은 소옹의 나라라고 할 정도로, 중국 송대의 소옹 상수학을 완벽하게 소화하고 그것을 이용해 자연을 이해하고 사색하던 조선 학인들이 상수학적인 필터를 통해 이질적인 서구의 천문학 지식을 읽는 것은 자연스러운 귀결이었다.

또 다른 배경으로는 세련된 기론적 자연지식 논의의 자양소를 제공할 만한 문헌이 18세기 말에 이르기까지 조선에 유입되지 않았던 것을 들 수 있다. 예컨대 『환유전(寰有詮)』(1628년)과 『공제격치(空際格致)』(1633년) 등 예수회 선교사들의 문헌은 비록 우주의 물질적 근원이자 운동과 변화를 설명하는 원리였던 기의 개념과 대회전 메커니즘을 부정하는 4원소설의 내용을 담았지만, 수(水)와 토(土)로 이루어진 지구 둘레가 기대(氣帶)와 화대(火帶)로 둘러싸여 있다는 대기권의 층서 구조 이론(소위 三際說이 그것이다)은 재해석을 통해 풍부한 기론적 우주론 사색을 가능하게 할 수 있었다. 실제로 17세기 전반 중국의 방이지 학파 학인들에 의해서 이루어진 매우 독창적이고 세련된 기론적 우주론은 『환유전』이나 『공제격치』 등의 서구 천문학·기상학 개론서들의 문헌에 담긴 내용을 토대로 기의 개념과 대회전 메커니즘에 근거해 재해석·재구성한 우주론이었다. 그러나 이러한 문헌들은 18세기 말까지 조선에 유입되지 않았고, 혹여 유입되었다 하더라도 그것을 열람한 조선 학인들은 거의 없었다.

이와 같은 두 가지 배경은 조선의 우주론 사색이 상수학적으로는 고도로 세련된 상상력을 발휘했지만 기론적으로는 초보적인(물론 흥미롭고 자유로운 사색이지만) 논증에 그쳤던 배경이었다. 그런데 19세기 조선의 학계에는 예전과 다른 우주론적 논의의 새로운 지식정보가 유입된다. 그동안 조선의 학인들이 열람하지 못했던 우주론 내용을 담은 문헌들이 18세기 말 이후 유입되었고, 일부 학인들 사이에서 그것을 열람하면서 선배들과는 다른 기론적 우주론 사색을 펼칠 조건이 형성되었던 것이다. 그것은 사실 17~18세기 중국과 일본의 학인들이 세련된 기론적 우주론 사색을 펼치는 데 활용했고, 영향을 받았던 문헌들이었다.

첫째, 『공제격치』의 유입과 조선 학인들 사이에서의 그 열람을 들 수 있다. 『공제격치』는 예수회 선교사 바뇨니(Alphonsus Vanoni, 중국명은 高一志, 1566~1640)가 아리스토텔레스의 『기상학(Meteorologica)』을 저본으로 1633년 북경에서 편찬한 문헌으로 천둥과 번개, 지진이나 폭풍, 해류 등과 같은 지상계에서의 여러 자연현상들을 설명해놓은 일종의 지구과학 개설서였다. 특히 이 책의 전반부인 "원행성론(元行性論)"과 "지론(地論)" 부분은 우주의 중심에서 정지해 있는 구형의 지구를 전제로 기독교적 신의 섭리가 조화롭게 펼쳐져 있음을 입증하기 위해 4원소설에 뿌리를 둔 서구의 중세적인 우주론을 논증하는 내용으로, 서구 과학의 소개를 통해 기독교적 신의 섭리를 전파하려는 예수회 선교사들의 의도가 다분히 깔려 있는 내용이었다.

『공제격치』의 전반부에 담긴 가장 핵심적인 내용은 4원소의 본질적인 성질을 정리·소개하면서, 그것에 기반해 땅의 형체는 구형이며, 우주의 중심에서 정지해 있고 다른 모든 천체들이 지구를 중심으로 원운동을 하는 것이 전능하신 신에 의해서 부여된 조화로운 우주의 섭리라는 것을 논증하는 내용이었다. 4원소, 즉 4원행(元行)은 흙[土], 물[水], 공기[氣], 불[火]의 네 가지로, 그것들은 절대적인 무게라는 본성과 그에 상응하는 우주 내에서의 본연의 위치[本所]를 본성으로 부여받았다. 가장 무거운 본성을 지닌 흙은 본연의 위치가 우주의 중심이며, 가장 가벼운 불은 우주의 중심에서 먼 바깥이 본연의 위치가 된다. 상대적으로 중간 정도의 무거움과 가벼움을 지닌 물과 공기는 각각 중간의 위치를 역시 본연의 위치로 가졌다.[26] 이러한 본성에 의해서 모든 물체는 자신의 본연의 위치로 돌아가려는 경향을 지니게 되는데, 무거운 물체는 본소(本所)인 우주 중심으로 향하며, 가벼운 물체는 우주 바깥으로 향하게 되어 있다.

4원행의 본성에 의하면 지구설은 의심의 여지가 없는 사실이었으며, 지구는 우주의 중심에서 정지해 있을 수밖에 없다. 가장 무거운 흙이 본연의 위치인 우주의 중심에 모여 뭉친 것이 바로 지구이며, 그러한 지구는 우주의 사방에서 흙이 몰려들어 뭉쳐 가장 안정된 상태를 이룬 것이므로 당연히 구형일수 밖에 없다.[27] 아울러 지구설 반대자들이 지속적으로 문제 제기를 했던 상하 관념과 대척지의 문제도 전혀 문제가 되지 않았다. 상하란 단지 우주의 중심인 지심(地心)과 그 바깥의 관계일 뿐이었으며, 지구 반대편에 서 있는 사람도 각자가 발을 딛고 서 있는 것이 우주의 중심을 향해 서 있기 때문에 전혀 문제가 아니었던 것이다.

한편 『공제격치』에서 4원행 이론을 통해 의도했던 또 하나의 중요한 내용은 기가 중국의 유학사상 내에서 지니는 전통적인 기능과 의미를 부정하고 단지 물질적인 것에 불과한 것으로 규정하는 것이었다. 예수회 선교사들이 보기에 유학자들의 기(氣)는 생명 활동의 근원이기도 했고 신적인 존재이기도 해서, 만물을 창조한 전능한 신의 존재를 믿는 데 가장 저해가 되는 불순한 관념이었다. 그래서 마테오 리치를 비롯한 예수회 선교사들은 저술을 통해서 기가 단지 물질에 불과함을 역설하곤 했던 것이다. 『공제격치』에서도 그러한 선교사들의 의도는 여실히 반영되었다. 예컨대 기는 없는 것과 같다는 식으로, 중국에서의 오래된 사색을 부정하면서 기는 우주 공간에 꽉 차 있는 4원행 중의 한 물질에 불과하다는 사실을 여러 가지 증거를 예로 들어 설명했다.[28]

또한 4원행으로 이루어진 각 권역의 두께를 논하는 내용도 기의 물질적 측면을 강조하는 것과 무관하지 않았다. 즉, 토역(土域, 즉 지구를 의미)은 둘레 9만 리에 반경 2만8636리 36장(丈)이고, 토역을 둘러싼 수역(水域)의 두께는 위치와 지형에 따라 다르지만 대강 10여 리이며, 그 바깥의 기역(氣域) 두께는 250여 리이고, 가장 바깥의 화역(火域)의 두께는 무려 46만7953리 82장이었다.[29] 다시 기의 구역에 대해서는 "지론" 부분에서 자세하게 부연해서 설명했는데, 상중하의 셋으로 구분되었다. 상역(上域)은 화역에 가까운 곳으로 기가 매우 맑고 뜨거워서 사람이 기거할 수 없는 곳이었다. 하역(下域)은 수토의 권역에서 가까운 곳으로 항상 기가 따뜻한 곳이며, 중역(中域)은 중간 위치의 권역으로 우설(雨雪)이 맺히는 곳이었다.[30] 결국 기를 포함한 4원행의 구역의 두께를 상세하게 거론함으로써 기라는 것이 토·수·화에 비해서 더 근원적이지 않으며 동일한 차원의 물질적 존재라는 것을 강조한 셈이었다.

이상과 같이 『공제격치』 서술의 중심 내용과 논증은 기가 지니는 전통적인 기능과 의미를 부정하고 대신에 아리스토텔레스의 4원행(즉 4원소) 이론을 제시하면서 지구와 지정(地靜)의 논거를 제시하는 것이었다.

그런데 17세기 전반에 편찬·간행된 한역(漢譯) 서구 과학서들 대부분이 곧바로 조선에 유입된 것과 달리 1633년에 간행된 『공제격치』는 조선에 들어오지는 않은 듯하다. 빨라야 100년도 더 지난 1749년 무렵 안정복 (安鼎福, 1712~1791)과 윤동규(尹東奎, 1695~1773) 등 이익의 제자들 사이에 서 유통된 것이 가장 이른 것이었다. 그러나 책에 담긴 4원소설과 삼제설 (三諦說) 등의 내용에 대한 이익을 비롯한 18세기 조선 학인들의 언급이 18세기 중엽 당시는 물론 그 이후에도 오랜 동안 거의 없는 것으로 미루 어 『공제격치』와 그 내용은 조선 학인들의 주목을 끌지 못한 듯하다. 기론 적 체계를 이용해 지구설의 가능성을 논리적으로 설파했던 홍대용의 「의 산문답」(1773년)에서도 4원소설과 삼제설을 활용한 논증은 찾아볼 수 없 다. 예외적으로 1790년 '오행설'을 묻는 과거시험 답안에서 정약전(丁若銓, 1758~1816)이 4원소설을 논의한 것이 유일했다.[31] 정약전은 이 일로 인해 18 세기 말 반(反)서학의 정국 분위기하에서 곤욕을 치러야 했다. 그런데 이 와 같이 불온시되던 4원소설의 우주론이 19세기 들어 『공제격치』을 통해 조선 학인들의 우주론 사색에 서서히 끼어들어가고 있었다.

둘째, 18세기 말까지 조선에 유입되지 않았고, 조선의 학인들이 존재조 차도 모르고 있었던 방이지 학파의 기론적 우주론 사색을 담은 문헌이 19세기 들어 유통·열람되기 시작한 것을 들 수 있다. 아마도 『청장관전서 (靑莊館全書)』(1795년)에서 이덕무(李德懋)가 방이지의 『물리소지(物理小識)』 (1644년)와 방중리(方中履, 1638~?)의 『고금석의(古今釋疑)』(1682년)를 언급하 고 참고문헌으로 제시하고 있는 것이 처음인 듯하다.[32] 물론 이덕무는 『청 장관전서』의 참고문헌을 소개한 글인 「뇌뢰낙락서(磊磊落落書)」에서 두 문 헌을 소개하는 데 그쳤을 뿐 그 내용에 대해서는 전혀 소개하지 않은 것 으로 미루어 주의 깊게 주목하지는 않았던 것 같다. 그러나 18세기 말까 지 전혀 그 존재조차 모르고 있던 방이지 학파 학인들의 세련된 기론적 우주론 논의를 담은 문헌이 18세기 말 언제인가 조선에 유입되었고, 참고 문헌으로 거론될 정도로 주목을 받기 시작했음을 알 수 있다. 중국에서는

17세기 말부터 거부되고 18세기 이후에는 점점 잊혀져가던 방이지 학파의 문헌들이 150여 년 만에 조선에서는 주목을 받기 시작한 것이다.

셋째, 코페르니쿠스(Nicolaus Copernicus)의 이론을 정식으로 중국에 처음으로 소개한 부노아(Michel Benoist, 蔣友仁)의 『지구도설(地球圖說)』(1767년 간행)이 19세기 들어 조선에 유입된 것을 들 수 있다. 1757년 교황청에서 코페르니쿠스의 저서 『천구의 회전에 관하여(De revolutionibus orbium coelestium)』(1543년)를 금서 목록에서 제외한 이후에 중국에서 편찬된 『지구도설』은 태양 중심 우주론과 지동설을 비교적 상세하게 설명함으로써, 중국의 학인들은 이 책을 통해 그동안 단편적으로 들어보기는 했지만 명확하게 알지 못했던 코페르니쿠스의 태양 중심 우주론을 비로소 구체적으로 알 수 있게 되었다.[33] 전대흔(錢大昕)에 의해서 1767년 북경에서 간행된 『지구도설』이 언제 조선에 유입되었는지는 분명하지 않다. 1830~40년대의 최한기(崔漢綺)의 저서들과 이규경(李圭景)의 『오주연문장전산고(五洲衍文長箋散稿)』에 관련 내용이 전혀 적혀 있지 않은 것으로 보아 1840년대까지도 조선의 학인들이 『지구도설』과 코페르니쿠스의 태양 중심 지동설을 전혀 몰랐다고 할 수 있다.[34] 『지구도설』이 조선 학인들의 논의에서 본격적으로 등장하는 것은 1850년대 이후 최한기와 이청(李晴, 1792~1861)에서였다. 어떤 경로로 그들이 『지구도설』에 접근했는지 그 채널은 분명하지 않으나, 그들의 자연지식 논의에서 『지구도설』의 지구 공전설은 중요한 위치에 있었다.

19세기 이후 새로이 유입되어 유통·열람되고 영향을 미친 마지막 중요한 문헌으로 19세기 중엽 중국 상해를 무대로 편찬된 19세기 최신의 유럽 과학서들을 들 수 있다. 개신교 선교사들인 밀른(米燐, William Milne, 1785~1822)과 와일리(偉烈亞力, Alexander Wylie, 1815~1887), 그리고 그들의 협력자 이선란(李善蘭, 1810~1882)은 15년의 노력(1852~1876년) 끝에 『기하원본(幾何原本)』을 완역했고, 1850년에 나온 최신의 미적분학 서적을 번역해

1859년에 『대미적습급(代微積拾級)』으로 간행했으며, 윌리엄 휴얼(William Whewell, 1794~1866)의 역학서를 번역해 『중학(重學)』(1859년 초판 간행)으로 간행했다. 또한 허셸(J. F. W. Herschell, 1792~1871)의 천문학 개론서(원 제목은 *The Outlines of Astronomy*로 1849년에 간행됨)를 번역해 『담천(談天)』(1859년)으로 간행했다. 이 외에도 의학 분야에서 홉슨(合信, Benjamin Hobson, 1816~1873)은 최신의 서구 의학서들을 1850년대에 대거 편찬·간행했을 뿐 아니라,[35] 광학, 전자기학, 화학 분야의 최신 과학 지식을 소개하는 『박물신편(博物新編)』(1855년)을 저술·간행하기도 했다.[36] 이러한 19세기 중반 무렵 개신교 선교사들의 서구 과학 소개는 17세기 전반 예수회 선교사들이 과학혁명 초기의 중세 과학과 근대 과학이 혼재되어 있는 상태의 혼돈스런 유럽 과학을 전래한 이후에 200년 만에 재개된 서구 과학의 본격적인 유입이었다. 최신의 유럽 과학과 기술이 아편과 함께 위협적으로 유입되는 정국하에서 중국 학인들의 과학 담론도 종전과는 많이 달라졌다. 이제 중국의 고전적 과학의 틀에 의해서 서구 과학을 회통하려는 학문적 경향은 주춤해졌다. 물론 부분적으로 고법을 보존해야 할 필요성을 역설하거나 중국기원론을 계속 주장하기도 했지만, 중·서 수학의 차이점을 명확하게 구분해 우수한 19세기의 최신 서구 과학기술을 배워야 한다는 주장이 나오기 시작했다. 아편전쟁 패배 후 자강론자 위원(魏源, 1794~1857)에 의한 『해국도지(海國圖志)』(1842년)[37]의 편찬, 그리고 서계여(徐繼畬, 1795~1873)에 의한 『영환지략(瀛環志略)』(1848년)의 편찬은 그 시작이었다.

19세기 중엽 중국에서 간행된 과학서들이 개항 이전 조선에 얼마나 들어왔는지는 명확하게 파악되지 않았지만 최한기의 1850년대 저술을 통해서 『담천』과 『박물신편』, 그리고 19세기 유럽 지리학과 무기 기술이 중심 내용인 위원의 『해국도지』와 『영환지략』 등이 유입되었음을 알 수 있다. 물론 조선 학인들의 저서에서 그러한 문헌을 활용한 것은 최한기가 유일했지만, 개항 이전 조선에 19세기 최신의 유럽 과학이 유입되어 열람되기 시작했음은 주목할 필요가 있다.

3. 서구 중세 우주론의 전도(顚倒): 최한기의 우주론

이제 17~18세기의 학인들은 알지 못했던 새로운 우주론 및 천문학적 지식을 처음 접한 19세기 조선의 학인들이 그것을 어떻게 읽고 재구성했는지 살펴볼 차례다. 먼저 『공제격치』에 담긴 중세 유럽의 우주론적 틀을 19세기 조선 학인들이 어떻게 읽고 해체했는지 살펴보자.

예수회 선교사 바뇨니가 중세 유럽의 기상학·대기과학 지식을 담은 『공제격치』를 편찬하면서 가장 역점을 두었던 것은 앞서 언급했듯이 아리스토텔레스의 4원소 물질 이론에 근거하여 지구설을 논증하는 동시에 중국의 고전적인 '기(氣)'의 개념과 기능을 부정하고 기가 단지 화(火)·수(水)·토(土)와 함께 하나의 물질에 불과한 공기(air)라는 사실을 일관되게 강조하는 것이었다. 이는 유학자들에게는 기가 우주 생성의 물질적 근원이자 생명 활동의 근원과도 같은 것이어서 전능한 신의 존재를 믿는 데 가장 저해되는 개념이라고 판단했기 때문이었다. 그러나 중국의 학인들은 예수회 선교사들의 의도대로 『공제격치』를 읽지 않았다. 기를 우주 발생의 근원으로 믿는 동아시아의 인식체계하에서 기를 수·토·화와 함께 네 원소 중하나에 불과한 것으로 상정하는 4원소설은 믿을 수 없는, 게다가 기독교신학과 연결된 불온한 억측에 불과했던 것이다. 결국 방이지 학파 학인들을 비롯해 중국의 학인들은 4원소설을 인정하지 않았고, 기를 여전히 우주 발생의 근원, 그리고 천체 운행의 원리로 이해했다. 『공제격치』에 담긴 대기권의 층서적 구조 이론과 대기 현상에 대한 설명들은 4원소설과 분리 해체되어 기론적 우주론의 의미망으로 용융(溶融)되어 들어갔을 뿐이었다.

19세기 조선에서도 사정은 마찬가지였다. 18세기 말 19세기 초 4원소설이 불온한 서학의 핵심 이론으로 지목받는 반서학의 정치적 분위기하에서 4원소설은 대놓고 논의할 수조차 없는 이론이었다. 그럼에도 불구하고 『공제격치』에 담긴 대기권 이론은 우주론 사색을 풍부하게 하는 자양분이었다. 1811년 정약전과 정약용(丁若鏞, 1762~1836)이 혜성의 관측을 놓고 벌인 토론은 그러한 단적인 예이다. 정약전은 유배지 흑산도에서 혜성의 운동을 관측한 결과에 대한 자신의 해석을 정약용에게 보낸 편지[38]에서 다음과 같이 피력했다. 혜성을 관찰해보니 서에서 동으로 움직였는데 혜성의 꼬리가 서쪽으로 나지 않고 동쪽으로 향했다. 혜성이 서에서 동으로 움직였다면 당연히 꼬리는 움직이는 반대 방향인 서쪽으로 생겨야 했다. 정약전은 이러한 현상이 가능한 원인을 지구의 회전운동에서 구했다. 즉, 혜성이 화대(火帶) 안에서 서에서 동으로 움직이지만 지구를 둘러싸고 지구와 같이 도는 기대(氣帶)의 회전운동[東行]이 화대보다도 더 빨라 그 운동에 쏠려 혜성의 꼬리가 동쪽을 향하게 된다는 것이었다.

이러한 정약전의 논증에서 우리는 4원소설에 입각한 대기권의 층서적 구조 이론이 지동설(물론 자전이다)의 근거로 뒤집히는 역설적인 사고의 전환을 본다. 『공제격치』에서 4원소설과 대기권 이론은 구형의 땅이 우주의 중심에서 정지해 있을 수밖에 없는, 신이 부여한 조화로운 우주의 원리를 설명하는 것이었다. 그런데 정약전에 의해서 4원소설과 대기권의 층서적 구조론은 전도(顚倒)되어 지구의 자전을 증명하는 논거로 탈바꿈한 것이다. 정약전의 생각에 동의하지 않는 정약용의 논증도 흥미롭기는 마찬가지다. 정약용은 고래의 음양론적 전통에 따라 혜성을 얼음과 같이 차가운 수기(水氣)가 상승해서 냉천(冷天)에서 응결한 천체로 이해했다. 그런데 이와 같이 차가운 물체가 어찌 뜨거운 화대에서 움직일 수 있겠는가라며 정약전의 혜성 관찰 해석에 동의하지 않았던 것이다.[39] 흥미로운 사실은 정약용의 논증에서도 『공제격치』의 4원소설에 입각한 대기권의 층서 구조 이론이 그대로 활용되고 있는 것이다. 지구 위를 기대와 화대가 감싸고 있다는 점, 그리고 기대에서 냉천, 즉 냉역(冷域)을 상정하고 있다는 점이 그러한 사실을 말해준다.

기론적 우주론의 체계에 입각한 유럽 중세 우주론의 뒤집기는 최한기의 『기측체의(氣測體儀)』(1836년)와 『운화측험(運化測驗)』(1860년)에 이르러 더욱 전면적으로 이루어졌다. 서구 과학 지식에 남다른 관심을 보였던 최한기는 천문역산을 집대성해놓은 『역상고성(曆象考成)』을 검토한 만큼 지구설을 핵심 내용으로 하는 서구 과학의 일반적인 내용에 대해 이미 숙지하고 있었음은 분명하다. 먼저 서구 천문학의 가장 큰 전제인 지구설을 1830~40년대부터 기정사실로 받아들였다. 지구설은 이론적으로 입증할 수 있는 것이기도 했지만,[40] 최한기는 지구설에 대한 경험적 증거를 더욱 강조했다. 즉, 서구인 카노(J. S. Cano, 嘉奴)가 둥그런 지구를 한 바퀴 돌아오는 세계 일주를 통해서 지구설은 부정할 수 없는 객관적 사실로 입증되었다는 것이다.[41] 최한기는 "대단하도다, 지구설이여! 천지의 정체를 밝혔고, 천년을 이어온 긴 몽매를 일깨웠도다!"라고 감탄할 정도로 지구설을 서구 과학의 핵심적인 내용으로 인식했다. 그야말로 최한기에게 카노의 세계 일주를 통한 지구설의 입증은 "천지를 개벽"[42]한 것과 같은 대단한 사건이었다.

지구설에 대해서 이렇게 확신했던 것과는 다르게 우주의 구조와 지구의 운동에 대해서는 이 시기에는 명확한 그림을 그리지는 못했던 듯하다. 최한기가 인식하고 있던 우주의 구조는 다음과 같았다. 즉, 경성(經星)이 가장 바깥에서 가장 느리게 동행(東行)하면서 회전운동을 하고 있고, 그 안쪽으로 토성·목성·화성의 순으로 안쪽으로 들어올수록 약간 빠르게 역시 동행하면서 회전운동을 하고, 그 안쪽으로 태양과 달이 도는데, 금성과 수성이 태양의 둘레를 도는 구조였다.[43] 이러한 구조는 언뜻 보면 티코 브라헤(Tycho Brache)의 우주 구조와 흡사하다. 그러나 지구가 자전운동을 한다는 점에서 티코 브라헤의 우주 구조와는 달랐으며, 토성·목성·화성이 태양을 중심으로 도는지도 불명확했다.[44]

지구의 운동에 대한 최한기의 논의는 『추측록(推測錄)』권2의 「지구우선(地球右旋)」[45]에서 잘 보인다. 그것에 의하면 서구에서는 지구의 운동을 전제로 한 천문학 계산을 한 지 오래되었으며, 중국에서도 지구의 운동을 주장하는 사람이 있었다. 이러한 지구의 운동 이론에 대해 최한기는 "지구의 운동으로서 일월오성의 운동을 징험하는 것"이며, 그것은 결국 "하늘이 하루에 한 바퀴 도는 것을 지구가 하루에 한 바퀴 도는 것으로 바꾸어 놓은 것에 불과하다"고 이해했다. 이에 대해서 "뭇 천체들은 지구에서 멀면 그 운행이 느리고, 지구에서 가까우면 그 운행이 빠른 것"으로 보아 지구의 운동은 이치에 맞는 이론이라고 최한기는 보았다.[46] 결국 최한기는 종래의 "역가(曆家)들이 전제로 했던 지구가 정지해 있고 천체가 좌선한다는 이론은 계산을 간편하게 하기 위한 것에 불과하며, '학자'라면 모름지기 지구가 우선한다는 사실을 알아야 한다"고 결론지었다.

지구의 운동에 대한 최한기의 논의를 보면 그가 서구의 지구 운동 이론이라고 서론한 것은 태양 중심의 공전운동이 아닌 듯하다. 이것은 코페르니쿠스의 태양 중심 지구 공전 이론을 처음으로 자세하게 소개하면서 수학적으로 우수한 이론이라고 소개한 부노아의 『지구도설』(1767년)을 1830년대에 최한기가 접하지 못했음을 의미한다. 물론 『지구도설』이전에도 지구의 운동이 전혀 소개되지 않은 것은 아니었다. 예컨대 『오위력지(五緯曆指)』(1634년)에서도 지구의 회전을 주장하는 사람들의 논의라며 소개되었는데, 그 주장의 논거는 배와 땅의 운동의 상대성에 비유해서 지구의 운동

가능성이 이유 있음을 주장하는 것이었다. 그러나 서술이 명확하지 않아서 티코 브라헤의 이론처럼 지구가 태양 궤도의 중심에 있는 것처럼 서술되어 있었다.[47] 따라서 『오위력지』를 읽고 태양 중심의 공전을 생각하기는 불가능했으며, 지구의 운동을 생각하더라도 그것은 우주 중심 부분에 위치한 지구의 자전일 수밖에 없었다.

결국 『지구도설』을 아직 접하지 못한 최한기가 『오위력지』와 같이 불분명한 지구 운동에 대한 논의 기록을 읽으면서 앞서 살펴본 바와 같은 지구 자전설을 생각하는 것은 오히려 자연스러운 귀결이었다고 할 수 있다. 그렇다면 최한기는 어떻게 지구의 자전을 확신하게 되었을까? 그가 제시하고 있는 지구 운동의 세 가지 증거를 살펴보자. 그것은 첫째, 조석의 물이 항상 지구를 낀 채로 왼쪽으로 돌면서 잡아끌고[挈] 오른쪽으로 돌면서 밀고[推], 달과 서로 응하기를 달이 높으면 조수가 줄고 달이 낮으면 석수가 넘치는 현상, 둘째, 뭇 천체들은 지구로부터의 거리가 낮은 것은 빠르고 높은 것은 느린 원리, 그리고 셋째, 바다 위를 항해하는 배가 서쪽으로 갈 때는 쉽고 동쪽으로 갈 때는 어려운 현상이었다.[48]

이 중에 첫 번째와 두 번째의 증거로 들고 있는 것이 매우 흥미롭다. 먼저 두 번째 증거로 들고 있는 지구로부터의 거리가 멀면 운동이 느리고 가까울수록 빠르다는 원리를 보자. 물론 이 원리는 사실 객관적 근거는 없는 오히려 철학적 원리에 가까운 것이라고 할 수 있다. 그런데 우리는 비슷한 논리를 김석문의 우주론에서 살펴볼 수 있다. 김석문에 의하면 부동의 태극천에서 미동의 태허천이 생겨나고 다시 태허천에서 운동이 그 보다 조금 빠른 경성천, 토성천 등이 우주의 중심 쪽에서 생겨나고, 결국엔 우주의 중심 부분에서 천체 중에서 가장 빠른 지구가 생성되었다. 최한기의 지구 운동의 두 번째 증거는 바로 이러한 김석문의 논의와 다를 바가 없다.

첫 번째 조석 현상을 지운(地運)의 증거로 제시하고 있는 것은 최한기 이

전에 어느 누구에게서도 찾아볼 수 없는 독특한 사색이다. 종래 서구 과학에서 조석에 대한 이해는 바뇨니(즉 高一志)의 『공제격치』「해지조석(海之潮汐)」에서 정리된 것이었다. 그것에 의하면 조석의 주된 원인을 달과의 관련 속에서 찾는 것이었는데, 달의 위상과 위치, 달의 운행 속도 등과 연결되어 설명되었다.[49] 물론 이러한 설명은 단지 달과 지구와의 사이에서 일어나는 현상으로 조석 현상을 이해하는 것일 뿐 뉴턴 역학에서의 만유인력과 같은 궁극적인 원리에 대한 설명은 아니었다. 그런데 최한기는 조석 현상을 궁극적 원리로서 기(氣)로 둘러싸인 달과 지구의 운동 메커니즘에 의해서 일어나는 것으로 다음과 같이 설명했다.

> "뭇 별들의 운전(運轉)에는 둘러싼 기(氣)가 따라서 돌면서 피륜(被輪)을 이룬다. 달은 지구에서 가장 가깝기 때문에 지구의 피륜과 달의 피륜은 서로 부딪히면서 돈다. 두 피륜이 부딪혀 돌아가는 곳에서는 기가 수렴되어 당겨지고, 물이 그 당겨짐에 응해서 동(動)하는데, 이것을 일러 밀물[潮]이라 한다. 두 피륜이 부딪혀 나오는 곳에서는 기가 방출되어 놓아지고, 물이 그 놓아짐에 응해서 동하는데, 이것을 일러 썰물[汐]이라 부른다."[50]

이를 보면 모든 천체들이 일정한 두께의 기로 둘러싸인 모양이 마치 수레바퀴로 덮여 있는 모양을 한 것과 같아 '피륜(被輪)'이라 부른 듯하다. 모든 천체는 수레바퀴로 덮인 모양과 같이 일정한 두께의 기로 둘러싸여서 도는데, 지구와 달처럼 비교적 가까운 거리에 있는 천체의 경우에 두 피륜이 부딪히게 될 것이다(〈그림 33〉 참조). 그러면 두 기가 부딪히는 부분에서 기의 요동침이 일어나고, 요동치는 기에 응해서 지구 위 바닷물의 움직임이 영향을 받으니 그것이 바로 조석이라는 설명이었다.

이와 같은 조석 현상에 대한 설명은 최한기가 격찬했던 지구설을 담아 냈을 뿐 아니라 지구의 운동까지도 담아내는 획기적인 내용이었다고 할 수 있다. 그것은 바로 전통적인 자연인식체계인 기의 메커니즘으로 해석해 낸 결과였다. 이러한 피륜의 메커니즘은 지구와 달이 모두 몽기(蒙氣)로 둘러싸여 있다는 사색에 의해서 가능한 것이었다. 몽기라는 용어는 원래 티코 브라헤가 처음 발견해 알려진 것으로 『역상고성』에서 "청몽기(淸蒙氣)"로 처음 소개되었다.[51] 그것에 의하면 원래 몽기는 지면 위의 대기층에 의해 빛의 굴절이 일어나 별의 관측 각도가 달라지거나, 지평면 상에서 일출입 시에 크기가 달라 보이는 현상을 설명하는 것이었다. 그것이 '청몽기차(淸蒙氣差)'로, 조선에서도 『동국문헌비고(東國文獻備考)』「상위고(象緯考)」에 수록되어 익히 알려져 있던 개념이었다. 그런데 이와 같은 지면 위의 몽기를 최한기는 전통적인 기론적 우주론의 틀로 다시 읽어 지구 이외의 천체들에까지 확대시켜버렸다.

최한기는 몽기를 기의 탁한 찌꺼기[濁滓]로 파악하고 있다. 즉, 지구가 생성되는 과정에서 기의 탁한 찌꺼기가 몽기가 되고, 몽기의 탁한 찌꺼기가 물이 되며, 물의 탁한 찌꺼기가 진흙[泥]이 되었다. 이어서 진흙이 딱딱하게 응결하여 석(石)이 되고, 토석(土石)의 큰 덩어리가 지구가 되었다는 것이다. 이렇게 생성된 지구 주위의 형상은 기가 몽기를 둘러싸고 몽기가 수토를 둘러싸, 마치 물건을 겹겹이 싼 것과 같이 간격 없이 서로 엉켜 전체가 하나의 몸체를 이룬다는 것이었다.[52] 이것을 보면 몽기는 지구를 둘러싼 기 중에 탁한 것을 일러 부른 것일 뿐 기와 질적으로 다른 것이 아님을 알 수 있다. 그렇지만

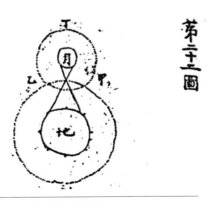

〈그림 33〉 최한기의 『지구전요』에 수록된 '조석도'.

몽기는 기와 달리 그 탁한 성질로 인해서 별의 모양을 달리 보이게 할 뿐 아니라, 낮은 것을 높게 보이게도 하고 높은 것을 낮게 보이게도 하는 것이었다.[53]

그런데 몽기가 지중(地中)에서 나왔다는 점에 주목할 필요가 있다. 이것은 "지중의 유기(遊氣)가 때때로 위로 올라간 것"이 청몽기라는 『역상고성』의 기록에서도 권위적으로 제시된 바였다. 최한기는 "하찮은 미물도 그 몸체에서 다 기취(氣臭)가 나오는데 하물며 지구와 같이 큰 물체에서이랴"라면서 지구 내부에서 증울(蒸鬱)하는 기가 솟아 나와 위에서 몽결(蒙結)한 것이 몽기라고 보았다.[54] 그렇다면 지구 이외의 천체들도 그 내부에서 기가 솟아 나와 둘러싼 형체를 이루게 될 것이었다. 결국 지구와 마찬가지로 달도 몽기로 둘러싸여 있을 것이며, 그러한 모양을 일러 최한기는 피륜이라고 불렀고, 두 피륜이 상절(相切)하면서 조석이 일어난다는 것이었다.

이와 같이 고전적 기의 메커니즘, 즉 몽기와 피륜에 의한 조석의 원인에 대한 만족스러운 설명은 그것이 담아낸 지구설과 자전설을 확신하게 하기에 충분했다. 이러한 몽기와 피륜은 바로 기륜설의 기초를 구성하는 핵심적인 내용이었다. 그러나 1830~40년대 시기의 최한기는 몽기와 피륜을 조석 현상 이외의 것에까지 적용해서 해석하지는 않았다.

1860년에 쓰인 『운화측험』이 근거했던 문헌은 17세기 초반 무렵에 저술된 바뇨니의 『공세격치』였다. 『운화측험』의 54항목 중에 26항목을 『공제격치』에서 그대로 인용했을 뿐 아니라,[55] 서술 체제에서 최한기는 『공제격치』의 체제를 모방했다. 앞서 서술한 바와 같이 『공제격치』는 기가 지니는 전통적인 기능과 의미를 부정하고 대신에 아리스토텔레스의 4원소 이론을 제시하면서 지구와 지정(地靜)의 논거를 제시하는 것이었다. 그러나 『공제격치』를 읽은 조선 유학자 최한기는 예수회 선교사들이 기대했던 대로 4원소론에 기반한 중세적인 우주론의 원리를 받아들이지 않았다. 오히려 그 내용을 전도시켜 기륜설의 기초를 다지는 『운화측험』을 저술해냈다.

『운화측험』권1은 언뜻 보면 『공제격치』권상 "사원행성론"과 "지론" 부분을 본떠서 저술한 것처럼 보인다. 그러나 피상적인 서술 체제만 비슷할 뿐 그 서술 내용에서는 『공제격치』의 내용을 발췌·인용하지 않고 논거를 뒤집는 새로운 글들로 채워졌다. 먼저 최한기는 『공제격치』의 가장 중요하고 핵심적인 내용인 4원소론을 인정하지 않았다. 그로서는 기를 토·수·화와 동일한 차원의 만물 생성의 물질적 기원으로 두는 것을 받아들일 수 없었던 것이다. 기는 기의 구역에서만 존재하는 단순한 물질이 아니라 온 우주에 충만해 있는 것이었다. 토·수·화를 포함해서 모든 만물의 근본을 들면 그것은 하나의 기(氣)였다. 기는 온 우주 내에서 모이고 흩어지면서 모든 만물과 짝 지울 수 있는데, 기가 수(水)에 있으면 수기이고, 토(土)에 있으면 토기, 화(火)에 있으면 화기가 되는 것이었다.[56]

4원소론을 인정하지 않았기 때문에 그것에 기반한 지구설의 원리와 운동 이론도 전혀 인정하지 않았다. 『운화측험』의 서두를 "일·월·성은 기에 의뢰해서 운전(運轉)한다"[57]는 문구로 시작하는 것에서 알 수 있듯이, 오히려 최한기는 천체들은 그것들이 지닌 본성적인 운동[本動]으로서 원운동[旋動周心]을 한다는 『공제격치』의 운동 이론을 처음부터 부정하고 나섰다.[58] 즉, 천체와 물체들이 지닌 본성에 의해서 순동(純動, 즉 natural motion)과 잡동(雜動, 즉 violent motion) 그리고 선동(旋動, 즉 회전 원운동)과 직동(直動, 즉 상하의 직선운동)이라는 질적으로 구분되는 운동이 주어진다는 『공제격치』의 원리를 부정하고 오로지 하나의 기에 의해서 이루어지는 운동으로 못을 박았던 것이다. 이와 같이 무거운 물체의 상하 직선운동이 물질이 지니는 본연의 운동이 아니라면 그것 때문에 땅이 구형일 수밖에 없다는 『공제격치』의 논리도 전혀 수용할 수 없는 것이었다. 실제로 최한기는 카노의 세계 일주와 같은 경험적 증거를 가장 중요하게 거론하고 있을 뿐 선교사들이 중요하게 거론했던 지구설의 원리적 타당성에 대한 논증은 전혀 거론조차 하지 않았다. 이렇게 서두에서부터 『운화측험』은 기의 개념과 메커니즘에 근거해서 철저하게 『공제격치』의 근본 원리들을 바꾸어놓았다.

4원소설과 그것에 기반한 천체의 운동 이론을 부정한 최한기는 역설적이게도 그것과 불가분의 관계를 이루며 정합적인 우주론을 구성했던 대기권의 층서적 구조 이론을 분리 해체해 기륜설(氣輪說)의 이론적 기반으로 채용한다. 『공제격치』에 의하면 4원소의 본래 영역은 우주의 중심(즉 지구 중심)에서 달의 궤도 아래에 이르기까지 토역·수역·기역·화역의 네 구역으로 나뉘었고, 다시 기역(氣域)은 상·중·하의 세 개의 구역으로 구분되었다. 최한기에게 4원소의 토·수·화는 토기·수기·화기에 다름 아니었다. 모두 하나의 일반적인 기가 개별화된 것에 불과했던 것이다. 그렇다면 『공제격치』에서 4원소의 구역들이 층층이 쌓여 있는 것은 달 아래의 구역에서 상태가 다른 기의 층이 겹겹이 쌓여 있는 것과 같게 될 것이다. 마찬가지로 달 위의 하늘들인 월륜천(月輪天), 일륜천(日輪天), 성천(星天) 등의 하늘은 상태가 다른 월기(月氣), 일기(日氣) 그리고 성기(星氣) 들이 겹겹이 쌓여 있는 공간으로 상정되었다. 이것이 바로 최한기의 기륜설의 기초이다. 실제로 최한기는 『운화측험』에서 땅에는 증울(蒸鬱)하는 기가 있어 지구 둘레를 몽포(蒙包)하고 있으며, 나아가 월·일·화·목·토의 기들이 층층이 쌓여서 각각 그 성체들을 싣고 돌아가고 있다고 적고 있다.[59] 이렇게 『공제격치』에서 토·수·기·화의 4원소에 입각해 지구와 대기권을 설명하던 서구 중세 우주론은 전도되어, 최한기의 『운화측험』에서 여러 단계의 기의 층으로 이루어진 거대한 수레바퀴로 둘러싸여 도는 기의 대회전 메커니즘으로 수립되었다. 이렇듯 『공제격치』에 담긴 중세 유럽 우주론을 뒤늦게 접한 19세기 조선 학인들은 그 핵심 내용인 4원소설은 적극 부정했으나 그것과 긴밀하게 연결되어 하나의 우주론을 구성했던 대기권의 층서 구조 이론은 분리 해체해 그들의 사유체계로 끌어들여 풍부한 우주론 논의를 펼쳤던 것이다.

4. 기론적 광학(光學)과 성학(聲學): 이규경과 이청

한편 방이지 학파의 우주론에 대한 조선 학인들의 독법은 어떠했을까? 일본에서는 일찍이 『천경혹문』이 18세기 동안 유입되어 유포되었던 데 비해 조선에서는 방이지의 『물리소지』와 그의 아들 방중리의 『고금석의』가 18세기 말 조선에 유입되어 19세기 전반 일부 조선 학인들에 의해서 열람되기 시작했다. 18세기 말 이덕무가 조선에서는 처음으로 언급만 했던 것을 그의 손자 이규경(李圭景)은 그의 『오주연문장전산고』(1830년대 저술)에서 『물리소지』와 『고금석의』에 담긴 구체적인 내용들 거의 대부분을 본격적으로 소개했다. 특히 『물리소지』는 221회나 인용될 정도로 천문역산 분야의 문헌으로는 가장 많이 인용·소개된 문헌이었다. 『고금석의』도 31회나 인용되고 있다.[60] 그야말로 『물리소지』와 『고금석의』에 담긴 유예와 게훤(揭暄)의 기의 대회전 메커니즘에 입각한 우주 구조와 운행에 대한 사색, 광비영수설(光肥影瘦說), 좌선설(左旋說) 그리고 조석설(潮汐說) 같은 중요한 이론들이 빠짐없이 소개되었다. "좌선우선변증설(左旋右旋辨證說)"[61]에서는 『고금석의』의 권12 "좌선우선설(左旋右旋說)"에 의존해서 게훤의 좌선설이 자세하게 소개되었고, "제광변증설(諸光辨證說)"에서는 『물리소지』를 중심으로 하면서 『고금석의』를 참조해 광비영수설이 자세하게 소개·정리되었다.[62] "조석변증설(潮汐辨證說)"에서는 『고금석의』에 담겨 있던 웅명우(熊明

遇, 1579~1649)의 조석 논의[63]와 『물리소지』 권2 "조석(潮汐)"에 세주로 적혀 있던 유예의 조석설 논의를 인용·정리해놓았다.[64]

방이지 학인들의 자연학 지식은 기의 운동과 변화의 메커니즘에 입각해 서구의 천문지리학이 알려준 유용한 지식정보들을 활용해 재구축한 것으로, 과거의 고전적 자연학 전통과는 다른 모습의 새로운 자연지식이었다. 권1 앞부분 「천류(天類)」에서 다룬 빛에 대한 논의인 광론(光論)과 소리에 대한 논의인 성론(聲論) 서술이 그러한 모습을 단적으로 잘 보여준다. 「천류」는 이어지는 권들에서 다룰 천문지리학을 비롯하여 인체에 대한 논의 및 본초학과 의약학, 음식과 의복 그리고 박물학 등의 방대하고 다양한 자연지식들을 논하는 데 필요한 개념적 틀(Basic Ideas)을 정리하는 내용이었다. 이와 같이 중국의 자연학 지식을 탐구하는 기본적 개념들에 광론과 성론이 포함된 것은 의외였다.

물론 근대의 화성학에 해당하는 지식체계인 율려(律呂)는 중국의 고전적 자연학의 핵심적 범주에 속하는 주제였지만 방이지의 성론은 율려와는 성격이 달랐다. 율려가 서로 다른 우주의 층위 사이에서 조응하는 소리의 조화로운 원리를 담은 지식이었다면 방이지의 성론은 기와 기, 기와 형(形), 또는 형과 형의 마찰 내지는 충돌에 의해 발생하는 자연현상으로 접근한다는 점에서 그 지식의 성격이 달랐다. 빛에 대한 자연학의 전통도 오래전 『묵경(墨經)』이나 조우흠(趙友欽)의 『혁상신서(革象新書)』 등에서 살펴볼 수 있지만,[65] 간헐적으로 빛에 대한 논의가 이루어졌을 뿐 중심적인 논의 주제는 전혀 아니었다. 서구에서 일찍이 광학 연구가 수학과 철학 분야에서 독립적인 연구 주제로 확립되어 심도 깊은 연구가 이루어졌던 것과 비교하면 중국의 자연지식에서 광학은 줄곧 주변에 머물러 있었다. 그러나 방이지 학파의 학인들에게 광학은 그들이 구축한 새로운 자연지식이 서구 과학을 능가할 수 있게 된 계기였다. 즉, 태양을 지구보다 165배나 크게 잡은 서구 천문학 이론에 의문을 제기하면서, 그 연유를 추적하는 과정에서 서구의 광학 이론이 틀렸다고 이해했고, 그것을 수정하는 '광비영수설'이라는 '올바른' 광학 이론을 구축했던 것이다. 그렇기에 빛의 성질과 메커니즘에 대한 논의는 방이지 학파 학인들의 자연학에서 중심적인 위치를 차지하게 되었던 것이다.[66]

이규경은 『오주연문장전산고』의 여러 곳에서 빛의 본질과 메커니즘에 대하여 변증해놓았다.[67] 조선의 학인으로 빛에 대해 짧지만 독립된 글을 쓰며 논한 것은 예전에 없던 일이었다. 조선에서 전무했던 빛에 대한 이규경의 논의는 앞서 살펴본 방이지의 『물리소지』와 방중리의 『고금석의』에 전적으로 의존한 것이었다. 과연 방이지 학인들의 광학과 시각 이론을 이규경이 어떻게 이해하고 소개했을까? 역사 속의 특정한 지식은 모사 혹은 번역의 과정을 통해서 일정 정도의 변형이 일어나기 마련이다. 그러한 변형은 지적 창조의 과정이기도 하다. 이규경의 방이지 학파의 광론과 성론 이해에 주목하는 한 이유이기도 하다.

이규경은 「제광변증설」의 논증을 "만물에 모두 본광(本光)이 있음은 그 이치가 분명하다"[68]로 시작하고 있다. 게훤은 기에 본래 빛이 있다 했고, 방이지는 허공에도 빛이 있고 눈에도 빛이 있다고 했는데, 이규경은 아예 만물에 본체로서의 빛이 있다고 선언하면서 빛에 대한 변증을 시작했다. 「제광변증설」의 앞 부분은 『물리소지』 「광론」의 내용을 대부분 인용했지만 완전히 새롭게 편집해서 다시 정리해놓았고, 간간이 문장을 다듬으면서 자신의 생각을 첨가해 넣었다. 이를 보면 『물리소지』 「광론」에서 명확하게 정리된 빛의 본성에 대한 방이지 학인들의 생각을 이규경이 전적으로 공감하고 수용하고 있음을 알 수 있다. 이규경은 기에는 본래 빛이 있으며, 빛의 본원(本原)을 밝히면 기가 응고해서 형(形)이 되고 기가 발(發)해서 빛과 소리가 된다는 방이지의 빛에 대한 정의를 전적으로 수용했다. 따라서 빛의 본체는 태양 불이 아니라 기가 본체이며 태양 불을 빌려 빛이 발(發)할 뿐이라는 것, 기에 본래 빛이 있기 때문에 태양 불이 미치지 못하는 허공중에도 빛이 있으니 그것이 태양 불의 '잉영(剩映)'이라는 것[69] 등 빛의 본성에 대한 방이지 학인들의 핵심 주장들이 빠지지 않고 거론되었다.

『물리소지』「광론」에 적힌 빛의 본성에 대한 논의에 이어『고금석의』「일체대소」에서 정리된 '광비영수설'을 요약·소개해놓았다.『고금석의』「일체대소」의 서술 내용은『물리소지』「광비영수지론」과 대동소이하다. 다만 방중리의 개인적 주장이 더 첨가되었으며, 이와 달리 아쉽게도 계훤의 흥미롭고 중요한 빛의 메커니즘에 대한 자세한 논의는 빠졌다. 즉, 태양 빛을 세 가지로 나누고, 호영(互映)의 광(『선기유술(璇璣遺述)』에서는 白光)이 태양 빛이 미치지 못하는 곳까지 미쳐서 '여영(餘映)'이 생긴다는 주장, 빛이 직진하지 않고 사물을 따라 휜다는 주장, 그러한 빛의 메커니즘 때문에 지영(地影)이 빨리 소실된다는 설득력 있는 논의는 빠져 있다. 단지 서구인들이 태양 크기를 터무니없이 크게 잡은 것은 그들이 "빛이 사물을 비출 때 그 영(影)이 수척해서 직선으로 취할 수 없음을 모르기" 때문이란 짤막한 언급만 있을 뿐이었다.[70] 따라서『고금석의』「일체대소」는 '광비영수설'을 잘 정리했지만, 계훤이 주장했던 빛이 비대한 본성 때문에 직진하지 않고 휘며, 직사 빛이 미치지 못하는 곳까지 영향이 미친다는 오묘한 메커니즘에 대해서는 설명이 부족했다고 할 수 있다.

이규경이 '광비영수설'을 소개·정리하면서 이와 같은『고금석의』「일체대소」에 의존했기 때문에 '광비영수설'의 핵심 내용을 전달하는 데에도 부족하지 않았나 싶다. 특히 계훤이 제시했던 흥미롭고 중요한 빛의 메커니즘에 대한 소개는 이루어지지 못했다. 게다가 이규경은 「일체대소」의 서술 내용도 상당히 압축 요약해서 정리했다. 특히 계훤이 제시했던 빛의 메커니즘 이론을 방중리가 「일체대소」에서 짧게나마 언급했던 서구인들이

"빛이 사물을 비출 때 그 영(影)이 수척해서 직선으로 취할 수 없음을 모른다"는 서술 내용을 이규경은 정리하면서 제외했다. 결국 방이지 학인의 '광비영수설'에서 가장 중요한 핵심적 내용을 빠트린 셈이다. 이규경이 '광비영수설'을 제대로 이해했는지 의문이 들지 않을 수 없다.

이규경은 「제광변증설」을 마무리하면서 "만물이 비록 각자 빛이 있다고 하나 사람의 눈이 비추는 것을 먼저 하지 않으면 누가 빛을 판별하겠는가? 그런즉 모름지기 사람의 눈이 뭇 빛들의 근본이라 하겠다"[71]고 했다. 어떤 의미에서 이런 문구로 결론을 내렸을까? 이규경은 「측량천지변증설(測量天地辨證說)(4)」에서도 『물리소지』의 「광비영수지론」에서 구유병(丘維屛, 1614~1679)이 『건곤체의』의 태양 크기 수치가 터무니없이 크게 잡혔다고 주장하는 부분을 인용했다. 그러면서 측상(測象)에 신묘(神妙)한 서구인들이 어찌 이렇게 틀릴 수 있겠는가라며 놀라움을 금치 못했다.[72] 평소 이규경은 서구 천문학과 수학의 우수성을 누구보다 신뢰했던 사대부 학인이었다.[73] 그런데 방이지 학인들의 '광비영수설'을 보니 서구의 광학 이론이 완전히 틀렸던 것이다. 서구의 광학 이론과 방이지 학인들의 광비영수설은 모두 빛이라는 관찰 대상에 대한 지식들이다. 그렇다면 '사람의 눈이 만광(萬光)의 근본'이라는 말은 관찰 대상으로서의 빛에 대한 구체적이고 현실적인 지식을 아는 것보다, 그것을 인지해내는 인간의 지각 능력이 더 중요하다는 의미가 아니었을까. 객관적 지식으로서의 광학과 시각 이론에 전적인 신뢰를 보내길 주저하는 이규경의 태도를 엿볼 수 있다.

「영법변증설(影法辨證說)」은 섭물(攝物), 전조(轉照)의 이치와 현상을 다룬 것으로 이규경은 '영법'이라 표현했다.[74] 그가 영법으로 소개하는 것은 크게 두 가지, 『물리소지』 「양수도영」의 세주에서 방중통(方中通)이 제시했던 물[水]의 섭물하는 성질에 의한 도영의 메커니즘과 본문에서 다루었던 오목거울의 뒤집어진 상과 카메라옵스큐라 현상으로 암실 벽에 뒤집힌 상이 맺히는 메커니즘에 대한 논의였다. 이규경은 방중통이 주장했던 '섭물도영(攝物倒影)'의 메커니즘에 강한 영향을 받은 듯하다. 『물리소지』 「양수도영」 세주에 적힌 방중통의 관련 기록을 전부 인용해 소개하면서 그 이치가 지극히 묘하다는 코멘트로 마무리 지었다. 『물리소지』 권2 「해시산시(海市山市)」에서도 수면 위의 공기가 섭물해서 도영한다는 논의 기록도 빠트리지 않고 소개해놓았다. 『물리소지』 「양수도영」에서 중심 되는 내용은 오목거울과 암실 벽의 도영에 대한 논의였는데, 이규경은 그 보다 세주로 첨부되었던 방중통의 섭물도영의 메커니즘을 오히려 중심 논의로 끌어올린 것이다.

방중통의 섭물도영의 메커니즘 기록 인용에 이어서 오목거울과 암실 벽의 도영 관련 기록을 인용·소개했는데, 그 출처는 『물리소지』가 아니라 18세기 말 건륭제 때 중국에서 출간된 『천향루우득(天香樓偶得)』의 기사였다. 오목거울의 도영은 『천향루우득』의 「양수영(陽燧影)」 기록을, 암실 벽의 도영은 「도탑영(倒塔影)」 기록을 인용·소개했는데,[75] 도탑영과 양수영은 옛사람들이 이미 풀이해놓았는데, 모두 섭물 전조(轉照)의 이치였다며[76] 한 자도 빠트리지 않고 그대로 인용해놓았다. 이 또한 영상이 뒤집어지는 현상을 모두 섭물(또는 섭광 섭영) 작용으로 이해하려던 방중통 사유의 반영이라고 할 수 있다.

이렇듯 이규경 영법의 근간은 방중통의 섭물도영의 논의였다. 그런데 이규경 영법의 무게중심은 섭물도영보다 '섭물생영(攝物生影)'에 있었다. 즉, 사물을 섭하면 영이 뒤집어진다는 사실보다, 사물을 섭해서 영(影)을 생성해내는 메커니즘에 강조를 두었던 것이다. 「영법변증설」 서두에서 제기한 이규경의 독자적 견해를 보자. 그에게 '영'은 기(氣), 물[水], 거울[鏡] 등이 모두 자체 빛이 있기 때문에 능히 섭물해서 생성해낸 것이었다.[77] 물에 국한하지 않고 기와 거울 등 자체 빛이 있는 것들은 모두 사물을 섭할 수 있으며 그 결과 사물의 그림자(영상), 즉 '영'을 생성할 수 있다는 것이다. 물이 사물을 섭해 도영한다는 방중통 사유의 논리적 확장이기는 하지만 '도영'은 사라지고 '생영'이 강조되고 있다.

나아가 이규경은 기, 물, 거울이 생성해내는 영의 차이에도 주목했다. 기가 생성하는[映] 영은 몽롱(朦朧)하며, 물이 생성하는[攝] 영은 방불(髣髴, 상이 흐릿하여 구분하기 어려운 모양)하며, 거울이 생성하는[照] 영은 분명(分明)하다고 했다.[78] 왜 각자가 생성해낸 영이 이와 같이 다른가. 기의 체는 태허(太虛)하기에 비록 사물을 거두어들여[噏] 영을 만들지만 모호하고 구분이 어려우며, 물의 체는 태청(太淸)하기에 사물을 섭해서 만든 영상이 영롱(玲瓏)하다고 했다. 이에 비해 거울의 체는 태명(太明)하기 때문에 사물을 비추어[照] 만든 영이 실물과 다름없을 정도로 환하게 맑다고 했다.[79] 이규경은 이와 같이 기-물-거울이 각각 다른 상태의 영을 생성한다는 사실을 스스로 힘써 찾아서 알아냈음을 강조했다.[80] 특히 기가 생성해내는 영은 몽롱하여 뚜렷하지 않다는 사실은 그 이치를 자세히 알아보면 어린아이도 거울을 비추어보면 아연히 웃으며 알 수 있을 정도로 이치가 그 가운데 있다고 자신했다.[81]

이규경은 이러한 사실을 자신에 앞서 장자(莊子)도 오래전에 알았던 것이라며 이익의 『성호사설』을 인용하며 부연해서 논증했다. 그 내용은 『장자』「제물론(齊物論)」편의 망량(罔兩)과 영(景)의 대화에서 "망량은 영 옆의 몽롱기(朦朧氣)이다"라고 주를 단 것[82]에 대해서 이익이 풀이한 것이었다. 이익은 그 내용을 일찍이 징험해보았다고 했는데, 햇빛을 받은 두 사물이 만든 그림자를 점점 가까이 붙이면 서로 접하기 전에 먼저 몽롱한 기가 와서 모인다는 것이다. 이익은 이를 그림자 바깥에서 다른 미미한 기가 분명히 있음을 보여주는 것이라고 주장했다. 이규경은 이러한 현상은 유리 거울로 햇살을 벽에 비추면 특정한 면에 영이 맺히는데, 벽에 비친 영의 바깥에 또 다른 영이 어리는 것에서도 확인된다고 부연 설명했다.[83]

빛에 대한 기론적 논의가 그랬듯이 소리에 대한 기론적 논의도 이규경 이전에 조선의 학인들 사이에서 없던 일이었다. 이규경의 소리에 대한 변증 역시 『물리소지』에서의 방이지 학인들의 소리에 대한 논의에 전적으로 기대었다. 이규경은 그의 「청성변증설(聽聲辨證說)」에서 「성론」을 비롯하여 『물리소지』의 소리 관련 기록들을 대거 인용·재정리하면서 소리와 청각에 대한 방이지 학인들의 논의를 소개했다. 대부분 그대로 인용하지 않고 독자가 이해하기 쉽도록 문장을 다듬고 강조를 덧붙이는 등 완벽하게 소화한 모습을 보여주었다. 이규경은 기와 사물이 격(激)해서 소리를 생성한다는 게훤의 주장과 격해서 소리 나는 다양한 소리들에 대한 설명, 격하는 것뿐 아니라 천규(穿窺)해서도 소리가 생성된다는 방중통의 주장과 천규해서 소리 나는 구체적인 과정에 대한 설명 등을 『물리소지』 「성론」의 기록에서 인용·소개했다. 뿐만 아니라 귀에 들어온 소리를 귀가 섭해서 듣는다는 방이지의 설명, 귀가 소리를 듣는 것이 좌이(左耳)로 소리가 들어오면 우이(右耳)로 듣는다는 방중통의 주장 등 듣는 작용에 대한 기록을 「성론」에서 인용·소개했다.

그런데 이규경은 소리의 생성 메커니즘뿐 아니라 소리를 듣는 청각 작용과 메커니즘을 유난히 강조하는 점에서 방이지 학인들과 관심의 무게가 달랐다. 『물리소지』의 관련 항목이 '소리에 대한 논의'의 의미를 띤 '성론'인 것과 비교하면 이규경은 '듣기와 소리에 대한 변증[聽聲辨證說]'으로 주제를 잡은 셈이다. 이규경은 이 「청성변증설」을 나이 60세 즈음(1847~48년 무렵)에 집필했는데, 그 무렵에는 귀가 먹은 지 이미 오래되었던 듯하다. 이와 같은 개인적 사정으로 소리의 생성 과정 못지않게 듣기에 대해서도 큰 관심을 둔 듯하다.[84]

실제로 이규경은 사람들이 소리가 귀에서 일어난다고 하지만 귀에 소리가 있는 것이 아니며, 소리는 사물에 있으며 '듣는 것[聽]'이 귀에 있다는 말로 변증을 시작했다. 아마도 당시 세상 사람들은 소리가 귀에 있다고 믿었던 모양이다. 이규경은 이러한 세속인들의 잘못된 생각을 바로잡으면서 소리는 사물에서 나며 듣기는 귀에서 한다는 사실을 분명히 한 것이다. 그러면서도 특히 "소리가 비록 사물에 있어도 사람이 두드리고 치고 부딪치고 접촉하지 않으면 소리가 어디에서 나오겠는가. 귀에 비록 청(聽)이 있어도 사물이 사람의 두드리고 치고 부딪치고 접촉함을 만나지 않으면 듣기가 어떻게 이루어지겠는가"라며 사람의 능동적인 작용을 강조했다.

물론 나무가 산바람에 스치는 소리나 계곡의 메아리 소리와 같이 기(氣), 바람, 물이 스스로 소리를 내듯이 사람이 부딪치고 접촉하지 않아도 소리를 낼 수 있는 것은 있다. 이렇게 전체로서 말하면 소리의 큰 근원이 기에서 나오며, 공간과 구멍이 없으면 기가 새어 나가 소리가 나지 않는다고 했다. 즉, 방이지 학인들이 논했던 바의 자연에서 기가 규격(竅激)하여 발생하는 다양한 소리의 발생 메커니즘에 대한 논의를 수용하고 있다. 그럼에도 불구하고 이규경은 소리라고 다 소리가 아니며 듣는다고 다 들리는 것이 아니라고 주장했다. 소리에는 오음육율(五音六律)을 내는 율려(律呂)가 있기 때문에 듣는다고 다 들리는 것이 아니며 절주(節族) 있고 조리(條理) 있게 들어야 비로소 음성(音聲)을 변심(辨審)할 수 있다는 것이다. 이와 같이 소리에 도수(度數)가 있기에 듣는 것에도 도수로써 분한(分限)을 정하는 것이며, 천둥 번개의 소리처럼 그 분한을 초과하는 소리는 사광(師曠)[85]과 같이 음률에 밝은 사람이라도 어찌할 수 없다고 했다. 결국 이규경은 소리를 내고 분별해내는 것은 사람에 있다고 결론지었다.[86]

한편 이규경은 만물의 소리를 오직 사람만이 들을 수 있으나 만물의 소리를 변별해내는 것이 결코 쉽지 않다고 보았다. 만 가지의 소리가 같지 않으면서도 같은 소리끼리는 상응(相應)하면서 스스로 감응하니 소리에 심통(心通)한 성인이 아니면 성기(聲氣)의 은미함을 변별해낼 수 없다고 했다.

그런데 사람 몸의 사지(四肢)와 백해(百骸)는 지각(知覺)을 갖추고 있어서 몸 전체로 들을 수 있다. 그렇기에 듣는 것은 귀가 전담하지만 심관(三官, 즉 눈 코 입)을 준비해두었다는 설이 있는데, 『주역』의 "가까이 자신의 몸에서 취하고 멀리 사물에서 취한다[近取諸身 遠取諸物]"가 바로 이를 말하는 것이라고 보았다. 이렇게 귀 이외에도 듣는 기능이 있음을 주장한 이규경은 중국에는 눈썹으로 듣는 자가 있고, 뿔, 코, 눈으로 듣는 것, 귀 없이도 듣는 자 등 기이한 사례가 많다며 여러 사료를 인용해 소개해놓았다. 예컨대 왕사정(王士禎, 1634~1711)의 『농촉여문(隴蜀餘聞)』에 나오는, 소경이 눈썹으로 듣고, 용이 뿔로 듣고, 소가 코로 듣는 예를 인용·소개했다. 『진서(晉書)』 권28 「오행지중(五行志中)」에 오정인(烏程人)이라는 사람이 병에서 회복된 후 음향으로 말하는 능력이 생겼는데 멀리 십리 바깥에 있는 사람들과 마주보고 말하는 것처럼 들을 수 있을 정도였다는 예도 소개해놓았다. 그러나 이규경은 이와 같은 사례를 통해서 귀 이외에도 들을 수 있음이 확인되지만 그 이치는 파악할 수 없음을 실토했다. 그만큼 듣는 것은 소리의 생성 작용 못지않게 오묘한 것이었다.

　이규경이 이와 같이 방이지 학인들의 독창적인 천문지리학 지식들을 본격적으로 활용해서 다양한 주제들을 변증해놓고 있다는 사실만으로도 주목할 만한 일이다. 17세기 중후반에 자유롭게 펼쳐졌던 방이지 학인들의 독창적인 기론적 자연지식은 18세기 들어 중국의 학계에서는 믿지 못할 억측에 불과하다는 비판[87]을 받으며 잊혀져갔다. 그런데 150여 년에 가까운 시간이 지난 후 그 존재조차 모르고 있던 자연지식이 동방의 먼 변방의 나라 조선에서 복원되는 모습을 볼 수 있기 때문이다. 이규경이 새롭게 접하고 변증하며 소개해놓았던 기론적 자연지식은 18세기 조선의 사대부 이익과 홍대용에 의해서 펼쳐졌던 조선의 기론적 자연학 논의 전통과는 계통이 완전히 달랐기 때문에 방이지 학인들의 기론적 자연지식의 등장은 더욱 흥미롭다.

　이규경 이후에 방이지 학인의 기론적 자연지식이 조선의 사대부 학인 들에게 미친 영향은 정약용의 강진 유배 시절 제자였던 이청[88]을 통해서 도 잘 확인된다. 이청의 『정관편(井觀編)』(1860년 무렵 저술)은 아예 『물리소 지』와 『고금석의』의 편찬 체제와 서술 방식을 따라 저술된 문헌이었다. 즉, 관련 주제들을 분류해놓은 항목들, 각각의 항목 내에서 고금(古今)의 고전 적 문헌들에서 관련 기록들을 조사해 주제들을 설명하면서 사이사이 또 는 맨 나중에 자신의 견해를 부연해놓는 서술 방식이 그러했다. 특히 이청 은 『물리소지』보다 『고금석의』의 기록들 대부분을 『정관편』의 관련 항목 에서 발췌·인용하고 있다.[89] 그야말로 200년 만에 방이지 학파의 흥미로 운 기론적 우주론이 조선에서 화려하게 부활한 것이다.

　그중에 '광비영수설'에 대한 이청의 비판적 평가가 매우 흥미롭다. 이청 은 『정관편』에서 방이지 학파의 '광비영수설'을 소개하면서 말미에 그 오 류에 대해 다음과 같이 지적하고 있다. 4원소설의 우주론에 의하면 지구 는 두께가 250리인 기역(氣域)으로 둘러싸여 있고 그 둘레는 다시 두께가 46만여 리나 되는 엄청난 두께의 화역(火域)으로 둘러싸여 있다. 일월오성 등의 천체들은 그러한 화역 바깥에 위치했다. 이청은 이와 같은 4원소설에 서 지구 주위의 우주 공간을 고려하면 방이지 학파 학인들이 걱정하는 것 이 쓸데없는 기우에 불과하다고 보았다. 화역이 불과 지면 위에서 250여 리밖에 떨어져 있지 않고, 화역의 원화(元火)의 열은 태양의 일화(日火)의 열보다 훨씬 심하다. 그런데도 인간이 전혀 그 열을 느끼지 못하고 살고 있 지 않은가. 게다가 태양이 지구 크기의 165배라면 지구에서 1천만 리 떨어 져 있게 되는 태양의 열을 걱정할 필요가 전혀 없을 것이다. 게다가 화역 바로 위에 위치한 월천(月天)이 태양열을 억제할 것이고, 아울러 화역 아래 의 차가운 구역이 또한 그 열을 억제할 것이었다.[90] 이청이 방이지 학파의 광비영수설 문제점을 비판하는 논거의 이론적 토대는 바로 다름 아닌『공제격치』에 담긴 중세 유럽의 오래된 4원소설에 입각한 대기권의 충서적 구조 이론이었다.[91]

5. 근대 천문학의 기론적 번역: 최한기의 기륜설

실로 200여 년 만에 4원소설에 입각한 서구 중세의 대기권 충서 구조 이론과 방이지 학파의 기의 대회전 메커니즘에 기반한 우주론은 19세기 전반 조선 학인들에게 거부감 없이 뒤늦게 전해졌다. 그러나 조선 학인들은 그것에 기반한 체계적인 우주론을 구축하지는 못했다. 아마도 매문정(梅文鼎)의 과학 패러다임이 지배적인 학풍 속에서 18세기 때처럼 형이상학적인 우주론 논의가 큰 주목을 받지 못하는 학문적 분위기 때문이었는지도 모른다. 그렇다고 해서 전적으로 부정하지도 않았다. 이규경과 이청에서 볼 수 있듯이 단지 새로이 알게 된 서구의 천문학 이론과 마찬가지로 방이지 학파의 우주론 논의도 하나의 새로운 흥미로운 연구 대상이었을 뿐이었다.

그런데 예외가 있었다. 조선의 학계에서 뚜렷한 학문적 사승(師承) 관계가 없었지만 누구보다도 중국을 통해 들여온 최신 문헌을 가장 많이 구해 보았던 최한기가 그러했다.『지구전요(地球典要)』에서 기본적인 틀이 이루어졌던 기륜설(氣輪說)은 뉴턴 역학 이후의 근대 천문학 내용을 담아낸『성기운화(星氣運化)』에서 더욱 체계화되어 완성되기에 이르렀다. 그 완성된 체계를 정리해보자.

기륜설을 한마디로 요약한다면 지구를 포함해서 모든 천체들은 내부로부터 증울(蒸鬱)해서 솟아난 기가 겹겹이 쌓여 '기륜'을 이루는데, 이 기륜

들의 상호작용, 즉 '섭동(攝動)'에 의해 모든 천체들의 변화 운동들이 일어
난다는 것이다. 천체들의 변화 운동뿐 아니라 심지어 지구 위에서 만물이
화생하고 만사가 변환하는 것들이 모두 뭇 천체들의 기륜의 상호 섭동에
의해서 이루어진다고 이해되었다. 우주 공간에서 일어나는 모든 자연적인
변화들이 이 기륜의 섭동에 의해서 발생한다고 파악한 것이니, 기륜설은
그야말로 일반화된 자연법칙과도 같았다고 할 수 있다.

　이와 같은 기륜설은 다음과 같은 더욱 구체적인 내용으로 구성되었다.[92]
먼저 각각의 천체에 기륜이 어떻게 겹겹이 쌓여 있는지 최한기는 지구의
기륜도에 대한 다음과 같은 묘사를 통해서 설명하고 있다;

> 흑환을 그려 지구로 삼고, 남북을 관통하는 지축을 그리고, 축단(軸端)
> 의 첨추(尖錐)로부터 작은 권(圈)을 둥글게 두른다. 연이어서 지구의 배
> 부분까지 층층이 작은 환을 나선형으로 두른다. 이것이 북쪽 반의 기
> 륜이다. 이로부터 다시 나선(螺線)을 두르는데, 권(圈)이 점점 작아질수
> 록 날카로워지도록 하고, 남축의 끝에 이르러 그친다. 이것이 남쪽 반의
> 기륜이다. 전체로 보면 하나의 단환(團環)으로 이루어진 유리등과 같다.
> (중략) 이 단환의 내부는 무한하게 층층이 기륜이 쌓여 있는데, 지구가
> 회전함에 따라서 같이 따라 선환(旋圜)한다. 기의 질은 중후한데 멀어질
> 수록 경박해진다. 그 외부에도 맑고 투명한 기가 역시 겹겹이 쌓여 있
> 다. 이와 같은 내외의 기륜의 반경은 지구 반경의 천만 배나 되며, 전체
> 가 밝고 맑은[瑩澈] 하나의 큰 덩어리를 이룬다.[93]

이와 같이 지구 반경의 만 배가 되는 거의 무한한 범위에 이르기까지 층층
이 쌓여 있는 지구의 기륜은 지구의 극축을 회전축으로 해서 지구의 회전
과 함께 회전운동을 하는 형태를 띠고 있음을 알 수 있다. 이러한 기륜은

지구뿐 아니라 회전운동하는 모든 천체들에게 동일하게 적용되었다.

기륜의 반경이 천체 반경의 만 배에 이르기까지 뻗이 있기 때문에 행성들의 두 기륜이 서로 만나 부딪히면서[相切] 행성의 궤도가 늘어나고 줄어들며, 또는 한 기륜이 다른 두 행성의 기륜 사이를 뚫고 지나가면서 행도에 느리고 빠른 변화가 일어나게 된다.[94] 이 같은 현상을 최한기는 '섭동'이라 불렀는데 두 행성 사이의 섭동과 세 행성 사이의 섭동이 일어나는 과정을 자세하게 서술하고 있다. 두 행성 사이의 섭동 현상은 다음과 같이 요약된다. 두 기륜이 서로 만나 부딪히면 외부의 기가 서로 화감(和感)하면서 두 행성의 '섭력'[95]이 조응하게 된다. 외기의 질이 강한 행성은 섭력을 내어[發] 반드시 다른 행성을 능범(凌犯)한다. 반대로 외기의 질이 미약한 행성은 섭력을 받아서 내부의 기륜이 축박(縮逼)해져 행성이 들어 올려지는 양상이 벌어져 결국 궤도가 올라갔다 내려갔다 하게 된다. 이에 따라 타원궤도가 길어지기고 하고 좁아지기도 하며, 주행 속도에 느림과 빠름이 발생하기도 한다. 또한 두 기륜이 부딪히는 오른쪽에서는 기가 흡입되고, 왼쪽에서는 토출(吐出)하게 되는 현상이 일어나는데 이것이 바로 조석 현상이다.[96]

최한기는 이어서 세 행성 사이의 섭동 현상에 대해서도 비교적 상세하세 설명해놓고 있다. 그 원리는 동일해서 기륜과 기륜들 사이의 부딪힘에 의해서 더욱 복잡한 양상을 띠게 된다.[97] 그런데 이 복잡한 양상은 뭇 행성들 자체가 대소와 강약, 한열과 조습, 그리고 혼명(昏明)과 서렴(舒斂)의 차이가 있기 때문에 더했다. 그에 따라서 행성들의 기륜에서도 차이가 나고, 결국 그만큼 두 행성과 세 행성들 사이에서 일어나는 섭동은 더욱 복잡할 수밖에 없을 것이다.[98] 그렇지만 최한기는 이 원리를 이용해 강구(講究)하면 이해하거나 계산하지 못할 천문 현상이 없을 것이라고 자부했다. 즉, 네 개의 행성들 사이의 섭동은 물론이고 백 개의 행성들 사이의 섭동 현상도 해결하지 못할 것이 없다는 것이다.[99] 그러한 현상들에 대한 세부적인 이해와 계산의 방법들이 『담천』에서 자세하게 정리되었고, 최한기는 그 내용 대부분을 발췌·인용해서 『성기운화』를 저술했던 것이다.

이상의 기륜설은 앞서 살펴본 바와 같이 이미 『지구전요』에서 핵심적 개념과 이론적 틀이 형성되어 있었다. 이후 최한기는 『담천』의 내용을 접하면서 일반적인 자연법칙과도 같은 기륜설에 대한 절대적인 믿음을 키우고 더욱 구체화시켰던 것이다. 그렇다면 『담천』의 어떠한 내용이 최한기로 하여금 기륜설에 대한 절대적인 믿음을 키우게 했는지 살펴볼 일이다. 그런데 중요한 것은 『담천』에 담겨 있는 실제 내용과 최한기가 이해한 『담천』의 내용에 상당한 차이가 난다는 사실이다.

먼저 최한기가 『담천』을 어떻게 이해했는지 살펴보기 전에 『담천』이라는 책에 뉴턴 역학이 어떻게 담겨 있는지 살펴보자. 앞서 지적한 바와 같이 『담천』은 1849년에 유럽에서 간행된 허셜의 천문학 개설서를 전체 18장으로 이루어진 원본 그대로 충실하게 번역해서 1859년 북경에서 간행한 책이다. 일반적인 천문학서들이 그렇듯이 『담천』은 처음부터 뉴턴의 만유인력 법칙을 전제로 하여 천체들의 운행과 변화들을 계산하지는 않았다. 즉, 태양과 달의 행도를 포함해서 오행성의 행도를 종래의 전통적인 천문학적 계산, 예컨대 케플러의 타원궤도를 이용한 이론과 계산법들에 의존했던 것이다. 『담천』에서 뉴턴의 만유인력 법칙은 권8 「동리(動理)」에서 아주 간략하게 소개·정리되었으며, 천왕성과 해왕성 등의 섭동(perturbation) 현상을 설명하는 데 주효하게 적용될 정도일 뿐이었다. 천문학적으로 섭동이란 행성이나 소행성들의 운동이 케플러의 타원궤도와 면적속도일정법칙에서 벗어나는 현상을 일컫는 것이었다. 그 원인은 물론 만유인력 때문에 발생했다. 예컨대 천왕성이 케플러의 법칙에 따라서 일정한 타원궤도를 그리면서 운행해야 하는데, 가까이 있는 천체(즉 해왕성)의 만유인력에 의해 예상되는 궤적에서 벗어나는 현상이 바로 섭동이었다.[100] 결국 『담천』 전체에서 뉴턴의 만유인력이 거론되고 적용되는 부분은 전체 18권 중에서 권8과 권12~14에 걸친 3~4권에 불과했던 것이다.

최한기는 이와 같은 『담천』을 읽으면서 자신의 기륜설을 증명·완성하는 획기적인 내용을 보게 된다. 그것은 『담천』에 담긴 가장 핵심적인 내용이라고 최한기 자신이 요약·정리한 네 가지 중에 두 가지 내용이었다. 그중 하나는 지구만이 극축이 있어 자전하는 것이 아니라 일월과 제 행성들 모두가 자전한다는 사실이었다.[101] 이는 지구만이 아니라 우주 공간의 모든 천체들이 지구처럼 기륜으로 쌓여 회전운동을 하고 있다는 것을 보여주는 결정적인 내용이었다. 또 다른 하나는 바로 섭동이었다. 즉, 섭동이라는 천체 현상에 대한 『담천』의 서술 내용을 최한기는 천체들 간의 기륜이 상호작용하면서 천체들의 운동과 변화를 발생시킴을 증명하는 것이라고 이해했던 것이다. 최한기가, 섭동을 다룬 내용이야말로 모든 천체들이 하나의 체계를 이루어 운화함이 드러난 것이라고 격찬한 것은 바로 이러한 의미였다.[102]

그런데 우리는 최한기가 말하는 섭동이 『담천』의 섭동과 상당히 다르다는 사실에 주목해야 한다. 최한기의 섭동은 케플러의 법칙에서 벗어나는 예외적인 현상이 아니었다. 앞서 완성된 기륜설의 정리에서 살펴본 바와 같이 최한기의 섭동은 모든 천체들의 기륜이 만나 부딪히면서 화감하고 조응하는 가운데 발생하는 모든 변화와 운동을 의미했다. 케플러의 법칙에서 벗어나는 예외적인 현상뿐 아니라 케플러의 법칙대로 일어나는 운동도 섭동이었다. 오히려 최한기의 섭동은 만유인력에 의해 천체들 간에 서로 끌어당기는 현상을 의미하는 것에 가까웠다. 실제로 "섭동이라는 것은 끌어당기고 맞서 버티어서 움직이는 것"이라고 정의하면서, "모든 행성들은 비록 원근과 고저의 차이로 떨어져 있으나 각자의 기륜이 만나 부딪히고 서로 섭(攝)해서 밀고 당기는 세력을 이룬다"라고 말하는 데에서 그러한 사실을 짐작할 수 있다.[103]

근대 역학을 배운 근대인이 보면 최한기는 『담천』의 섭동을 잘못 이해했고 결국 뉴턴의 만유인력을 제대로 이해하지 못한 셈이 되었다. 그러나 최한기는 근대 역학으로 『담천』의 천문학을 읽은 것이 아니라 기륜설이라는 기의 대회전의 메커니즘이라는 고전적 우주론에 입각해 『담천』을 읽었다는 사실을 주목할 필요가 있다. 최한기에게는 지면 위의 "공중에 있는 물체는 반드시 지면에 수직 방향의 아래로 떨어지는데, 반드시 아래로 떨어지게 하는 힘이 있으니 그것을 일러 섭력이라 한다"[104]는 『담천』에서의 중력의 정의는 근대인이 이해하듯이 읽힐 수가 없었다.[105] 오히려 최한기의 주목을 끌었던 내용은 『담천』 전체에서 유일하게 천체들 간의 상호작용을 설명하는 섭동 현상이었을 뿐이다. 결국 『담천』에서 예외적인 현상을 설명하는 것에 불과했던 섭동이 최한기의 기륜설에 의해 그 의미가 완전히 달라지면서 가장 중요하고 핵심적인 현상으로 전환되었던 것이다.

> "『박물신편』이나 『담천』 등 여러 책들이 모두 이 이론(지구의 자전과 공전 이론을 말함)을 추연(推演)했으나 유독 (우주 공간에) 충만한 신기(神氣)가 활동 운화한다는 설명에서는 깊은 이치를 밝히지 못했다."[106]

이 문구는 『성기운화』 범례의 첫 머리에서 『담천』을 평가하는 최한기의 서술이다. 이는 『담천』이 획기적인 태양 중심의 지구 공전 우주 체계를 서술하고 있으나, 그 원리는 밝히지 못했다는 비판적 지적이라고 할 수 있다. 최한기의 이러한 비판적 지적은 어느 정도 타당한 측면이 있기는 하다. 실제로 천문학서로서 『담천』은 대부분의 일반적인 천체의 구조와 운행에 대해서는 현상적으로만 설명했던 것이다. 원리적으로 설명한 것은 권8에서 만유인력을 소개한 후 책의 후반부에서 섭동이라는 예외적인 현상을 설명한 경우에 한정되었다. 그것에 비하면 이제는 예외적인 현상이 아니라 일반적인 천체들의 상호작용을 지칭하는 섭동 현상을 설명해주는 자신의 기륜설은 모든 천체의 운행과 다양한 현상들을 원리적으로 설명하는 탁월한 우주론이었던 것이다.

이상과 같은 최한기의 기륜설은 만유인력에 입각한 19세기 중반 서구의 최신 천문학 지식을 해체해서 기의 대회전 메커니즘의 네트워크로 새롭게 구성해낸 새로운 과학이었다. 이는 17세기 서구의 우주론 지식정보들을 수정하고, 그것을 이용해 고전적 기의 대회전 메커니즘에 의해서 우주의 원리를 밝히는 참다운 우주론을 구성하려는 방이지 학파 학인들의 연구 프로그램과도 일맥상통하는 것이라고 할 수 있다.

그들이 접한 서구 과학을 해체해 새로운 과학으로 재구성해냈던 17세기 이래 동아시아 학인들의 지적 프로그램은 19세기 중엽 조선의 최한기에게까지 이어졌던 것이다. 우주 공간이 기로 가득 차 있고, 모든 천체들은 그 둘레가 회전하는 기의 수레바퀴 모양으로 구성되어 있다는 최한기의 기륜설은 유예와 계훤이 그렸던 기의 강력한 회전에 기반을 둔 우주론과 같은 전통에 서 있었다. 이와 같이 뉴턴 역학 이후 최신의 서구 천문학·역학을 기의 메커니즘으로 읽고 재구성하는 조선 유가 지식인들의 지적 사유는 서구 열강에 의해 강압적으로 개항이 이뤄지기 직전의 시기에도 지배적이었다.

'전통 과학'의 소멸과 탄생 그리고 '근대 과학'의 탄생

17세기 초부터 서구 과학이 조선에 들어왔으나 그것은 19세기 중반 무렵까지는 현대의 우리들이 아는 '(근대) 과학'이 아니었다. 조선의 유가 학인들에게 그것은 앞선 장들에서 살펴본 바와 같이 단지 과거에 몰랐던 새로운 경험적 사실들에 대한 정보이거나, 더욱 정밀한 천문역법의 계산을 할수 있도록 해주는 새로운 계산 방식에 불과했다. 그러나 19세기 후반 무렵 개신교 선교사들이 전해준 서구 과학은 이와 달랐다. 그것은 종래 동아시아의 고전적인 과학의 패러다임을 부정하는, 다시 말해서 고전적인 자연인식체계와 자연지식을 미신적이고 비과학적이라고 부정하면서 그것을 학문의 세계에서 완전히 축출시키는 위대한 '(근대) 과학'이었다. 이렇게 '과학'은 근대 민족국가 권력의 강제와 폭력에 의해서 조선에 정착하기 시작했다.

'격치학'에서 '과학'으로:
〈한성순보〉-〈한성주보〉에서 〈독립신문〉으로

17세기 서구 과학이 전해진 이후 조선의 사대부 지식인들은 앞 장들에서 살펴본 바와 같이 서구 과학을 예수회 선교사들이 전해준 대로 이해하고 수용하지 않았다. 그들은 서구 과학의 이론과 정보들을 그것을 구성하는 네트워크에서 추출해 선택적으로 활용했다. 그렇게 추출된 이론과 지식정보들을 고전적 자연인식의 네트워크에 새로이 등록했고, 그 과정에서 종래의 네트워크 또한 변화되었다. 예수회 선교사들이 기대했던 것처럼 천주교 교리와 하나의 몸체를 이루었던 중요한 서구 과학의 패러다임, 예컨대 4원소설과 같은 물질 이론이나 그것에 근거한 지구설을 전제로 한 운동 이론 등은 대부분의 사대부들이 거부하고 전혀 수용하지 않았다. 조선의 지식인들이 수용한 것이라면 역법 계산법이나, 경험적 관찰로 얻어진 객관적 사실을 담은 데이터와 상수들뿐이었다. 그것들은 종래 고전적 자연지식의 네트워크로 흡수되었으며, 그럴수록 고전적 자연지식은 더욱 풍부해져갔다. 우리들은 그러한 예들을 앞 장들에서 생생하게 살펴보았다.

이와 같은 조선 지식인들의 서구 과학의 해체된 지식정보를 활용한 새로운 지식의 생성과 구축의 지적 활동은 19세기 말 개항이 이루어지고, 이어서 서구 제국주의의 세력이 이 땅에 침탈해 들어오던 시기에도 계속되었다. 1867년에 편찬된 최한기(崔漢綺)의 『성기운화(星氣運化)』는 그 대표적인 예이다. 유럽에서 1847년에 간행된 최신의 서구 천문학 이론을 담은 허셀(William Herschel)의 『천문학 개요(The Outlines of Astronomy)』(1849년)를 중국에서 1859년 한역(漢譯)하여 편찬 간행한 『담천(談天)』에 근거해서 최한기가 새로이 저술한 책이다. 이 책에서 최한기는 고전적 기(氣)의 개념과 기론적 메커니즘에 근거한 그의 '기륜설'을 이용해 19세기 중엽의 서구 천문학서를 새롭게 재해석해놓았다. 다시 말해서 '기륜설'이라는 고전적 과학의 패러다임에 입각한 가설적 이론에 의해 19세기 중반 최신의 서구 천문학 이론이 해체되었던 것이다.

비슷한 모습을 우리는 조선시대 최후의 천문 역산들가인 남병철(南秉哲)과 남병길(南秉吉) 형제의 활동에서도 찾아볼 수 있다. 그들은 19세기 최고의 권문 세도가문 출신으로 일생 동안 고위직을 누리며 비교적 순탄하고 행복한 삶을 살다가 개항을 전후한 시대에 조용히 돌아간 문인 학자이기도 하다. 누구보다 최신의 과학 지식정보를 접할 수 있는 사회적 지위에 있었으며, 줄곧 천문지리학을 총괄하던 관상감 제조를 지냈다. 많은 과학 문헌들을 집필했는데, 대표적으로 남병철의 『의기집설(儀器輯說)』(1859년경)과 남병길의 『시헌기요(時憲記要)』(1860년경)를 들 수 있다. 『의기집설』은 고전적 천문기구와 함께 동아시아적으로 변형된 서구식 천문기구들에 대해서 해설해놓은 책이다. 『시헌기요』는 『서양신법역서(西洋新法曆書)』 이후에 보강된 천문학서인 『역상고성(曆象考成)』과 『역상고성후편(曆象考成後編)』 등의 천문학 계산과 이론을 총정리해놓은 책으로 중인(中人) 역산가들의 교과서로 활용될 성격의 책이었다. 그야말로 동아시아 천문학의 결산이었다고 의미를 부여할 수 있는 책이었다.[1]

1860년대 최한기와 남병철·남병길 형제의 과학 활동을 통해서 우리는 무엇을 볼 수 있을까? 서구의 제국주의 세력이 위압적으로 침탈해 들어오기 직전까지 이 땅의 지배적인 자연지식의 패러다임은 결코 서구 과학과는 거리가 멀었음을 말해준다. 다시 말해서 조선의 자연지식은 자연에 대한 형이상학적 사색의 지식은 물론이고 전문적인 천문역산 지식 차원에서도 모두 고전적 자연지식의 패러다임하에 있었다는 것을 말한다. 실제로 19세기 중반 무렵까지도 조선의 지식 세계에서 서구 과학 지식이 차지하는 위치는 한마디로 '형하지기(形下之器)'에 불과했다. 즉, 서구 과학 지식은 자연의 원리를 파악하게 해주는 심오한 '형상지도(形上之道)'의 학문적 지식에 못 미치는 다만 전문적 기술지식으로서 간편한 계산법이나 실용적인 차원의 이기(利器) 정도로 인식되었을 뿐이다.[2] 1880년대 무렵에 이르면 이와 같은 이해는 '동도(東道)'에 대응하여 '서기(西器)'로 구분되는 소위 '동도서기론'으로 표출되었다.[3] 이것이 의미하는 바는 앞서 서술한 바와 같이 동아시아 자연지식 전통의 패러다임하에 서구 과학 지식이 포섭되어 스며들어 있는 양상을 말해주는 것에 다름 아니었다.

그러나 19세기 말로 접어들면서 사정이 달라진다. 언제부턴가 고전적 자연인식체계와 그에 기반한 자연지식 정보들은 더 이상 믿을 만한 것이 아니게 되었고, 오로지 서구의 과학만이 믿고 추구할 만한 지식이 되었다. 곧 서구의 과학만이 '(근대) 과학'이 되어 있었고, 고전적 자연지식은 과학에서 축출되었다. 이같이 과학에 대한 인식이 전환되는 형국하에서 서구의 최신 근대 과학 지식에 익숙하지 못한 조선의 사대부 지식인들은 과학에 대해 무지한 어린아이가 되었다. 그야말로 백지상태에서 어린아이가 완전히 새로운 '과학'을 접하면서, 당연히 배워야 하는 형국이 되어버렸다.

이러한 시대적 전환의 양상은 용어의 변화에서 단적으로 살펴볼 수 있다. 우리가 현재 '과학'이라고 부르는 자연지식을 동아시아 전근대 사회에서는 '격물학(格物學)', 또는 '격치학(格致學)' 등으로 지칭하는 것이 일반적이었다. 이는『대학(大學)』에 나오는 '격물치지(格物致知)'에서 비롯되었다고 할 수 있는데, 이러한 격물학과 격치학이라는 용어는 13세기 이후 19세기 말까지 동아시아의 유가 지식인들이 자연에 관한 지식을 의미하는 용어로 줄곧 써왔다. 이는 1880년대 조선에 유입되어 계몽적 개화사상가들에게 큰 영향을 주었던 과학서들의 책명에서 잘 살펴볼 수 있다. 예컨대 1860~70년대 중국에서 출간된 과학 입문서들의 제목을 보자. 선교사 마틴(W. A. P. Martin, 중국명 丁韙良, 1827~1916)이 지은『격물입문(格物入

門』(1868년)은 물리, 화학, 천문, 기상학 등의 분야에 대한 기초 지식을 문답 형식으로 다룬 입문서였다. 1876년에 프라이어(J. Fryer, 중국명 傅蘭雅, 1839~1928)가 책임 편찬했던 과학 잡지의 이름이 『격치휘편(格致彙篇)』이었는데, 그것의 영문 이름은 "The Chinese Scientific Magazine"이었다. 요즘의 '과학'의 의미로 격물과 격치를 쓰고 있음을 알 수 있다.[4]

이와 같이 자연지식 일반을 통칭해서 격물학 또는 격치학으로 불렀을 때에는 적어도 그것이 포함하는 지식의 영역은 서구 과학과 동아시아 과학의 엄밀한 구분, 그래서 동아시아 과학을 제외하는 양상은 아니었다. 오히려 성리학적 용어에서 비롯된 격치학이라는 개념은 동아시아 지역에 새로이 들어온 서구 과학을 껴안은 것이었다고 보아야 할 것이다. 그런데 언제부턴가 서구 과학만을 의미하는 '과학'이라는 용어가 등장하고, 그것은 전통적인 격치학과는 구분되는 지식체계로 이해되었다. 이러한 변화는 메이지 일본에서 보다 분명하게 확인된다.

물론 일본의 지식인들이 서구 과학을 접하고 수용하는 패턴은 중국 및 조선과 상당히 다른 양상을 띠었다. 중국에서는 서구 선교사들이 천주교 선교라는 불온한(즉 동아시아 입장에서 순수하지 못한) 의도하에 서구 과학서들을 직접 한문으로 번역해 중국인들에게 소개해주었다. 이러한 선교사들의 작업은 동아시아의 전통과는 완전히 다른 문화적·사상적 기반하에서 나온 서구 과학을 중국 유학자들이 빋아들일 수 있도록 하는 것이 큰 목표였기 때문에 대부분의 과학 용어들을 중국의 고전적 지식의 범주와 개념을 고려해 번역하는 것이 일반적인 추세였다. 이렇게 중국에서 한문으로 번역된 서구 과학서들을 조선에서는 힘들게 들여와 독학으로 배우는 양상이었다. 중국에 비하면 외래 학문의 전래가 매우 간접적으로 이루어졌다고 할 수 있다. 그로 인한 외래의 이질적인 지식으로서 서구 과학 지식정보에 대한 이해의 양상은 다를 수밖에 없었다. 결과적으로 보면 이해의

정도가 상당히 떨어졌지만, 오히려 독창적인 일탈의 모습도 흥미롭게 보여
주기도 했다.

한편 일본에서는 소위 난학자(蘭學者)로 불리는 학자들이 서구어를 배
워 서구어로 쓰인 과학 서적들을 직접 번역하는 양상이었다. 이러한 양상
은 19세기 말에도 마찬가지였다. 더구나 구시대의 유물을 청산하고 서구
적인 문물과 제도로의 전환을 추구하던 메이지 시대가 아니던가. 이런 시
대적 배경하에서 메이지 시대 일본 지식인들은 서구의 'science'를 종래의
동아시아적 격치학 및 격물학과는 배치되는 것으로 이해했다. 특히 서구
과학과는 다르게 자연의 원리와 인간 사회의 원리를 구분하지 않는 성리
학적 '격물치지'의 학문적 방법은 미신적인 것에 불과하다고까지 부정하
기에 이르렀다. 이러한 인식하에 서구의 'science'가 '과학(科學)'으로 번역
되고, '과학'만이 자연의 이치를 제대로 파악할 수 있는 진정한 자연지식
으로 인정받았다. 서구의 'science'를 의미하는 용어로 '과학'이 사전에 수
록되는 것은 1881년이 처음이었다. 그 이후 20세기에 접어들어서는 일반
적으로 사용되는 용어로 정착하기에 이르렀다.[5]

이렇게 일본에서 분명하게 확인되는, 성리학적 '격치학'과는 배치되는,
나아가 그것을 자연에 대한 합당한 지식으로 인정하지 않고 부정하는 '과
학'이 등장하는 양상은 중국과 조선에서도 크게 다르지 않았고, '과학'은
더욱 확산되었을 것이다. 실제로 조선에서는 1880년대 이후 문명개화의
물결 속에 개화론자들에 의해서 서구 과학이 적극적으로 소개·도입되었
다. 그야말로 서구 과학의 기초적 지식이라도 익혀야 문명개화된 자로서의
자격을 얻을 수 있을 정도였다. 우두법(牛痘法)의 보급으로 유명한 대표적
인 개화론자 지석영(池錫永, 1855~1935)은 『박물신편(博物新編)』, 『격물입문』,
『격치휘편』 등 서구 과학의 소개서들을 정부가 나서서 간행·보급하고, 나
아가 과학보급센터 같은 기구를 만들어 전문가를 양성하자고까지 주장했

다. 이 중에 『격치휘편』은 1880~90년대 조선의 과학 계몽에 큰 영향을 준 과학 잡지였다. 그 내용에는 서구 과학에 대한 기초 지식뿐 아니라 일본의 성공적인 과학기술의 성장 사례들이 담겨 있었다. 특히 『격치휘편』의 내용은 〈한성순보(漢城旬報)〉의 기사로 옮겨져 더욱 널리 소개되었다. 〈한성순보〉와 〈한성주보(漢城週報)〉는 1880년대 정부에서 발행한 한국 최초의 근대식 신문으로, 정부 정책과 행사를 공지하는 성격의 일부 기사를 제외하곤 대부분이 계몽적 성격의 기사들이었다. 그중에 많은 부분이 서구 과학기술의 소개였다. 전신, 전기, 철도 등 서구의 기술 문물을 많이 소개했지만, 지구과학과 천문학, 그리고 물리학과 화학 등의 기초과학 기사도 많았다.[6]

그런데 1880년대 〈한성순보〉와 〈한성주보〉에서 서구 과학기술을 소개하는 때만 해도 자연지식 일반을 통칭해서 격치학 또는 격물학으로 불렀으며, 그것이 포함하는 지식의 영역은 서구 과학과 종래 고전적 자연지식을 엄밀하게 구분하고, 그래서 고전적 자연지식을 제외하는 양상은 아니었다. 오히려 성리학적 용어에서 비롯된 격치학이라는 개념은 동아시아 지역에 새로이 들어온 서구 과학을 껴안은 것이었다고 보아야 할 것이다. 이와 같이 요즘의 '과학'의 의미로 '격물'과 '격치'를 썼음은 1880년대 간행되어 널리 읽힌 〈한성순보〉와 〈한성주보〉의 기사에서 흔히 볼 수 있다.

그러나 성리학적 개념에 토대를 둔 '격치학'과는 배치되는, 나아가 그것을 자연에 대한 합당한 학문으로 인정하지 않고 부정하는 '과학'의 출현은 1890년대 〈독립신문(獨立新聞)〉과 1900년대 이후 〈매일신보(每日申報)〉 단계에서부터 찾아볼 수 있다.[7] 이제 〈독립신문〉과 〈매일신보〉에서는 과거의 고전적 자연지식은 더 이상 믿을 만한 자연지식이 아니었다. '과학' 관념의 전래는 단지 서구 과학 지식의 전래 이상의 사회적 변화를 의미하는 것이었다. 그것은 '과학'을 통해서 동아시아의 고전적 자연인식체계와 자연지식들을 미신적이고 불합리한 것으로 축출하는 것을 의미했다. 물론 여전히 '격물'과 '격치'라는 용어를 썼지만 그 내용은 서구 과학 지식으로 한정되어나갔다. 특히 이와 같은 '과학' 관념이 1890년대 이후 〈독립신문〉과 〈매일신보〉를 통해서 빠르게 확산되던 '문명개화(文明開化)'와 함께 정착해갔음을 주목할 필요가 있다. 특히 개화론자들에게 서구의 과학기술은 미개인들을 계몽시켜주는 '문명개화'의 핵심적인 구성 요소였다. 졸지에 19세기 후반까지 이어져오던 동아시아적 자연지식의 전통을 지녔던 '격물학'은 미개한 수준으로 전락하고, '전통 과학'이 되었다. 새로이 소개된 서구 과학기술의 기초 지식만이 근대인이 되기 위해서는, 문명개화를 위해서는, 근대 국가의 국민들이 배우고 익혀야 할 '과학'이었다.

한의학의 축출과 '근대 의학'의 출현

자의든 타의든 우리에게 19세기 말부터 근대는 도래했다. 거부한다고 될 것도 아니었고, 문명개화라는 화려한 어구로, '과학'을 등에 업고, 폭력적 권력에 의존해서 근대사회는 다가왔다. 근대 의학의 등장은 이러한 변화를 가장 잘 보여주는 모습 중에 하나다.

실제로 종래 큰 문제 없이 잘 유지되어오던 것을 졸지에 미신적이고 타도해야 할 대상으로 만들어버리는 상황이 서구 의학의 유입에서는 분명하게 드러난다. 예컨대 천연두를 예방하는 획기적인 방법으로 이해되던 우두법(牛痘法)의 정착이라는 현상, 그리고 근대적 위생(衛生) 관념을 통한 폭력적인 위생경찰의 도입 등이 그러한 대표적인 예이다.

1934년 총독부 과학관장 시게무라(重村義一)가 우두법의 정착에 큰 기여를 한 지석영을 칭송하며 한 다음과 같은 말은 서구 의학의 수용을 바라보는 근대인의 폭력적 시선을 상징적으로 잘 보여준다.

"이런 비과학적인 분위기 중에 홀로 빛을 떨친 것은 이조말 조선의 제너라 불리는 송촌 지석영 선생이다. 나는 정신적 과학의 유지자로서 선생을 추천하고 싶다. 선생의 나이가 이미 팔순을 넘었으며 남은 여생을 즐기고 있으시지만, 선생이 죽음을 무릅쓰고 과학을 옹호했던 참혹한 역사는 실로 눈물 없이는 읽지 못할 것이다."[8]

그야말로 지석영은 근대 과학을 대표하는 우두법을 보급해서 미개한 조선 사회에 한줄기 빛을 던진 위대한 과학자로 그려지고 있다.

우리는 우두법 정착의 과정에서 여러 가지 흥미로운 사실들을 찾아볼 수 있다. 먼저 우두법의 시행은 과거 한의학과 결합되어 있던 인두법(人痘法)의 축출을 의미했다는 점이다. 그동안 우두법의 시행은 앞 인용문에서도 볼 수 있듯이 귀신보다도 더 무서운 천연두에 대해 속수무책으로 죽을 수밖에 없던 전근대의 깜깜한 시대에 한줄기 빛과도 같았다고 이해되었다. 또한 그것은 서구 근대 과학이 가져다준 은혜였다고 서술되었다. 그러나 근래의 의학사 연구에 의하면 역사적 사실은 이와 너무나 달랐다. 이미 우두법 이전에 인두법이라는 종두법(種痘法)이 시행되고 있었다. 인두법은 우두법과 비교해서 질적으로 다른 종두법은 아니었으며, 한의학의 범주 내에서 개발되고 접종이 되어왔다. 물론 우두법에 비해 안전성이 다소 떨어지는 등 기술적인 측면에서 수준이 아래인 것은 분명했다. 그러나 19세기 초부터 한의학 내에서 개발된 인두법은 전혀 예방조차 할 수 없던 깜깜한 시대에 정말 한줄기 빛이었다고 해도 지나치지 않았다. 다만 국가적 행정력으로 전 국민에게 접종이 되지 못하고 민간 차원에서 일부에서만 간헐적으로 이루어질 뿐이었다. 그런데 19세기 말 우두법이 새로이 등장하면서 인두법이라는 전통적인 종두법은 비과학적인 것으로 부정되었고, 그것과 연관된 한의학은 미신적인 수준으로 끌어내려졌다.

우두법의 시행 과정에서 주목해야 할 또 다른 사실은 우두법의 시행이 지석영과 같은 민간인에 의해 개인적인 차원에서 먼저 시도되었으나 결국 효과를 보지 못하다가, 정부가 나서서 의무 접종을 강요하면서 비교적 성공을 거두었다는 인식이다. 그것도 조선 정부가 나선 때는 1885년부터였지만 본격적으로 정부 정책이 이루어진 때는 조선이 근대 국가의 체제를 갖추려고 노력하던 1894년 이후의 갑오개혁과 대한제국기였으며, 이후 통감부가 더욱 강제적으로 정책을 추진하면서 더 큰 성공을 거두게 되었다는 사실도 주목할 필요가 있다. 사실 1894년에서 1905년까지 갑오개혁의 일환으로 전 국민의 의무 접종을 규정한 「종두규칙(種痘規則)」과 전문 인력의 양성을 위한 「종두의양성소규칙(種痘醫養成所規則)」을 반포하는 등 대한제국이 심혈을 기울여 사업을 추진했으나 지지부진하던 종두 접종 사업이 1906년부터 통감부가 나서면서 큰 효과를 보게 되었다. 그 효과의 가장 큰 공은 물론 통감부의 강력한 행정력이었다. 즉, 무단적인 헌병과 경찰의 동원이 있었기에 가능했다는 말이다. 미접종자는 형사범처럼 처벌을 받을 정도로 위압적으로 사업이 진행되었다. 우두 접종을 폭력적으로 강제하는 서구 의학은 조선의 나약한 사람들에게는 무서움 그 자체였던 것이다.[9]

서구 우두법의 정착은 이러한 역사적 과정을 통해서 이루어졌다. 그렇기 때문에 지석영 신화에서 볼 수 있는 것처럼 우두법의 등장은 그렇게 극적이지도, 한줄기 빛도 아니라는 것이다. 그럼에도 불구하고 일제 통감부의 폭력적 강제에 의해 이루어진 우두법의 등장과 시행 그리고 성공은 그것과 연결되어 있던 한의학의 몰락을 예견하는 것이었고, 그것은 서구 의학의 한의학에 대한 과학적 승리로 이해되었다. 이렇게 우두법은 근대의 도래와 함께 조선인들에게 강요되었고, 그것은 위대한 근대 과학의 승리로 해석되었다.

19세기 말에 갑자기 도래한 근대는 조선인들에게 '과학'을 보여주었지만, 그것은 일부 문명개화론자들을 제외하고는 과학이 아니었다. 대다수 조선의 민중에게 근대와 함께 다가온 '과학'은 해괴하고 믿을 수 없는, 때로는 삶의 근거를 폭력적으로 몰아내는 무서운 것이었다. 이러한 역사의 단면을 단적으로 보여주는 것이 근대 과학으로서의 병리학 또는 세균설에 입각한 위생 관념과 위생경찰의 등장이다.

1860년대 프랑스의 위대한 생물학자 파스퇴르(Louis Pasteur, 1822~1895)가 전염병을 일으키는 미세한 미생물 즉 세균을 발견한 이후 20세기가 오기 전에 전염병을 일으키는 수많은 세균들이 발견되었다. 그야말로 세균의 발견을 통한 전염병 예방과 치료는 근대 과학의 위대함을 단적으로 보여주는 것이었다고 해도 과언이 아니었다. 그런데 이러한 세균설은 강력한 행정력을 동원하는 위생경찰에 의한 전 국민의 위생 상태를 통제하려는 정책에 힘을 실어주었다. 확실히 눈에 보이는 세균을 효과적으로 박멸하기 위해서는 강력한 권한의 행사가 어쩔 수 없다는 당위성을 제공해주었던 것이다. 위생경찰이란 바로 이와 같이 전 국민을 관리 대상으로 국가적인 방역체제를 구축하기 위해서 강력한 행정력인 경찰 조직과 경찰력을 이용하는 시스템이었다.

18세기 후반부터 유럽에서 시작된 위생경찰 제도는 19세기 말 메이지 일본에 도입되었고, 이어서 조선에도 위생경찰 개념이 도입되기에 이르렀다. 1882년에 쓰인 김옥균(金玉均, 1851~1894)의 「치도약론(治道略論)」과 1883년 시행된 박영효(朴泳孝, 1861~1939)의 치도사업은 전형적인 근대적 위생 관념을 잘 보여준다. 갑신정변을 통해 급격한 개화를 이루어내려던 혁명가 김옥균은 "도로변의 불결을 없애 전염병을 예방하고, 소독된 분뇨를 활용하여 농업생산성을 높이며, 교통을 편리하게 하여 물류 유통을 증대시키자"는 논리를 폈으며, 거리 청결에 대한 감시와 처벌을 위한 순검(巡檢) 제도를 두어야 한다고 주장할 정도였다. 이러한 위생경찰 제도는 100일 천하로 끝난 혁명의 실패로 실현되지는 못했지만 갑오개혁 이후 내무대신이 된 박영효에 의해 위생경찰 제도는 실행되었다. 이 위생경찰 제도는 1906년의 통감부 시대를 이어서 식민지시기로 계승되었다.

그런데 과연 개화기와 식민지시기 민중들은 위생경찰 제도를 통해 근대적 방역의 혜택(?)을 받고 청결한 생활을 누리며 무서운 전염병으로부터 생명을 구할 수 있었을까? 식민지 민중들에게 전염병만큼이나 무서웠던 것은 그들을 통제했던 근대의 병리학이었음도 간과할 수 없다. 근대의 병리학으로 무장한, 근엄한 제복을 입고 칼을 허리에 찬 근대의 경찰과 헌병은 전염병 환자를 찾아낸다는 명분하에 식민지 민중을 통제하고 가두었다. 환자로 판단되는 사람들은 마치 형사범죄자처럼 강제로 끌려갔고, 그들의 삶의 공간에서 격리되었다. 이렇게 세균설이라는 근대의 '과학'은 김옥균과 박영효 같은 극소수 문명개화론자들을 제외한 대다수 민중들에게는 그들을 억압하는 무서운 폭력적 권력이었다.[10]

'음력'의 탄생과 서구식 시간체계의 형성

조선후기 1654년부터 시행되었던 시헌력(時憲曆)은 비록 중국 전통의 역법체제인 대통력(大統曆)을 대체했으나, 서구식 천체 운행의 데이터와 계산법을 일부 채용했을 뿐 종래의 역법체제를 부정하고, 서구식 시간체제로 전환한 것이 아니었다. 여전히 시헌력은 종래의 태음태양력이 근간이었으며,

정부 내 의례 시행의 표준시간체제인 『시헌서(時憲書)』는 대통력서 체제와 다를 바가 없었다.[11] 그런데 이러한 사정은 개항 이후 소위 서구 그레고리력(Gregorian calendar)의 시간체제의 확산, 그리고 1896년 '태양력' 시행과 더불어 달라졌다.

정부 공식의 시헌력 체제가 유지되는 가운데 개항 이후 1880년대에 이르면 개항지와 외국인 거류지를 중심으로 서구의 그레고리력 체제가 서서히 시행·확산되기 시작했다. 일본과 서구 각국은 자신들이 만든 우체국, 병원 그리고 은행 들에서 그레고리력과 요일제를 시행했다. 이러한 그레고리력 사용의 공식화는 일본의 세력을 업은 개화론자들이 주도했던 갑오개혁 시기에 이루어졌다. 그 단초는 1894년 11월 20일 그다음 해부터 청의 연호를 폐지하고 개국 기원을 사용하는 것으로부터 시작되었다.[12] 이어서 1895년 9월 9일에는 그해의 11월 17일을 다음 해 1월 1일로 하는 '태양력'을 공식적으로 채용하기로 전격적인 결정이 내려졌다.[13] 1896년부터 그레고리력을 사용하고, 조선의 모든 의례를 포함해서 전 부문에 걸쳐 그레고리력의 전용을 결정한 것이었다. 이로 인해 그레고리력의 시간체제는 행정과 외교, 법률, 교육, 교통, 통신 등 공적인 영역에서 일원적으로 적용되고, 종래의 시헌력 체제는 공식적으로 소멸의 운명에 처해졌다. 그러나 이후 갑오개혁을 주도하던 개화론자들의 의도대로 그레고리력이 전면적으로 사용되지는 못했다. 물론 공적인 영역에서는 그레고리력의 시간 질서가 우위를 점했지만 아관파천 이후 국가의례를 종래의 시헌력으로 시행하기로 하는 등 그레고리력과 시헌력을 병행하게 되었기 때문이었다. 실제로 국가에서는 1908년까지 그레고리력서와 함께 시헌력서(나중에는 명시력)를 편찬·반포했다.[14]

이와 같이 1896년 그레고리력 사용 결정 이후 1908년 시헌력 체제를 완전 포기할 때까지 그레고리력과 시헌력 체제는 종래의 시간 질서와 새로운 시간 질서를 놓고 치열하게 경쟁을 벌였다고 할 수 있다. 개화론자들과 그들을 지원하는 일본 제국의 강압은 시헌력 체제를 비과학적인 '음력'으로 몰아세웠고, 국가 내의 공적인 영역에서는 그레고리력을 강력하게 시행해나갔다. 모든 근대식 학교는 그레고리력과 요일제를 거의 예외 없이 사용했고, 〈독립신문〉을 비롯한 근대식 신문들도 새로운 시간체제의 확산을 적극적으로 주도했다. 그러나 종래의 시간 질서를 유지하려는 측의 저항도 만만치 않았다. 특히 국가적인 의례는 행정적인 차원을 넘어서서 정치적으로뿐만 아니라 문화적으로도 과거 전통의 정통성을 담보하는 문제였기 때문에 그레고리력에 대한 부정적 인식은 자연스러운 저항이었다. 그

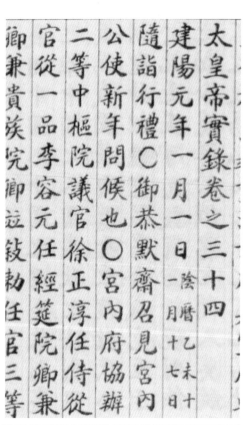

〈그림 34〉「고종실록」 고종 33년 1월 1일.

레고리력을 쓰고 종래의 정삭을 폐하는 문제를 금수가 되고 야만이 되는 길이라며 강하게 저항했던 신기선(申箕善, 1851~1909)의 주장[15]은 그 대표적인 예였다. 저항은 일부 지식인뿐이 아니었다. 배재학당 등 근대식 학교가 전면적으로 그레고리력과 요일제를 사용하는 것과 달리 성균관이나 유생들이 강력하게 저항했던 것처럼 일반 민중들의 삶에서는 그레고리력의 사용이 전혀 이루어지지 않았다. 1908년 시헌력 체제의 포기와 그레고리력의 실질적인 전용은 일제의 강제력이 위력을 발휘하는 1909년에 이르러서야 비로소 가능했다.

우리는 이러한 일련의 과정에서 그레고리력이 '태양력' 또는 '양력'으로 불리고, 종래의 시헌력이 '음력'으로 불리는 이해할 수 없

는 불공평한 현상이 벌어졌음에 주목할 필요가 있다. 시헌력을 포함해 고대 이래 동아시아의 공식 역법이 모두 태음태양력임은 잘 아는 바이다.[16] 그런데 그레고리력을 '태양력'으로 부르면서 그에 대비해 시헌력을 '음력'으로 부른 것이다. 이는 『고종실록』 기사에서 명확히 확인된다. 그레고리력 시행을 결정한 사실을 기록하고 있는 고종 32년(1895) 9월 9일의 기사는 다음 해부터 '태양력'을 시행하기로 했다고 적었다. 새해의 첫날 실록 기록에는 그레고리력으로 바뀐 역법에 따라 건양(建陽) 원년(즉 1896) 1월 1일이 '음력 을미 11월 17일'이라는 세주를 친절하게(?) 달아놓고 있다.[17] 말 그대로 바뀐 1월 1일이 '음력'으로 을미년의 11월 17일이라는 해설인 것이다. 그간의 '시헌력'이 졸지에 국가 권력에 의해 음력으로 새로이 규정당하고 있는 것이다.

이렇게 '문명개화'의 거대한 시대적 흐름 속에서 종래의 시헌력 체제는 태음태양력임에도 불구하고 언제부턴가 '음력'으로 불리기 시작했다. 이미 1884년 4월 16일자 〈한성순보〉의 "음양력대비" 기사를 보면 아시아 각국이 과거 '태음력'을 쓰는 데에 비해 서구 각국은 '태양력'을 쓴다며, 실제로는 태음태양력이었던 종래의 시헌력 체제를 음력으로 대비시켜 구분해내고 있음을 알 수 있다. 유사한 사례는 대표적 개화론자인 유길준(俞吉濬, 1856~1914)의 『서유견문(西遊見聞)』에서도 찾아볼 수 있는데, 이는 달의 주기를 기준으로 하는 종래의 시간체제가 상대적으로 합리적이지 못함을 함축하는 것이었다. 종래 국가와 민간 부문 모두에서 전일적인 영향력을 행사하던 시헌력의 시간 질서는 그 독보적 지위를 상실하고 국가의 공적인 영역에서 축출되었으며 비합리적인 시간체제의 의미를 함축하는 '음력'으로 전락하고 말았다. 이로써 과거 300여 년 동안 합리적이고 과학적이었던 시헌력은 '전통 과학'이 되었다.

1장 서론: 이질적 두 과학의 만남을 어떻게 바라볼 것인가

1. 이에 대한 더 구체적인 논의는 전용훈, "한국천문학사의 한국적 특질에 관한 시론: 조선전기의 역산 연구를 중심으로", 『한국과학사학회지』 38권 1호, 2016, 1-34쪽을 참조할 것.

2. 김호, "麗末鮮初 '鄕藥論'의 형성과 『鄕藥集成方』", 『震檀學報』 88집, 1999, 131-149쪽; 김호, "許浚의 『東醫寶鑑』 연구", 『한국과학사학회지』 16권 1호, 1994, 3-30쪽을 참조할 것.

3. 楊普景, "「大東輿地圖」를 만들기까지", 『韓國史市民講座』 16집, 일조각, 1995, 84-121쪽.

4. 서경덕과 장현광의 성리학적 자연인식체계에 대한 자세한 논의는 문중양, "16·17세기 조선 우주론의 상수학적 성격—서경덕과 장현광을 중심으로—", 『역사와 현실』 34호, 1999, 95-124쪽을 참조할 것.

5. '무한한 우주(infinite cosmos)'와 '또 다른 우주'의 개념은 유럽의 과학혁명기 초기에 유럽에서 크게 논란이 되었던 주제였다. 유럽인들은 고대 아리스토텔레스의 교조적인 우주론에 맞서서 신의 전지전능성에 입각해 우주는 무한할 수 있으며, 이 세상 이외의 또 다른 세상이 있을 수 있다고 주장했다. 이러한 논쟁은 결국 고대 중세의 우주론이 붕괴하는 실마리를 제공하기도 한 사실에 주목할 필요가 있다.

6. '유럽의 세계지도'가 아니라 중국이라는 유럽과 판이한 문화적 공간에서 중국인이 아닌 서구인인 예수회 선교사들에 의해 새롭게 구성된 '서구식' 세계지도였음에 주목할 필요가 있다. '유럽의 세계지도'와 「곤여만국전도」는 많이 달랐다. 이에 대한 논의는 3장 1절에서 구체적으로 다룰 것이다.

7. 중국에서 간행된 서구식 세계지도와 그 전래에 대한 자세한 설명은 오상학, 『조선시대

세계지도와 세계인식』, 창비, 2011, 153-76쪽을 볼 것.

8. 시헌력 시행의 구체적인 과정에 대해서는 전용훈, "17~18세기 서양과학의 도입과 갈등—時憲曆 施行과 節氣配置法에 대한 논란을 중심으로—",『東方學志』117집, 2002, 1-49쪽을 참조할 것.

9. '적도경위의'는 현존하지 않으나, '지평일구'는 현재 보물 840호로 지정되어 국립고궁박물관에 소장 전시되고 있다.

10. 중국과학사 학자 엘만은 예수회 과학이 중국에 유입된 이후 19세기 말까지 중국인들이 '그들의 방식대로(on their own terms)' 서구 과학을 이해하고 재구성했다고 파악한 바 있다. Benjamin A. Elman, *On Their Own Terms: Science in China, 1550-1900* (Cambridge; Harvard U. Press), 2005.

11. 서명응의 서구 과학 학습과 재해석에 대한 자세한 논의는 박권수, "徐命膺의 易學的 天文觀",『한국과학사학회지』20권 1호, 1998, 57-101쪽을 참조할 것.

12. 문중양, "조선후기 실학자들의 과학담론, 그 연속과 단절의 역사—기론(氣論)적 우주론 논의를 중심으로—",『정신문화연구』26권 4호, 2003, 27-52쪽을 참조.

13. 홍대용을 비롯한 조선후기 사대부 학인들의 지전 관념이 서구 지동설의 영향인가, 독창적 사고인가에 대한 흥미로운 논의는 김영식, "조선 후기의 지전설 재검토",『동방학지』133집, 2006, 79-114쪽을 볼 것.

14. 그 대표적인 학자로는 모든 문명 속의 과거 과학들은 현대의 보편과학(universal science)으로 발전해간다는 시각을 지녔던 조셉 니덤(Joseph Needham)을 들 수 있을 것이다.

15. 종종 발전의 배경으로 천재적인 인물의 탁월한 역할(예컨대 세종의 탁월한 능력, 또는 우리 민족의 슬기로운 기술적인 역량 등)이 거론되며, 문화적·사회적인 배경이 거론될 경우에는 왜 쇠퇴했는가에 대한 설명을 위해서인 경우(주자학의 관념적이고 허학적인 측면이나, 조선후기 사회경제적 모순의 증대라든가 등)가 대부분이다. 이는 과학지식사회학의 스트롱 프로그램의 공평성·대칭성 등의 명제에도 명맥하게 어긋나는 역사서술이라고 할 수 있다.

16. 예컨대 역법 정비의 가장 큰 배경으로 국가 의례나 일식이 일어났을 때 행하는 구식례(求食禮)를 분초를 다투는 정확한 시간에 치르기 위한 것을 들 수 있다. 또한 측우기 창안도 강우량의 통계적 분석을 통한 강우의 예측을 위한 것이라기보다는 천명을 받아 통치행위를 하는 제왕의 정치적 책무로서 이해할 수 있다.

17. 근대과학과는 거리가 멀었고, 중세과학과 과학혁명기 초기 과학이 혼란스럽게 섞인

것을 기독교 선교라는 성스러운 목표로 중국에 들어온 예수회사 행위자가 유럽과 다른 이질적인 중국이라는 무대에서 다시 번역해낸 '혼종(hybrid)'으로 볼 수도 있을 것이다.

18. 행위자네트워크 이론(actor-network theory)의 리더인 부르노 라투어(Bruno Latour)가 개념화한 '번역(translation)'의 의미로 썼다. 라투어는 과학기술의 형성 과정을 인간과 비인간 행위자들을 묶어내는 네트워크의 형성 과정으로 살펴보고 있는데, 바로 네트워크의 형성을 '번역(translation)'이라고 불렀다. 라투어의 이와 같은 주장에 대한 자세하고 알기 쉬운 내용은 브루노 라투르 외 지음, 홍성욱 엮음, 『인간·사물·동맹: 행위자네트워크 이론과 테크노사이언스』, 이음, 2010이 매우 유용하다.

2장 서구 과학과의 만남 이전 조선의 과학기술

1. 관상감에 대한 자세한 논의는 허윤섭, 『조선후기 觀象監 天文學 부문의 조직과 업무 ―18세기 후반 이후를 중심으로―』, 서울대학교 과학사 및 과학철학 협동과정 석사학위논문, 2000을 참조할 것.

2. 『周易』 「繫辭傳」, "仰以觀於天文, 俯以察於地理, 是故知幽明之故."

3. 『周易』 「繫辭傳」, "天垂象 見吉凶."

4. 중국의 '천문' 전통과 그에 대한 구체적인 논의는 이문규, 『고대 중국인이 바라본 하늘의 세계』, 문학과지성사, 2000의 2부 "천문의 원리와 실제 적용", 55-204쪽이 매우 유용하다.

5. 『書經』 「堯典」, "欽若昊天 歷象日月星辰 敬授人時."

6. 중국의 '역법' 전통과 그에 대한 자세한 내용은 이문규, 앞의 책, 2000, 3부 "역법의 기능과 그 기능", 207-75쪽을 참조할 것.

7. 한국의 역법과 역서의 역사에 대한 전체적인 소개는 李殷晟, 『韓國의 冊曆』, 전파과학사, 1978을 참조할 것.

8. 최근 일련의 연구에 의하면 조선시대 이전, 특히 고려시대에도 중국의 정삭을 받아 오기는 하지만, 중국의 역법 계산에 근거하거나, 또는 그것과는 다른 역법 계산에 의거해서 자체적으로 역일을 계산해 역서를 편찬·반포했다고 한다. 전용훈, "고려시대의

曆法과 曆書”, 『한국중세사연구』 39집, 2014, 193-257쪽; 徐恩惠, 『麗蒙關係의 推移와 高麗의 曆法運用』, 서울대 국사학과 석사논문, 2016.

9. 이에 대한 최근의 연구로는 한영호, 이은희, “麗末鮮初 本國曆 완성의 道程”, 『동방학지』 155집, 2011, 31-75쪽; 이은희·한영호, “조선 초 간행의 교식가령(交食假令) 연구”, 『한국과학사학회지』 34-1호, 2012, 35-70쪽; 한영호, 이은희, “『교식추보법가령』 연구”, 『동방학지』 159집, 2012, 239-90쪽 등이 있다.

10. 全相運, “朝鮮前期의 科學과 技術―15世紀 科學技術史 硏究 再論”, 『한국과학사학회지』 14권 2호, 1992, 154-56쪽; 박성래, 『세종대의 과학기술, 그 현대적 의미』, 한국과학재단, 1997, 200-201쪽; 구만옥, “조선왕조의 집권체제와 과학기술정책―조선전기 천문역산학의 정비과정을 중심으로―”, 『東方學志』 124집, 2004, 220쪽.

11. 문중양, “세종대 과학기술의 ‘자주성’, 다시 보기”, 『歷史學報』 189집, 2006, 39-72쪽 참조.

12. 『세종실록』, 세종 19년 4월 15일, 金墩의 「簡儀臺記」.

13. 『세종실록』, 세종 19년 4월 15일, 金墩의 「日星定時儀序」.

14. ‘칠정산’을 확립하기 오래전 세종 8년 2월에 ‘曆書’에서 ‘曆’자를 쓰지 말고 ‘日課’라 쓰기 시작한 것도 이러한 맥락에서 이해할 수 있을 것이다. 『세종실록』, 세종 8년 2월 4일(무진) 기사.

15. 필자는 16세기까지의 『실록』에서 ‘본조력’은 태종 17년(1417) 12월 27일 기사에서 단 한 번, ‘본국력’은 세종 30년(1448) 1월 12일, 단종 3년(1455) 4월 7일, 성종 5년(1474) 6월 6일 기사에서, 그리고 ‘아국력’은 선조 33년 1월 11일 기사 등 매우 적은 사례만을 볼 수 있었다.

16. 유사한 예로 중국의 선진적인 약학을 ‘唐藥’이라 부르며, 조선의 지역 약학을 ‘鄕藥’이라 불렀던 것을 들 수 있다. 중국의 음악을 ‘唐樂’, 조선의 음악을 ‘鄕樂’으로 불렀던 것노 마찬가지다.

17. 韓國精神文化硏究院, 『古文書集成 18』, 1994, 474-75쪽.

18. 이은희, “조선시대의 역서”, 『한국 천문력 및 고천문학』, 대전: 한국천문연구원, 1996, 56쪽.

19. 이러한 사정이 물론 처음은 아니었으며, 이에 앞서 예종대에도 비슷한 사례가 확인된다. 1469년 1월 2일자 『실록』 기사에 의하면 예종은 중국 사신행이 거쳐 가는 길목의 지방관들에게, 명의 사신이 역서를 보여달라고 하면 ‘당력’, 즉 중국의 역서를 아직 받지 못했다고 말하면서 ‘향력’을 보여주지 말라는 지침을 내리고 있다. 『예종실록』, 예

종 1년 1월 2일 기사를 볼 것.

20. 『선조실록』, 선조 31년 11월 12일, 12월 22일, 12월 25일, 32년 2월 2일 기사; 『인조실록』, 인조 15년 5월 25일 기사를 볼 것.

21. 『인조실록』, 인조 3년 1월 13일 기사.

22. 『인조실록』, 인조 5년 11월 10일 기사.

23. 중국과의 상하적 질서 관계를 고려한 조선 역서의 역사적 변화에 대한 보다 자세한 논의는 박권수, "조선의 역서(曆書) 간행과 로컬사이언스", 『한국과학사학회지』 35-1호, 2013, 69-104쪽이 매우 유용하다.

24. 박권수도 필자의 생각과 유사하게 그의 논문(앞의 논문)에서 조선의 역서를 '로컬사이언스'로 규정한 바 있다.

25. 즉, '세계지도'를 말한다. 현대인에게 모든 세계는 조선인들에게는 '천하'라는 용어로 이해되었다.

26. 「천상열차분야지도」, 권근(權近)의 발문.

27. 태조대 「천상열차분야지도」의 제작 과정에 이루어진 새로운 천문학적 성과에 대해서는 박창범, "天象列次分野之圖의 별그림 분석", 『한국과학사학회지』 20권 2호, 1998, 113-49쪽을 참조할 것.

28. 「천상열차분야지도」에 대한 구체적인 내용을 알려주는 논저는 매우 많다. 그중에 최근의 한영호, "天象列次分野之圖의 실체 재조명", 『古宮文化』 창간호, 국립고궁박물관, 2007, 11-31쪽; 구만옥, "'天象列次分野之圖' 연구의 爭點에 대한 檢討와 提言", 『東方學志』 제140집, 2007, 89-130쪽 등을 참조할 수 있다.

29. 이 값은 태조 4년(1395)에 새로이 정한 "을해년 경위도중성기"의 값이었다. 『국조역상고(國朝曆象考)』, 권2 중성(中星), "을해년경위도중성기" 참조.

30. 박창범, 앞의 논문, 124-25쪽.

31. 『세종실록』 권107, 22a쪽; 『증보문헌비고』 권2 상위고, 31b쪽 등에 이러한 사실이 기록되어 있다.

32. 『선조실록』 권5, 4년 10월 19일 무신조; 11월 3일 신유조를 참조. 이때 인쇄된 「천상열차분야지도」도 거의 남아 있지 않으며, 그중에 한 장이 일본에 남아 있다고 하나 확인하지 못했다. 나일성, 『한국천문학사』, 서울대출판부, 2000, 89쪽을 참조.

33. 『승정원일기』 820책, 영조 12년 2월 25일 경인조.

34. 조선시대 제작·유통된 많은 천하도들에 대한 자세한 논의는 오상학, 『조선시대 세계지도와 세계인식』, 창비, 2011이 매우 유용하다.

35. 「화이도」로 대표되는 유가적 세계인식과 천하도에 대한 자세한 논의는 오상학, 앞의 책, 2011, 64-69쪽을 볼 것.

36. 「혼일강리역대국도지도」에 대한 논거로는 Gari Ledyard, "Cartography in Korea" in *The History of Cartography, V.2, Book 2, Cartography in the Traditional East and Southeast Asian Society* ed., by J.B. harly and David Woodward (Univ. of Chacago Press), 1994, pp.235-345; 오상학, 앞의 책, 2011, 91-150쪽을 볼 것.

37. 16세기 「혼일강리역대국도지도」의 세계 영역이 축소되는 역사적 흐름에 대한 자세한 논의는 오상학, 앞의 책, 2011, 134-50쪽을 볼 것.

38. 신민철, "명대 천문 사습(私習)의 금지령과 천문서적의 출판: 그 이념과 실제", 『한국과학사학회지』 29권 2호, 2007, 231-60쪽.

39. 『회남자』에 나오는 우주의 생성과정에 대한 이와 같은 논의는 山田慶兒 저, 김석근 역, 『朱子의 自然學』, 통나무, 1991, 33-34쪽을 볼 것. 또한 『회남자』 「천문훈」의 내용은 John S. Major, *Heaven and Earth in Early Han Thought: Chapter Three, Four, and Five of the Huainanzi* (State U. of New York Press), 1993, pp.55-139가 유용하다.

40. 개천설과 혼천설로 대표되는 중국 고대의 우주 구조에 대한 구체적인 논의는 이문규, 『고대 중국인이 바라본 하늘의 세계』, 문학과지성사, 2000, 291-389쪽을 참조할 것.

41. 『회남자』 이후 우주의 생성 과정에 대한 산발적인 논의의 역사적 전개에 대한 이와 같은 대략적인 내용은 山田慶兒, 앞의 책, 43-56쪽을 참조할 것.

42. 山田慶兒, 앞의 책, 57쪽을 참조.

43. 『性理大全 (1)』(明 胡廣 책임찬수, 山東友誼社出版), 「正蒙」 太和篇第一, 391쪽.

44. 앞의 주와 같은 쪽.

45. 『性理大全 (1)』, 「正蒙」 參兩篇第二, 401쪽.

46. 그러나 장재의 기론적 우주론이 혼천설과 완전히 부합하는 것은 아니었다. 예를 들이 혼천설이 고체의 하늘을 상정하는 데 비해서 장재의 우주론에서 하늘은 단지 기(氣)에 불과한 차이를 들 수 있다.

47. 주희의 우주 생성의 과정에 대한 논의는 Yung Sik Kim, *The Natural Philosophy of Chu Hsi* 1130-1200 (Philadelphia: American Philosophical Society), 2000, pp.135-38을 참조할 것. 또한 山田慶兒, 앞의 책, 193-96쪽의 논의도 유용하다. 하지만 야마다의 논의는 주희의 우주론을 지나치게 정합적으로 재구성한 측면이 크다.

48. 山田慶兒, 앞의 책, 174-76쪽을 참조.

49. 진단의 무극도와 태극도, 그리고 그의 사상에 대한 구체적인 논의는 廖名春·康學偉·

梁韋弦 저, 심경호 번역, 『주역철학사』, 예문서원, 1994, 377-87쪽을 참조할 것.

50. 『性理大全 (1)』, 「태극도설」, 93쪽.

51. 廖名春·康學偉·梁韋弦, 앞의 책, 1994, 396-99쪽을 참조할 것.

52. 예컨대 주희의 우주론을 분석한 山田慶兒의 『주자의 자연학』을 보면, 장재의 기일원론적 우주론을 중심으로 주희의 우주론을 재구성했을 뿐 소옹의 상수학적 우주론 논의에 대해서는 거의 다루지 않은 것을 들 수 있다. 그러나 주희는 『역학계몽(易學啓蒙)』을 저술하는 것에서 볼 수 있듯이 소옹의 상수학적 우주론 논의를 중요하게 다루고 계승했다.

53. 『황극경세서(皇極經世書)』는 소옹의 저작으로 통한다. 그러나 소옹이 저술했던 원본은 일찍이 사라졌으며 현존하는 『황극경세서』는 그의 아들 소백온(邵伯溫)을 비롯해서 소옹의 문인들이 소옹의 말을 기록하고 또는 주석을 붙이면서 덧붙여진 저서다. 따라서 현존의 『황극경세서』에 제시되어 있는 대부분의 도상(圖象)들은 소백온이나 채원정 그리고 주희, 더 나아가서 명·청의 학자들이 보충해 넣은 것들이라는 견해가 지배적이다.

54. 전설적인 성인(聖人) 복희가 하도(河圖)에 담긴 우주의 원리를 보고 그렸다고 믿어지는 '선천팔괘도'와 '선천64괘방원도'가 바로 그것이다. 그중에 '선천64괘방원도'는 『性理大全 (1)』, 561-62쪽에 담겨 있다.

55. 소옹과 소백온이 작성한 도식과 그에 관한 구체적인 서술 내용은 『性理大全 (1)』 권7 「皇極經世書」, 579-602쪽에 나와 있다.

56. 소옹의 '원회운세설'에 대한 자세한 논의는 山田慶兒, 앞의 책, 1991, 184-92쪽을 참조할 것.

57. 주희의 상수역학에 대한 논의는 廖名春·康學偉·梁韋弦, 앞의 책, 1994, 510-30쪽을 참조할 것. 이 책의 저자들은 주희가 정이에서 장재에 이르는 역학(易學)을 계승·발전시켰으면서도 아울러 소옹의 상수역학을 종합하여 송역(宋易)의 발전에 새로운 국면을 열었다고 파악했다.

58. 山田慶兒는 그러한 사정을 "張載의 자연학적 우주론과 周敦頤의 존재론 사이의 균열"이라고 지적했다. 山田慶兒, 앞의 책, 131쪽을 참조할 것.

59. 조선 유학자들이 성리학적으로 자연이해를 하기 이전에 어떠한 도교적, 불교적, 선진 유학적 자연이해를 하고 있었는지에 대해서는 현재로서는 체계적이고 깊이 있는 연구 성과가 부족한 형편이다. 최근의 한 논의는 '이법(理法)적 천(天)'의 개념을 성리학적 자연이해의 핵심적인 본질로 파악하면서, 도교적 및 불교적 자연이해를 '인격(人

格)적 '천'의 개념으로, 그리고 선진 유학적 자연이해를 '상제(上帝)적 천'의 개념으로 파악하기도 했다. 具萬玉, 『朝鮮後期 科學思想史 研究 I: 朱子學的 宇宙論의 變動』, 혜안, 2004, 37-63쪽을 참조.

60. 具萬玉, 앞의 책, 45-46쪽을 참조.

61. 전용훈, "朝鮮中期 儒學者의 天體와 宇宙에 대한 이해 旅軒 張顯光의 '易學圖說'과 '宇宙說'", 『한국과학사학회지』 18권 2호, 1996, 131-32쪽을 참조할 것.

62. 김시습의 우주론 논의에 관한 자세한 논의는 구만옥, "15세기 후반 理學的 宇宙論의 擡頭", 『朝鮮時代史學報』 7집, 1998, 39-97쪽을 참조할 것.

63. 김정국의 우주론 논의에 대한 자세한 논의는 具萬玉, 앞의 책, 59-62쪽을 참조할 것.

64. 우주의 생성 과정에 대한 서경덕의 이와 같은 논의는 徐敬德, 『花潭集』 卷二 雜著 原理氣, 12.b쪽 참조.

65. 徐敬德, 『花潭集』 卷二 雜著 原理氣, 12.b쪽. 이 내용은 張載의 『性理大全 (1)』 「正蒙」 參兩篇第二, 401쪽의 내용을 그대로 풀이한 것이라고 할 수 있다.

66. 徐敬德, 『花潭集』 卷二 雜著 原理氣, 12.a쪽.

67. 徐敬德, 『花潭集』 卷二 雜著 原理氣, 11.b쪽.

68. 서경덕의 철학이 장재의 기철학, 주돈이의 본체론, 그리고 소옹의 선천역을 모두 갖추었다는 사실을 지적한 것으로 丁垣在, 『徐敬德과 그 학파의 先天학설』, 서울대학교 철학과 석사학위논문, 1990이 참고된다.

69. 具萬玉, 앞의 논문, 1999, 191-95쪽 참조.

70. 서경덕의 數에 대한 이러한 이해는 문중양, "16·17세기 조선 우주론의 상수학적 성격", 『역사와 현실』 34집, 1999, 106-107쪽을 참조.

71. 徐敬德, 『花潭集』 卷二 雜著 聲音解, 20.a-24.a쪽; 『性理大全 (1)』, 皇極經世書, 603-44쪽.

72. 徐敬德, 『花潭集』 卷二 雜著 皇極經世數解, 25.a-30.b쪽; 『性理大全 (1)』 皇極經世書 觀物外篇上, 815-48쪽.

73. 조선 지식인들의 『性理大全』 이해에 대한 논의는 金恒洙, "16세기 士林의 性理學 理解 書籍의 刊行·編纂을 중심으로", 『韓國史論』 7집, 1981, 121-77쪽을 참조할 것.

74. 『性理大全(1)』 正蒙 太和篇第一, 399쪽.

75. 程顥의 이러한 논의는 張顯光의 易學圖說에서도 중요하게 주목을 받았다. 張顯光, 『旅軒先生全書 下』 易學圖說 卷之二, 8a쪽.

76. 『性理大全(1)』 皇極經世書 觀物內篇之二, 687쪽.

77. 朱熹의 현재 천지의 소멸에 대한 이러한 논의는 山田慶兒, 앞의 책, 184-92쪽에 자세하게 나와 있어 참고된다.

78. 徐敬德,『花潭集』卷二 雜著 原理氣, 13b쪽.

79. 장현광이 제시한 주돈이의 태극과 장재의 기 개념에 입각한 우주의 생성 과정과 우주 구조에 대한 구체적인 논의는 張會翼, "조선후기 초 지식계층의 자연관—張顯光의 「宇宙說」을 중심으로—",『韓國文化』11집, 1990, 589-95쪽과 전용훈, "朝鮮中期 儒學者의 天體와 宇宙에 대한 이해—旅軒 張顯光의 「易學圖說」과 「宇宙說」,『한국과학사학회지』18권-1호, 1996, 145-48쪽을 볼 것.

80. 침류대학사 학자들의 교류 활동과 학문적 관심, 그리고 조선 유학사에서 갖는 의의 등에 관한 구체적인 논의는 고영진, "16세기 후반~17세기 전반 서울 枕流臺學士의 활동과 그 의의",『서울학연구』Ⅲ, 1994, 137-61쪽을 참고할 수 있다.

81. 張顯光,『旅軒先生全書 下』旅軒先生性理說卷之八 宇宙說, 4a쪽.

82. 張顯光,『旅軒先生全書 下』旅軒先生性理說卷之八 宇宙說, 10b쪽.

83. 張顯光,『旅軒先生全書 下』旅軒先生性理說卷之八 宇宙說, 12b쪽.

84. 張顯光,『旅軒先生全書 下』旅軒先生性理說卷之八 宇宙說, 7b-8b쪽.

85. 이러한 시간 단위는 張顯光,『旅軒先生全書 下』旅軒先生性理說卷之八 宇宙說, 14b쪽에서도 제시되었다. 沒은 대략 4×10^{-10}秒 정도라고 한다. 張會翼, 앞의 논문, 1990, 590쪽을 참고할 것.

86. 張顯光,『旅軒先生全書 下』旅軒先生性理說卷之八 宇宙說, 26a-b쪽.

87. 이 捷法이 무엇을 의미하는지는 분명하지 않다. 혹시 朱熹가 역가들의 日月右行說을 비판하면서 截法이라고 했던 것과 유사한 의미일 수도 있겠다. 截法이란 계산의 간편함만을 추구해서 취한 약식을 이용한 편법과 같은 것을 의미한다. 이에 대한 논의는 山田慶兒, 앞의 책, 219-27쪽을 참고할 수 있다.

88. 張顯光,『旅軒先生全書 下』旅軒先生性理說卷之八 宇宙說, 27a쪽.

89. 張顯光,『旅軒先生全書 下』旅軒先生性理說卷之八 宇宙說, 27a-b쪽.

90. 張顯光,『旅軒先生全書 下』旅軒先生性理說卷之八 宇宙說, 15b쪽.

91. 張顯光,『旅軒先生全書 下』旅軒先生性理說卷之八 宇宙說, 16b쪽.

92. 張顯光,『旅軒先生全書 下』旅軒先生性理說卷之八 宇宙說, 36b쪽.

93. 張顯光,『旅軒先生全書 下』旅軒先生性理說卷之八 宇宙說, 35a쪽.

94. 張顯光,『旅軒先生全書 下』旅軒先生性理說卷之八 宇宙說, 16a쪽.

95. 張顯光,『旅軒先生全書 下』旅軒先生性理說卷之八 宇宙說, 3b쪽.

96. 張顯光, 『旅軒先生全書 下』旅軒先生性理說卷之八 宇宙說, 42a~b쪽.

3장 중국에서의 이질적 과학의 만남과 '일차 번역'의 양상

1. 『숭정역서』 편찬 사업에 관한 자세한 내용은 Keizo Hashimoto, *Hsu Kuang-Chi and Astronomical Reform The Process of the Chinese Acceptance of Western Astronomy 1629-1635* (Kansai Uni. Press), 1988를 참조할 수 있다.

2. 개력(改曆) 과정에서 설립된 선교사들의 역국(曆局, 1629년에 설립되었고, 魏文魁의 東局이 1634년에 설립된 이후에는 西局으로 불림)은 흠천감(欽天監)을 대표하는 천문역산의 담당 부서가 되었으며, 책임자 아담 샬은 천문역산의 최고 전문가로 인정을 받았다. Keizo Hashimoto, 앞의 책, 1988, 68-70쪽 참조.

3. '번역'에 대한 개념적 이해는 1장 서론의 각주 (18)을 참조할 것.

4. 예수회사들이 유럽에서 배웠던 서구 과학은 과학혁명이 일어나기 전의 중세 과학이 그 근간이었는데, 중세 과학은 그리스의 합리적 이성에 근거한 자연 지식과 우주를 창조한 신의 전능성의 조화로운 결합으로 구성된 지식체계였다. 그와 같은 과학과 신학의 결합에 대한 구체적인 논의는 Edward Grant, "Science and Theology in the Middle Ages", David C. Lingberg, Ronald L. Numbers, eds., *God and Nature: Historical Essays on the Encounter between Christianity and Science* (University of California Press), 1986, pp.49-75(번역본으로는 이정배·박우석 옮김, 『神과 자연: 기독교와 과학, 그 만남의 역사, 상권』, 이화여자대학교 출판부, 1988)이 매우 유용하다.

5. 오상학, 『조선시대 세계지도와 세계인식』, 창비, 2011, 153-54쪽에서 인용.

6. 실제로 마테오 리치가 중국에 들어올 때 소지한 것 중에 오르텔리우스의 세계지도가 포함되어 있었다고 한다. 오상학, 앞의 책, 2011, 162-63쪽.

7. Louis J. Gallagher S. J., *China in the Sixteenthe Century: The Journals of Mattew Ricci: 1583-1610* (Random House, New York), 1942, pp.165-66을 볼 것.

8. 이와 같은 마테오 리치의 경험과 기억에 대해서는 Louis J. Gallagher S. J., 앞의 책, 1942, pp.166-67을 볼 것.

9. 마테오 리치 이후 서구식 세계지도의 제작에 대해서는 오상학, 앞의 책, 2011, 165-70

쪽을 볼 것.

10. 중국 고대의 땅의 모양에 대한 구체적인 논의는 임종태, 『17, 18세기 중국과 조선의 지구 지리학 이해: 지구와 다섯 대륙의 우화』, 창비, 2012, 87-108쪽이 매우 유용하다.

11. 소위 실학자로 분류되는 조선의 학자들 중에서도 지구설을 타당한 이론으로 인정한 사람은 열 손가락으로 꼽을 정도였다. 조선에서의 지구설 수용의 현황에 대한 자세한 논의는 具萬玉, "朝鮮後期 '地球'說 受容의 思想史的 의의", 『하현강교수정년기념논총: 한국사의 구조와 전개』, 혜안, 2000, 717-49쪽을 참조할 것.

12. 최근의 성과는 많으나, 대표적으로 근래 작성된 두 박사학위논문에서 그러한 아규먼트를 확인할 수 있다. 林宗台, 『17·18세기 서양 지리학에 대한 朝鮮·中國 學人들의 해석』, 서울대학교 박사학위논문, 2003; 전용훈, 『조선후기 서양천문학과 전통천문학의 갈등과 융화』, 서울대학교 박사학위논문, 2004.

13. 마테오 리치가 저술한 『乾坤體義』의 앞부분 「天地渾儀說」과 「地球比九重天之星遠且大幾何」에서 그러한 리치의 논설을 볼 수 있다.

14. 서구 고중세의 우주론에 대한 자세한 내용은 데이비드 C. 린드버그 저, 이종흡 역, 『서양과학의 기원들(The Beginnings of Western Science)』, 나남, 2009, 제11장 "중세의 우주", 399-455쪽; 제12장 "지상계의 물리학", 457-513쪽이 매우 유용하다.

15. HSU Kuang-tai, "The Location of Paradise in Matteo Ricci's *Liangyi xuanlan tu* 兩儀玄覽圖 and *Qiankun tiyi* 乾坤體義," *The Proceeding of The First Templeton Conference on Science and Religion in East Asia—Science and Christianity in the Encounter of Confucian East Asia with West: 1600-1800*, 2011, pp.153-54에서 재인용, "天主上帝 發見天堂, 諸神聖所居 永靜不動."

16. 「천문략」의 '12중천도'는 『欽定四庫全書』787책, 「天問略」, 854쪽을 볼 것.

17. 「양의현람도」는 숭실대 박물관과 중국 요녕성 박물관 두 곳에만 남아 있는데, 숭실대 박물관 본을 보면 전체 글자를 읽을 수는 없으나 일부 글자라도 흐릿하게 확인할 수는 있다. 「양의현람도」 '십일중천도' 그림은 도록집 『숭실대학교 한국기독교 박물관』, 2004, 315쪽의 〈도판 425〉를 볼 것.

18. 예수회 선교사들의 기(氣)의 신비적 측면을 삭제하려는 '번역의 정치학'에 대한 흥미로운 논의는 Qiong Zhang, "Demystifying Qi; The Politics of Cultural Translation and Interpretation in the Early Jesuit Mission to China" in Lydia H. Liu ed., *Tokens of Exchange: the Problems of Translation in Global Circulations* (Durham & London; Duke Univ. Press), 1999, pp.74-106을 참조할 것.

19. 『건곤체의』「사원행론」에서 마테오 리치가 기론과 오행설을 부정하고 4원소설로 대체하는 자세한 논증에 대해서는 Hsu Kuang-Tai, "Four Elements as Ti and Five Phases as Yong: The Historical Development from Shao Yong's *Huangji jingshi* to Matteo Ricci's *Qiankun tiyi*" *EASTM 27*, 2007, 46-54쪽을 볼 것.

20. 대기권의 이와 같은 층서적 구조에 대한 예수회사들의 설명은 高一志(Alphonsus Vagnoni), 『空際格致』(『天主教東傳文獻三編』(臺北, 1972) 2책 所收), 858-59쪽을 볼 것.

21. Chu Pingyi, "Trust, Instruments, and Cultural-Scientific Exchanges: Chinese Debate over the Shape of the Earth, 1600-1800," *Science in Context, 12-3*, 1999, 388-89쪽을 참조할 것.

22. 『乾坤體義』의 첫 부분인 '천지혼의설'에서 마체오 리치는 그러한 경험적 증거들을 제시했다. 『欽定四庫全書』787책, 「乾坤體義」, 756-75쪽을 볼 것.

23. 方以智의 서구 과학 이해와 자연지식 담론에 대한 선구적인 연구 성과로는 Willard J. Peterson, "Fang I-Chih's Response to Western Knowledge" (Harvard University Ph.D. Dissertation), 1970; Willard J. Peterson, "Fang I-Chih: Western Learning and the 'Investigation of Things'", *The Unfolding of Neo-Confucianism*, ed., Wm. Theodore de Bary (New York: Columbia University Press), 1975, pp.369-411; 張永堂, 『明末方氏學派研究初編—明末理學與科學關係試論』, 學生書局: 臺北, 1987; 張永堂, 『明末清初理學與科學關係再論』, 學生書局: 臺北, 1994 등을 참조.

24. 『物理小識』(『欽定四庫全書』867책 所收), 권1 「物理小識自序」, 742쪽.

25. 방이지 학파의 이와 같은 학문적 지향에 대한 더욱 자세한 논의는 林宗台, "이방의 과학과 고전적 전통—17세기 서구 과학에 대한 중국적 이해와 그 변천—", 『東洋哲學』 제22집, 2004, 189-217쪽을 참조할 것.

26. 방이지 하과 학인들의 흥미로운 우주론에 대한 자세한 논의는 근래 들어 많은 연구자들이 주목하고 있다. 石云里, "揭暄對天體自轉的認識", 『自然辨證法通訊』第17卷 總95期, 1995, 53-57쪽; 馮錦榮, "明末熊明遇父子與西學", 『末清初華南地區歷史人物功業研討會論文集』, 香港中文大學歷史學系 集刊, 1997, 117-35쪽; 徐光台, "西學傳入與明末自然知識考據學: 以熊明遇論冰雹生成爲例", 『清華學報』37卷 1期, 2007, 117-57쪽; 孙承晟, 『明清之际士人对西方自然哲学的反应—以揭暄《昊书》和《璇玑遗述》为中心』, 中国科学院研究生院 博士学位论文, 2005; Lim Jongtae, "Restoring the unity of the world: Fang Yizhi and Jie Xuan's responses to Aristotelian natural philosophy,"

Luís Saraiva and Catherine Jami., eds., *History of mathematical sciences: Portugal and East Asia III: The jesuits, the padroado and East Asian science (1552-1773)* (New Jersey: World Scientific), 2008, pp.139-60.

27. '광비영수설'은 『物理小識』 권1, 〈歷類〉 「光肥影瘦之論可以破日大于地百十六餘倍之疑」, 770a-772a쪽에 걸쳐 정리되어 있다.

28. 태양을 내체와 외체로 나누는 웅인림의 생각은 朱熹가 말한 빛[光]과 밝음[明]의 관계에서 비롯된 듯이 말하고 있다. 즉, 주희에 의하면 빛[光]은 밝음[明]의 體이고 밝음은 빛의 用이라면서, 체에는 내체와 외체가 있으며 내체가 眞體이고 외체는 밝음[명]을 빌려서 체가 된 것에 불과하다고 주장했다. 『物理小識』 권1 「光肥影瘦之論可以破日大于地百十六餘倍之疑」, 770b쪽, "朱子曰 光者明之體 明者光之用也. 體之中有內體焉 眞體也, 有外體焉 借所用以爲體也." 그러나 주희가 말한 바는 이와 달라서 "밝음[明]은 光의 體이고, 光은 明의 用이다"라고 했다. 『孟子集註』, 盡心章句上, 24章 2節, "明者光之體 光者明之用也." 결국 웅인림은 주희가 말한 明-體/光-用의 주장을 바꾸어 光-體/明-用의 구도로 바꾸어놓은 셈이다.

29. 방이지는 '빛이 비대하다[光肥]'는 사실을 소공(小孔) 실험을 통해 보여주기도 했다. 종이에 작은 구멍을 뚫어 통과한 빛을 돌에 비추는 실험이었다. 종이를 높이면 빛이 점점 커지는 것을 볼 수 있었다. 그런데 4~5개의 구멍을 뚫으면 구멍 각각을 통과한 빛이 각각의 광영(光影)을 이루지만, 종이를 높이면서 4~5개 각각의 빛이 합쳐져 하나가 되면서 각각의 광영을 다시 얻을 수 없는 것이었다. 이러한 현상은 특정한 빛이 확산되는 것을 보여주는 것인데, 방이지는 이를 빛이 비대하고 이에 비해 그림자가 수척한 현상으로 이해한 것이다. 『物理小識』 권1, 〈歷類〉 「光肥影瘦之論可以破日大于地百十六餘倍之疑」, 771a-b쪽.

30. 『物理小識』 권1, 〈歷類〉 「光肥影瘦之論可以破日大于地百十六餘倍之疑」, 771a쪽.

31. 이러한 빛의 메커니즘이 가장 체계적으로 정리된 것은 게훤의 『璇璣遺述』(『續修四庫全書』 所收 1033책) 권4 「日小光肥」, 566a-570c쪽에서 잘 살펴볼 수 있다.

32. 방중통의 절영률 논의는 『物理小識』 권1, 〈歷類〉 「光肥影瘦之論可以破日大于地百十六餘倍之疑」, 771b쪽을 볼 것.

33. 『物理小識』 권1, 〈歷類〉 「光肥影瘦之論可以破日大于地百十六餘倍之疑」, 771b쪽.

34. '선기유술」「일소광비」에서는 대조의 광과 호영의 광은 각각 赤光과 白光으로 용어가 바뀌었다.

35. 『物理小識』 권1, 〈歷類〉 「光肥影瘦之論可以破日大于地百十六餘倍之疑」, 771c쪽.

36. 『物理小識』 권1, 〈歷類〉 「光肥影瘦之論可以破日大于地百十六餘倍之疑」, 771c쪽.

37. 근대 광학에서 영(影)이란 사물에서 나온 빛을 인간의 눈이 지각해낸 이미지다. 이 이미지를 어떻게 지각하는가는 시각 이론에서 중요한 쟁점이었는데, 눈에서 나온 빛이 사물을 비추어 지각한다는 방사이론(Extra-mission Theory of Vision)과 사물에서 나온 빛이 눈에 들어와 지각한다는 입사이론(Intro-mission Theory of Vision)으로 나누어진다. 근대 시각 이론은 입사이론에 토대를 두었다.

38. 『夢溪筆談』 권3 「辨證1」; 『物理小識』 권8 〈器用類〉 「陽燧倒影」, 910c-d쪽.

39. 『物理小識』 권8 〈器用類〉 「陽燧倒影」, 910c-d쪽.

40. 본래 '攝'의 의미는 손으로 옷자락을 걸어 올려 잡는 행위를 뜻한다. 옷자락을 걸어 올리듯이 물[水]이 기가 발한 상태인 사물의 빛 영[影]을 끌어당긴다는 의미일 것이다. 따라서 '섭물'은 '섭영'으로 이해하면 될 것이다.

41. 『物理小識』 권8 〈器用類〉 「陽燧倒影」, 911a쪽.

42. 『物理小識』 권2 〈地類〉 「海市山市」, 797a쪽.

43. 『物理小識』 권2 〈地類〉 「海市山市」, 797a쪽.

44. 『物理小識』 권8 〈器用類〉 「陽燧倒影」, 911a쪽.

45. 『物理小識』 권8 〈器用類〉 「陽燧倒影」, 911b쪽.

46. 『璇璣遺述』(『속수사고전서』 所收 1033책) 권4 「日小光肥」, 569a-b쪽.

47. 게훤의 이러한 설명을 보면 시각의 인지 작용을 방사이론(Extra-mission Theory of Vision)으로 설명하고 있음을 알 수 있다. 중국의 전통적 시각에 대한 인식에 비추어 매우 예외적인 설명이라고 할 수 있다. 그러나 게훤이 일관되게 시각이란 눈에서 나온 빛이 사물을 쪼여 지각되는 것이라고 이해했던 것 같지는 않다.

48. 『物理小識』 권1 「物理小識自序」 742쪽.

49. 『物理小識』 권1 〈天類〉 「光論」, 755a쪽, "氣凝爲形 發爲光聲." 「사행오행설」에서는 더욱 분명하게 '온발(蘊發)'해서 빛이 된다고 했다. 『物理小識』 권1 〈天類〉 「四行五行說」, 759c쪽, "但以气言 气凝為形 蘊發為光."

50. 『物理小識』 권1 〈天類〉 「光論」, 755a쪽.

51. 『物理小識』 권1 〈天類〉 「光論」, 754d쪽.

52. 『物理小識』 권1 〈天類〉 「气暎差」, 754c쪽.

53. 『物理小識』 권1 〈天類〉 「光論」, 754d-755a쪽.

54. 『物理小識』 권1 〈天類〉 「光論」, 755a쪽.

55. 『物理小識』 권1 〈天類〉 「光論」, 755a쪽.

56. 『物理小識』 권1 〈天類〉 「光論」, 755a쪽.

57. 『物理小識』 권1 〈天類〉 「光論」, 755a쪽.

58. 중국에서의 빛에 대한 논의에 대해서는 戴念祖, 『中国科学技术史: 物理学卷』, 北京: 科学出版社, 2001, 166-202쪽을 참조할 것.

59. '광비영수설'에 대한 자세한 내용은 戴念祖, 앞의 책, 2001, 189-93쪽을 참조할 것.

60. 왕석천과 매문정의 과학 담론에 대한 이와 같은 구체적인 논의는 林宗台, 앞의 논문, 2004, 209-14쪽을 볼 것.

61. 청 역서에 담은 주야각과 절기시각 데이터는 청 제국을 크게 세 지역으로 나누어 수록되었는데, 중국 13성을 포함하는 중심 지역, 북쪽의 몽고 지역, 그리고 서쪽의 兩金川과 各土司 지역이었다. 이 중에 조선은 북만주, 安南 지역과 함께 중국 13성을 포함하는 중심 지역에 들어가 있다. 중심 지역의 데이터만 해도 주야각과 절기시각이 각각 22개 지역으로 나뉘어 제시되었고, 몽고 지역은 16개, 서쪽 지역은 7개 지역으로 나뉘어 데이터가 수록 제시되었다.

62. 시헌력서의 구성 내용에 대한 자세한 논의는 이창익, 『조선후기 역서의 우주론적 복합성에 대한 연구: 역법과 역주를 중심으로』, 서울대학교 종교학과 박사학위논문, 2005가 매우 유용하다.

63. 『新法算書』(『文淵閣四庫全書』788책 所收), 권1 「緣起 1」, "書總目", 11a쪽.

64. 예수회사들이 제작한 새로운 천문도들을 일부 연구자들은 '서양 천문도'라 부르곤 한다. 그러나 예수회사들이 유럽에서 보았던 유럽의 천문도와 그들이 중국에서 새로이 제작한 천문도는 매우 다르다. 그렇기 때문에 예수회사들이 중국의 사대부 관료들과 황제를 위해서 제작한 천문도를 '서양 천문도'로 호칭함은 부적절하며, 그래서 이 글에서는 '서구식 천문도'라 부른다. 이는 비단 천문도만의 사안이 아닐 것이다. 예컨대 마테오 리치가 제작한 「곤여만국전도」는 '서양 천문도'가 아니라 '서구식 천문도'일 뿐이다.

65. 「방성도」는 閔明我(Philioous Maria Grimaldi)가 1711년경에 제작한 천문도로, 지구의 중심에 입체 투영의 시점을 두는 심사도법(心射圖法, gnomonic projection)에 의해 남북 양극과 적도 둘레의 춘추분점과 동하지점의 네 지점 주위를 평면 상에 투영해서 제작한 여섯 장으로 이루어진 천문도였다. 방성도 그림은 국립민속박물관 편, 『天文: 하늘의 이치·땅의 이상』, 국립민속박물관, 2004, 142-45쪽을 볼 것.

66. 『增補文獻備考』 권1, 象緯考1 恒星, 24a쪽.

67. 박창범, "天象列次分野之圖의 별그림 분석", 『한국과학사학회지』 20권 2호, 1998,

124-25쪽. 박창범의 논문에서 분석한 천문도는 조선의 「천상열차분야지도」이지만, 중국의 「순우천문도」 또한 「천상열차분야지도」와 거의 동일하기 때문에 논문에서 밝힌 「천상열차분야지도」의 작도법과 구성 양식은 중국의 고법 전문노에도 동일하게 적용된다고 할 수 있다.

68. 박창범, 앞의 논문, 132쪽.

69. 「천상열차분야지도」에서 춘분점의 좌표 값과 도면에 그려진 위치는 무려 11도가 차이가 난다고 한다. 박명순, "天象列次分野之圖에 대한 考察", 『한국과학사학회지』 17권 1호, 1995, 35-37쪽을 참조할 것.

70. 이러한 방식의 작도법은 『新法算書』 권58, 恒星曆志3, 總星圖儀, 19-24쪽(『문연각사고전서』 789책, 28-31쪽)에 잘 나타나 있다.

71. 이 도설이 『新法算書』 권61의 "恒星圖說"이다. 이에 대한 자세한 논의는 橋本敬造, "「見界總星圖」と「恒星總圖」", 『中國古代科學史論〈續編〉』, 京都大學校 人文科學研究所, 1991, 334-39쪽을 참조할 것.

72. 『新法算書』 권61 "恒星圖說"에 실려 있는 적도북도, 적도남도, 황도북도, 황도남도가 바로 이것들이다(『문연각사고전서』 789책, 91-94쪽).

73. 국내에는 남아 있지 않은 탕약망의 이 천문도는 현재 로마의 바티칸도서관에 2점, 파리국립문서관에 1점, 북경의 고궁박물관에 1점이 각각 남아 있다. 그중에 바티칸박물관 소장의 것이 橋本敬造, "「赤道南北兩總星圖」と「恒星屏障」", 『新發現中國科學史資料の研究, 論考篇』, 京都大學校 人文科學研究所, 1985, 582-83쪽에 제시되어 있어 참고할 만하다.

74. 이 현계총성도는 『新法算書』의 "恒星圖說"에는 도설만 있고 도면이 없다. 하지만 橋本敬造, 앞의 논문, 1991, 352쪽에는 파리 Bibliotheque Nationale에 소장되어 있는 '현계총성도'가 제시되어 있어 참고할 만하다. 근래 오길순이 『숭정역서』 「항성역지」에 수록되었던 것과 동일한 것으로 판단되는 현존하는 '현계총성도'를 복원해주어 큰 도움이 된다. 이 글에서는 이 복원본을 이용했다.

75. 이 투영법에 대한 자세한 내용은 橋本敬造, 앞의 논문, 1991, 343-48쪽을 참조.

76. 물론 아담 샬은 하나의 원에 작도함으로써 지니는 외형의 왜곡에 대해서 '현계총성도'의 도설(圖說)에서 명확하게 밝히고 있다. 『新法算書』 권61, "恒星圖說", 1-2쪽(『문연각사고전서』 789책 86쪽).

77. 쾨글러가 제작한 「황도남북양총성도」는 현재 국립중앙도서관에 소장되어 있는 목판인쇄본(청구번호 古731-3, 사진 참조)을 통해 그 형체를 파악할 수 있다. 하지만 이것

이 잘 알려져 있지 않으므로 그것과 거의 동일한 법주사 소장의 「신법천문도」를 대신 보면 될 것이다. 이 천문도는 한국천문학회 편, 『한국의 천문도』, 1995, 40-41쪽을 볼 것.

78. 이에 대한 자세한 논의는 藪内淸 저, 유경로 역편, 『中國의 天文學』, 전파과학사, 1985, 225-26쪽을 참고할 것.

79. 17~18세기 중국 학술계의 고증학적 패러다임의 변화에 대한 자세한 논의는 Benjamin A. Elman, *From Philosophy to Philology; Intellectual and Social Aspect of Change in Late Imperial China* (Cambridge, Mass., Harvard University Press), 1984가 매우 유용하다.

80. 중국 고증학적 학풍 속에서 자연에 대한 연구가 중요하게 자리매김했던 경향에 대한 이와 같은 흥미로운 논의는 Benjamin A. Elman, 앞의 책, pp.181-83을 참조.

81. 林宗台, 『17·18세기 서양 지리학에 대한 朝鮮·中國 學人들의 해석』, 서울대학교 박사학위논문, 2003, 126-27쪽.

82. 양광선의 역옥(曆獄) 사건의 추이와 중국의 학술계에 미친 영향에 대해서는 Chu, Pingyi, "Scientific Dispute in the Imperial Court: The 1664 Calendar Case", *Chinese Science, 14*, 1997, 7-34쪽을 볼 것.

83. 매문정의 이 표현은 『역산전서』 권1, 「역학의문 1」 "論中西之異", 8ㄱ쪽에 나온다.

84. 매문정의 고법 중심의 중서 과학 회통 연구 프로그램과 서구 과학의 중국기원론적 서사가 강희제의 신뢰를 받으며 18세기 국가 공인의 것으로 정착화되는 과정에 대한 구체적인 논의는 Chu Pingyi, "Technical Knowledge, Cultural Practices, and Social Boundaries: Wan-nan Scholars and the Recasting of Jesuit Astronomy, 1600-1800" (Ph. D. dissertation. UCLA), 1994, pp.224-39를 참조할 것. 또한 임종태, "이방의 과학과 고전적 전통—17세기 서구 과학에 대한 중국적 이해와 그 변천—", 『東洋哲學』 제22집, 2004, 189-217쪽; 임종태, 『17, 18세기 중국과 조선의 지구 지리학 이해: 지구와 다섯 대륙의 우화』, 창비, 2012, 176-83쪽도 매우 유용하다.

85. 林宗台, 앞의 논문, 2004, 211쪽.

86. 18세기 중·후반 중국에서의 천문역산 연구의 이러한 모습은 흡사 토마스 쿤(Thomas Kuhn)의 패러다임 정착 이후에 정상과학(Normal Science) 활동이 활발하게 이루어지는 모습을 보는 듯하다.

1. 朴星來, "韓·中·日의 西洋科學受容: 1800年 이전의 近代科學 潛在力 비교", 『한국과 학사학회지』 3권 1호, 1981, 85-92쪽을 볼 것.

2. 김홍백, "『大義覺迷錄』과 조선후기 華夷論", 『한국문화』 56집, 47-77쪽; 閔斗基, "〈大 義覺迷錄〉에 대하여", 『진단학보』 25호, 1964, 243-82쪽을 볼 것.

3. 허태용, 『조선후기 중화론과 역사인식』, 아카넷, 2009; 배우성, "조선후기 中華 인식의 지리적 맥락", 『한국사연구』 158집, 2012, 159-95쪽을 참조할 것.

4. 청의 역서가 부실해 따르지 않았지만 정삭으로 받아 온 청의 역서를 의식하지 않은 것 도 아니었다. 임진왜란 때 이후 조선에서 간행된 조선 역서는 '大明崇禎大統曆'이라 는 타이틀로 간행해왔는데, 1637년부터 이를 임진왜란 이전의 방식대로 '某年曆書' 로 바꾸어 인쇄했다. 청의 정삭을 받아 온 처지에 조선의 역서를 예전처럼 '大明崇禎 大統曆'으로 인쇄하지는 못했던 사정을 읽을 수 있다. 『인조실록』, 인조 15년 5월 25일 기사 참조.

5. 『인조실록』, 인조 17년 4월 25일, 27일 기사 참조.

6. 즉, '칠정산'을 말한다. '칠정산'의 원리와 계산법은 그 근간을 결국 '수시력'에 두고 있 기 때문에 김육은 '칠정산'을 '수시력'이라 지칭하고 있다.

7. 『인조실록』, 인조 23년(1645) 12월 18일 기사.

8. 宋時烈, 『宋子大全』 제146권 跋, 「庚午大統曆跋」.

9. 權尙夏, 『寒水齋集』 제22권 題跋, 「崇禎大統曆跋」.

10. 정부 차원의 공식 문헌에서는 청의 연호를 썼지만, 이와 달리 조선의 사대부들은 개 인적인 글이나 문서에서 청의 연호 쓰기를 거부하고 명의 연호를 썼던 것도 같은 맥 락으로 이해할 수 있다.

11. 가장 큰 사건은 1706년도 역법에서 대소월이 차이 나는 등 크게 달랐던 것(『승정원일 기』, 숙종 30년 12월 11일, 12월 17일, 31년 5월 27일; 『숙종실록』, 숙종 31년 6월 10일 기사), 1727년(영조 3년)도 역서에서 24절기, 삭현망, 일출입시각 등 대거 차이가 난 것, 그리고 1735년(영조 11년)도 역서에서 윤달의 차이를 비롯해 대거 차이가 났던 사 례를 들 수 있다.

12. 조선의 독자적 역서 간행과 반포에 대한 중국의 인지와 그에 대한 문책을 의식했던 사례들에 대해서는 이 책의 2장 1절의 논의를 참조할 것.

13. 이러한 긴 세월 동안에 이루어진 역법의 정비 과정에 대한 자세한 논의는 전용훈,『조선후기 서양천문학과 전통천문학의 갈등과 융화』, 서울대학교 박사학위논문, 2004, 1장 "曆法改曆을 통한 天文曆算學 지식의 습득"이 매우 유용하다.

14. 『增補文獻備考』卷1「象緯考一」, 8ㄴ-9ㄱ쪽;『영조실록』권39, 영조 10년 11월 19일(경인)조.

15. 『숙종실록』권61, 숙종 44년 6월 경인(13일)조.

16. 『欽定儀象考成』권2「恒星黃赤道經緯度」(『문연각사고전서』793책 所收), 121-383쪽.

17. 『영조실록』권59, 영조 20년 6월 25일(신미)조;『승정원일기』989책, 영조 21년 8월 4일(계묘)조;『증보문헌비고』권3「상위고3」'附漏局'조, 11b-16a쪽에 실려 있는 "24箭의 更點時刻表"가 그것이다. 권2「상위고2」"中星", 16b-20a쪽에 있는 '24절기의 중성기' 데이터는 이때 추보한 데이터인 듯하다.

18. 『증보문헌비고』권2「상위고2」, '항성황적경위도', 1a-6a쪽의 데이터가 그것이다.

19. 『증보문헌비고』권2「상위고2」, "東西偏度", 15a-16b쪽.

20. 이에 대한 자세한 논의는 문중양, "『東國·增訂·增補文獻備考』「象緯考」의 편찬과 영정조대의 한국 천문학",『震檀學報』106호, 2008, 268-72쪽을 참조할 것.

21. 조선후기 관측과 추보의 기준이었던 한양에서의 북극고도 '37도 39분 15초'의 값도 숙종 39년(1713) 청의 목극등(穆克登)이 측정한 것으로『역상고성』에 수록되었던 값이었다.

22. 조선의 천문 데이터들에 대한 더 자세한 논의는 한영호·남문현, "朝鮮의 更漏法",『東方學志』143호, 2008, 167-218쪽이 유용하다.

23. 배우성,『조선후기 국토관과 천하관의 변화』, 일지사, 1998, 387-89쪽을 볼 것.

24. 지도 상에 나타난 거리 200里마다 天度로는 1度의 비례였다.『증보문헌비고』권1「상위고1」, "天地", 15b쪽.

25. 『증보문헌비고』권2「상위고2」, "북극고도", 10b-11a쪽.

26. 『증보문헌비고』권2「상위고2」, "동서편도", 14a쪽.

27. 『증보문헌비고』권2「상위고2」, "동서편도", 14a-15a쪽.

28. 『증보문헌비고』권2「상위고2」, "동서편도", 15a-16a쪽.

29. 천문학적으로 동서편도를 측정하는 일은 결코 쉬운 일이 아니라고 한다. 중국의『서양신법역서』에서도 실측값이 아닌 지도를 이용한 리차 비례로 계산한 값을 사용했고, 강희연간에 와서야 비로소 실측할 수 있었다고 한다. 전용훈, 앞 논문, 2004, 44-45쪽을 볼 것.

30. 『정조실록』 권28, 정조 13년 8월 21일(갑술)조.

31. 이때의 사업에 대한 구체적인 내용은 문중양, "18세기 후반 조선 과학기술의 추이와 성격―정조대 정부 부무의 천문여산 활동을 중심으로―", 『역사와 현실』 제39호, 2001, 199-231쪽을 볼 것.

32. 이때 추보한 '경위도중성기'는 『國朝曆象考』 권2, 5,b-41.b쪽; 『신법누주통의』의 물시계 잣대 시각표는 『국조역상고』 권4, 2a-31b쪽에 각각 실려 있다.

33. 1791년 관상감 운영과 제도에 대한 정비의 자세한 내용은 문중양, 앞의 논문, 2001, 219-23쪽을 볼 것.

34. 『일성록』 18책, 정조 16년 6월 16일, 320.d쪽; 『정조실록』 권35, 정조 16년 6월 16일(계미)조.

35. 『書雲觀志』 권3 故事, 46,b쪽.

36. 『서운관지』 권3 고사, 63.a-b쪽.

37. 『서운관지』 권3 고사, 63.b-64.a쪽

38. 『정조실록』 권53, 정조 24년 1월 12일(을축)조.

39. 『與猶堂全書』 권2 第1 詩文集, 「貞軒李家煥墓地銘」, 589쪽.

40. 문중양, 『조선후기 水利學과 水利담론』, 집문당, 2000, 134-44쪽을 참고할 것.

41. 『승정원일기』, 정조 22년 11월 29일(무자) 기사.

42. 『승정원일기』, 정조 23년 5월 30일(정해) 기사. 물론 이러한 책들은 이때 처음 들여온 것은 아니었다. 이미 영조대 1740년에 들여와 일차 검토한 바 있었다.

43. 이에 대한 자세한 내용은 한영호·남문현, "朝鮮의 更漏法", 『東方學志』 143호, 2008, 167-218쪽을 참조할 것.

44. 문중양, "『東國·增訂·增補文獻備考』 「象緯考」의 편찬과 영정조대의 한국 천문학", 『震檀學報』 106호, 2008, 249-80쪽을 참조할 것.

45. 재자관은 중국의 6부(六部)에 공문서인 자문(咨文)을 전달하거나 그 밖의 공무로 파견하던 연락관을 말하는데, 매년 겨울 다음 해의 역서(曆書)를 수령하는 중요한 업무를 맡기도 했다.

46. 1813년 역서의 동지가 10월 그믐에 오는 문제에 대한 조선 정부의 대응과 문제 해결은 성주덕 편저, 이면우·허윤섭·박권수 역주, 『서운관지』, 소명출판, 2003, 318-20쪽을 볼 것.

47. 『증보문헌비고』 권1 「상위고1」, 10b-11a쪽.

48. 『승정원일기』 2170책, 순조 23년(1823) 9월 26일(신묘) 기사.

49. 성주덕 편저,『서운관지』, 소명출판, 2003, 318-20면을 볼 것.

50. 사실 세차 값은 변하지 않는 상수이다. 그러나 중국의 매문정 이래 중국과 조선의 천문역산학에서는 세차 값이 정도가 없이 변하기 때문에 수시로 측험해야 한다고 믿었다. 이와 관련해서 19세기 중엽 무렵 이청의 수시측험 인식이 참조된다. 문중양, "19세기 호남 실학자 이청의『정관편』저술과 서양 천문학 이해",『韓國文化』37집, 2006, 144-48쪽을 참조할 것.

51. 이에 대한 자세한 논의는 朴星來, "조선시대 과학사를 어떻게 볼 것인가",『韓國史市民講座 제16집』, 일조각, 1995, 145-66쪽을 참조할 것. 최근의 전용훈, "한국천문학사의 한국적 특질에 관한 시론: 조선전기의 역산 연구를 중심으로",『한국과학사학회지』38권 1호, 2016, 1-34쪽도 참조할 것.

52.『헌종실록』권9, 헌종 8년 11월 23일(정묘)조 기사를 보면『천세력』을 간진(刊進)한 관원들을 차등 있게 시상하고 있음을 알 수 있다.

53. 예컨대『승정원일기』1984책, 순조 10년(1810) 6월 5일(무자)조 기사를 보면『數理精蘊』2질,『曆象考成』1질,『律呂正義』1질,『西洋曆法』1질 등을 구매해 온 관원을 시상하고, 규장각과 관상감에 각각 비치해두는 것을 알 수 있다.

54. 홍길주의 수학 연구에 대한 자세한 논의는 전용훈, "19세기 조선 수학의 지적 풍토: 홍길주(1786-1841)의 수학과 그 연원",『한국과학사학회지』26권 2호, 2004, 275-314쪽을 참조할 것.

55. 최한기의 1830~40년대 서구 천문역산학 학습에 대한 논의는 문중양, "崔漢綺의 기론적 서양과학 읽기와 기륜설",『大同文化研究』제43집, 2003, 285-87쪽을 참조할 것.

56. 남병철, 남병길 형제의 과학 문헌 저술과 과학 담론에 대한 자세한 논의는 문중양, "19세기의 사대부 과학자 남병철",『과학사상』23호, 2000, 99-117쪽; 李魯國, "19세기 天文關係書籍의 書誌的 分析: 남병철, 병길 형제의 저술을 중심으로",『書誌學研究』제22집, 2001, 123-51쪽을 볼 것.

57. 1281년을 曆元으로 삼았기 때문이다.

58.『영조실록』, 영조 4년 2월 18일 기사.

59. 세종을 '동방의 요순'으로서 조종의 모범으로 삼은 영조의 정치 지향에 대한 자세한 논의는 김백철,『조선후기 탕평정치의 재조명』, 태학사, 2010, 28-53쪽을 참조할 것.

60.『祖鑑』上, 制作, 45-46쪽.

61. 1절에서 다룬 金墩의「간의대기」와「일성정시의서」에서 했던 언급이다.

62.『승정원일기』, 영조 36년(1760) 12월 8일(무인) 기사.

63. 『증보문헌비고』 권1, 「상위고」 1a쪽.

64. 정조대 『천세력』에 대한 자세한 논의는 전용훈, "정조대의 曆法과 術數學 지식: 『千歲曆』과 『協吉通義』를 중심으로", 『한국문화』 54집, 2011, 311-38쪽을 참조할 것.

65. 『千歲曆』上編 時憲起數 「범례」 1-2쪽.

66. 본래 '칠정산'의 역원은 '수시력'의 역원인 1281년을 썼지만, '칠정산' 확립 이후 일월식의 계산 매뉴얼로 편찬한 『교식추보법』에서는 갑자년인 세종 26년(1444)을 역원으로 했다.

67. 이와 관련해 1773년(영조 49) 영조의 명으로 서명응이 편찬하기 시작해 1774년에 완성된 『皇極一元圖』를 주목할 만하다. 주지하는 바와 같이 『황극일원도』는 洪啓禧의 『經世指掌』이 소략하다 하여 더 구체적으로 보완한 우주론적 紀年書로, 그중에 하권이 「千歲曆圖」로 영조 즉위년인 1724년(甲辰)에서 1843년(癸卯)까지의 120년간의 長期曆書 내용이었다. 이러한 『황극일원도』 所收의 「천세력도」는 약 10년 후 정조 6년 처음 편찬된 『천세력』의 축약판과도 같았다. 그런데 흥미로운 것은 영조 즉위년을 上元으로, 영조 60년을 中元으로 나누어 월의 대소와 윤월, 24절기의 날짜와 시각 등을 적어놓았다는 것이다. 이를 보면 『천세력』에서 세종 갑자년을 조선 역법의 상원으로 삼은 것은 이러한 『황극일원도』 「천세력도」에서의 인식을 확장한 것이었다고 할 수 있을 것이다. 『황극일원도』에 대한 자세한 논의는 박권수, 『조선 후기 象數學의 발전과 변동』, 서울대학교 박사학위논문, 2006, 67-72쪽을 참조할 것.

68. 『승정원일기』, 순조 11년 4월 8일 기사 참조.

69. '동력'이라는 용어는 황윤석의 『이재유고』, 정약용의 『여유당전서』, 이규경의 『오주연문장전산고』 등 많은 문집에서 보인다.

70. 『修山集』 卷12, 東史志, 高勾麗律曆志 新羅附, "正朔 天子制也. 然春秋有魯曆 曆者 諸侯之國 亦不可廢其法. 況海外別區 其分埜躔度與中國異者乎."

71. 『修山集』 卷13, 高麗史志, 曆志.

72. 『高麗史』 卷50 志第四 「曆一」.

73. 홍경모의 '동력의 계보학'에 대한 자세한 논의는 문중양, "홍경모의 역법관과 '동력東曆' 인식", 『관암 홍경모와 19세기 학술사』, 경인문화사, 2011, 211-44쪽을 참조할 것.

74. 물론 시헌력이 수시력에 근본을 두었다는 이해는 틀렸다. 여러 역법의 계보를 비교적 정확하게 이해하고 분류했던 홍경모였기에 이는 무언가 착오가 아닌가 싶다.

75. 『叢史』 「曆論」, 東曆, 43-44쪽.

76. 그렇다고 해서 조선의 천문역산이 70여 년 이상 중국에 뒤처졌다는 것은 아니다. 중

국에서도 그 이후 『역상고성후편』(1742년)이나 『의상고성』(1744~1742년), 나아가 『의상고성속편』(1845년) 등의 진전된 성과를 냈지만 『역상고성』 체제에서 질적으로 변화된 모습이나 내용을 담은 것은 아니었고, 조선은 이러한 성과물들을 계속해서 빠른 시간 안에 수용해 배웠던 것이다.

77. 심지어 1757년 유럽의 교회가 코페르니쿠스의 저서 『천구의 회전에 관하여』(1543년)를 금서 목록에서 제외한 이후 코페르니쿠스의 태양 중심 구조와 지동설을 비교적 상세하게 설명해놓은 부노아(蔣友仁, Michel Benoist, 1715~1774)의 『地球圖說』(1767년 간행)조차도 18세기 동안에는 조선에 소개되지 못했다. 『지구설』이 조선에 전해져 유통된 것은 훨씬 나중인 1850년대였던 듯하다. 이에 대한 논의는 문중양, "19세기의 호남 실학자 이청의 『井觀編』 저술과 서양 천문학 이해", 『韓國文化』 37집, 2006, 140-41쪽을 볼 것.

78. 이에 대해서는 앞 3장 3절을 참조할 것.

79. 매문정의 이 표현은 『역산전서』 권1, 「역학의문 1」 "論中西之異", 8a쪽에 나온다.

80. 『증보문헌비고』 권2 「상위고2」, 10a쪽.

81. 18세기 조선 학자들의 서구과학의 중국기원론에 대한 논의는 盧大煥, "正祖代의 西器 受容 논의―'중국원류설'을 중심으로―", 『韓國學報』 94집, 1999, 126-68쪽을 볼 것.

82. 徐浩修, 『私稿』 「比例約說序」.

83. 徐浩修, 『私稿』 「數理精蘊補解序」.

84. 徐浩修, 『私稿』 「曆象考成補解引」.

85. 徐浩修, 『私稿』 「曆象考成補解引」.

86. 徐浩修, 『私稿』 「比例約說序」.

87. 이와 같은 강영의 과학 담론과 그에 대한 중국 학인들의 반응에 대한 흥미로운 내용은 Chu Pingyi, "Technical Knowledge, Cultural Practices, and Social Boundaries: Wan-nan Scholars and the Recasting of Jesuit Astronomy, 1600-1800" (Ph.D. dissertation. UCLA), 1994, chap.4, "Chiang Yung vs. Tai Chen", 244-330쪽을 참조할 것.

88. 徐浩修, 『燕行紀』 권3, 9월 2일 己卯條.

89. 徐浩修, 『燕行紀』 권3, 8월 25일 癸酉條.

90. 문중양, "18세기 후반 조선 과학기술의 추이와 성격―정조대 정부 부문의 천문역산 활동을 중심으로", 『역사와 현실』 제39호, 2001, 199-231쪽을 참조할 것.

91. 정조의 천문책과 대책에 대한 논의는 구만옥, "조선후기 천문역산학의 개혁 방안: 정조의 천문책에 대한 대책을 중심으로", 『한국과학사학회지』 28권 2호, 2006, 189-225

쪽; 구만옥, "朝鮮後期 天文曆算學의 주요 爭點―正祖의 天文策과 그에 대한 對策을 중심으로―", 『韓國思想史學』 27집, 2006, 217-57쪽에서 아주 상세하게 소개·정리되었다.

92. 구만옥, "朝鮮後期 天文曆算學의 주요 爭點―正祖의 天文策과 그에 대한 對策을 중심으로―", 2006, 228-51쪽을 볼 것.

93. 대책에 대한 채점 결과에 대해서는 구만옥, "조선후기 천문역산학의 개혁 방안: 정조의 천문책에 대한 대책을 중심으로", 2006, 222-25쪽을 볼 것.

94. 盧大煥, "조선후기 "西學中國源流說"의 전개와 그 성격", 『歷史學報』 제178집, 2003, 113-39쪽을 참조할 것.

95. 18세기 후반 이후 조선 천문역산학에 매문정이 미친 영향에 대한 논의는 全勇勳, 앞의 논문, 2004, 90-97쪽을 참조할 것.

96. 서호수와 이가환에 대해서는 文重亮, "18세기말 천문역산 전문가의 과학활동과 담론의 역사적 성격―徐浩修와 李家煥을 중심으로―", 『東方學志』 121집, 2003, 51-84쪽을, 유희에 대해서는 具萬玉, "方便子 柳僖(1773-1837)의 天文曆法論―조선후기 少論系 陽明學派 自然學의 一端―", 『韓國史研究』 113호, 2001, 85-112쪽을, 홍길주에 대해서는 Jun Yong Hoon, "Mathematics in Context: A Case in Early Nineteenth-Century Korea", *Science in Context 19(4)*, 2006, pp.475-512를 각각 참조할 것.

97. 18세기의 '상수학(象數學)'은 역(曆)과 역(易)을 모두 포함하는 개념이었다. 즉, 주역(周易)에서 비롯된 추상적이고 수비학적인 수(數)의 개념과 현대 과학적인 의미에서의 정량적인 수의 개념이 구분되지 않고 천문역산과 송대 소옹(邵雍) 상수학파의 지식들을 모두 상수학이라고 지칭한 듯하다.

98. 『阮堂全集』 阮堂金公小傳, 2.a쪽.

99. 金明昊, "朴珪壽의 〈地勢儀銘幷序〉에 대하여", 『震檀學報』 82집, 1996, 242쪽을 참고할 것.

100. 『五洲衍文長箋散稿』 권42, 西洋通中國辨證說.

101. 남병길이 여기에서 '상수학'이라는 용어를 쓰고 있지만 그 의미는 주로 천문역산을 말한다.

102. 『圭齋遺稿』 권5 書推步續解後, 352-53쪽.

103. 『圭齋遺稿』 권5 書推步續解後, 364쪽.

104. 『완당전집』 완당김공소전, 1a쪽.

105. 『推步續解』 권1 日躔, 2.b쪽.

106. 『瓛齋集』권4 深衣廣義, 189-92쪽.

107. 『圭齋遺稿』권5 書推步續解後, 353쪽.

108. 고대의 『周髀算經』에서 체계적으로 정리된 중국의 전통적인 천문역법을 말한다.

109. 『瓛齋集』권4 地勢儀銘幷序, 207-208쪽.

110. 『圭齋遺稿』권5 書推步續解後, 356-57쪽.

111. 『인조실록』, 인조 9년 7월 12일(갑신)조;『國朝寶鑑』권35, 인조조, 인조 9년, 칠월.

112. 『인조실록』, 인조 23년 6월 3일(갑인)조.

113. 『인조실록』, 인조 27년 2월 5일(갑오)조.

114. 『증보문헌비고』권1 「상위고」1, 역상연혁, 9a쪽;『영조실록』영조 18년 11월 20일(을해)조.

115. 종래 아담 샬(湯若望)의 「赤道南北兩總星圖」일 것으로 추정되기도 했으나, 1634년에 만들어진 「적도남북양총성도」가 1631년 7월에 전해질 가능성은 없다고 본다. 그런데 아담 샬의 「적도남북양총성도」는 그가 1631년 8월에 崇禎황제에게 바친 보고서 중 「恒星曆志」에 포함되어 있었다고 한다. 橋本敬造, "「見界總星圖」と「恒星總圖」", 『中國古代科學史論〈續編〉』, 京都大學校 人文科學硏究所, 1991, 334쪽을 참조할 것. 그렇다면 정두원이 얻어 온 천문도는 아담 샬이 「적도남북양총성도」를 한창 제작하던 과정에 만든 습작이었을 가능성이 크다고 하겠다.

116. 이 외에도 언제 들어왔는지는 모르지만 이익(李瀷)이 보았다면서 그의 『성호사설(星湖僿說)』에서 언급하고 있는 「방성도(方星圖)」가 조선에 들어와 있었음을 알 수 있다. 이익이 본 「방성도」는 예수회 선교사 민명아(閔明我, Philioous Maria Grimaldi)가 1711년경에 제작한 천문도로, 지구의 중심에 입체투영의 시점을 두는 심사도법(心射圖法, gnomonic projection)에 의해 남북 양극과 적도 둘레의 춘추분점과 동하지점의 네 지점 주위를 평면 상에 투영해서 제작한 여섯 장으로 이루어진 천문도였다. 이 천문도는 현재 국립민속박물관에 소장되어 있는데, 최근에는 해남 윤선도의 고택인 녹우당(綠雨堂)에도 소장되어 있음이 밝혀졌다. 민속박물관 소장의 「방성도」 그림은 이문현, "영조대 천문도의 제작과 서양 천문도에 대한 수용태도—국립민속박물관 소장 [신구법천문도]를 중심으로—", 『생활문물연구』3집, 2001, 22쪽을 참조할 수 있다. 그런데 「방성도」에 대한 역사 기록은 이익 이후 찾아볼 수 없는데, 이로 보아 조선 사회에 거의 영향을 주지 못한 듯하다.

117. 이때 아담 샬의 「적도남북양총성도」는 마테오 리치의 세계지도 「곤여만국전도(坤輿萬國全圖)」와 함께 각각 8폭의 병풍으로 제작된 듯하다. 이에 대한 자세한 기사가 『증

보문헌비고』권3, 「상위고」3, 3b쪽; 최석정, 『명곡집(明谷集)』권8 "西洋乾象坤輿圖二
屏總序"에 적혀 있다. 이 중에『증보문헌비고』「상위고」에 적혀 있는 장문의 도설을 보
면 아담 샬의 「현계총성도」와 「적도남북양총성도」의 '도설'이었던『新法算書』所收의
"恒星圖說"의 내용을 발췌·정리한 것임을 알 수 있다.

118. 『숙종보궐실록』권55, 숙종 40년 5월 23일(癸亥)조.

119. 이때 제작된 8폭 병풍의 「황도남북양총성도」가 법주사에 소장되어 있는 「신법천문
도」이다. 천문도 이미지는『天文, 하늘의 이치·땅의 이상』, 국립민속박물관 편, 2004,
58-59쪽을 볼 것.

120. 이에 대한 자세한 내용은 이문현, 앞의 논문을 참조.

121. 1659(효종 8)년에 김제군수 최유지(崔攸之)가 수력으로 작동되는 혼천의를 제작하
자 그것을 홍문관에 두도록 했다. 현종 때에는 1664년(현종 5) 최유지의 혼천의를 보
수하도록 했다. 이어 1669년(현종 10)에는 혼천의 두 개를 새로이 제작했는데, 하나는
세종대의 전통을 계승하는 혼천의를 이민철이 구리로 주조해 제작한 것이며, 또 하
나는 서구식 시계인 자명종의 원리에 따라 송이영이 제작한 크기가 다소 작은 것이었
다. 이 혼천의들은 이후 숙종대인 1688년(숙종 14)에 최석정의 감독하에 이민철과 이
진 등이 개수해 창덕궁에 제정각(齊政閣)을 짓고 안치시켰다. 이후에도 숙종대에는
한 차례 더 혼천의를 주조했는데 1704년(숙종 30) 관상감 관원 안중태·이시화 등이
제작한 부건(副件)의 혼천의였다. 이것은 다시 영조대인 1732년(영조 8)에 중수되어
경희궁에 새로 지은 규정각(揆政閣)에 안치되었다. 이에 대한 자세한 논의는 한영호·
남문현, "조선조 중기의 渾天儀 復元 연구: 李敏哲의 渾天時計", 『한국과학사학회지』
19권 1호, 1997, 3-19쪽; 한영호·남문현·이수웅, "朝鮮의 天文時計 연구—水擊式 渾
天時計—", 『韓國史硏究』113집, 2001, 57-83쪽; 구만옥, "최유지(1603-1763)의 竹圓子
—17세기 중반 조선의 수격식 혼천의—", 『한국사상사학』25집, 2005, 173-210쪽 등을
참고할 것.

122. 천문도에서 수정한 동하지와 춘추분점의 데이터가 1680년대(±33년)로 추정되었다.
이은희·남문현, "朴堧渾天圖 小考", 『한국과학사학회지』22권 1호, 2000, 42-45쪽을
참조.

123. 「박연혼천도」의 "혼천도해" 기록 원문은 이은희·남문현, 앞의 논문, 2000, 37-38쪽
을 참조했다.

124. 사실 정교한 것보다는 조잡하게 개략적으로 필사한 것들이 전국의 많은 박물관과
개인에 의해 소장되어 있다. 「천상열차분야지도」의 다양한 필사본과 탁본들에 대한

사진과 구체적인 설명에 대해서는 한국과학사학회, "한국의 과학문화재 조사보고, 1980-1985", 『한국과학사학회지』 6권 1호, 1984, 60-73쪽; 한국천문학회 편, 『한국의 천문도』, 천문우주기획, 1995, 17-39쪽이 매우 유용하다.

125. 이은희·남문현, 앞의 논문, 2000, 36쪽에 소개되어 있는 "혼천도해" 기록을 참조.

126. 『明谷集』 권8, "西洋乾象坤輿圖二屛總序" 중에서.

127. 『保晩齋集』 권7, "新法渾天圖序" 3쪽을 볼 것.

128. 『國朝曆象考』 권2, 中星, 42a-43b쪽.

129. 『保晩齋集』 권7, "新法渾天圖序" 3쪽.

130. 『保晩齋集』 권9, "新法渾天圖說", 25-26쪽.

131. 이에 대해서는 이 책의 5장 2절에서 다룰 것이다.

132. 현재 혼천전도를 소장하고 있는 기관으로는 규장각, 장서각, 국립민속박물관, 서울 역사박물관, 성신여대 박물관, 온양 민속박물관, 전주대 박물관 등을 들 수 있다. 이외 에도 혼천전도는 잘 알려지지 않은 것들이 많을 것으로 생각된다. 이 중에 장서각 소 장의 것은 초간본이 아니라 後刷本인 것으로 보아 여러 번에 걸쳐 다량으로 인쇄되었 음을 알 수 있다.

133. 필사본으로는 『退川世稿』에 실려 있는 혼천전도를 들 수 있다. 나무에 새긴 것으로 는 전주대학교 박물관 소장의 것이 있다.

134. 吳尙學, 『朝鮮時代의 世界地圖와 世界認識』, 서울대학교 박사학위논문, 2001, 252-62쪽을 참조. 오상학의 분석에 의하면 「혼천전도」와 세트로 제작된 「여지전도」가 김 정호에 의해서 1845~1876년 사이에 제작된 것으로 추정되었다. 따라서 「혼천전도」도 같은 시기에 제작된 것으로 생각할 수 있을 것이다.

135. 칠정신도는 『역상고성』 권9, 412쪽; 칠정고도는 『역상고성』 권9, 411쪽; 현망회삭도는 『역상고성』 권5, 192쪽에 각각 동일한 기록이 보인다.

136. 오상학, 『조선시대 세계지도와 세계인식』, 창비, 2011, 171쪽.

137. 『增補文獻備考』 권3, 象緯考3, 3b쪽; 崔錫鼎, 『明谷集』 권8 "西洋乾象坤輿圖二屛總 序" 참조.

138. 『인조실록』, 인조 9년 7월 12일(갑신)조; 『國朝寶鑑』 권35, 인조조, 인조 9년, 칠월.

139. 『輿地圖』, 규장각한국학연구원 소장, 古4709-78.

140. 오상학, 앞의 책, 2011, 174쪽.

141. 예외적으로 지구설을 믿거나 그 가능성을 우주론적으로 탐색했던 조선 학인들의 흥미로운 논의는 이 책의 5장과 6장에서 자세하게 다룰 내용이다. 중국과 조선의 지

구설에 대한 논의는 선행 연구가 많다. Chu Pingyi, "Trust, Instruments, and Cross-Cultural Scientific Exchanges: Chinese Debate over the Shape of the Earth, 1600-1800", *Science in Context, 12-3*, 1999, pp.385-411; 임종태,『17, 18세기 중국과 조선의 지구 지리학 이해: 지구와 다섯 대륙의 우화』, 창비, 2012, 4장 "대척지와 대기의 회전: 지구설 논쟁" 203-48쪽; 전용훈,『조선후기 서양천문학과 전통천문학의 갈등과 융화』, 서울대학교 박사학위논문, 2004, 218-62쪽; 具萬玉, "朝鮮後期 '地球'說 受容의 思想史的 의의",『하현강교수정년기념논총: 한국사의 구조와 전개』, 혜안, 2000, 717-49쪽 등을 참조할 것.

142. 『산해경』 계통의 지리서에 담긴 광대하고 기이한 세계에 대한 지리인식에 대한 자세한 논의는 임종태, 앞의 책, 2012, 116-23쪽을 참조할 것.

143. 사마천(司馬遷)이 『사기(史記)』에서 추연의 광대한 세계에 대한 상상의 추론을 '굉대불경(閎大不經)', 즉 '그 말이 과장되고 정도에서 벗어났다'고 비판한 이래, 이는 유가 지식인들의 일반적인 인식이 되었다. 이에 대한 자세한 논의는 임종태, 앞의 책, 2012, 120쪽 참조.

144. 『莊子』「齊物」, "聖人六合之外 存而勿論."

145. Louis J. Gallagher S. J., *China in the Sixteenthe Century: The Journals of Mattew Ricci: 1583-1610* (Random House, New York), 1942, pp.166-67을 볼 것.

146. 『明谷集』 권8 「西洋乾象坤輿圖二屛總序」, 33b쪽, "其說宏闊矯誕 涉於無稽不經."

147. 『明谷集』 권8 「西洋乾象坤輿圖二屛總序」, 33b쪽, "然其學術傳授有自 有不可率爾卜破者 姑當存之以廣異聞."

148. 하백원의 「만국전도」에 대해서는 양보경, "圭南 河百源의《萬國全圖》와《東國地圖》"『전남사학』 24집, 2005, 73-109쪽을 참조.

149. 최한기의 「지구전후도」 제작과 그 내용에 대한 자세한 논의는 오상학, 앞의 책, 2011, 317-27쪽을 참조힐 것.

150. 『五洲衍文長箋散稿』 天地篇 地理類 地理總說, [0110]萬國經緯地球圖辨證說(한국고전종합DB (http://db.itkc.or.kr)에서 제공하는 텍스트)을 볼 것.

151. 임종태는 마테오 리치의 「곤여만국전도」가 조선에서 유통되고 소화되는 과정에서 일어난 중국의 지도 전통과 유럽의 지도 전통이 아우러져 '문화적 하이브리드(a cultural hybrid)'가 만들어진 역사상을 매우 흥미롭게 살펴본 바 있다. Lim Jongtae, "Matteo Ricci's World Maps in Late Joseon Dynasty", *The Korean Journal for the History of Science, 33-2*, 2011, pp.277-96을 참조할 것.

152. 「천하고금대총편람도」의 제작과 담긴 내용에 대한 자세한 내용은 오상학, 앞의 책, 2011, 297-304쪽을 볼 것.

153. 김수홍의 이 설명문은 오상학, 앞의 책, 2011, 302쪽을 볼 것.

154. 배우성은 원형천하도를 서구식 세계지도의 '조선적 해석'이었다고 본 바 있다. 배우성, "서구식 세계지도의 조선적 해석, 〈천하도〉", 『한국과학사학회지』 22권 1호, 2000, 51-79쪽을 볼 것.

155. 영국 British Library와 미국 의회도서관(Library of Congress)에도 원형천하도가 소장되어 있어 도록집에 소개되곤 한다.

156. 원형천하도의 구성과 담긴 내용에 대한 구체적인 논의는 배우성, 앞의 논문, 51-79쪽; 오상학, 앞의 책, 2011, 260-85쪽을 참조할 것.

157. 오상학, 앞의 책, 2011, 280-81쪽.

158. 오상학, "조선후기 圓形 天下圖의 특성과 세계관", 『地理學研究』 35-3호, 2001, 235-36쪽을 볼 것.

159. 배우성, 앞의 논문, 2000, 52쪽.

160. Gari Ledyard, "Cartography in Korea" in *The History of Cartography, V.2, Book 2, Cartography in the Traditional East and Southeast Asian Society* ed., by J.B. harly and David Woodward (Univ. of Chacago Press), 1994, p.265.

161. 배우성의 주장(앞의 논문, 2000)이 그러한데, 오상학은 서구식 단원형 세계지도의 직접적 영향을 받았다는 주장에 비판적이다. 오상학, 앞의 논문, 2001, 235쪽을 볼 것.

162. 서구 지리학 유입 이후 중국과 조선 지식인들의 달라진 지리 인식에 대한 더욱 구체적인 논의는 임종태, "서구 지리학에 대한 동아시아 세계지리 전통의 반응: 17-18세기 중국과 조선의 경우", 『한국과학사학회지』 제26권 제2호, 2004, 315-44쪽을 참조할 것.

163. 「여지전도」의 제작과 구성 내용에 대한 자세한 논의는 오상학, 2011 앞의 책, 354-64쪽을 참조할 것.

5장 상수학적 새로운 우주론의 사색들

1. 김석문과 서명응의 우주론적 사색에 대한 자세한 내용은 박권수, "徐命膺의 易學的

天文觀", 『한국과학사학회지』 20권 1호, 1998, 57-101쪽; 문중양, "18세기 조선 실학자의 자연지식의 성격—象數學的 宇宙論을 중심으로—", 『한국과학사학회지』 21권 1호, 1999, 27-57쪽을 참조할 것.

2. 이익과 홍대용의 이와 같은 氣論的 우주론 논의는 文重亮, "조선후기 실학자들의 과학담론, 그 연속과 단절의 역사—氣論的 우주론 논의를 중심으로—", 『精神文化研究』 26권 4호, 2003, 27-52쪽을 참조할 것.

3. 물론 대다수 조선 유학자들은 서구 과학 지식을 옳다고 여기는 데 대해 강한 거부감을 지니고 있었으며, 서구 과학에 호의적 태도를 보였던 사람은 오히려 극소수에 불과했다.

4. 김석문은 원래 1697년경에 『易學圖解』를 저술했는데 그것이 세간에 널리 알려지게 된 것은 1726년경에 간행된 「易學二十四圖解」를 통해서였다. 두 저서가 내용이 거의 동일하나 「易學二十四圖解」는 간행하기 위해서 재정리한 것이었으므로 약간의 보충설명이 부가되었다. 따라서 김석문의 우주론은 엄밀하게 말해서 17세기 말의 지식이었다고 할 수 있다.

5. 대표적으로 2장 3~4절에서 다룬 서경덕과 장현광의 우주론을 들 수 있다. 장현광의 우주론에 대한 더 자세한 논의는 張會翼, "조선후기 초 지식계층의 자연관—張顯光의 '宇宙說'을 중심으로" 『韓國文化』 11집, 1990, 583-609쪽; 전용훈, "朝鮮中期 儒學者의 天體와 宇宙에 대한 이해—旅軒 張顯光의 「易學圖說」과 「宇宙說」 『한국과학사학회지』 18권-1호, 1996, 125-54쪽을 참고할 수 있다.

6. 침류대학사의 학자들의 교류 활동과 학문적 관심, 그리고 조선 유학사에서 갖는 의의 등에 관한 구체적인 논의는 고영진, "16세기 후반~17세기 전반 서울 枕流臺學士의 활동과 그 의의", 『서울학연구』 III, 1994, 137-61쪽을 참고할 수 있다. 특히 劉希慶(1545~1636), 任叔英(1576~1623), 申欽(1566~1628) 등이 상수학에 관심이 많았던 학자들이었다.

7. 조선후기 학계의 상수학의 발전에 대한 자세한 논의는 박권수, "조선 후기 象數易學의 발전과 변동—『易學啓蒙』에 대한 논의를 중심으로—", 『韓國思想史學』 22호, 2004, 277-303쪽; 박권수, "조선후기 서양과학의 수용과 상수학의 발전", 『한국과학사학회지』 28권 1호, 2006, 29-54쪽 등을 참조할 것.

8. 김석문의 땅이 구형이라는 주장은 「易學二十四圖解」 32.a쪽(閔泳珪, "十七世紀 李朝學人의 地動說—金錫文의 「易學二十四圖解」—", 『東方學志』 16집, 1975, 1-17쪽에 실렸던 영인본의 쪽수임. 이하 동일)을 볼 것.

9. 즉, 地球의 크기는 月의 38배 1/3, 수성의 21.951배, 금성의 36배 1/27, 그리고 태양은 地의 165배 3/8, 화성은 地의 1/2배, 목성은 地의 94배 1/2, 토성은 地의 90배 1/8이었다. 이로 보면 태양이 제일 크고 목성, 토성, 지구, 화성, 금성, 달, 수성의 차례로 작았다. 「易學二十四圖解」, 30a-b쪽.

10. 「五緯曆志」 이후 보다 발전된 천문학은 梅文鼎의 『曆學疑問』(1693년)과 梅穀成의 『曆象考成』(1722년)에서 그 성과가 얻어졌는데 이것들이 조선에 전해지는 것은 1725년 이후였다.

11. 중국에서의 티코 체계가 보급되어 알려지는 과정들에 대한 상세한 논의는 Keizo Hashimoto, *Hsu Kuang-Chi and Astronomical Reform—The Process of the Chinese Acceptance of Western Astronomy 1629-1635* (Kansai University Press), 1988, pp.74-163; Nathan Sivin, "Copernicus in China," *Studia Copernicana 6*, 1973, pp.63-122; 王萍, 『西方曆算學之輸入』(大北), 1966, 6-45쪽 등을 참고할 수 있다.

12. 「易學二十四圖解」, 37.b쪽.

13. 같은 문헌, 36.b쪽.

14. 같은 문헌, 36.a쪽. 여기에서 김석문은 '太極動'이라는 것은 태극 자체가 動하는 것이 아니라 氣가 태극의 안에서 動하며, 또한 태극이 그러한 氣의 가운데에 있다는 뜻이라고 부연설명하고 있다. 이러한 그의 부연설명은 형이상학적인 생성의 과정만으로는 불충분하다고 생각했기 때문에 물질적 생성의 토대 또는 출발로서 태극 안에 있는 氣를 제시한 듯하다. 여기에서 우리는 張載의 氣와 周敦頤의 태극, 즉 理의 종합의 어려움을 목격할 수 있다.

15. 여기에서도 김석문은 부연설명을 하고 있다. 즉, '動極而靜'이라고 했으므로 마지막에 靜이 아닌가라고 오해할 여지가 있기 때문이었다. 이것을 김석문은 사람들이 地가 가장 빠른 것을 모르고 경험에 비추어 단지 정지해 있는 것으로 알기 때문에 '動極而靜'이라고 했다는 것이다. 그런데 이러한 김석문의 부연설명은 무언가 논리가 맞지 않는 듯하다. 즉, 周敦頤가 사람들이 地가 정지해 있는 것처럼 잘못 알고 있는 것을 표현해서 '動極而靜'이라고 했다는 것인가?

16. 「易學二十四圖解」, 35.b쪽.

17. 이것은 「大谷易學圖解」(『韓國經學資料集成 易經篇』, 제10책 所收), 495-96쪽에서 제시되었는데, 「易學二十四圖解」, 35.b쪽에서는 약간 다르다. 그러나 度부터 虛까지 9단계로 나눈 것은 동일하다.

18. 즉, $60^9 \times 360 = 362{,}7970{,}5600{,}0000{,}0000$日이 될 것이다.

19. 「易學二十四圖解」, 36.b쪽. 주천일수를 歲實, 즉 1년의 날짜수 (365.24200979428731174004. 이것은 「大谷易學圖解」, 499쪽을 볼 것)로 나눈 것이다. 계산해보면 김석문의 계산과 정확히 일치하지는 않는다. 실세의 계산치는 9933,0593,4890,5007년이다.

20. 김석문이 제시하는 원주율은 3.141592651이었다. 「大谷易學圖解」, 496쪽.

21. 「易學二十四圖解」, 30.a쪽. 이것도 실제의 계산과는 약간의 차이가 있지만 계산 오차를 고려하면 무시할 만하다.

22. 그것들은 모두 (9,0000里×周天日數)÷2π이다. 그가 얻은 천체들의 궤도 반경은 다음과 같다. 月天 반경=37만7129여 里, 日天 반경=521만7386여 里, 熒惑天 반경=982만5435여 里, 歲星天 반경=6212만2130여 里, 鎭星天 반경=1억5163만5493여 里, 恒星天 반경=1329억4698만484여 里. 「易學二十四圖解」, 31.a-b쪽.

23. 「大谷易學圖解」, 495-96쪽.

24. 그것은 地中에 있는 (潜)火로부터 土-石-水-風-寒-暑-夜-晝에 이르기까지 9층이다. 「大谷易學圖解」, 503-504쪽.

25. 「大谷易學圖解」, 516-17쪽.

26. 김석문은 이것을 授時曆과 時憲曆의 수치를 각각 비교 검토한 후에 결국 邵雍의 一元消長之四甲子法에 의거해 25만440년으로 推算했다. 「易學二十四圖解」, 36.b쪽.

27. 「大谷易學圖解」, 518-20쪽을 볼 것.

28. 「大谷易學圖解」, 521-23쪽.

29. 전자의 이해는 小川晴久, "地轉說에서 宇宙無限論으로 金錫文과 洪大容의 世界", 『東方學志』 21집, 1979, 55-90쪽에서 후자의 이해는 李龍範, "金錫文의 地轉論과 그 思想的 背景", 『震檀學報』 41집, 1976, 83-107쪽에서 각각 살펴볼 수 있다.

30. 낙론계 내에서의 상수학적 학풍에 대한 논의는 유봉학, 『燕巖一派 北學思想 研究』, 일지사, 1995, 82-84쪽을 참고할 것.

31. 서명응의 경력에 대해서는 任侑炅, "徐命膺의 「保晚齋叢書」에 대하여", 『季刊書誌學報』 9집, 1933, 77-80쪽을 참조할 것.

32. 姜順愛, "正祖朝 奎章閣의 圖書編纂 및 刊行", 『奎章閣』 9집, 1985, 97-128쪽.

33. 徐命膺과 그의 아들 徐浩修의 천문학에 대한 전문가적인 수준에 대한 논의는 兪景老, "朝鮮時代 三雙의 天文學者", 『우주론 및 우주구조: 홍대용기념 워크샵 논문집』, 천문대, 1995, 14-31쪽; 박권수, "서명응·서호수 부자의 과학활동과 사상 天文曆算 분야를 중심으로", 『韓國實學研究』 제11호, 2006, 109-26쪽을 참고할 수 있다.

34. 배우성, 『조선후기 국토관과 천하관의 변화』, 1998, 386-88쪽.

35. 이 책들은 서명응의 문집인 『保晚齋叢書』(奎章閣 古 0270-11)에 실려 있는데, 19, 20책이 「髀禮準」, 21, 22책이 「先句齊」이다.

36. 서명응이 정리하고 있는 천문학 지식의 내용과 그 출처에 대한 자세한 내용은 박권수, "徐命膺의 易學的 天文觀", 『한국과학사학회지』 20권 1호, 1998, 63-74쪽을 참고할 것.

37. 역시 규장각에 소장되어 있는 그의 문집 『保晚齋叢書』, 1-2책에 수록되어 있다.

38. 서명응의 선천학(先天學)과 「선천사연」에서 펼친 선천학적 천문학 이해에 대한 자세한 논의는 李奉鎬, 『정조의 스승 서명응의 철학: 서양 과학에 대한 조선학자의 대응』, 동과서, 2013을 참조할 것.

39. 이것들은 원래 邵雍에 의해서 개념화된 것이었다. 그렇지만 그림의 형태로 처음으로 제시한 것은 朱熹의 『周易本義』에서였다. 『周易傳義大全』(明 胡廣 편찬, 1415) 卷首 易本義圖, 24, 27, 32, 37쪽에 제시되어 있다. 이러한 선천도들을 포함한 수많은 圖象들을 서명응은 「先天四演」 卷下에서 제시하고 있다. 그중에 '선천64괘방원도'는 가장 중요한 것으로 '선천방원도'라면 으레 이것을 말한다.

40. 「髀禮準」 髀禮準序, 1쪽.

41. 「先句齊」 先句齊序, 1쪽.

42. 「先天四演」에서 보이는 서명응 상수역학의 내용과 그것을 적용해 천문역법을 해석하는 것에 대한 자세한 논의는 박권수, 앞의 논문, 1998, 74-89쪽을 참고할 수 있다.

43. 이것은 적도의 1도와 황도의 1도가 차이 나는 것을 말한다. 예를 들어 동지와 하지 때에는 황도 1도가 적도 1도보다 크고, 춘추분 때에는 작은 것을 말한다. 이러한 현상은 天球의 象이 球이고 황도와 적도가 비스듬히 교차하기 때문에 일어나는 자연스런 현상이다. 孟天述 譯, 「易理의 새로운 解釋」, 89-92쪽; 박권수, 앞의 논문, 1998, 76-78쪽.

44. 「先天四演」 方圓言箋六(順數逆數), 31쪽.

45. 같은 문헌, 29-33쪽.

46. 서명응이 말하는 邵雍의 數法이란 『皇極經世書』에 제시되어 있는 經世卦數圖, 一元消長圖, 天地始終圖 등을 말한다.

47. 「先天四演」 方圓數箋四, 56-57쪽.

48. 「先天四演」 方圓象箋七(地圓眞傳), 50쪽; 「先句齊」 象限齊, 9쪽.

49. 河圖中宮의 5점이 圓의 형상으로 그려지는 것은 孟天述 譯, 『易理의 새로운 解釋』,

중앙대 출판부, 1987, 100-101쪽을 참고할 것.

50. 「先天四演」 方圓象箋七(地圓眞傳), 50쪽.

51. 「先天四演」 卷下 方圓位置.

52. 자세한 내용은 박권수, 앞의 논문, 1998, 89-94쪽을 참고할 것.

53. 「先句齊」 先句齊序, 1-2쪽.

54. 중국 明·淸 학계에서는 그 징도가 매우 심했다. 예컨대 黃宗羲(1610~1695), 毛奇齡 (1623~1716), 胡渭(1633~1714) 등은 소옹의 선천역은 도가의 방술에 불과한 것으로 유학의 본의와는 거리가 멀고, 선천도들도 허위에 불과하다며 전면적으로 그것과 복희를 연결시키는 것을 부정했다. 그런데 이러한 樸學易은 焦循(1761~1802)으로 대표되는 새로이 창신된 상수학보다 오히려 우위에 있었다. 廖名春·康學偉·梁韋弦 저, 심경호 번역, 『주역철학사』, 예문서원, 1994, 569-707쪽.

55. 이규경이 서울을 떠나 충청도 충주 지역의 외진 곳에서 살면서 1839년 이후 1856년 죽을 때까지 집필한 1,416개의 항목에 이르는 방대한 꼭지의 변증설이 주제 분류 없이 60권 60책의 분량으로 펼쳐진 19세기 전반 조선의 대표적 백과전서적 저서이다. 『五洲衍文長箋散稿』는 1910년대에 최남선(崔南善)이 필사본 원고를 발견해 소장해오던 것이 이규경이 저술한 원본이었는데, 이후 이 원본은 사라지고 이 원본을 필사한 경성제대 도서관본을 1959년에 고전간행회 주도로 60권으로 영인 출간한 것이 학계에 알려진 것이다. 고전번역원(옛 민족문화추진회)에서는 현존하는 필사본을 2001년부터 전산화하기 시작, 2005년에 완성한 바 있다. 이 전산화 작업의 결과물은 최남선이 소장하던 원본을 필사하는 과정에 발생했던 오류를 원문을 대조해가면서 상당 부분 수정하는 등 원본에 가까운 정본이라고 할 수 있다. 이 글에서도 고전번역원의 정본 데이터베이스 자료를 기본으로 활용했으며, 의심이 나는 부분은 고전간행회 영인본을 대조했다.

56. 『五洲衍文長箋散稿』 天地篇 地理類 地理總說 [0102]大地有五洲五帶九重諸名號辨證說. 변증설 앞의 번호는 고전번역원의 전산자료에서 부여한 일련번호이다.

57. '南極諸星圖辨證說'(天地篇 天文類 日月星辰 [0031])에 의하면 이규경은 대표적인 서구식 천문도들인 『儀象考成』(1744~1752년) 所收의 「적도북항성도」와 「적도남항성도」를 소장하고 있었으며, '萬國經緯地球圖辨證說'(天地篇 地理類 地理總說 [0110])에 최한기의 「지구전후도」의 도설과 莊廷敷의 「地球圖說」을 그대로 전재해놓을 정도였다.

58. 『三才一貫圖』는 중국의 呂撫(1671~1742)가 1722년에 편각했다고 한다. 그런데 여기

에 수록된 「천지전도」는 중국에는 남아 있지 않으며, 현재 한국의 국립중앙박물관과 규장각에 각각 소장되어있다. 「천지전도」에 대한 자세한 논의는 양위레이(樣雨蕾), "『天地全圖』와 18세기 동아시아 사회의 세계지리 지식", 『韓國文化』 57집, 2012, 153-79쪽을 참조할 것. 「천지전도」는 이에 앞서 일찍이 오상학, "조선후기 圓形 天下圖의 특성과 세계관", 『地理學硏究』 35-3호, 2001, 243쪽; 임종태, "서구 지리학에 대한 동아시아 세계지리 전통의 반응: 17-18세기 중국과 조선의 경우", 『한국과학사학회지』 제26권 제2호, 2004, 335쪽에서 소개된 바 있다.

59. 『五洲衍文長箋散稿』 天地篇 地理類 地理總說 [0102]大地有五洲五帶九重諸名號辨證說.

60. '천지합구도'를 태극도에 비유해 설명하는 것은 『五洲衍文長箋散稿』 天地篇 天地雜類 天地雜, [0204]天地合球圖辨證說.

61. 『五洲衍文長箋散稿』 天地篇 地理類 地理總說 [0102]大地有五洲五帶九重諸名號辨證說.

62. 서구 지리학 유입 이후 하늘과 땅 전체를 통일적으로 파악하는 새로운 변화에 대한 흥미로운 논의는 임종태, 앞의 논문, 2004, 334-39쪽을 볼 것.

63. 이 風-寒-署의 영역은 정확하게 마테오 리치의 「구중천도」에 보이는 삼역(三域), 즉 煖域下氣, 冷域中氣, 熱域上氣에 해당한다.

64. 이와 같은 땅의 세계를 9층으로 분류하는 김석문의 자세한 논의는 「大谷易學圖解」, 503-504쪽을 볼 것.

65. 그러나 이규경이 「地球轉運辨證說」에서 인용하고 있는 기록 내용에는 구중지에 대한 부분이 없다.

66. 『星湖僿說』 권1 天地門, 「一行兩界圖」.

67. 『五洲衍文長箋散稿』 天地篇 地理類 地理總說 [0107]地心空虛辨證說.

68. 우리의 기대와 달리 조선의 사대부로 지구의 운동에 대해서 사유한 이는 많지 않았다. 18세기에는 김석문(金錫文, 1658~1735)과 홍대용(洪大容, 1731~1783)이 유일했고, 19세기에는 정약전(丁若銓, 1758~1816)과 최한기(崔漢綺, 1803~1879)가 지전을 주장한 거의 유일한 학인들이었던 것으로 알려져 있다. 18기 중엽의 이익(李瀷, 1681~1763), 그리고 이규경과 거의 동시대를 살았던 이청(李晴, 1792~1861)은 지전의 논의와 가능성을 제기하면서도 결국엔 지구의 운동을 부정했다. 또한 정약전의 혜성(彗星) 관찰을 통한 지전의 주장에도 불구하고 정약용은 동의하지 않으며 이의를 제기했던 예도 들 수 있다. 그런데 이규경이 지전설에 동조하고 있어 매우 흥미롭다.

69. 『五洲衍文長箋散稿』天地篇 地理類 地理總說 [0106]地球轉運辨證說.

70. 『河圖括地象』을 말하는 듯하다.

71. 그런데 이익은 장자와 주자의 논의를 소개하면서 결국엔 지운의 가능성을 부정했다. 그러나 이규경은 지운을 부정했던 이익의 주장 부분은 인용하지 않음으로써 이익과 다른 자신의 견해를 간접적으로 드러냈다.

72. 지운의 종래 전거로 홍대용의 논의를 소개하지 않음이 주목된다.

73. 『五洲衍文長箋散稿』天地篇 地理類 地理總說 [0106]地球轉運辨證說.

74. 이청은 이 책을 접하고 소개하고 있지만 지동설을 수용하지 않았다. 이에 비해 최한 기는 『지구도설』의 지동설을 전적으로 수용해 『地球全要』(1857년)를 저술했다.

75. 『五洲衍文長箋散稿』天地篇 地理類 日月星辰 [0024]月星自有本光辨證說조에서 이 규경은 완원(阮元)의 『疇人傳』을 통해서 장우인(즉 부노아)을 거론하고 있다. 그러나 그 내용은 지동설과는 관련이 없는 달과 별의 빛에 대한 논의였을 뿐이다. 따라서 이 규경이 『주인전』을 통해서 부노아의 『지구도설』을 직접 열람했다고 볼 수 없다.

76. 『五洲衍文長箋散稿』天地篇 地理類 地理總說 [0106]地球轉運辨證說. 이를 보면 앞 문장의 '율력'과 '수리'의 책이 『역상고성』과 『수리정온』 등 서구식 천문역산학의 내 용을 담은 책을 거론하는 듯해 보인다.

77. 『五洲衍文長箋散稿』天地篇 地理類 地理總說 [0106]地球轉運辨證說.

78. 『五洲衍文長箋散稿』天地篇 地理類 地理總說 [0106]地球轉運辨證說.

79. 김석문 이전 중국인으로 지동설을 주장한 이는 黃道周(1585~1646)가 유일한데, 지 동을 논의한 그의 저서는 『三易洞璣』(1626년), 『易象正』(1640년 전후)이었다. 石云里, "從黃道周到洪大容", 『自然辨證法通訊』19-1, 1997, 60~80쪽을 참조할 것.

80. 『五洲衍文長箋散稿』天地篇 地理類 地理總說 [0106]地球轉運辨證說.

81. 『五洲衍文長箋散稿』天地篇 地理類 地理總說 [0106]地球轉運辨證說.

82. 『五洲衍文長箋散稿』天地篇 地理類 地理總說 [0106]地球轉運辨證說.

83. 『五洲衍文長箋散稿』天地篇 地理類 地理總說 [0106]地球轉運辨證說.

84. 徐敬德, 『花潭集』卷二 雜著 原理氣, 13b쪽.

85. 崔錫鼎, 『明谷集』卷11 雜著, 宇宙圖說, 30-31쪽을 참조할 것.

86. 이에 대해서는 이 책의 6장 1절을 볼 것.

87. 『湛軒書』內集補遺 卷4, 「毉山問答」, 20.a쪽.

88. 『湛軒書』內集補遺 卷4, 「毉山問答」, 20.a쪽.

89. 『湛軒書』內集補遺 卷4, 「毉山問答」, 22.b쪽. 이러한 무한한 우주에 대한 생각과 상대

적인 공간 개념은 일찍부터 주목을 받았다. 대표적으로 朴星來, "韓國近世의 西歐科學 受容", 『東方學志』 20집, 1978, 272-76쪽을 참고할 수 있다.

90. 『湛軒書』 內集補遺 卷4, 醫山問答, 23.a쪽.

91. 『湛軒書』 內集補遺 卷4, 毉山問答, 22.b, 23.a쪽.

92. 이규경은 『오주연문장전산고』 人事篇 器用類 舟車 [0604]燕京舟車橋梁辨證說 기사에서 『湛軒書』 外集 卷10에 수록된 「器用」을, 經史篇 釋典類 西學 [1031]斥邪敎辨證說 기사에서 『湛軒書』 外集 卷2에 수록된 「乾淨衕筆談」을 각각 인용하고 있다. 그러나 『담헌서』는 본래 필사본의 형태로 전해오다, 1939년에 이르러 7책으로 묶여 처음으로 활자화하여 신조선사에서 발간되었기 때문에 상기 두 문헌을 이규경이 읽었다고 「의산문답」을 반드시 읽었다는 증거는 안 된다.

93. 『五洲衍文長箋散稿』 天地篇 天文類 日月星辰 [0016]日月星辰各有一世界辨證說.

94. 『五洲衍文長箋散稿』 天地篇 天文類 日月星辰 [0016]日月星辰各有一世界辨證說. 이규경은 이 기록을 唐順之가 편찬한 『稗編』 卷70에서 재인용했다.

95. 『五洲衍文長箋散稿』 天地篇 天文類 日月星辰 [0016]日月星辰各有一世界辨證說.

96. 『五洲衍文長箋散稿』 天地篇 天文類 天文總說 [0001]十二重天辨證說, [0002]天有十二重九重七重十重辨證說, [0003]天帝名號辨證說가 그것이다.

97. 12중천설을 예로 들거나 梅文鼎의 『曆算全書』에서 인용하는 것을 보면 이러한 사정을 엿볼 수 있다.

98. 홍대용의 「의산문답」에서 펼쳐진 우주론 사색을 寓話로 파악한 임종태의 이해는 매우 적확했음이 이에서 확인된다. 임종태, "무한우주의 우화—홍대용의 과학과 문명론", 『역사비평』 2005년 여름호, 2005, 261-85쪽을 볼 것. 그러나 현재 우리 학계의 많은 연구자들은 홍대용의 우주론 논의를 '우화'로 파악하는 견해에 대해서 매우 부정적이다.

99. 『五洲衍文長箋散稿』 天地篇 天文類 日月星辰 [0016]日月星辰各有一世界辨證說.

100. 『五洲衍文長箋散稿』 天地篇 天文類 日月星辰 [0016]日月星辰各有一世界辨證說.

101. 구중천과 구중지가 합쳐 하나의 큰 구를 이룬다는 사유는 이는 이미 [0204]「천지합구도변증설」에서 상상한 바였다.

102. 『五洲衍文長箋散稿』 天地篇 天文類 日月星辰 [0016]日月星辰各有一世界辨證說.

103. 『五洲衍文長箋散稿』 天地篇 天文類 日月星辰 [0016]日月星辰各有一世界辨證說.

1. 조선후기 지구설 수용에 대한 비교적 구체적인 논의는 구만옥, "朝鮮後期 '地球'說 受容의 思想史的 의의", 『韓國史의 構造와 展開: 河炫綱教授停年紀念論叢』, 2000, 717-47쪽이 유용한 참고가 된다.

2. 중국 고대의 개천설과 혼천설에 대한 구체적인 내용은 李文揆, "漢代의 天體構造 에 관한 논의—蓋天說과 渾天說을 중심으로", 『한국과학사학회지』 18권 1호, 1996, 58-87쪽을 참고할 것.

3. 동아시아와 서구에서의 전통적인 땅의 형태에 관한 이러한 관념에 대한 논의는 Chu Pingyi, "Trust, Instruments, and Cultural-Scientific Exchanges: Chinese Debate over the Shape of the Earth, 1600-1800", *Science in Context, 12-3*, 1999, pp.388-89를 참조할 것.

4. 마테오 리치가 지구설을 소개하면서 제시했던 이와 같은 설득의 논의에 대해서는 Chu Pingyi, 앞의 논문, 1999, pp.390-91을 참조할 것.

5. 지구설이 전래되기 시작한 초기 17세기 동안의 지구설 수용의 상황에 대한 논의는 구 만옥, 앞의 논문, 2000, 725-29쪽을 참조할 것.

6. 『明谷集』 권8 序引, 「西洋乾象坤輿圖二屛總序」, 33쪽.

7. 서구식 천문의기와 역법의 계산법이 두 세계관 사이의 연결 통로였다는 논의는 Chu Pingyi, 앞의 논문, 1999, p.385, pp.393-95에서 잘 살펴볼 수 있다.

8. 17세기 이래 조선에서 정부 주도의 서구 역법 도입 노력에 대해서는 전용훈, "17-18세 기 서양과학의 도입과 갈등", 『東方學志』 제117호, 2002, 1-49쪽을 참조할 것.

9. 시헌력으로의 개력 사업에서 관상감 관원들의 활약상에 대해서는 Lim Jong Tae, "Journeys of the Modest Astronomers: Korean Astronomers' Missions to Beijing in the Seventeenth and Eighteenth Centuries", *Extrême-Orient Extrême-Occident, 36*, 2014, pp.81-108; 김슬기, 『숙종 대 관상감의 시헌력 학습: 을유년 역서 사건과 그에 대한 관 상감의 대응을 중심으로』, 서울대학교 석사학위논문, 2016을 참조할 것.

10. 실제로 이익은 서구의 역법을 '역도지극(曆道之極)'이라고 극찬하면서 성인이 다시 태어나도 따를 정도로 우수한 역법이라고 평가했다. 이에 대한 자세한 논의는 朴星 來, "李瀷의 西洋科學 受容", 『동원김흥배박사고희기념논문집』, 1984, 370-71쪽을 참 조할 것.

11. 이익의 지구설과 지동설에 대한 논의는 朴星來, "韓國近世의 西歐科學 收容", 『東方學志』 20집, 1978, 266-68쪽을 참조할 것.

12. 『星湖僿說』 天地門 권2 「地球」, 57쪽.

13. 지구설이 지니는 대척지의 문제 또는 무상하(無上下)의 문제에 대한 중국과 조선 학인들의 자세한 논의는 임종태, 『17-18세기 중국과 조선의 서구 지리학 이해: 지구와 다섯 대륙의 우화』, 창비, 2012, 59-63쪽, 221-48쪽의 내용이 매우 유용하다.

14. 『星湖僿說』 天地門 권2 「地球」, 57쪽.

15. 『星湖全集』 권55 「跋職方外紀」, 514-15쪽.

16. 황윤석은 김석문의 우주론에 대해서 서구의 천문학 지식과 소옹의 상수학을 결합한 것으로 분석하면서, 송대 이래 일찍이 없던 매우 독창적인 견해로 유학자가 반드시 읽어보아야 할 것이라고 격찬했다. 具萬玉, 앞의 논문, 2001, 135쪽을 참조.

17. 『湛軒書』 內集補遺 卷4, 「毉山問答」, 19.a쪽.

18. 『湛軒書』 內集補遺 卷4, 「毉山問答」, 20.a-b쪽.

19. 『湛軒書』 內集補遺 卷4, 「毉山問答」, 21.b쪽.

20. 『湛軒書』 內集補遺 卷4, 「毉山問答」, 21.b쪽.

21. 『湛軒書』 內集補遺 卷4, 「毉山問答」, 23.a쪽.

22. 『湛軒書』 內集 卷1, 「啓蒙記疑」, 52.a-b쪽.

23. 『湛軒書』 內集 卷1, 「啓蒙記疑」, 53.a-55.a쪽.

24. 문중양, 앞의 논문, 1999, 53-54쪽.

25. 『천경혹문』의 일본으로의 유입과 그 영향에 대한 구체적인 논의는 吉田忠, "『天經或問』の受容", 『科學史研究』 156집, 1985, 215-24쪽; 中山茂, "『天經或問後集』について", 『東洋の科學と技術』, 同明舍, 1982, 199-389쪽을 참조할 것.

26. 4원행의 절대적인 무게와 본연의 위치에 대한 논의는 『空際格致』 卷上, 「元行性論」, 2쪽과 6쪽을 볼 것.

27. 『空際格致』 卷上, 「地體之圓」, 19쪽.

28. 「氣行有無」에서 자세하게 소개한 것이 한 예이다. 기가 없으면 새가 날수 없다는 것, 채찍을 휘두르면 소리가 나는데 이것은 채찍과 기라는 두 물질이 부딪혀서 소리가 난다는 것, 양쪽에 문이 있는 방에서 한쪽에서 문을 갑자기 닫으면 반대쪽의 문이 열린다는 것 등이었다. 『空際格致』 卷上, 「地論」 「氣行有無」, 26a-27b쪽. 『공제격치』가 기(氣)가 지닌 전통적 역할과 기능을 부정하는 데 논증이 집중되었다는 자세한 논의는 Qiong Zhang, "Demystifying Qi: The Politics of Cultural Translation and Interpretation

in the Early Jesuit Mission to China," Lydia H. Liu, ed., *Tokens of Exchange: The Problem of Translation in Global Circulations* (Durham & London, Duke University Press), 1999, pp.92-95를 참조한 것.

29. 『空際格致』卷上, 「元行性論」 「行之厚」, 9a쪽.

30. 『空際格致』卷上, 「氣之厚域行動」, 28쪽.

31. 정약전의 4원소설 수용에 대한 논의는 전용훈, "서양 사원소설에 대한 조선후기 지식인들의 반응", 『한국과학사학회지』 31권 2호, 2009, 428-29쪽을 볼 것.

32. 『청장관전서』에서 이덕무가 『물리소지』와 『고금석의』를 거론하는 내용에 대한 논의는 문중양, "19세기 조선의 자연지식과 과학담론—명말 청초 중국 우주론의 늦은 유입과 그 영향—", 『다산학』 13호, 2008, 19-20쪽을 볼 것.

33. 김석문과 홍대용 그리고 정약전의 지동설은 우주의 중심에서 지구가 회전하는 자전설이었지, 태양을 중심으로 공전하는 지동설과는 어떠한 연관도 없음은 주지의 사실이다.

34. 『오주연문장전산고』 천지편 지리류 일월성신의 「月星自有本光辨證說」조에서 이규경은 완원(阮元)의 『疇人傳』을 통해서 장우인(즉 부노아)을 거론하고 있지만, 그 내용은 지구 공전설과는 관련이 없는 달과 별의 빛에 대한 논의였을 뿐이다. 따라서 이규경이 『주인전』을 통해서 부노아의 『지구도설』을 직접 열람했다고 볼 수 없다. 또한 지동설을 다룬 「地球運轉辨證說」에서도 김석문의 지동설을 소개해놓았을 뿐 태양 중심의 공전설은 언급조차 없다. 이로 미루어 이규경은 1830~40년대까지 부노아의 『지구도설』을 열람하지 않았으며, 공전설도 알지 못하고 있었다고 할 수 있다.

35. 인간 신체의 각 부위 설명 및 193개의 그림이 붙어 있는 해부학과 생리학 전문서인 『全體新論』(1851년), 『전체신론』의 속편으로 진찰과 치료법을 서술한 『西醫略論』(1857년), 내과 분야의 『內科新說』(1858년), 부인과와 소아과 분야의 『婦嬰新說』(1858년)을 서술·간행했다.

36. 19세기 개신교 선교사들이 주도해서 번역 간행한 과학서 목록은 Alexander Wylie, *Memorials of Protestant Missionaries to the Chinese: Giving A List of their Publications and obituary Notices of the Deceased* (Shanghae: American Presbyterian Mission Press. Reprinted in Taipei: Ch'eng-wen Publishing Company, 1967), 1867을 참조할 것. 1867년 당시까지 개신교 선교사들이 주도한 번역서는 모두 593종이었는데, 그중에 과학서는 48종이었다.

37. 『海國圖志』는 아편전쟁을 주도한 林則徐가 번역한 『四洲志』를 魏源(1794~1856)이

증보하여 1842년 60권으로, 1852년에는 100권으로 출간한 것으로 세계지도와 각국의 지도 그리고 인문지리적 지식을 담고 있으며, 아울러 19세기 서구의 종교, 역법, 무기 기술 등의 내용을 담고 있다.

38. 『巽菴書牘』세 번째 편지 「寄茶山」.

39. 『與猶堂全書』 제1집, 詩文集, 「上仲氏」.

40. 예를 들어 월식 때 달을 가린 땅의 그림자가 둥글다는 것, 북쪽으로 갈수록 북극고도가 높아진다는 것, 그리고 동서에 따라서 해가 뜨고 지는 시각의 차이가 생긴다는 것 등인데, 이러한 내용들은 이미 마테오 리치의 『乾坤體義』(1605년)와 『空際格致』(1633년) 등에 소개되어 중국과 조선의 지구설 주장자들에 의해서 거론된 내용들이었다. 최한기도 『推測錄』 권2, 「地體蒙氣」, 3쪽에서 地球의 이론적 증거로 제시하고 있다.

41. 카노의 세계 일주에 대한 최한기의 소개는 『推測錄』 권2, 「地球右旋」, 5.b쪽; 『神氣通』 권1, 「天下教法就天人而質正」, 15.a쪽을 볼 것.

42. 『神氣通』 권1, 「天下教法就天人而質正」, 15.a쪽.

43. 『推測錄』 권2, 「諸曜遲疾可測所以然難知」, 2.b쪽.

44. 최한기가 전혀 언급을 하고 있지 않지만 외면적인 우주의 구조와 천체의 운동이라는 점만 고려하면 조선 유학자 김석문(金錫文)의 우주 구조와 유사했다고 할 수 있다. 김석문의 우주 구조에 대한 자세한 내용은 이 책의 5장 1절을 참조할 것.

45. 『推測錄』 권2, 「地球右旋」 5.a-6.a쪽.

46. 지구가 운동하는 것이 타당하다는 논리로 최한기가 제시하고 있는 주장은 사실 타당한 논거가 되지 못한다.

47. Nathan Sivin, "Copernicus in China", *Studia Copernicana*, vol. 6, 1973, pp.78-80을 참조할 것.

48. 『神氣通』 권1, 「地體及諸曜」 25.a쪽. 최한기가 제시하고 있는 이와 같은 지구 운동의 증거를 보면 『오위력지』에서 소개하고 있는 바와 같은 운동의 상대성에 대한 논의가 전혀 거론되고 있지 않은 사실을 알 수 있다. 조선 유학자로 지동을 주장했던 김석문과 홍대용이 결정적으로 중요한 증거로 생각하지는 않았지만 운동의 상대성을 거론하면서 지구 운동의 가능성을 주장하고 있듯이 지동을 주장하는 자들은 흔히 『오위력지』의 논의를 인용하곤 했다. 그런데 최한기는 그러한 운동의 상대성에 대한 논의는 빼고 앞의 세 가지 증거를 들었던 것이다. 『역학이십사도해』, 33.a쪽; 『의산문답』, 21-22쪽 참조.

49. 『空際格致』卷下, 「海之潮汐」, 38-41쪽. 『공제격치』에서 조석에 대한 논의는 지리서 『坤輿圖說』(『문연각사고전서』594책 所收) 卷上, 18.a-19.a쪽에 그대로 인용되어 실렸다.

50. 『推測錄』권2, 「潮汐生於地月相切」, 7a쪽.

51. 『御製曆象考成上篇』(『문연각사고전서』790책) 권4, 25.a쪽을 참조할 것.

52. 『推測錄』권2, 「地體蒙氣」, 3a쪽.

53. 『推測錄』권2, 「蒙氣飜影」, 6b쪽.

54. 『推測錄』권2, 「地體蒙氣」, 6a-b쪽.

55. 그 외에도 냉열기, 조습기, 옥형차, 화륜기 등의 기구들은 『영대의상지』(1674년에 페르비스트가 저술), 『태서수법』, 『해국도지』 등의 내용을 인용했다.

56. 『運化測驗』권2, 「五行四行」, 97쪽을 볼 것

57. 『運化測驗』권1, 「氣之層包」, 65쪽.

58. 『空際格致』卷上, 「行之數」, 2쪽. 이것에 의하면 모든 만물의 운동은 純動(natural motion)과 雜動(violent motion)으로 분류된다. 순동은 다시 旋動과 直動으로 구분되는데, 선동은 천체의 원운동으로 그 자체가 본연의 운동인 것을 말하고, 직동은 무게의 경중에 따라서, 즉 흙과 같이 무거운 물질은 본연의 위치인 우주의 중심으로 향하고 불과 같이 가벼운 물질은 우주 바깥으로 향하는, 결국 지면에 수직하는 상하의 직선운동을 의미했다. 『空際格致』卷上, 2쪽과 11-12쪽을 볼 것.

59. 『運化測驗』권1, 「氣之層包」, 65쪽.

60. 『오주연문장전산고』에서의 중국 문헌의 인용 빈도는 한국고전번역원에서 제공하는 인터넷 『오주연문장전산고』의 부록으로 제공하는 「校勘記 典據」의 내용을 활용했다. 이 인터넷 『오주연문장전산고』에서는 지식정보의 출처를 각주에서 밝히고 있는데, 미처 출처를 밝혀내지 못한 것들이 많고, 간접 인용을 인용 서목과 인용 회수에 포함시킨 오류가 간혹 보인다. 예컨대 방이지 학파의 일원인 유예의 『천경혹문』이 2회 인용되었다고 했지만, 그것은 『물리소지』를 통한 간접 인용에 불과했다. 따라서 이 교감기에서 밝힌 인용 회수는 그 경향성만을 참조할 뿐이다.

61. 『五洲衍文長箋散稿』 天地編 天文類 天文總說, 左旋右旋辨證說.

62. 『五洲衍文長箋散稿』 天地編 天文類 天文雜說, 諸光辨證說. 『物理小識』에서는 권1 光肥影瘦之論, 光論, 轉光, 권2 空中取火法이 인용되었고, 『古今釋疑』에서는 권12 日體大小가 인용되었다.

63. 熊明遇, 『格致草』(『中國科學技術典籍通彙 天文卷』제6책 所收) "海潮汐", 131-32쪽.

64. 『五洲衍文長箋散稿』 天地編 地理類 潮汐, "潮汐辨證說". 그런데 李圭景은 遊藝의

조석설을 揭暄의 것으로 잘못 적고 있다.

65. 중국에서의 빛에 대한 논의에 대해서는 戴念祖, 『中国科学技术史: 物理学卷』, 北京
科学出版社, 2001, 166-202쪽을 참조할 것.

66. 방이지 학파 학인들의 빛과 소리에 대한 흥미로운 주장과 구체적인 이론에 대해서는
이 책의 3장 2절을 참조할 것.

67. 천지편 천문류의 [0018]「日影隙光野火青燐辨證說」, [0024]「月星自有本光辨證說」,
[0083]「氣映差辨證說」, [0098]「諸光辨證說」, [0099]「影法辨證說」 기사가 대표적인
빛에 대한 변증설이다.

68. 『五洲衍文長箋散稿』 天地篇 天文類, [0098]「諸光辨證說」.

69. 『물리소지』 「광론」에는 기의 '餘映'이라 했는데 이규경이 '剩映'으로 바꾸었다. 그러
나 의미는 같다고 볼 수 있다.

70. 『古今釋疑』(국립중앙도서관 소장본) 권12 「日體大小」, 21-22쪽.

71. 『五洲衍文長箋散稿』 天地篇 天文類, [0098]「諸光辨證說」.

72. 『五洲衍文長箋散稿』 天地篇 天文類, [0004]「測量天地辨證說」.

73. 문중양, "창조적 일탈의 상상: 19세기 초 이규경의 하늘과 땅에 대한 사유", 『한국문
화』 59집, 규장각한국학연구원, 2012, 206-207쪽을 참조할 것.

74. '영법'이라는 표현은 전례가 없는 이규경의 조어인 듯하다.

75. 『天香樓偶得』(中國基本古籍庫 데이터베이스 所收) 「倒塔影」, 20쪽; 「陽燧影」 20-21
쪽.

76. 『五洲衍文長箋散稿』 天地篇 天文類 [0099]「影法辨證說」.

77. 『五洲衍文長箋散稿』 天地篇 天文類 [0099]「影法辨證說」.

78. 『五洲衍文長箋散稿』 天地篇 天文類 [0099]「影法辨證說」. 모두 섭하는 작용이지만
기는 映하고 물은 攝하며 거울은 照한다고 다르게 표현했다.

79. 『五洲衍文長箋散稿』 天地篇 天文類 [0099]「影法辨證說」.

80. 『五洲衍文長箋散稿』 天地篇 天文類 [0099]「影法辨證說」.

81. 『五洲衍文長箋散稿』 天地篇 天文類 [0099]「影法辨證說」.

82. 『장자』에 나오는 이 유명한 망량과 영의 대화에서 영은 뚜렷한 모양을 갖는 그림자
를, 망량은 그림자 바깥의 희미한 또 다른 그림자를 의미한다.

83. 『五洲衍文長箋散稿』 天地篇 天文類 [0099]「影法辨證說」. 또한 『星湖僿說』 권4, 萬
物門 「罔兩」 기사를 볼 것.

84. 『五洲衍文長箋散稿』 人事篇 論學類 博物, [0330]「聽聲辨證說」.

85. 晉나라의 樂師로 음률에 밝은 자이다. 『孟子集註』, 離婁章句 上, 1章 1節 참조.

86. 『五洲衍文長箋散稿』人事篇 論學類 博物, [0330]「聽聲辨證說」.

87. 『四庫全書』(1772~1781)의 天文算法類 편집 책임자였던 戴震(1724~1777)은 방이지 학파의 우주론적 사색이 너무 억지스런 단정에 불과하고 허황되다며 『天經或問後集』과 『璇璣遺術』을 사고전서에서 제외시킬 정도였다. 임종태, 2004 "이방의 과학과 고전적 전통─17세기 서구 과학에 대한 중국적 이해와 그 변천─", 『東洋哲學』 제22집, 211쪽을 볼 것.

88. 학계에 잘 알려져있지 않은 이청에 대한 자세한 소개의 내용은 임형택, 『실사구시의 한국학』, 2000, 402-10쪽을 참조할 것.

89. 『井觀編』의 내용과 典據에 대한 자세한 내용은 文重亮, "19세기의 湖南 實學者 李晴의 『井觀編』 저술과 서양 천문학 이해", 『韓國文化』 37집, 2006, 137-43쪽을 참조할 것.

90. 『井觀編』 1 「地與三光大小」, 32.b쪽을 볼 것.

91. 그러나 광비영수설에 대한 이청의 이와 같은 비판적 논증은 문제의 본질을 정확하게 집어낸 것이 아니었음은 물론이다.

92. 이 기륜설의 내용은 『增補明南樓叢書』 5책, 「星氣運化序」, 103.a쪽의 서술을 요약·정리한 것이다.

93. 최한기는 범례에서 지구의 기륜도에 대한 설명이라면서 자세하게 서술하고 있다. 『增補明南樓叢書』 5책, 「星氣運化」 凡例, 106.d-107.a쪽. 그런데 최한기는 이미 『운화측험』에서 기의 실제의 모습, 그것의 활동 운화하는 궤적 등은 그림으로 그릴 수 없다고 지적한 바 있었다. 『運化測驗』 권1, 「氣不可圖」, 81쪽. 마찬가지로 『성기운화』에서도 기륜도를 제시하지는 못하고 단지 자세한 설명만 서술했다.

94. 『增補明南樓叢書』 5책, 「星氣運化序」, 103.d쪽.

95. 섭력이란 『談天』에서는 만유인력을 뜻하는 용어이다. 그런데 최한기에게서는 만유인력 자체로 이해되지는 않고 있으며, 오히려 "섭동을 일으키는 원인이 되는 힘" 정도로 이해되고 있다.

96. 이러한 두 행성 사이의 섭동도 서술은 『增補明南樓叢書』 5책, 「星氣運化」 凡例, 107.b-c쪽에 실려 있다.

97. 세 행성들 사이의 섭동에 대해서는 『增補明南樓叢書』 5책, 「星氣運化」 凡例, 107.c-108.a쪽을 볼 것. 박권수, "최한기의 천문학 저술과 기륜설", 『과학사상』 30호, 범양사, 1999, 98쪽도 참조할 수 있다.

98. 『增補明南樓叢書』 5책, 「星氣運化序」, 103.d쪽.

99. 『增補明南樓叢書』5책,「星氣運化」凡例, 108.a쪽.

100. 섭동 현상에 대한 논의는『談天』권14, 29-33쪽에 자세하게 서술되어 있다.

101. 『增補明南樓叢書』5책,「星氣運化序」, 103.c쪽.

102. 『增補明南樓叢書』5책,「星氣運化序」, 103.c-d쪽.

103. 『增補明南樓叢書』5책,「星氣運化」凡例, 106.a쪽.

104. 『담천』, 권8「動理」, 1-2쪽. 또한 그 크기에 대해서 언급하길 "뉴튼에 의하면 하늘에 있는 모든 물질은 서로 攝引하는 힘이 있는데, 質의 다소(즉 질량)에 정비례하고 떨어진 거리의 제곱에 반비례한다"고 적혀 있다. 이는 잘 알다시피 뉴튼의 만유인력 법칙을 말하는 것이다.

105. 심지어 이 정의에서의 섭력은『공제격치』에서 논한 바의 유럽 중세의 개념인 무거운 물체가 본연의 위치인 지심으로 향하는, 즉 수직 방향의 아래로 떨어지는 힘과 다를 바가 없었다.『담천』에서 측량기구를 다룬 권3의「測量之理」와 함께 만유인력을 정의한 권8「動理」가 유일하게『성기운화』에서 제외된 것은 이러한 사정과 무관하지 않을 것이다.

106. 『增補明南樓叢書』5책,「星氣運化」凡例, 105.a쪽.

7장 에필로그: '전통 과학'의 소멸과 탄생 그리고 '근대 과학'의 탄생

1. 남병철·남병길 형제의 천문역산학의 성취에 대한 이와 같은 역사적 성격에 대해서는 이 책의 4장 2절을 참조할 것. 필자의 이러한 이해와 유사하게 전용훈 또한 중화 문명의 우수성과 보편성에 대한 믿음을 버리지 않고 전통 道學의 윤리학과 형이상학에서 벗어나지 않았다며 남병철을 '전근대'의 한계를 벗어나지 못한 인물로 이해했다. 전용훈, "19세기 조선에서 서양과학과 천문학의 성격: 청조 고증학의 영향을 중심으로", 『한국과학사학회지』35권 3호, 2013, 435-64쪽을 볼 것.

2. 대표적으로 이규경의 인식을 들 수 있는데, 문중양, "창조적 일탈의 상상: 19세기 초 이규경의 하늘과 땅에 대한 사유",『한국문화』59집, 2012, 206-207쪽을 볼 것.

3. 1880년대 '동도서기론'의 형성에 대해서는 閔會修, "1880년대 陸用鼎(1843-1917)의 현실인식과 東道西器論",『韓國史論』48집, 2002, 109-68쪽을 볼 것.

4. 중국에서의 이러한 상황에 대해서는 Benjamin A. Elman, "From Pre-modern Chinese Natural Studies 格致學 to Modern Science 科學 in China," in Michael Lackner, Natascha Vittinghoff, (eds.) *Mapping Meanings: The Field of New Learning in Late Qing China* (Brill, Leiden), 2004, pp.25-74를 참조할 것.

5. 이에 대한 자세한 논의는 김성근, "일본의 메이지 사상계와 '科學'이라는 용어의 성립 과정", 『한국과학사학회지』 25권 2호, 2003, 131-46쪽 참조.

6. 〈한성순보〉와 〈한성주보〉에 대한 자세한 논의는 김연희, "『漢城旬報』 및 『漢城周報』 의 과학기술 기사로 본 고종시대 서구 문물 수용 노력", 『한국과학사학회지』 33권 1 호, 2011, 1-39쪽; 한보람, "1880년대 조선정부의 개화정책을 위한 국제정보수집—『漢城旬報』의 관련기사 분석", 『震檀學報』 100호, 2005, 109-64쪽; 한보람, "1880년대 조선정부의 개화정책을 위한 국제정보수집—『漢城周報』의 관련기사 분석", 『震檀學報』 101호, 2006, 291-339쪽을 볼 것.

7. 1890년대 이후 본격적인 문명개화론적 인식의 전환에 대해서는 길진숙, "『독립신문』· 『매일신문』에 수용된 '문명/야만' 담론의 의미 층위", 이화여대 한국 문화연구원 편, 『근대계몽기 지식개념의 수용과 그 변용』, 소명, 2004, 59-95쪽; 박태호, "『독립신문』과 시간-기계: 『독립신문』에서의 근대적 시간-기계의 작동 양상", 『사회와 역사』, 한국사회사학회 64집, 2003(이화여대 한국 문화연구원 편, 『근대계몽기 지식개념의 수용과 그 변용』소명, 2004, 257-303쪽에 재수록); 고미숙, "『독립신문』에 나타난 '위생' 담론의 배치", 이화여대 한국 문화연구원 편, 『근대계몽기 지식개념의 수용과 그 변용』, 소명, 2004, 305-29쪽 등의 논저들을 볼 것.

8. 신동원, "한국 우두법의 정치학—계몽된 근대인가, '근대'의 계몽인가", 『한국과학사학회지』 22권 2호, 2000, 151쪽에서 재인용.

9. 조선에서의 우두법 전래와 지석영 신화에 대한 매우 흥미로운 논의는 신동원, 앞의 논문, 149-69쪽을 참조할 것. 이 글은 이 논문에 전적으로 의존했다.

10. 세균설에 입각한 근대적 위생(衛生) 관념을 통한 폭력적인 위생경찰의 도입에 대한 자세한 논의는 신동원, "세균설과 식민지 근대성 비판", 『역사비평』 58호, 2002, 341-63쪽을 참조할 것.

11. 『시헌서』에 대한 이러한 논의는 이창익, 『조선후기 역서의 우주론적 복합성에 대한 연구: 역법과 역주를 중심으로』, 서울대학교 종교학과 박사학위논문, 2005를 참조할 것.

12. 『高宗實錄』, 고종 31년, 11월 20일(임진) 기사.

13. 『高宗實錄』, 고종 32년, 9월 9일(병오) 기사.

14. 태양력 시행 과정에 대한 이와 같은 자세한 논의는 임현수, "대한제국기 역법정책과 종교문화—'음력'의 탄생과 국가 경축일의 제정", 『대한제국은 근대국가인가』, 푸른역사, 2006, 185-216쪽; 정근식, "한국의 근대적 시간체제의 형성과 일상생활의 변화 I: 대한제국기를 중심으로", 『사회와 역사』 제58집, 2000, 161-97쪽을 볼 것.

15. 〈독립신문〉 1896년 6월 4일자 기사.

16. 이에 대해서는 2장 1절에서 거론한 바 있다.

17. 『高宗實錄』 34권, 고종 33년 1월 1일.

1. 역사 일반 사료

『高麗史』

『承政院日記』

『日省錄』

『獨立新聞』

『朝鮮王朝實錄』

『漢城旬報』

『漢城週報』

權尙夏, 『寒水齋集』

金正喜, 『阮堂全集』

南秉哲, 『圭齋遺稿』

李圭景, 『五洲衍文長箋散稿』

李德懋, 『靑莊館全書』

李瀷, 『星湖僿說』

李種徽, 『修山集』

朴珪壽, 『瓛齋集』

徐敬德, 『花潭集』

徐命膺, 『保晩齋集』(규장각본)

徐浩修, 『燕行紀』

宋時烈, 『宋子大全』

丁若鏞, 『與猶堂全書』

丁若銓, 『巽菴書牘』

鄭齊斗,『霞谷集』

崔錫鼎,『明谷集』

河百源,『圭南文集』

韓國精神文化研究院,『古文書集成 18』, 서울, 1994.

2. 과학관련 사료

〈조선 자료〉

『國朝曆象考』(『韓國科學叢書 Ⅰ』, 韓國科學史學悔 編, 1982.)

『諸家曆象集』(『韓國科學技術史資料大系 天文學篇』 5책, 驪江出版社, 1986.)

『增補文獻備考』「象緯考」

『千歲曆』(규장각 소장본)

관상감(觀象監) 편,『대통력서』,『시헌력서』(규장각 소장본)

金錫文,「大谷易學圖解」(『韓國經學資料集成 易經篇』, 제10책 所收)

金錫文,「易學二十四圖解」(閔泳珪, "十七世紀 李朝學人의 地動說—金錫文의 易學
　　二十四圖解一", 『東方學志』 16집, 1975.)

李家煥,『錦帶殿策』(필사본)

徐命膺,『保晚齋叢書』(규장각본)

徐命膺,『皇極一元圖』(규장각본)

徐浩修,『私稿』(이화여자대학교 도서관본)

徐浩修,『數理精蘊補解』(규장각본)

李晴,『井觀編』(이화여자대학교 도서관본)

張顯光,「易學圖說」(『旅軒先生全書 下』, 仁同張氏南山派宗親會, 1983.)

張顯光,「宇宙說」(『旅軒先生全書 下』, 仁同張氏南山派宗親會, 1983.)

崔漢綺,『增補明南樓叢書』 1-5책, 성균관대학교 동아시아학술원, 2002.

洪敬謨,『叢史』「曆論」(규장각본)

洪啓禧,『經世指掌』(규장각본)

洪大容,『湛軒書』 1-5책, 민족문화추진회, 1982.

黃胤錫,『頤齋亂藁』 1-9책, 한국정신문화연구원, 1994-2003.

『書雲觀志』(『韓國科學叢書 Ⅰ』, 韓國科學史學悔 編, 1982.)

『天文類抄』(『韓國科學叢書 Ⅱ』, 韓國科學史學悔 編, 1982.)

『推步續解』(『韓國科學技術史資料大系 天文學篇』9책, 驪江出版社, 1986.)

〈해외 자료〉

『乾坤體義』(『文淵閣四庫全書』787책)

『格致草』(『中國科學技術典籍通彙 天文卷』제6책)

『古今釋疑』(국립중앙도서관 소장본, 『續修四庫全書』1145책)

『坤輿圖說』(『文淵閣四庫全書 594책)

『空際格致』(『天主敎東傳文獻三編』[臺北, 1972] 2책)

『曆算全書』(『文淵閣四庫全書』794-5책)

『物理小識』(『文淵閣四庫全書』867책)

『璇璣遺述』(『續修四庫全書』1033책)

『新法算書』(『文淵閣四庫全書』788-9책)

『御製曆象考成』(『文淵閣四庫全書』790-1책)

『地球圖說』(『續修四庫全書』1035책)

『欽定儀象考成』(『文淵閣四庫全書』793책)

江曉原·鈕衛星, 『天文西學東漸集』(上海書店出版社, 2001.)

흠천감(欽天監) 편, 『시헌력서』(규장각 소장본)

『圖書編』(『文淵閣四庫全書』969책)

『四庫全書總目提要』, 北京: 中華書局, 2003.

『三才圖會』(『續修四庫全書』1232-1236책)

『易學啓蒙』(『性理大全 (1)』[明 胡廣 책임찬수, 山東友誼書社出版])

『正蒙』(『性理大全 (1)』[明 胡廣 책임찬수, 山東友誼書社出版])

『疇人傳』(『續修四庫全書』516책)

『職方外紀』(『文淵閣四庫全書』594책)

『天經或問 後集』(『四庫全書存目叢書』55책)

『天經或問』(『文淵閣四庫全書』793책)

『天問略』(『文淵閣四庫全書』787책)

『表度說』(『文淵閣四庫全書』787책)

『寰有詮』(『中國科學技術典籍通彙: 天文卷』8책)

『皇極經世書』(『性理大全 (1)』(明 胡廣 책임찬수, 山東友誼書社出版))

Alexander Wylie, *Memorials of Protestant Missionaries to the Chinese: Giving A List of their Publications and obituary Notices of the Deceased* (Shanghae: American Presbyterian Mission Press. Reprinted in Taipei: Ch'eng-wen Publishing Company, 1967), 1867.

3. 단행본 이차문헌

〈한글본〉

게리 레드야드 저, 장상훈 역,『한국 고지도의 역사』, 소나무, 2011.

具萬玉,『朝鮮後期 科學思想史 硏究 I: 朱子學的 宇宙論의 變動』, 혜안, 2004.

국립민속박물관,『天文, 하늘의 이치, 땅의 이상』, 2004.

국사편찬위원회 편,『하늘, 시간, 땅에 대한 전통적 사색』, 두산동아, 2007.

김영식,『정약용 사상 속의 과학기술』, 서울대학교 출판부, 2006.

김영식,『정약용의 문제들』, 혜안, 2014.

김태준,『홍대용평전』, 민음사, 1987.

南文鉉,『한국의 물시계』, 건국대, 1995.

남문현,『장영실과 자격루: 조선시대 시간측정 역사 복원』, 서울대학교 출판부, 2002.

데이비드 C. 린드버그 저, 이종흡 역,『서양과학의 기원들(The Beginnings of Western Science)』, 나남, 2009.

廖名春·康學偉·梁韋弦 저, 심경호 역,『주역철학사』, 예문서원, 1994.

孟天述 譯,『易理의 새로운 解釋』, 중앙대 출판부, 1987.

문중양,『조선후기 水利學과 水利담론』, 집문당, 2000.

朴星來,『韓國科學史』, 한국방송사업단, 1982.

박성래,『지구자전설과 우주무한론을 주장한 홍대용』, 민속원, 2012.

박성래,『한국사에도 과학이 있는가』, 교보문고, 1998.

박성래,『세종대의 과학기술, 그 현대적 의미』, 한국과학재단, 1997.

배우성,『조선후기 국토관과 천하관의 변화』, 일지사, 1998.

브루노 라투르 외 지음, 홍성욱 엮음,『인간·사물·동맹: 행위자네트워크 이론과 테크노사이언스』, 이음, 2010.

山田慶兒(김석근 역),『朱子의 自然學』, 통나무, 1991.

성주덕 편저, 이면우·허윤섭·박권수 역주,『서운관지』, 소명출판, 2003.

藪內淸 저, 유경로 역편, 『中國의 天文學』, 전파과학사, 1985.

『숭실대학교 한국기독교 박물관』, 2004.

오상학, 『조선시대 세계지도와 세계인식』, 창비, 2011.

유봉학, 『燕巖一派 北學思想 研究』, 일지사, 1995.

이문규, 『고대 중국인이 바라본 하늘의 세계』, 문학과지성사, 2000.

이용범, 『중세서양과학의 조선전래』, 동국대출판부, 1988.

李殷晟, 『韓國의 冊曆』, 전파과학사, 1978.

이은희, 문중양 역주, 『국조역상고』, 소명출판, 2004.

이찬, 『한국의 고지도』, 범우사, 1991.

임종태, 『17-18세기 중국과 조선의 서구 지리학 이해: 지구와 다섯 대륙의 우화』, 창비, 2012.

임형택, 『실사구시의 한국학』, 2000.

연세대학교 국학연구원 편, 『韓國實學思想研究 4: 科學技術篇』, 혜안, 2005.

全相運, 『韓國科學技術史』, 科學世界社, 1966.

全相運, 『韓國科學技術史』, 정음사, 1976.

전상운, 『한국과학사』, 사이언스북스, 2000.

진관타오, 류칭펑, 『관념사란 무엇인가, 1 이론과 방법』, 푸른역사, 2010.

진관타오, 류칭펑, 『관념사란 무엇인가, 2 관념의 변천과 용어』, 푸른역사, 2010.

한국천문연구원 편, 『한국 천문력 및 고천문학』, 대전, 1996.

한국천문학회 편, 『한국의 천문도』, 천문우주기획, 1995.

허태용, 『조선후기 중화론과 역사인식』, 아카넷, 2009.

헨더슨 존, 문중양 역, 『중국의 우주론과 청대의 과학혁명』, 소명출판, 2004.

洪以燮, 『朝鮮科學史』, 정음사, 1946.

〈외국어 문헌〉

安大玉, 『明末西洋科學東傳史―『天學初函』器編의 研究』, 東京: 知泉書館, 2007.

任正爀, 『朝鮮의 科學과 技術』, 東京, 1993.

全相運, 『韓國科學技術史』, 東京: 高麗書林, 1978.

洪以燮, 『朝鮮科學史』, 東京: 三省堂, 1944.

王萍, 『西方曆算學之輸入』, 大北, 1966.

張永堂, 『明末方氏學派研究初編―明末理學與科學關係試論』, 臺北: 學生書局, 1987.

張永堂, 『明末清初理學與科學關係再論』, 臺北: 學生書局, 1994.

戴念祖, 『中国科学技术史: 物理学卷』, 北京: 科学出版社, 2001.

『中國古代地圖集: 明代』, 北京, 1994.

『中國古代地圖集: 淸代』, 北京, 1994.

Bernard, Henri, S. J., *Matteo Ricci's Scientific Contribution to China*, Henri Vetch: Peiping, 1935.

Elman, Benjamin A., *From Philosophy to Philology; Intellectual and Social Aspect of Change in Late Imperial China*, Cambridge, Mass.: Harvard University Press, 1984.

Elman, Benjamin A., On Their Own Terms: Science in China, 1550-1900, Cambridge: Harvard U. Press, 2005.

Elman, Benjamin A., *A Cultural History of Modern Science in China*, Cambridge, Mass.: Harvard University Press, 2006.

Engelfriet, Peter M., *Euclid in China: The Genesis of the First Chinese Translation of Euclid's Elements Books I-IV (Jihe yuanben; Beijing, 1607) and its Reception up to 1723*, Leiden: Brill, 1998.

Gallagher S. J., Louis J., *China in the Sixteenthe Century: The Journals of Mattew Ricci: 1583-1610*, Random House, New York, 1942.

Hart, Roger, *The Chinese Roots of Lonear Algebra*, The Johns Hopkins University Press, 2011.

Hart, Roger, *Imagined Civilizations: China, the West, and Their First Encounter*, The Johns Hopkins University Press, 2013.

Henderson, John B., *Development and Decline of Chinese Cosmology*, New York: Columbia University Press, 1984.

Hsia, Florence C., *Sojourners in a Strange Land: Jesuits and Their Scientific Missions in Late Imperial China*, Chicago: U. of Chicago Press, 2009.

Jami, Catherine, *The Emperor's New Mathematics: Western Learnig and Imperial Authority During the KangXi Reign (1662-1722)*, Oxford University Press, 2012.

Jeon, Sang-Woon, *Science and Technology in Korea—Traditional Instruments and Techniques*, Cambridge, Mass: M.I.T. Press, 1974.

Jeon, Sang-Woon, *A History of Science in Korea*, Seoul: Jimoondang, 1998.

Keizo, Hashimoto, *Hsu Kuang-Chi and Astronomical Reform—The Process of the Chinese*

Acceptance of Western Astronomy 1629-1635, Kansai Uni. Press, 1988.

Kim, Yung Sik, *The Natural Philosophy of Chu Hsi 1130-1200*, Philadelphia: American Philosophical Society, 2000.

Major, John S., *Heaven and Earth in Early Han Thought: Chapter Three, Four, and Five of the Huainanzi*, State U. of New York Press, 1993.

Mungello, D. E., *The Great Encounter of China and the West, 1500-1800*, Oxford; Rowman & Littlefield Publishers, Inc., 2005.

Park, Seong-rae, *Portents and Politics in Korea History*, Seoul: Jimoondang, 1998.

4. 논문 이차문헌

〈한글 논문〉

姜順愛, "正祖朝 奎章閣의 圖書編纂 및 刊行", 『奎章閣』 9집, 1985.

고미숙, "『독립신문』에 나타난 '위생' 담론의 배치", 이화여대 한국 문화연구원 편, 『근대 계몽기 지식개념의 수용과 그 변용』, 소명, 2004.

고영진, "16세기 후반~17세기 전반 서울 枕流臺學士의 활동과 그 의의", 『서울학연구』 Ⅲ, 1994.

구만옥, "15세기 후반 理學的 宇宙論의 擡頭—梅月堂 金時習(1435-1493)의 天觀을 중심으로", 『朝鮮時代史學報』 7집, 1998.

구만옥, "16세기말-17세기초 朱子學的 宇宙論의 변화—易學的 宇宙論과 心學的 天觀을 중심으로—", 『韓國思想史學』 제13집, 1999.

具萬玉, "朝鮮後期 '地球'說 受容의 思想史的 의의", 『하현강교수정년기념논총: 한국사의 구조와 전개』, 혜안, 2000.

具萬玉, "星湖 李瀷의 科學思想—과학적 자연인식—", 『민족과 문화』 제9집, 한양대 민족문화연구소, 2000.

구만옥, "조선후기 天體運行論의 변화", 『實學思想研究』(원유한교수정년기념호 하) 17·18합집, 2000.

구만옥, "조선후기 潮汐說과 '東海無潮汐論'", 『東方學志』 111집.

具萬玉, "方便子 柳僖(1773-1837)의 天文曆法論—조선후기 少論系 陽明學派 自然學의 一端—", 『韓國史研究』 113호, 2001.

구만옥, "方便子 柳僖(1773-1837)의 實證的 宇宙論", 『韓國學論集』 36집, 2002.

구만옥, "16-17세기 朝鮮 지식인의 서양 이해와 세계관의 변화", 『東方學志』 122집, 2003.

구만옥, "조선 전기 朱子學的 自然觀의 형성과 전개―'理法天觀'의 自然學的 의미를 중심으로―", 『韓國思想史學』 제23집, 2004.

구만옥, "조선왕조의 집권체제와 과학기술정책―조선전기 천문역산학의 정비과정을 중심으로―", 『東方學志』 124집, 2004.

구만옥, "최유지(1603-1763)의 竹圓子―17세기 중반 조선의 수격식 혼천의―", 『韓國思想史學』 25집, 2005.

구만옥, "조선후기 천문역산학의 개혁 방안: 정조의 천문책에 대한 대책을 중심으로", 『한국과학사학회지』 28권 2호, 2006.

구만옥, "朝鮮後期 天文曆算學의 주요 爭點―正祖의 天文策과 그에 대한 對策을 중심으로―", 『韓國思想史學』 27집, 2006.

구만옥, "'天象列次分野之圖' 연구의 爭點에 대한 檢討와 提言", 『東方學志』 제140집, 2007.

구만옥, "다산 정약용의 천문역법론天文曆法論", 『茶山學』 10호, 2007.

구만옥, "조선후기 천문역산학의 주요쟁점: 황윤석(黃胤錫, 1729-1791)의 『이재난고(頤齋亂藁)』를 중심으로", 『한국과학사학회지』 31권 1호, 2009.

구만옥, "이재 황윤석의 산학 연구", 『韓國思想史學』 33호, 2009.

구만옥, "마테오 리치 이후 서양 수학에 대한 조선 지식인의 반응", 『한국실학학회』 20집, 2010.

구만옥, "好古窩 柳徽文(1773-1832)의 璿璣玉衡論―『滄浪答問』을 중심으로―", 『韓國思想史學』 39집, 2011.

구만옥, "19세기 초 주자학적 조석설(潮汐說)의 재구성―유휘문(柳徽文)의 『창랑답문(滄浪答問)』을 중심으로", 『한국과학사학회지』 34권 3호, 2012.

구만옥, "肅宗代(1674-1720) 天文曆算學의 정비", 『한국실학연구』 24호, 2012.

구만옥, "조선후기 지식인들의 『천지만물조화론(天地萬物造化論)』에 대한 인식", 『韓國思想史學』 42호, 2012.

구만옥, "세종, 조선 과학의 범형(範型)을 구축하다", 『한국과학사학회지』 35-1호, 2013.

구만옥, "柳僖(1773-1837)의 天文曆法論에 대한 再檢討", 『震檀學報』 118집, 2013.

구만옥, "성해응(成海應, 1760-1839)의 조석설(潮汐說)", 『한국과학사학회지』 36권 3호, 2014.

金恒洙, "16세기 士林의 性理學 理解—書籍의 刊行·編纂을 중심으로—", 『韓國史論』 7집, 1981.

길진숙, "『독립신문』·『매일신문』에 수용된 '문명/야만' 담론의 의미 층위", 이화여대 한국문화연구원 편, 『근대계몽기 지식개념의 수용과 그 변용』, 소명, 2004.

金明昊, "朴珪壽의 〈地勢儀銘幷序〉에 대하여", 『震檀學報』 82집, 1996.

김명호, 남문현, 김지인, "南秉哲과 朴珪壽의 天文儀器 製作", 『朝鮮時代史學報』 12집, 2000.

김상혁, "조선 혼천의의 역사와 남병철의 창안", 『충북사학』 16집, 2006.

김상혁, 이용삼, 남문현, "남병철의 혼천의 연구 Ⅱ: 『의기집설』에 나오는 〈혼천의용법〉의 역해설", 『한국우주과학회지』 23-1호, 2006.

김성근, "일본의 메이지 사상계와 '科學'이라는 용어의 성립과정", 『한국과학사학회지』 25권 2호, 2003.

김성근, "메이지 일본의 대조선 외교와 군사 기술, 1876-1882", 『한국과학사학회지』 37권 1호, 2015.

김성준, 『18·19세기 조선에 전해진 서구 腦主說과 惠岡 崔漢綺의 대응』, 고려대학교 과학학협동과정 석사학위논문, 1999.

김슬기, 『숙종 대 관상감의 시헌력 학습: 을유년 역서 사건과 그에 대한 관상감의 대응을 중심으로』, 서울대학교 석사학위논문, 2016.

김연희, "『漢城旬報』 및 『漢城周報』의 과학기술 기사로 본 고종시대 서구 문물 수용 노력", 『한국과학사학회지』 33권 1호, 2011.

김영식, "미신과 술수에 대한 정약용의 태도", 『茶山學』 10호, 2007.

金永植, "조선 후기의 지전설 재검토", 『東方學志』 제133집, 2006.

김영식, "정약용 사상과 학문의 '실용주의적' 성격", 『茶山學』 21호, 2012.

김영식, "기독교와 서양 과학에 대한 정약용의 태도 재검토", 『茶山學』 20호, 2012.

김영식, "1735년 역서(曆書)의 윤달 결정과 간행에 관한 조선 조정의 논의", 『한국과학사학회지』 36권 1호, 2014.

金容憲, 『崔漢綺의 西洋科學 受容과 哲學 形成』, 고려대학교 철학과 박사학위논문, 1995.

金容憲, "최한기의 서양우주설 수용과 기학적 변용", 『실학의 철학』, 한국사상사연구회, 예문서원, 1996.

김혁, "曆書의 네트워크: 왕의 시간과 일상생활", 『嶺南學』 제18호, 2010.

김호, "許浚의『東醫寶鑑』연구",『한국과학사학회지』16권 1호, 1994.

김호, "麗末鮮初 '鄕藥論'의 형성과『鄕藥集成方』",『震檀學報』88집, 1999.

김홍백, "『大義覺迷錄』과 조선후기 華夷論",『韓國文化』56집.

남경욱, "남병철『의기집설』의 험시의(驗時儀) 연구",『한국과학사학회지』33권 3호, 2011.

남궁승원, "《天象列次分野之圖》에 나타난 역사계승의식』, 서울대 국사학과 석사논문, 2016.

南文鉉, "金墩의 [報漏閣記]에 대하여—自擊漏의 原理와 構造—",『韓國史研究』101호, 1998.

盧大煥, "正祖代의 西器受容 논의—'중국원류설'을 중심으로—",『韓國學報』94집, 1999.

盧大煥, "조선후기 "西學中國源流說"의 전개와 그 성격",『歷史學報』제178집, 2003.

문중양, "16·17세기 조선 우주론의 상수학적 성격—서경덕과 장현광을 중심으로—",『역사와 현실』34호, 1999.

문중양, "18세기 조선 실학자의 자연지식의 성격—象數學的 宇宙論을 중심으로—",『한국과학사학회지』21권 1호, 1999.

문중양, "19세기의 사대부 과학자 남병철",『과학사상』23호, 2000.

문중양, "18세기 후반 조선 과학기술의 추이와 성격—정조대 정부 부문의 천문역산 활동을 중심으로—",『역사와 현실』제39호, 2001.

文重亮, "18세기말 천문역산 전문가의 과학활동과 담론의 역사적 성격—徐浩修와 李家煥을 중심으로—",『東方學志』121집, 2003.

文重亮, "崔漢綺의 기론적 서양과학 읽기와 기륜설",『大同文化研究』제43집, 2003.

文重亮, "조선후기 실학자들의 과학담론, 그 연속과 단절의 역사—氣論的 우주론 논의를 중심으로—",『精神文化研究』26권 4호, 2003.

문중양, "조선후기 서양 천문도의 전래와 신·고법 천문도의 절충"『한국과학사학회지』제26권 1호, 2004.

문중양, "19세기의 호남 실학자 이청의『井觀編』저술과 서양 천문학 이해",『韓國文化』37집, 2006.

문중양, "세종대 과학기술의 '자주성', 다시 보기",『歷史學報』189집, 2006.

문중양, "19세기 조선의 자연지식과 과학담론—명말 청초 중국 우주론의 늦은 유입과 그 영향—",『茶山學』13호, 2008.

문중양, "『東國·增訂·增補文獻備考』「象緯考」의 편찬과 영정조대의 한국 천문학",『震

檀學報』106호, 2008.

문중양, "홍경모의 역법관과 '동력東曆' 인식", 『관암 홍경모와 19세기 학술사』, 경인문화
　　사, 2011.

문중양, "창조적 일탈의 상상: 19세기 초 이규경의 하늘과 땅에 대한 사유", 『韓國文化』
　　59집, 2012.

문중양, "'鄕曆'에서 '東曆'으로: 조선후기 自國曆을 갖고자하는 열망", 『歷史學報』218
　　집, 2013.

문중양, "15세기의 '風土不同論'과 조선의 고유성", 『韓國史研究』162호, 2013.

문중양, "중국과 조선에서의 빛과 소리에 대한 기론적 논의―17세기 방이지 학파와 19세
　　기초 이규경을 중심으로―", 『韓國思想史學』44집, 2013.

문중양, "한국과학사 연구의 현황과 쟁점―전근대 천문지리학 및 우주론 연구를 중심으
　　로", 『역사와 현실』제92호, 2014.

미야지마 카즈히코, "조선에서 제작된 아스트로라브에 대하여", 『한국과학사학회지』31
　　권 1호, 2009.

閔斗基, "〈大義覺迷錄〉에 대하여", 『震檀學報』25호, 1964.

閔泳珪, "十七世紀 李朝學人의 地動說―金錫文의 「易學二十四圖解」―", 『東方學志』16
　　집, 1975.

閔會修, "1880년대 陸用鼎(1843-1917)의 현실인식과 東道西器論", 『韓國史論』48집,
　　2002.

박권수, "徐命膺의 易學的 天文觀", 『한국과학사학회지』20권 1호, 1998.

박권수, "최한기의 천문학 저술과 기륜설", 『과학사상』30호, 1999.

박권수, "조선 후기 象數易學의 발전과 변동―『易學啓蒙』에 대한 논의를 중심으로―",
　　『韓國思想史學』22호, 2004.

박권수, "조선후기 서양과학의 수용과 상수학의 발전", 『한국과학사학회지』28권 1호,
　　2006.

박권수, "서명응·서호수 부자의 과학활동과 사상―天文曆算 분야를 중심으로", 『韓國實
　　學研究』제11호, 2006.

박권수, 『조선 후기 象數學의 발전과 변동』, 서울대학교 박사학위논문, 2006.

박권수, "霞谷 鄭齊斗의 象數學的 自然哲學", 『韓國思想史學』30호, 2008.

박권수, "『保晩齋叢書』 속의 자연과학 지식", 『奎章閣』32호, 2008.

박권수, "규장각 소장 『攷事新書』에 대하여", 『奎章閣』36호, 2010.

박권수, "조선의 역서(曆書) 간행과 로컬사이언스", 『한국과학사학회지』 35-1호, 2013.

박권수, "조선 후기의 역서(曆書) 간행에 참여한 관상감 중인 연구", 『한국과학사학회지』 37권 1호, 2015.

박명순, "天象列次分野之圖에 대한 考察", 『한국과학사학회지』 17권 1호, 1995.

朴星來, "韓國近世의 西歐科學 受容", 『東方學志』 20집, 1978.

朴星來, "韓·中·日의 西洋科學受容: 1800年 이전의 近代科學 潛在力 비교", 『한국과학사학회지』 3권 1호, 1981.

朴星來, "세종조의 천문학 발달", 『세종조 문화연구 (II)』, 한국정신문화연구원, 1984.

朴星來, "조선시대 과학사를 어떻게 볼 것인가", 『韓國史市民講座 제16집』, 일조각, 1995.

박성래, "〈수시력〉수용과 〈칠정산〉완성: 중국 원형의 한국적 변형", 『한국과학사학회지』 24권 2호, 2002.

박창범, "天象列次分野之圖의 별그림 분석", 『한국과학사학회지』 20권 2호, 1998.

박태호, "『독립신문과』과 시간-기계: 『독립신문』에서의 근대적 시간-기계의 작동 양상", 『사회와 역사』, 한국사회사학회 64집, 2003. (이화여대 한국 문화연구원 편, 『근대계몽기 지식개념의 수용과 그 변용』, 소명, 2004에 재수록.)

배우성, "고지도를 통해 본 조선시대의 세계 인식", 『震檀學報』 83집, 1997.

배우성, "서구식 세계지도의 조선적 해석, 〈천하도〉", 『한국과학사학회지』 22권 1호, 2000.

배우성, "조선후기 지도에 나타난 천하관", 『역사비평』 53호, 2000.

배우성, "서구식 세계지도의 조선적 해석, 〈천하도〉", 『한국과학사학회지』 22권 1호, 2000.

배우성, "조선후기 中華 인식의 지리적 맥락", 『韓國史研究』 158집, 2012.

徐恩惠, 『麗蒙關係의 推移와 高麗의 曆法運用』, 서울대 국사학과 석사논문, 2016.

徐鍾泰, 『星湖學派의 陽明學과 西學』, 서강대학교 사학과 박사학위논문, 1996.

小川晴久, "地轉說에서 宇宙無限論으로―金錫文과 洪大容의 世界―", 『東方學志』 21집, 1979.

신동원, "공립의원 제중원, 1885-1894", 『韓國文化』 15집, 1995.

신동원, "한국 우두법의 정치학―계몽된 근대인가, '근대'의 계몽인가", 『한국과학사학회지』 22권 2호, 2000.

신동원, "미국과 일본 보건의료의 조선 진출: 제중원과 우두법―근대화와 제국주의 사이에서", 『역사비평』 2001년 가을호.

신동원, "세균설과 식민지 근대성 비판", 『역사비평』 58호, 2002.

신민철, "명대 천문 사습(私習)의 금지령과 천문서적의 출판: 그 이념과 실제", 『한국과

사학회지』 29권 2호, 2007.

양위레이(樣雨蕾), 「『天地全圖』와 18세기 동아시아 사회의 세계지리 지식」, 『韓國文化』 57집, 2012.

楊普景, 「「大東輿地圖」를 만들기까지」, 『韓國史市民講座』 16집, 일조각, 1995.

양보경, 「圭南 河百源의 《萬國全圖》와 《東國地圖》」, 『전남사학』 24집, 2005.

오상학, 「전통시대 천지에 대한 상관적 사고와 그의 표현—분야설을 중심으로」, 『문화역사지리』 제11권 11호, 1999.

오상학, 「조선후기 圓形 天下圖의 특성과 세계관」, 『地理學研究』 35-3호, 2001.

吳尙學, 『朝鮮時代의 世界地圖와 世界認識』, 서울대학교 박사학위논문, 2001.

오영숙, 『조선후기 유학자들의 '구고(句股)'에 대한 이해』, 서울대학교 석사학위논문, 2004.

오영숙, 「조선후기 算學의 一面: 崔錫鼎의 算 읽기」, 『韓國實學研究』 24호, 2012.

俞景老, 「朝鮮時代 三雙의 天文學者」, 『우주론 및 우주구조: 홍대용기념 워크샵 논문집』, 천문대, 1995.

이경록, 「향약에서 동의로: 『향약집성방』의 의학이론과 고유 의술」, 『歷史學報』 212집, 2011.

이경록, 「『향약집성방』의 편찬과 중국 의료의 조선화」, 『의사학』 제20권 2호(통권 제39호), 2011.

李魯國, 「19세기 天文關係書籍의 書誌的 分析: 남병철, 병길 형제의 저술을 중심으로」, 『書誌學研究』 제22집, 2001.

이문현, 「영조대 천문도의 제작과 서양 천문도에 대한 수용태도—국립민속박물관 소장 [신구법천문도]를 중심으로—」, 『생활문물연구』 3집, 2001.

李龍範, 「金錫文의 地轉論과 그 思想的 背景」, 『震檀學報』 41집, 1976.

李龍範, 「李瀷의 地動論과 그 論據—附: 洪大容의 宇宙觀」, 『震檀學報』 34집, 1972.

李龍範, 「李朝實學派의 西洋科學受容과 그 限界—金錫文과 李瀷의 경우—」, 『東方學志』 58집, 1988.

이용삼, 김상혁, 남문현, 「남병철의 혼천의 연구 Ⅰ」 『천문학회지』 34-1호, 2001.

이은희·남문현, 「朴堧渾天圖 小考」, 『한국과학사학회지』 22권 1호, 2000.

이은희·한영호, 「조선 초 간행의 교식가령(交食假令) 연구」, 『한국과학사학회지』 34-1호, 2012.

이창익, 「시헌력 역주에 나타난 시간 선택의 의미」, 『종교문화비평』 1호, 2002.

이창익,『조선후기 역서의 우주론적 복합성에 대한 연구: 역법과 역주를 중심으로』, 서울 대학교 종교학과 박사학위논문, 2005.

李泰鎭, "조선초기의 農業技術과 과학적 農政",『韓國史市民講座 제16집』, 일조각, 1995.

李賢九,『崔漢綺 氣學의 成立과 體系에 관한 研究―西洋 近代科學의 流入과 朝鮮後期 儒學의 變容―』, 성균관대학교 철학과 박사학위논문, 1993.

李賢九,『崔漢綺의 氣哲學과 西洋科學』, 성균관대학교 대동문화연구원, 2000.

林侑炅, "徐命膺의 《保晚齋叢書》에 대하여",『季刊書誌學報』9호, 1993.

임종태, "'道理'의 형이상학과 '形氣'의 기술―19세기 중반 한 주자학자의 눈에 비친 서양 과학 기술과 세계: 李恒老(1792-1868)―",『한국과학사학회지』21권 1호, 1999.

林宗台,『17·18세기 서양 지리학에 대한 朝鮮·中國 學人들의 해석』, 서울대학교 박사학 위논문, 2003.

임종태, "17·18세기 서양 과학의 유입과 분야설의 변화:『星湖僿說』「分野」의 사상사적 위치",『韓國思想史學』제21집, 2003.

임종태, "서구 지리학에 대한 동아시아 세계지리 전통의 반응: 17-18세기 중국과 조선의 경우",『한국과학사학회지』제26권 제2호, 2004.

임종태, "이방의 과학과 고전적 전통―17세기 서구 과학에 대한 중국적 이해와 그 변천 ―",『東洋哲學』제22집, 2004.

임종태, "무한우주의 우화―홍대용의 과학과 문명론",『역사비평』2005년 여름호.

임종태, "'우주적 소통'의 꿈―18세기 초반 湖西 老論 학자들의 六面世界說과 人性物性 論―",『韓國史研究』138호, 2007.

임종태, "'극동과 극서의 조우': 이기지의『일암연기』에 나타난 조선 연행사의 천주당 방 문과 예수회사와의 만남",『한국과학사학회지』31권 2호, 2009.

임종태, "서양의 물질문화와 조선의 衣冠: 李器之의『一菴燕記』에 묘사된 서양 선교사와 의 문화적 교류",『韓國實學研究』24호, 2012.

임종태, "조선후기 우량 측정의 정치: 영·정조대의 농업 행정, 기우제, 그리고 측우기", 『歷史學報』, 225집, 2015.

임현수, "대한제국기 명시력의 시간관",『종교문화비평』7호, 2005.

임현수, "한국 근대초기 음양 이중력의 형성과 의미: 대한제국기 명시력을 중심으로",『근 대성의 형성과 종교지형의 변동 I』, 한국학중앙연구원, 2005.

임현수, "대한제국기 역법정책과 종교문화―'음력'의 탄생과 국가 경축일의 제정",『대한 제국은 근대국가인가』, 푸른역사, 2006.

張會翼, "조선후기 초 지식계층의 자연관—張顯光의 '宇宙說'을 중심으로", 『韓國文化』
11집, 1990.

張會翼, "조선 성리학의 자연관—李珥의 『天道策』과 張顯光의 『宇宙說』을 중심으로—",
『科學과 哲學』 제2집, 1991.

장회익, "丁若鏞의 科學思想—그의 理氣觀과 周易觀을 중심으로", 『韓國史市民講座 제
16집』, 일조각, 1995.

全相運, "朝鮮前期의 科學과 技術—15世紀 科學技術史 硏究 再論", 『한국과학사학회
지』 14권 2호, 1992.

전용훈, "朝鮮中期 儒學者의 天體와 宇宙에 대한 이해—旅軒 張顯光의 '易學圖說'과
'宇宙說'", 『한국과학사학회지』 18권 2호, 1996.

전용훈, "金錫文의 우주론: 『역학이십사도해』를 중심으로", 『한국천문력 및 고천문학: 태
양력시행 백주년기념 워크샵논문집』, 국립천문대, 1997.

전용훈, "17~18세기 서양과학의 도입과 갈등—時憲曆 施行과 節氣配置法에 대한 논란
을 중심으로—", 『東方學志』 117집, 2002.

전용훈, "洪吉周 수학연구와 그 연원", 『열상고전연구회』 제17집, 2003.

전용훈, "19세기 조선 수학의 지적 풍토: 홍길주(1786-1841)의 수학과 그 연원", 『한국과
학사학회지』 26권 2호, 2004.

전용훈, 『조선후기 서양천문학과 전통천문학의 갈등과 융화』, 서울대학교 박사학위논문,
2004.

전용훈, "19세기 조선 지식인의 서양과학 읽기—최한기의 기학과 서양과학", 『역사비평』
81집, 2007.

전용훈, "서양 사원소설에 대한 조선후기 지식인들의 반응", 『한국과학사학회지』 31권 2
호, 2009.

전용훈, "17세기 서양 歲差說의 전래와 동아시아 지식인의 반응", 『韓國實學硏究』 20호,
2010.

전용훈, "정조대의 曆法과 術數學 지식: 『千歲曆』과 『協吉通義』를 중심으로", 『韓國文
化』 54집, 2011.

전용훈, "南秉哲의 『推步續解』와 조선후기 서양천문학", 『奎章閣』 38집, 2011.

전용훈, "서양 점성술 문헌의 조선 전래", 『한국과학사학회지』 34-1호, 2012.

전용훈, "전통적 역산천문학의 단절과 근대천문학의 유입", 『韓國文化』 59호, 2012.

전용훈, "19세기 조선에서 서양과학과 천문학의 성격: 청조 고증학의 영향을 중심으로",

『한국과학사학회지』35권 3호, 2013.

전용훈, "고려시대의 曆法과 曆書", 『韓國中世史研究』39집, 2014.

전용훈, "한국천문학사의 한국적 특질에 관한 시론: 조선전기의 역산 연구를 중심으로", 『한국과학사학회지』38권 1호, 2016.

정근식, "한국의 근대적 시간체제의 형성과 일상생활의 변화 I: 대한제국기를 중심으로", 『사회와 역사』제58집, 2000.

정근식, "시간체제와 식민지적 근대성", 『문화과학』41호, 2005.

정근식, "시간체제의 근대화와 식민화", 『식민지의 일상, 지배와 균열』, 문화과학사, 2006.

鄭多函, 『朝鮮前期 兩班 雜學兼修官 研究』, 고려대학교 한국사학과 박사논문, 2008.

정성희, "대한제국기 태양력의 시행과 역서의 변화", 『國史館論叢』103집, 2003.

丁垣在, 『徐敬德과 그 학파의 先天학설』, 서울대학교 철학과 석사학위논문, 1990.

曺蒼錄, "鶴山 徐浩修와 『熱河紀遊』―18세기 西學史의 수준과 지향―", 『東方學志』제135집, 2006.

조현범, "한말 태양력과 요일 주기의 도입에 관한 연구", 『종교연구』17집, 1999.

주핑이, "서울대학교 규장각 소장 『崇禎曆書』와 관련사료 연구", 『奎章閣』34집, 2009.

川原秀城, "최한기 기학체계내의 과학―혜강의 서학 수용과 그 한계―", 『大同文化研究』45집, 2004.

최고은, 『1864년부터 1945년까지의 한국 역서(曆書) 연구』, 충북대 석사논문, 2010.

한보람, "1880년대 조선정부의 개화정책을 위한 국제정보수집―『漢城旬報』의 관련기사 분석", 『震檀學報』100호, 2005.

한보람, "1880년대 조선정부의 개화정책을 위한 국제정보수집―『漢城周報』의 관련기사 분석", 『震檀學報』101호, 2006.

한영호, "서양 기하학의 조선전래와 홍대용의 주해수용", 『歷史學報』제170집, 2001.

韓永浩, "籠水閣 天文時計", 『歷史學報』177집, 2003.

한영호, "天象列次分野之圖의 실체 재조명", 『古宮文化』창간호, 국립고궁박물관, 2007.

한영호, 이은희, "麗末鮮初 本國曆 완성의 道程", 『東方學志』155집, 2011.

한영호, 이은희, "『교식추보법가령』연구", 『東方學志』159집, 2012.

한영호, 이은희, 강민정, "세종의 역법 제정과 『칠정산』", 『東方學志』168집, 2014.

한영호, 이재효, 이문규, 서문호, 남문현, "洪大容의 測管儀 연구", 『歷史學報』164집, 1999.

한영호, 남문현, "조선조 중기의 渾天儀 復元 연구: 李敏哲의 渾天時計", 『한국과학사학회지』 19권 1호, 1997.

한영호, 남문현, "朝鮮의 更漏法", 『東方學志』 143호, 2008.

한영호, 남문현, 이수웅, "朝鮮의 天文時計 연구―水擊式 渾天時計―", 『韓國史研究』 113 집, 2001.

허남진, "이재 황윤석의 서양과학 수용과 전통학문의 변용", 『철학사상』 16집, 2003.

허윤섭, 『조선후기 觀象監 天文學 부문의 조직과 업무―18세기 후반 이후를 중심으로 ―』, 서울대학교 과학사 및 과학철학 협동과정 석사학위논문, 2000.

김현주, "『서유견문』의 과학, 이데올로기 그리고 수사학", 『상허학보』 제8집, 2002.

백지혜, "1910년대 이광수 소설에 나타난 '과학'의 의미", 『한국근대문학연구』 14, 2003.

안대옥, "18세기 正祖期 朝鮮 西學 受容의 系譜", 『東洋哲學研究』 71집, 2012.

安大玉, "『性理精義』와 西學", 『大同文化研究』 77집, 2012.

안대옥, "『周髀算經』과 西學中源說―명말 서학수용 이후 『주비산경』 독법의 변화를 중심으로―", 『韓國實學研究" 18집, 2009.

〈외국어 논문〉

吉田忠, "『天經或問』の受容", 『科學史研究』 156집, 1985.

橋本敬造, "「赤道南北兩總星圖」と「恒星屛障」", 『新發現中國科學史資料の研究, 論考篇』, 京都大學校 人文科學研究所, 1985.

橋本敬造, "「見界總星圖」と「恒星總圖」", 『中國古代科學史論〈續編〉』, 京都大學校 人文科學研究所, 1991.

吉田忠, "志筑忠雄「混沌分判圖說」再考", 『東洋の科學と技術』, 同明舍, 1982.

中山茂, "『天經或問後集』について", 『東洋の科學と技術』, 同明舍, 1982.

全勇勳, "朝鮮における時憲曆の受容過程とその思想的背景", 『東方學報』 京都 第84冊, 2009.

江曉原, "試論淸代西學中源說", 『自然科學史研究』 7, 1988.

江曉原, "明淸之際中國人對西方宇宙模型之研究及態度", 楊翠華·黃一農 主編, 『近代中國科技史論集』, 臺北: 淸華大學, 1991.

徐光台, "利瑪竇〈天主實義〉中的格物窮理", 『淸華學報』 28卷 1期, 1998.

徐光台, "西學傳入與明末自然知識考據學: 以熊明遇論冰雹生成爲例", 『淸華學報』 37卷 1期, 2007.

石云里, "中國人借助望遠鏡繪制的第一幅月面圖", 『中國科技史料』第12卷 4期, 1991.

石云里, "揭暄的潮汐學說", 『中國科技史料』第14卷 1期, 1993.

石云里, "揭暄對天體自轉的認識", 『自然辨證法通訊』第17卷 總95期, 1995.

石云里, "從黃道周到洪大容", 『自然辨證法通訊』第19卷 總110期, 1997.

石云里, "揭暄对欧洲宇宙学与理学宇宙论的调", 『九州学林』, 第2卷 2期, 上海: 复旦大学
    出版社, 2004.

孙承晟, 『明清之际士人对西方自然哲学的反应―以揭暄《昊书》和《璇玑遗述》为中心』, 中
    国科学院研究生院 博士学位论文, 2005.

孙承晟, "明清之际西方光学知识在中国的传播及其影响―孙云球《镜史》研究", 『自然科
    学史研究』 第26卷 第3期, 2007.

孙承晟, "揭暄《璇玑遗述》成书及流传考略", 『自然科学史研究』 第28卷 第2期, 2009.

孙承晟, "明末传华的水晶球宇宙体系及其影响", 『自然科学史研究』 第30卷 第2期,
    2011.

王揚宗, "西學中源"說在明淸之際的由來及其演變", 『大陸雜誌』90-6, 1995.

鐘鳴旦, "格物窮理―十七世紀耶蘇會士與中國學者間的討論", 『哲學與文化』18卷 7期,
    1991.

馮錦栄, "明末清初方氏學派之成立及其主張", 山田慶兒編, 『中国古代科學史論』, 京都大
    學人文 科學研究所, 1989.

馮錦榮, "明末熊明遇父子與西學", 『明末清初華南地區歷史人物功業研討會論文集』, 香
    港中文大學歷史學系 集刊, 1997.

Chu, Pingyi, "Technical Knowledge, Cultural Practices, and Social Boundaries: Wan-
    nan Scholars and the Recasting of Jesuit Astronomy, 1600-1800" (Ph.D. dissertation.
    UCLA), 1994.

Chu, Pingyi, "Scientific Dispute in the Imperial Court: The 1664 Calendar Case", *Chinese
    Science, 14*, 1997.

Chu, Pingyi, "Trust, Instruments, and Cross-Cultural Scientific Exchanges: Chinese Debate
    over the Shape of the Earth, 1600-1800", *Science in Context, 12-3*, 1999.

Chu, Pingyi, "Remembering Our Grand Tradition: The Historical Memory of the Scientific
    Exchanges between China and Europe, 1600-1800", *History of Science 41*, 2003.

Elman, Benjamin, "'Universal Science' Versus 'Chinese Science': The Changing Identity of

Natural Studies in China, 1850-1930", *Historiography East and West 1(1)*, 2003.

Elman, Benjamin A., "From Pre-modern Chinese Natural Studies 格致學 to Modern Science 科學 in China," in Michael Lackner, Natascha Vittinghoff, (eds.) *Mapping Meanings; The Field of New Learning in Late Qing China,* Brill, Leiden, 2004.

Grant, Edward, "Science and Theology in the Middle Ages," David C. Lingberg, Ronald L. Numbers, eds., *God and Nature; Historical Essays on the Encounter between Christianity and Science*, University of California Press, 1986.

Han, Qi, & Jami, Catherine, "The Reconstruction of Imperial Mathematics in China During the Kangxi Reign (1662-1722)", *Early Science and Medicine, Vol.8(2)*, 2003.

Hart, Roger, "Translating the Untranslatable: From Copula to Incommensurable Worlds", in Lydia H. Liu ed., *Tokens of Exchange: the Problems of Translation in Global Circulations,* Durham & London; Duke Univ. Press, 1999.

Hart, Roger, "Tracing Practices Purloined by the "Three Pillars"", *The Korean Journal for the History of Science, 34-2*, 2012.

Hsu, Kuang-Tai, "Four Elements as *Ti* and Five Phases as *Yong*: The Historical Development from Shao Yong's *Huangji jingshi* to Matteo Ricci's *Qiankun tiyi*" *EASTM 27*, 2007.

Hsu, Kuang-tai, "The Location of Paradise in Matteo Ricci's Liangyi xuanlan tu 兩儀玄覽圖 and Qiankun tiyi 乾坤體義," *The Proceeding of The First Templeton Conference on Science and Religion in East Asia—Science and Christianity in the Encounter of Confucian East Asia with West: 1600-1800*, 2011.

Jami, Catherine, "Imperial Control and Western Learning: The Kangxi Emperor's Performance", *Late Imperial China, Vol.23(1)*, 2002.

Jami, Catherine, "Western Devices for Measuring Time and Space: Clocks and Euclidian Geometry in Late Ming and Ch'ing China." in Chun-Chieh Huang and Erik Zurcher eds., *Time and Space in Chines Culture*, Leiden, New York, and Koln: E. J. Brill. 1995.

Jun, Yong Hoon, "Mathematics in Context: A Case in Early Nineteenth-Century Korea", *Science in Context 19(4)*, 2006.

Jun, Yong Hoon, "A Comparison of Korean and Japanese Scholars' Attitudes toward Newtonian Science", *The Review of Korean Studies Vol.13-1*, 2010.

Jun, Yong Hoon, "A Korean Reading of Newtonian Mechanics in the Nineteenth Century", *EASTM 32*, 2010.

Kim, Yung Sik, "The "Why Not" Question of Chinese Science: The Scientific Revolution and Traditional Chinese Science", *EASTM 22*, 2004.

Kim, Yung Sik, "Science and the Confucian Tradition in the Work of Chong Yakyong", 『다산학』 5호, 2004.

Koo, Mhan-ock, "Unchanging Beliefs of Neo-Confucian Natural Science of the Joseon Dynasty in the early 19th century: Neo-Confucian Natural Science in *Changnangdapmun* of Ryu Hwi-mun", *The Review of Korean Studies, vol. 13-1*, 2010.

Ledyard, Gari, "Cartography in Korea", *The History of Cartography, V.2, Book 2, Cartography in the Traditional East and Southeast Asian Society*, ed., J. B. Harly and David Woodward, Univ. of Chacago Press, 1994.

Lim, Jongtae, "Restoring the unity of the world: Fang Yizhi and Jie Xuan's responses to Aristotelian natural philosophy", Luís Saraiva and Catherine Jami., eds., *History of mathematical sciences: Portugal and East Asia III: The jesuits, the padroado and East Asian science (1552-1773)*, New Jersey: World Scientific, 2008.

Lim, Jongtae "Postponed Reciprocity: How Did a Korean Traveler Portray His Encounter with Westerners in Early Eighteenth-Century Beijing", *Horizon 1(2)*, 2010.

Lim, Jongtae, "Matteo Ricci's World Maps in Late Joseon Dynasty", *The Korean Journal for the History of Science, 33-2*, 2011.

Lim, Jongtae, "Learning "Western" Astronomy from "China" Another Look at the Introduction of the *Shixian Li* 時憲曆 Calendrical System in to Late Joseon Korea", *The Korean Journal for the History of Science, 34-2*, 2012.

Lim, Jongtae, "Journeys of the Modest Astronomers: Korean Astronomers' Missions to Beijing in the Seventeenth and Eighteenth Centuries", *Extrême-Orient Extrême-Occident, 36*, 2014.

Lim, Jongtae, "Rodrigues the Gift-Giver: A Korean Envoy's Portrayal of His Encounbter with a Jesuit in 1631", *Korea Kournal vol.56-2*, 2016.

Moon, Joong-Yang, "Traditional Cosmology Associated with the *I-Ching* and Anti-Cosmological Discourses in 18th-Century Korea", *Seoul Journal of Korean Studies, Vol.12*, 1999.

Moon, Joong-Yang, "Late Circulation of the Early Qing Natural Studies in 19th Century Korea", *Historia Scientiarum vol.17-3*, 2008.

Ng, Wai-ming, "The *I Ching* and the Adaptation of Western Science in Tokugawa Japan", *Chinese Science 15*, 1998.

Park, Seong-rae, "Portents and Politics in Early Yi Korea, 1392-1519", University of Hawaii. Ph.D. Dissertation, 1977.

Peterson, Willard J., "Fang I-Chih's Response to Western Knowledge", Harvard University Ph.D. Dissertation, 1970.

Peterson, Willard J., "Fang I-Chih: Western Learning and the 'Investigation of Things'", *The Unfolding of Neo-Confucianism*, ed., Wm. Theodore de Bary, New York: Columbia University Press, 1975.

Sivin, Nathan, "Copernicus in China", *Studia Copernicana 6*, 1973.

Suh, Soyoung, "Herbs of Our Own Kingdom: Layers of the 'Local' in the Materia Medica of Early Choson Korea", *Asian Medicine 4*, 2008.

Zhang, Baichun, "The Introduction of European Astronomical Instruments and the Related Technology into China during the Seventeenth Century", *EASTM 20*, 2003.

Zhang, Qiong, "Demystifying Qi: The Politics of Cultural Translation and Interpretation in the Early Jesuit Mission to China", in Lydia H. Liu ed., *Tokens of Exchange: the Problems of Translation in Global Circulations*, Durham & London: Duke Univ. Press, 1999.

Zhang, Qiong, "Translation as Cultural Reform: Jesuit Scholastic Psychology in the Transformation of the Confucian Discourse on Human Nature", in *The Jesuits: Culture, Learning and the Arts, 1540-1773*, edited by G. A. Bailey, S. Harris, T.F. Kennedy, S. J., and J. W. O'Malley, S. J., Toronto: University of Toronto Press, 1999.

Contents in English

The Reconstruction of Science in Late Joseon Korea: Hybridizing Western Science and Korean Science

by Moon, Joong-Yang

Professor, Departmenht of Korean History

Seoul National University